U0902902

“十三五”国家重点图书出版规划项目

中国高分辨率对地观测系统
数据处理与应用丛书

丛书主编　顾行发

遥感交通学与高分辨率遥感应用示范

张蕴灵　侯　芸　龚婷婷　潘佩珠　等著

中国教育出版传媒集团
高等教育出版社·北京

内容简介

交通运输业是经济社会发展的基础性、先导性、战略性产业和服务性行业。遥感交通学是从遥感的角度，对综合交通领域的现象、规律进行感知、认知与实践。本书基于对遥感交通学的认识，重点研究遥感技术在公路交通、水路交通、航空交通和铁路交通这四大交通领域中的应用。内容涵盖了遥感技术原理及相关关键技术与方法，及其在公路和铁路规划、设计、建设、运营及养护，水运中港口、船只、航道岸线、水质、航道水文泥沙、水上溢油监测，航空交通中机场选址、建设进度监测及环境监测等方面的应用；并选择典型案例说明高分辨率遥感图像产品在交通行业的应用成效。书中所介绍的技术、方法和工具对不同交通领域高分辨率遥感应用与研究具有一定的理论指导意义及应用参考价值。

本书可供交通运输工程、遥感、地理信息系统等领域的科研、技术人员和相关专业高校师生阅读。

图书在版编目（C I P）数据

遥感交通学与高分辨率遥感应用示范 / 张蕴灵等著. -- 北京：高等教育出版社，2022. 11

（中国高分辨率对地观测系统数据处理与应用丛书 / 顾行发丛书主编）

ISBN 978-7-04-059075-3

Ⅰ. ①遥… Ⅱ. ①张… Ⅲ. ①高分辨率 – 遥感技术 – 应用 – 交通工程 Ⅳ. ① U491-39

中国版本图书馆 CIP 数据核字（2022）第 131041 号

策划编辑 关 焱　责任编辑 贾祖冰 关 焱　封面设计 杨立新　版式设计 徐艳妮
责任绘图 黄云燕　责任校对 王 雨　责任印制 耿 轩

出版发行 高等教育出版社
社 址 北京市西城区德外大街 4 号
邮政编码 100120
印 刷 河北信瑞彩印刷有限公司
开 本 787 mm× 1092 mm 1/16
印 张 16
字 数 340千字
购书热线 010-58581118
咨询电话 400-810-0598
网 址 http://www.hep.edu.cn
http://www.hep.com.cn
网上订购 http://www.hepmall.com.cn
http://www.hepmall.com
http://www.hepmall.cn
版 次 2022 年 11 月第 1 版
印 次 2022 年 11 月第 1 次印刷
定 价 198.00 元

物 料 号 59075-00
YAOGAN JIAOTONGXUE YU GAOFENBIANLÜ YAOGAN YINGYONG SHIFAN

《中国高分辨率对地观测系统数据处理与应用丛书》编委会

本书主要作者

第 1 章　张蕴灵

第 2 章　杨　璇

第 3 章　崔　丽

第 4 章　孙　雨　张兴宇

第 5 章　宋张亮　王　燕

第 6 章　潘佩珠

第 7 章　龚婷婷

第 8 章　王　群　肖国峰

第 9 章　董元帅　张艳红

第 10 章　侯　芸

丛书编者的话

自改革开放至今的40多年间，我国航天遥感应用大胆创新，快速发展，直面信息化浪潮猛烈冲击，逐步形成时代新特征，技术能力从追赶世界先进技术为主向自主创新为主转变，服务模式从试验应用型为主向业务服务型为主转变，行业应用从主要依靠国外数据和手段向主要依靠自主数据转变，发展机制从政府投资为主向多元化、商业化发展转变，成为我国战略性新兴产业重要组成。

为顺应我国当前社会、经济、科技和全球化战略发展需求，促进航天遥感应用转型发展，我国适时提出并相继实施了“高分辨率对地观测系统”重大专项（以下简称高分专项）、国家民用空间基础设施中长期发展规划（以下简称空基规划）和航天强国战略等相关遥感应用的“新三大战役”。其中高分专项是《国家中长期科学和技术发展规划纲要（2006—2020年）》中的16个重大专项之一，通过工程研发与建设，提升我国自主卫星遥感应用水平与能力，现已进入科研成果的收获期。

《中国高分辨率对地观测系统数据处理与应用丛书》（以下简称《丛书》）以此为契机，以航天遥感应用理论研究与应用基础设施建设为主题，兼容并蓄高分专项及这一阶段我国航天遥感应用领域研究成果，形成具有较完整结构的有关遥感应用理论与实践相结合案例的系统性阐述，旨在较全面地反映具有我国特色的当代航天遥感应用整体状况与变化新趋势。

丛书各卷作者均有主持或参与高分专项及我国其他相关国家重大科技项目的亲身经历，科研功底深厚，实践经验丰富，所著各卷是在已有成果基础上的高水平的原创性总结。

我们相信，通过《丛书》编委会、遥感应用专家和高等教育出版社的通力合作，这套反映我国航天遥感应用多方面发展的著作将会陆续面世，成为我国航天遥感应用研究中的一个亮点，极大丰富并促进我国这方面知识的积累与共享，有力推动我国航天遥感应用的不断发展！

2019年7月1日

前　言

交通运输业是经济社会发展的基础性、先导性、战略性产业和服务性行业。“十三五”时期是我国交通运输发展提质、增效、升级的转型期，加快推进“四个交通”建设，对交通基础设施建设和运营提出了更高的要求。如何提升交通建设与管理的信息化水平，确保交通基础设施建设运营发挥最大效能，成为交通建设面临的重要课题。空间信息技术应用作为交通领域的重点发展方向之一，已成为交通运输业信息化的一个重要手段。在此背景下，加强交通信息与遥感资源的整合利用，大力提升交通信息化水平已成为社会发展的必然趋势。

遥感技术以其自身的优势在交通各领域具有广阔的应用前景，为目前一些交通问题的解决提供了有效途径。遥感技术具有图像覆盖范围大、时效性强、信息客观真实、可重复使用、便于计算机分析等优势：一方面能够实现交通要素自动化提取与识别，在交通网络、基础设施动态监测及管理方面的优势尤为明显；另一方面可以与地理信息系统、全球导航卫星系统等现代信息技术进行有效结合，从而在交通规划、勘察设计、运营、维护、灾害应急和交通环境评价等领域发挥重要作用。因此，遥感技术在交通领域的应用，可以极大加快交通信息化建设速度，并且可以节省多方面投入。随着我国高分辨率遥感对地观测计划的实施、应用和信息获取技术的快速发展，航天产业已经由试验应用型向业务服务型转变，推动了通信、导航、遥感等卫星及其应用，形成了天-空-地一体化的航天产业链。航空航天产业的推进为交通产业的发展带来了前所未有的机遇，遥感技术在我国交通领域也日益显示出其重要性。

卫星遥感应用学是在有关航天遥感应用认识与科学论证理论基础上形成的有关遥感实践的学科，重点研究人、观测对象和遥感工具三者之间的关系。本书基于对卫星遥感应用学的认识，开展遥感交通应用机理、技术工程的探索，总结“交通+遥感”应用成果，构建遥感交通学，通过高分综合交通遥感应用示范系统项目，形成专题性检验与实践评价，推动卫星遥感技术在交通领域的应用，同时丰富卫星遥感应用学的体系建设。

本书是高分交通数据中心主要团队对高分专项系统在交通运输行业应用实践的总结，由张蕴灵、侯芸策划、设计和组织，撰写团队成员共同完成各章的写作，最终由张蕴灵和潘佩珠统稿，侯芸定稿。

本书的顺利完成离不开有关方面领导和专家的鼎力支持与帮助。在此衷心感谢丛书顾问专家在本书撰写过程中提出的宝贵意见与建议，感谢来自交通运输部路网监测与应急处置中心、武汉大学、浙江大学、湖南大学等高校和科研院所的相关人员在产品研制、关键技术、软件研发与应用示范方面做出的巨大贡献。

限于作者的理论和业务水平，书中难免有不妥之处，恳请专家学者与读者批评指正。

作　者

2020年6月

目　　录

第1章

交通运输的时空特性理解与遥感交通学

交通运输业是经济社会发展的基础性、先导性、战略性产业和服务性行业，在国家整体规划中处于不可或缺的重要地位。随着社会的进步与科技的发展，交通基础设施的投入力度不断增加，交通网络日益完善，传统的技术手段逐渐无法满足交通运输业科学化、智能化的决策与管理需求，如何利用新型的科技力量提升交通建设与管理的信息化水平，构建畅通、高效、安全、绿色的交通运输体系是交通运输行业关心的热点。高分辨率遥感数据具有图像覆盖范围大、时效性强、信息客观真实和成本低的优点，能够快速获取大范围、多样化的地表信息，是当前进行大面积交通基础信息动态更新、交通环境与灾害监测的有效手段，在交通基础设施选址规划、勘察设计、运营维护及灾害监测方面具有巨大的应用潜力和广阔的应用前景。本章从对遥感交通学的基本认识出发，阐述遥感交通学的基本概念、研究内容、应用范畴与研究现状等，并分析与其他学科的关系，为遥感交通应用提供理论依据与指导。

1.1 交通运输的时空特性理解

1.1.1 交通运输与交通运输工程

1）交通运输与交通运输系统

交通运输是国民经济的命脉，是社会经济发展的技术需要和先决条件，与人们的生产、生活以及贸易活动、社会交往和信息传递等密切相关。交通运输涵盖了交通与运输两个方面，自有人类以来，就有运输。对于运输：《辞海》中解释为“人和物的载运和输送”，《不列颠百科全书》解释为“将物品与人员从一地运送到另一地，即完成这类运送的各种手段”，《大美百科全书》解释为“运输，即把人或物体从一地方搬运到另一地方”（邹海波和吴群琪，2007），胡思继（2017）在《交通运输学》中将运输的定义总结为“运输是指借助交通网络及其设施和运载工具,通过一定的组织管理技术,实现人和物空间移动的一种经济活动和社会活动"。可见,运输就是使用运输工具和设备运送人或物从一个地点到另一个地点的活动。对于交通,则有广义和狭义之分,广义的交通包含了运输和通信两个方面,如《辞海》对交通的解释为"各种运输和邮电通信的总称,即人和物的转运和输送,语言、文字、符号等传递和播送",而狭义的交通专指运输。2005年出版的《交通大词典》对交通给出了明确的定义,即"交通是指人、物和信息在两地之间的往来、传输和输送,包括运输和通信两个方面,是国民经济活动的主要环节之一,在国民经济发展中起先行作用;狭义的交通专指运输"(《交通大辞典》编辑委员会,2005)。

交通与运输之间密切联系,但又相互区别。两者的联系主要体现在运输是交通的前提,而交通是实现运输的手段,两者反映的是同一个过程的两个方面,在有载时,交通的过程也是运输的过程。区别主要表现在两者反映的层面和侧重点不同,交通强调运载工具和人在交通网络上的流动情况,与交通工具上所载运的人员与物资的有无和多少没有关系;而运输强调的是运载工具上的运载人员与物资的多少、位移的距离,并不特别关心使用何种交通工具和运输方式。鉴于交通和运输其中任一概念均不能包括交通和运输的全部内容,交通运输应运而生,同时表明了同一过程的两个方面。

因而,交通运输的定义为:以交通网络及设施和运载工具为依托,以现代联合运输组织管理技术和信息技术为基础,以便捷、安全、高效和经济为目标,通过一种或多种交通运输方式的协调配合,组织实现客货运输过程的经济活动和社会活动(胡思继,2017)。

现代交通运输诞生于19世纪初。随着社会的进步和科技的发展,交通运输日益发展,交通运输体系日趋完善,逐渐发展成为由公路、铁路、水路、航空、管道等各种交通运输方式及其各种流组成的一个具有空间性、动态性、复杂性等特点的网络巨系统(刘亚岚等,2012),即交通运输系统。交通运输系统是一个复杂大系统,由公路、铁路、水路、航空和管道五种基本的交通运输方式构成,如图1.1所示。

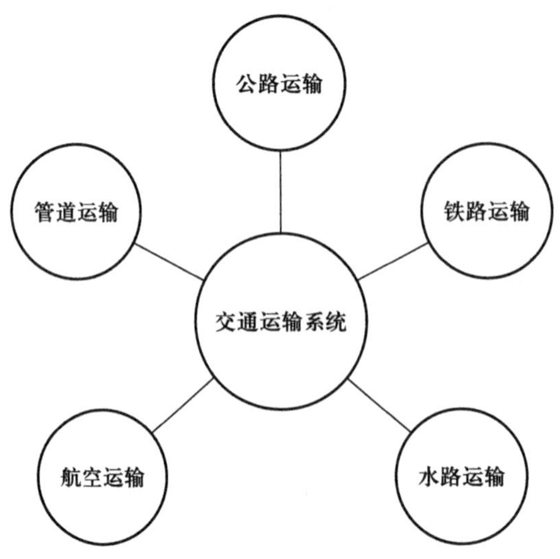

图1.1 交通运输系统的基本结构

交通运输系统在整个国民经济大系统中起着纽带的作用,它把社会生产、分配、交换和消费各个环节有机联系起来,是保证社会经济活动得以正常运行和发展的前提条件(过秀成,2017)。在当今信息化时代背景下,加快发展交通运输信息化建设已经成为构建可持续、高速化、高效率和智能化的现代综合交通运输体系,推进交通运输现代化的重要手段。

2）交通运输工程学与交通运输学、交通工程学

交通运输工程学作为一门研究交通运输系统特征、演变规律的科学,以交通运输业为研究对象,运用现代技术和科学原理,对各种交通运输方式和运输设施进行规划、功能设计、运营和管理,实现安全、迅速、舒适、方便、经济并与环境相协调地运送旅客和货物(过秀成,2017)。交通运输工程学与土木工程、机械工程、信息工程、电子科学与技术、材料科学与工程、经济学、管理学等学科均有着密切的联系和相互交叉,是一门涉及工程(engineering)、经济(economics)、环境(environment)、教育(education)、执法(enforcement)、能源(energy)的“6E”科学。

交通运输学是研究如何规划设计交通运输网络、有效运用运载工具,把人和物迅速、安全、经济、便利、准时地从甲地运到乙地,以创造空间效用和时间效用的科学(胡思继,2001)。按照胡思继先生有关交通运输学的观点,“从经济学的角度来说,实际上交通运输学是研究人类所需资源分配的一门科学,其中的所需是指人们心中的需求,资源是满足需求的工具,分配是满足需求的行动,是三者之间的关系带动了人类的经济活动,即生产、交换和消费”(胡思继,2017)。可以看出,交通运输学侧重于交通运输工程中的与“运输”相关的内容的研究,主要强调交通运输的经济学原理与管理方法及运输方式与技术在实际中的应用,重点研究公路运输、铁路运输、水路运输、航空运输和管道运输这五种现代交通运输方式的技术经济、运输生产组织以及经营管理等方面,因而,其主要研究内容包含了运输的作用与重要性分析、现代运输系统的特性、运输需求分析、运输成本分析、运输服务的定价、运输业投资、运输规划与优化等内容,与现代物流学存在紧密的联系。

交通工程学是交通运输工程学的一个分支学科。交通运输工程包括公路交通、铁路交通、水路交通、航空交通和管道交通五项内容,而交通工程学只研究道路交通,是研究交通规律及其应用的一门技术科学。它的目的是探讨如何使交通运输安全、迅速、舒适、经济;它的研究内容主要是交通规划、交通设施、交通运营管理;它的研究对象包括人(驾驶员、行人、乘客)、车(机动车与非机动车)、路(公路与城市道路)和环境(景观与噪声等)(任福田等,2017)。我国《交通工程手册》中将其定义为:交通工程学是研究道路交通中人、车、路、环境之间的关系,探讨道路交通的规律,建立交通规划、设计、控制和管理的理论方法,以及有关设施、装备、法律和法规等,使道路交通更加安全、高效、快捷、舒适的一门技术科学。由于交通工程学涉及的内容包括工程(engineering)、执法(enforcement)、教育(education)、环境(environment)和能源(energy),所以也被称为“5E”科学。

3）交通运输地理学

现代交通运输方式无论是陆地上的公路运输、铁路运输、管道运输,还是水上的水路运输,抑或是空中的航空运输,均与地理存在莫大的关系。区域地理、自然地理、人文地理对交通运输的规划和建设都有着极其重要的影响，而交通运输在给包括劳动、资本和社会的相互作用提供平台的同时，也改变了人类和自然环境的关系，促进了地理环境和景观格局的变化，形成了意义深远的地理现象。

交通运输地理学是研究交通运输在生产力地域组合中的作用、客货流形成和变化的经济地理基础，以及交通网和枢纽的地域结构的学科（王任祥，2008）。交通运输地理学作为人文地理学的重要分支学科，主要研究交通运输地域组织的规律，其核心是研究交通网（包括线网、枢纽和港站）的结构、类型、地域组合及其演变规律，同地区间的运输经济联系、经济发展水平，和人口分布有紧密联系的客、货流的产生与变化规律，以及交通运输在地域生产力综合体形成与发展中的地位与作用。

交通运输地理学的研究对象是交通运输在生产力地域组合中的作用，客、货运输及其产生的客货流形成的经济地理基础，以及交通线网和枢纽的地域结构和类型。作为研究交通运输活动空间组织的学科，交通运输地理可分为理论交通运输地理、部门交通运输地理、区域交通运输地理、城市交通运输地理四个部分。

理论交通运输地理主要研究交通运输网的组成和各种交通类型在其中的地位，交通运输在生产力布局中的作用，客货流的地域动态分析，合理运输与货流规划的理论和方法，交通运输与产销区划的关系，吸引范围的理论与方法，交通线网和场站布局的类型和模式等。

部门交通运输地理主要分铁路、水运、公路、航空和管道五种运输方式，从自然、技术、经济的联系中把握它们各自的特点。这方面的研究既是交通运输地理基本理论的具体化，又是交通运输区域研究的先导。

区域交通运输地理可以从全世界、全国，也可以按经济区域进行交通线网和客货流的分析。它不单是国家或区域交通运输情况的记载描述，还通过这种研究，揭示了区内经济结构的空间联系和区际物质联系的内在规律。

城市交通运输地理主要研究和预测城镇内部道路交通网和客、货流与交通流的形成变化规律，城市对外交通线和站、港空间布局，以及综合交通系统。这是极其复杂、综合的交通运输系统，因而对它的调查和分析可以直接为城市规划服务。

1.1.2 交通信息的认识与理解

1）交通信息的概念

交通信息是指在交通运输领域内流通着的可利用的信息流。广义上，交通信息是指交通运输系统与环境交换的、系统内部要素之间交换的、要素自身处理加工的用于服务、影响、干预、引导、指挥交通行为的所有信息。狭义上，交通信息就是将某种现象或状态的出现以物理量的形式体现的关于道路交通方面的信息。严格地讲，交通信息是指所有与交通系统四大组成要素——人（交通出行者、驾驶员和管理者）、物（货物）、各类交通工具和相应的交通基础设施相关联的信息。交通信息是交通运输系统最基本、最直接的数据，是系统运行的反映。

2）交通信息的分类

交通信息包括基础交通地理信息、交通实时状态信息、交通控制和管理信息、交通政策和法规信息等。不同的信息类型，其组织和处理方式不同，提供服务的方式也不同。

交通信息根据信息变动的频率可划分为静态交通信息和动态交通信息。静态交通信息指交通系统中不随时间变化的道路交通信息，主要包括道路网信息、交通管理设施信息等交通基础设施信息，也包括机动车保有量、道路交通量等统计信息以及交通参与者出行规律在时间和空间上相对稳定的信息。这些信息在相当长的时间内是相对稳定的，如道路网信息、交通管理设施等交通基础设施信息。静态交通信息由交通状态、空间位置和环境三个属性构成。动态交通信息指交通系统中随时间和空间变化的道路交通流信息、交通控制状态信息以及实时交通环境信息，主要包括网络交通流状态特征信息（流量、速度、占有率等）、交通紧急事故信息、环境状况信息、交通动态控制管理信息等。或者说，动态交通信息是指实时道路交通流信息、交通控制状态信息、实时交通环境信息等时空上相对变化的信息。动态交通信息由交通状态、空间位置、时间和环境四个属性构成。

交通信息按其产生的形式可分为原始型交通信息和加工型交通信息两种。原始型交通信息指直接发生在道路上及其周围的彼此独立的各种信息，包括交通现象信息和交通环境信息。交通现象信息包括交通量、车速、车道占有率、交通阻塞长度、车型、停车场使用状况、交通事故、交通违章等。交通环境信息主要包括公共交通组织状况、道路地图、道路构造、路面状况、气象、大气污染、交通噪声、灾害、道路施工、交通状况、集会、信号机工作状况等。加工型交通信息指原始型交通情报的相关性经合并加以处理的信息，主要包括车辆在路口等待时间、区间旅行时间、停车次数、预测旅行时间、一个信号周期内的交通量、年道占有率、左右转弯损失、交通容量、交通流形状、事故信息等（王学慧等，2015）。

3）交通信息的特点

交通信息包含与人、物、交通运载工具以及交通基础设施相关的一切信息，主要具有以下明显的特点：

信息来源广、种类多、表现形式迥异、信息量大。在现代交通系统中，由于充分利用了当前迅速发展的信息技术，信息的来源渠道和种类很多，如来自流量传感器的交通流量信息，来自摄像机的视频信息，来自自动车辆定位系统（automated vehicle locator system，AVL）和探测车辆（probe vehicle）的行程时间、平均行驶速度信息，来自全球定位系统（GPS）的车辆方位信息等，表现形式包含数据、图像、声音、视频等，而这些信息都是实时获取的，在短时间内，信息量将会迅速膨胀。

信息的分布范围广，共享的需求程度和标准化要求高。在交通系统中，涉及多个单位和部门，这些单位和部门都有自身的信息采集、处理和应用系统，也就是多个相对独立的信息“孤岛”，如何将这些信息“孤岛”联系起来，实现信息在整个系统乃至全社会范围内的共享，是智能交通系统的研究重点。

交通信息及其应用中，信息有着明显的层次性。在交通系统中，信息可以分为采集、融合、决策、协作和服务几个层次。这些不同层次上的信息，特性各不相同，用途也各异。例如，底层子系统提供的信息通常作为上层信息加工和应用的基础，它们之间的信息交换较少；而上层的信息则主要面向信息的具体应用，并且信息在各个上层子系统之间的交换和共享相对频繁。

交通信息具有很强的时空相关性。交通系统中所提供的信息，大多数是时间相关和空间相关的，如车流量数据，只有在与一定的时刻及路口相联系时才有意义，否则就不能为人们所理解和利用。而这些信息的时间及空间相关性又为交通信息的控制、预测、研究等提供了强大的支持。例如，可以利用交通流的时间相关性进行交通流的时间序列分析，对交通流的发展变化趋势进行较为精确的预测；也可以利用交通流的空间相关性分析交通流在路网中的分布特征，为实施交通控制提供参考（任江涛等，2001）。

4）信息传递过程

(1) 信息的获取

交通信息可以有效地反映交通结构、体现居民出行特征、描述交通设施运行状况。精准、即时、全面的交通信息是进行交通规划、交通设计和交通管理与决策的基础和依据。总体上，交通信息的获取主要分为自动获取和非自动获取两种。

非自动获取方法，信息采集主要依赖人工操作，一般适用于短期调查，不适用于实时交通信息的采集。对于静态交通信息，由于其变化的频率小，相对稳定，通常采用人工调查或仪器测量的方式来获取。此外，传统的动态交通信息采集方法也主要是非自动获取方法。例如，交通流量的非自动采集方法包括人工记数法、试验车移动调查法和摄影法；速度的非自动采集方法包括划线测量法、车辆牌照识别法、浮动车法、跟车法等；交通流密度的非自动采集方法包括出入量法和摄影法。

自动获取方法的特点是完全依靠采集设备（包括硬件和软件）感知道路使用者的通过或存在，实现对交通信息的全方位、实时的采集。交通信息自动采集技术主要包括路基型交通信息采集技术、车基型交通信息采集技术和空基型交通信息采集技术。目前，实用的路基型交通信息采集方法包含感应线圈检测器、超声波检测器、磁力检测器、红外线检测器、微波雷达检测器、视频检测器、道路监管检测器、声学检测器等检测器法，以及车辆牌照自动匹配法、车辆自动识别法等。车基型交通信息采集主要指基于 GPS 浮动车的交通信息采集技术和基于手机定位的交通信息采集技术。空基型交通信息采集利用遥感技术，捕捉地面发来的各种波段的光子，形成不同种类的图像，从遥感图像中获取交通信息（杨兆升和于德新，2015）。

(2) 信息的传输过程

交通信息的传输依赖交通信息传输系统。交通信息传输系统由现场设备、中心设备和数据传输网络组成。现场设备包括可变情报板、交通检测器站、匝道控制机和视频设备等；中心设备是指计算机、工作站和监控器等；而数据传输网络是实现现场设备与中心设备信息交换的桥梁，包括光数字传输网络、无线移动数字通信网络和无线传感器网络等。

交通信息通过屏蔽双绞线、同轴电缆、光纤、区域无线广播网络、地面微波链路、蜂窝无线网络以及卫星通信系统等媒介进行传输，信息传输的方式包括模拟信息传输、数字信息传输和无线信息传输。图1.2所示为高清电子警察系统，由路口的视频捕获设备(高清智能摄像机、补光灯)获取的红绿灯状态、机动车违章行为等信息通过光端机或光纤收发器等网络设备进行采集，再通过光纤专用传输网络传输到管理中心，同时管理中心的操作人员在中心平台应用远程管理软件通过该网络可对现场设备进行远程管理、状态监测及设备参数设置。

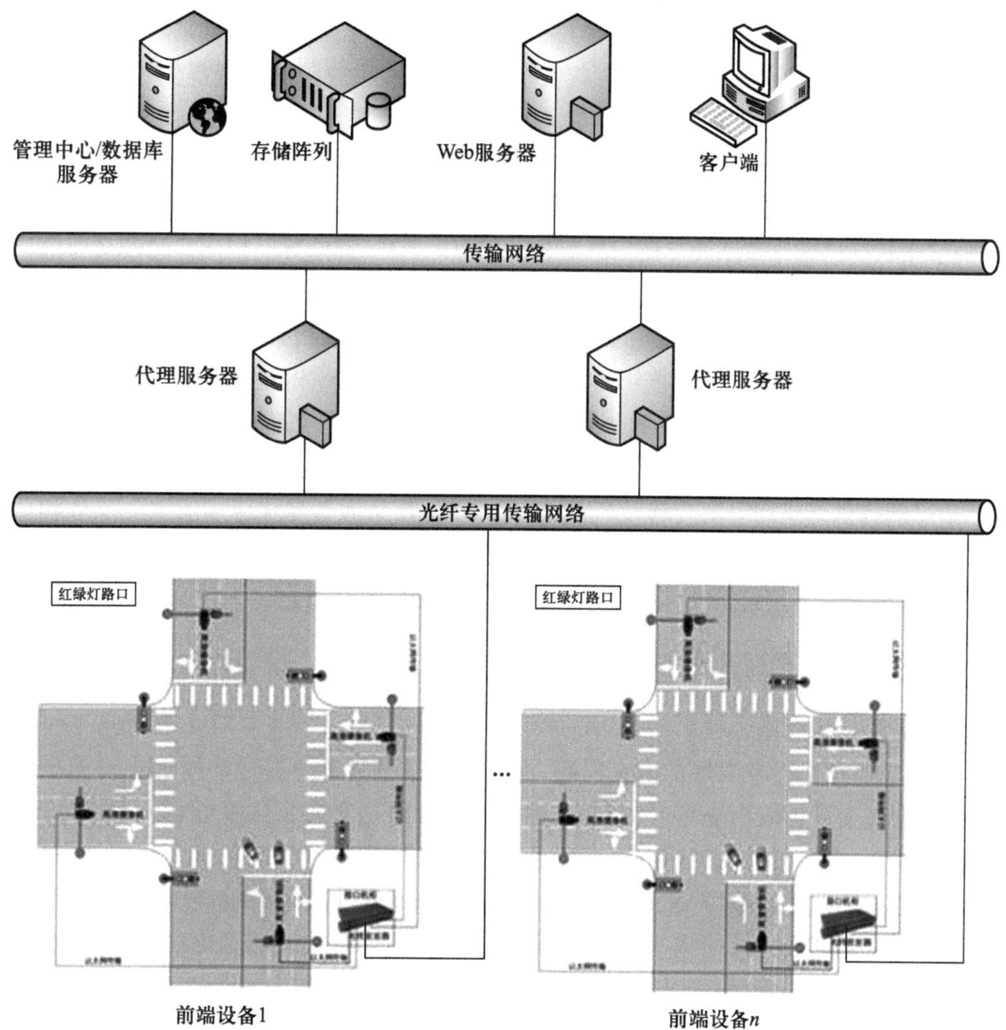

图1.2　高清电子警察系统

交通信息传输系统可以实现向现场设备发送指令、接收现场设备发出的确认信息、从各种交通检测器中获取交通数据、监视现场设备的工作状态等功能，保证了各组成部分信息交换的有效性和可靠性。

5）信息应用

(1) 以人为本，服务于交通出行，辅助决策

交通出行服务是交通信息应用的最基本和最重要的方向之一。人类对更快、更安全、更舒适的出行的需求，是交通发展的根本和动力源泉。随着信息化技术的不断发展和深度普及，公众的出行规模及需求日益增加，面对日益庞大复杂的交通运输系统，人们对综合交通出行信息服务也有更高的需求与期待。如何通过全方位的信息采集、可靠的信息传输、高效的信息处理、获取方便的信息发布，为出行者及潜在出行者提供及时、可靠、全面、实用的出行信息，满足各类出行需求，缓解交通压力，降低事故频率，使公众切身感受到便利的交通信息服务，已经成为交通建设的重要内容。

在出行服务方面，交通信息包含了出发前出行信息、与目的地相关信息、公交信息、在途交通与道路状况信息以及路线导航信息等各种信息。其中，路线导航根据实时的交通信息直接为出行者提供抵达目的地的行驶路线与方向，向出行者提供包括各路段的交通拥挤情况、通行时间、交通管理以及停车泊位和公共交通等信息，不仅能使出行者选择最佳路径，缩短行程时间，还能实时动态地进行交通分配，使交通状况得到改善（林震和杨浩，2003）。交通出行信息不仅可以满足人们出行服务的需求，还能诱导人们出行。交通信息已经成为影响出行选择的重要因素，信息的完备性和有效性、信息的内容和种类、信息的提供对象、信息的提供时间、信息的提供方式均对出行选择产生影响。未来，在交通智慧化应用的大力发展和信息的互联互通的背景下，及时、准确、便捷、精细的交通信息将为公众提供全方位、多渠道、多层次的综合性动态交通信息服务，推动智慧交通出行服务体系的建设。

(2) 技术引领，全面提升交通运输管理水平

全面提升交通运输管理水平，不仅是经济社会发展和社会各界对交通运输工作的要求，而且是交通运输行业发展的内在需要，而交通信息是提升交通运输管理水平的根本和关键。无论是交通运输市场管理、交通工程质量管理还是交通公共服务管理、交通安全管理等，都离不开交通信息的支持。随着以计算机互联网为代表的信息技术的快速发展，交通运输管理信息化已经成为交通运输业建设发展的目标，信息化技术已经成为实现交通运输管理信息化的强有力的技术手段，只有加强交通运输管理的信息化建设，为公众提供更多的信息服务，才能全面提升整个交通运输业的管理水平。

交通信息及信息化技术在交通运输管理中的应用，主要体现在以下两个方面：第一，在交通物流运输管理方面，通过信息技术对运输的车辆进行实时追踪，获取有效、及时、准确的传输物流信息，这样可以提高物流运输的车载率和物流企业的工作效率，有助于物流企业生产要素的综合管理和高效利用，促进了物流企业经营管理水平的提高。第二，交通信息及其信息技术可以在交通运输管理中的车辆收费系统、车辆导航系统、智能警察、调度系统和交通事故处理系统中发挥有效的作用，提高交通运输的管理水平，推动交通运输的发展。例如，交通信息及其信息技术在车辆调度中的应用，主要表现在交通运输之间的

通信,已经从仅提供听觉信息的语音传输,逐渐实现可以提供视觉信息的信息传输。基于信息技术中的交通运输车辆调度,可以直接对交通运输的车辆信息进行统计和分析,综合考虑之后,向不同的交通运输部门传递调度信息。在交通事故处理的过程中,利用信息技术可以对交通事故的发生进行实验模拟,结合在事故现场所勘查到的资料,实现对交通事故的处理,可以提高交通事故处理的科学性和合理性。

在信息技术的引领下,准确、及时、有效的交通信息得到广泛应用,交通管理模式和手段正逐步由体能型向智能型、由经验型向科技型、由管理型向服务型转变,交通运输管理在未来生活中将更加系统化、科学化和智能化。

(3) 信息资源共建共享,促进交通运输业可持续发展

20世纪80年代初,可持续发展作为一个完整的理论体系被提出,在国际社会上受到广泛的关注,可持续发展战略已经成为全球各国政府、企业以及社会组织的共识,实施可持续发展战略也是我国现代化建设的基本战略之一。交通运输系统作为社会经济系统的一个子系统,它的可持续发展是社会经济可持续发展的一个重要组成部分。作为一个伴随着工业革命发展起来的传统产业,传统的交通运输发展模式虽然解决了物流和人流的问题,但因为未考虑运输业在资源、环境、安全等方面造成的负面效果,产生了许多日益严重的问题,如交通阻塞、能源过耗、交通事故、噪声污染、温室气体排放等,严重影响了人们的生活质量。因此,转变运输发展方式,促进交通运输业的可持续发展已成为交通现代化建设的必然选择(杨浩和赵鹏,2001)。

交通信息是交通运输业可持续发展中不可缺少的重要资源,多元化、多层次、多功能的交通信息共建共享在交通运输业的可持续发展中占有极其重要的作用,其服务体系乃至共享体系的建设已然成为可持续发展的重点研究课题。在信息时代的大背景下,打破信息资源的垄断性,建立共享机制,构建共享平台,实现交通信息资源的横、纵向共享,最大限度地发挥交通信息的效用,对于推动交通运输业的绿色健康可持续发展具有重要的意义。

1.2 遥感交通学

1.2.1 基本认识

1) 概念

遥感交通学研究遥感在交通运输工程领域的应用,是卫星遥感应用学在交通运输工程领域应用研究的具体实践。遥感交通学基于卫星遥感应用学框架,从遥感的角度,利用遥感工具对交通运输工程领域的现象、规律进行感知、认知与实践。

遥感交通学重点研究人、遥感工具及交通运输系统三者之间的相互关系及作用,以遥感技术作为探测交通基础设施、交通地形和地貌以及交通灾害等一系列交通信息及其动

态的手段，通过融合非遥感观测信息和遥感观测信息，实现人对交通现象及其变化规律的感知、识别、理解、预测、利用，促进卫星遥感应用学和交通运输工程学的发展。

遥感交通学是一门新兴的学科，以交通运输业为研究对象，重点关注遥感技术在公路运输、铁路运输、水路运输、航空运输和管道运输的应用，涵盖规划、设计、建设、运营管理等各个方面，形成有关交通运输系统的遥感实践，为国家交通运输宏观规划、区域交通环境协调发展、交通基础设施管理、交通信息化和智能化等提供相应的信息服务。

2）与交通运输工程学关系分析

交通运输工程学是按照系统的理论、方法和技术研究交通运输系统特征和演变规律的学科。交通运输工程学是工学的一个一级学科，其包含4个二级学科，分别是道路与铁道工程、交通信息工程及控制、交通运输规划与管理、载运工具运用工程。

遥感交通学与交通运输工程学有着密切的联系。一方面，遥感交通学以交通运输工程学为基础，只有在对交通运输系统相关理论、规律、现象进行充分理解与认知的前提下，才能从遥感的角度去探究交通现象及规律，发掘遥感技术在促进交通领域建设与发展中的价值。另一方面，遥感交通学支撑和促进了交通运输工程学的发展。遥感技术作为一种新型的信息获取手段，其在交通领域应用本身就是一种技术创新，必将驱动传统交通行业的转型升级，加快交通信息化建设，促进交通运输行业经济和社会效益的提升。

3）与交通遥感关系分析

交通遥感又称“交通遥测”“交通航测”，是远距离感知各类交通工具和道路状况的技术体系。交通遥感技术体系一般由遥感平台、传感器、遥感信息接收与处理器三个部分组成。简要工作原理为：从不同高度的遥感平台上，使用各种传感器接收来自地球表层各类交通工具和道路状况的电磁波信息，并对这些信息进行加工处理，从而对不同的交通工具及其特性和道路状况进行远距离探测和识别。根据交通遥感平台高度的不同，可分为地面遥感、航空遥感和航天遥感（《交通大辞典》编辑委员会，2005）。李丽和郭力（2012）将交通遥感的定义表述为：“交通遥感是以遥感图像信息提取、综合分析等技术方法和手段探测交通线路（公路、铁路、管道），交通基础设施，交通地形、环境，交通灾害信息及其动态变化，以解决交通规划、设计、建设和管理决策与服务等一系列问题。通过遥感探测手段，提取各类交通信息因子，为交通应用提供更为直观、有效的地理及属性信息数据支撑。”

交通遥感是指遥感技术在交通运输领域各个方面的应用，其关注的是遥感技术在公路、铁路、水运、航空和管道各个交通领域的应用技术途径及具体应用方式，即研究如何利用遥感技术获取交通领域内的交通信息，其随着交通运输行业的发展而出现，是交通的遥感实践。

遥感交通学是在卫星遥感应用学基本框架下的交通领域的遥感认识与表达。遥感交通学通过对遥感机理、遥感技术、观测对象的遥感特征以及遥感应用实践等的研究来提升在交通领域遥感应用的认识，其以交通运输业为研究对象，从遥感的角度研究和揭示交通现象及其变化规律，是指导遥感在交通领域的应用实践的理论依据，是交通遥感实践基础上的认识论。

交通遥感是遥感在交通领域内的整体表现，而遥感交通学涵盖了交通遥感的原理、方法、技术和应用体系等，是交通遥感发展到一定阶段的产物，两者相互依赖，密不可分。

4）与卫星遥感应用学关系分析

卫星遥感应用学是有关卫星遥感实践的学科，涵盖科学、技术与应用过程的基本内容，是对卫星遥感应用概念、范畴、原理方法与作用的概括和抽象，反映遥感应用深层次的特征与规律，有助于认识、理解并指导人们进行遥感应用实践活动（顾行发等，2019）。遥感交通学是卫星遥感应用学的重要组成部分，是卫星遥感应用学与交通运输工程学结合形成的交叉学科（图 1.3）。

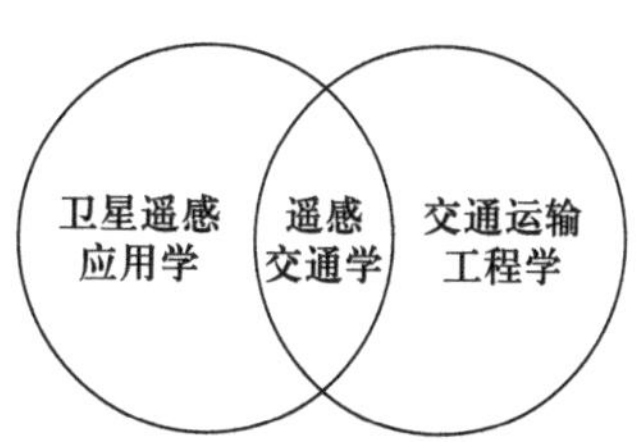

图 1.3 遥感交通学

遥感交通学是卫星遥感应用学的有效组成，是卫星遥感应用在交通领域的具体实践。遥感交通学在卫星遥感应用学的基本框架下，利用遥感手段认识、理解、分析交通运输系统中的现象、状态与变化、规律与理论，研究交通运输行业关注的课题，并给出卫星遥感应用学解答。遥感交通学的形成建立在卫星遥感应用学的基础上，其发展以遥感应用技术的发展为前提，同时遥感交通学的发展反过来又可以不断丰富卫星遥感应用学的学科体系建设和发展，两者相互依赖，相互影响，密切相关。

5）与交通运输地理学关系分析

交通运输地理学作为研究交通运输在生产力地域组合中的作用、客货流形成和变化的经济地理基础，以及交通网和枢纽的地域结构的学科，是地理学的一部分。研究地球表面自然和经济环境的自然地理学（也包括部分地质学）和经济地理学，是交通运输地理学形成和发展的基础。同时，交通运输地理学又从自然条件的交通评价和利用方面，丰富了自然地理学和自然区划的应用方向。此外，交通运输地理学中对工、农业布局的交通运输要素的研究以及地区内外运输联系的研究，均成为经济地理学和经济区划理论中的最重要组成部分。

遥感交通学和交通运输地理学两者均与交通有关，必然存在联系。以关注范围来看，交通运输地理学关注的重点在于交通中的“运输”，未涉及交通行业中其他部分的研究，如交通工程等；相比之下，遥感交通学则以交通运输业为研究对象，关注范围更广。从关注角度来看，交通运输地理学关注地域组合与交通运输的相互关系，是关于地理环境与交通运输之间客观规律认识的研究；遥感交通学从遥感技术的角度对交通进行理解和认识，在遥感交通学的基本框架下，利用遥感技术可以更高效、更快速、更便捷地获取与交通运输地理相关的信息，促进人类对交通运输与地理环境客观规律的认识过程，支撑交通运输地理学科的发展。

1.2.2 研究内容与应用范畴

1）研究内容

遥感交通学作为卫星遥感应用学在交通领域的专题应用，其核心是通过遥感观测获取交通信息，并对其进行处理分析，总结交通现象与演变规律，实现对交通要素从本体论信息到人的认识论信息的转变，服务交通运输系统的具体应用。因此，遥感交通学的研究内容主要包括：① 交通运输系统的遥感信息研究，即研究交通要素在遥感影像上的特征分析和基于遥感影像资料的交通信息提取原理与方法；② 遥感交通应用的系统工程与工程系统的构建；③ 遥感技术在交通各个领域（包括公路、铁路、水运、航空和管道）的具体应用实践及效果评估。

2）应用范畴

遥感交通学具有多学科交叉的特点。从交通运输体系的构成来看，遥感交通学的应用范畴涵盖了公路交通运输、铁路交通运输、水路交通运输、航空交通运输和管道交通运输等综合交通运输系统中的规划、设计、建设、运营、管理的各个环节所涉及的所有遥感活动。表1.1梳理了遥感在不同交通业务领域的应用需求（刘亚岚等，2012；李丽和郭力，2012）。

表1.1 遥感在交通领域的应用需求

行业需求	信息内容	遥感系统		
		中等分辨率	高分辨率	超高分辨率
规划	交通分区土地利用/地表覆盖（1∶5万）	√	√	
	交通分区土地利用/地表覆盖（1∶1万）		√	
	地形图（1∶5万）	√	√	
	地形图（1∶1万）		√	
	地质概况（区域地质/水文地质/工程地质条件，构造活动）（1∶5万~1∶25万）	√	√	
	基础设施调查（路网分布与里程、道路等级、枢纽的位置、站点布置、护栏、分隔带）		√	√
	交通量/交通流密度调查		√	√
	桥梁调查（识别桥面状况）		√	√
	交通标志（指示牌、里程碑等）			√
	车辆、船只识别		√	√
	机场、港口识别	√	√	√
	管道识别		√	√

续表

行业需求	信息内容	遥感系统		
		中等分辨率	高分辨率	超高分辨率
勘察设计	交通分区土地利用/地表覆盖(1∶5万)	√	√	
	交通分区土地利用/地表覆盖(1∶1万)		√	
	地质概况(区域地质/水文地质/工程地质条件,构造活动)(1∶5万)	√	√	
	地质概况(区域地质/水文地质/工程地质条件,构造活动)(1∶1万)		√	
	数字正射影像(1∶2000~1∶5000)(初勘阶段)		√	√
	数字正射影像(1∶500~1∶2000)(详勘阶段)			√
	地形图(1∶2000~1∶5000)(初勘阶段)		√	√
	地形图(1∶500~1∶2000)(详勘阶段)			√
	数字高程模型(1∶2000~1∶5000)(初勘阶段)		√	√
	数字高程模型(1∶500~1∶2000)(详勘阶段)			√
建设	交通分区土地利用/地表覆盖(1∶5万)	√	√	
	交通分区土地利用/地表覆盖(1∶1万)		√	
	数字高程模型		√	√
	建设永久占地(路基、互通、服务区、收费站等)动态监测		√	√
	临时占地(取土场、弃土场、施工营地、拌和站、预制场、施工便道等)监测			√
	施工效果动态监测		√	√
运营	数字高程模型		√	√
	道路中心线			√
	精确的道路宽度		√	√
	路面类型(水泥、沥青、砂石等)识别		√	√
	绿化设施(行道树、分隔绿化、苗圃等)调查		√	√
	安全设施(护栏、分隔带、交通标志等)调查		√	√
	沿线设施(养护房屋、收费站、服务区、加油站等)调查		√	√
	桥梁类型、附属设施、结构			√
	构筑物(涵洞、挡墙)			√
	路基(路肩、防护设施等)			√
	区域形变、路基形变测量	√	√	√
	交通设施病害调查			√
	交通灾害(包括雪灾、冻灾、水灾等气象灾害和崩塌、滑坡、泥石流、地震等地质灾害)监测与风险评价	√	√	

续表

行业需求	信息内容	遥感系统		
		中等分辨率	高分辨率	超高分辨率
管理	路政权属调查(包括建筑物位置、高度,地籍制图)		√	√
	交通标志调查			√
	交通设施调查		√	√
	车辆统计、交通量估算、拥堵状况评价等,特殊车辆识别		√	√
	停工监测、施工养护地段识别、船只目标监测		√	√
交通环境	环境状况调查(生态、植被等)	√	√	√
	土地利用类型(植被、农田、建设等)	√	√	√
	建设环境监测(水土流失)	√	√	√
	大气污染环境监测		√	√
	水文泥沙环境(水下地形、水沙输移监测、悬沙定量监测等)	√	√	√
	航道环境污染监测(水华监测、溢油监测)	√	√	√
	岸线信息提取	√	√	

注:中等分辨率指空间分辨率为2.5~30 m(含2.5 m),时间分辨率为1个月以上;高分辨率指空间分辨率为0.3~2.5 m(含0.3 m),时间分辨率为1个月以下;超高分辨率指空间分辨率小于0.3 m,时间分辨率以天计。

可以看出,遥感在交通领域具有广泛的应用,不同交通业务领域对遥感系统的需求不同,中等分辨率遥感系统的应用范围较小,高分辨率和极高分辨率遥感系统的需求较大。国产高分辨率卫星遥感对地观测技术的飞速发展,为解决新时期交通科技发展面临的问题提供了切实有效的技术保障。目前,国产高分系列卫星遥感数据在交通行业的应用已经涉及公路、铁路、水运、航空等领域,服务于交通基础设施“建、管、养、运”全生命周期管理,涵盖道路建设与施工监控、交通道路勘察设计、交通路网规划与可行性分析、交通路网监控与应急救援、交通出行服务、航运与环境监测、机场规划建设与环境监测、农村公路普查、高速公路运营养护等方面,极大地提升了交通行业信息化水平,但仍然有很多非常有价值的应用受到目前卫星自身条件的限制,难以取得良好的应用效果,如交通勘察设计所需1∶2000~1∶500地形图生产、车道线提取等。预期在未来,随着遥感技术的进一步发展,交通遥感目标识别和提取的精度将进一步提高,遥感交通应用问题也将得到更好解决。

1.2.3 遥感交通学研究现状

1)国外遥感交通应用概况

遥感作为一种高效的空间信息获取手段,具有覆盖范围广、易更新、成本低、获取信息客观真实等优点，在国土、气象、环境、农林、海洋等各个领域具有广泛的应用。遥感在公路交通领域的应用起源于20世纪80年代，美国、德国、英国、日本等发达国家大力发展遥感技术，使其适用于交通领域，重点研究遥感技术在交通基础设施监测管理、交通流量监测与分析、交通灾害监测和应急救助、交通规划与环境评价等方面的应用（李丽和郭力，2012；刘亚岚等，2012；王秀清，2018）。

1997年，美国成立了遥感在交通领域应用研究的国家级机构——国家交通遥感协会（National Consortia on Remote Sensing in Transportation，NCRST），隶属于美国国家航空航天局（National Aeronautics and Space Administration，NASA），专门研究遥感和空间信息技术在交通领域的应用，并设置了四个分支机构：NCRST-D（利用遥感技术研究各种灾害对交通系统影响的评估与应对方案设计）、NCRST-E（利用遥感技术研究周围环境对交通系统的影响）、NCRST-F（研究利用航空、航天遥感技术获取交通流信息）、NCRST-I（研究利用遥感技术探测信息、数据库更新、多尺度建模、特征提取和数据融合等基础应用技术）。1999年，美国交通部与NASA合作，启动了商业遥感和空间信息技术应用于交通的项目，旨在利用遥感与空间信息技术促进交通运输行业的发展。包括NASA-Stennis空间中心、明尼苏达交通管理局和得克萨斯交通研究所在内的近20家单位以及俄亥俄州立大学等10余所大学参与到该项目中，开展基于多源遥感数据的交通要素识别、交通灾害监测与危险性评价、交通环境评价等研究，从而为交通基础设施建设工程提供从规划到勘察设计，从建设管理到运营养护的全生命周期的信息化服务。2000年以后，美国开展了涵盖多光谱、高光谱、激光雷达在内的多源遥感数据在交通中的应用研究。例如，NASA利用航空影像和高分辨率IKONOS影像建立了单个交通工具的光谱数据。Gardner等（2001）利用机载可见光/红外成像光谱仪（Airborne Visible Infrared Imaging Spectrometer，AVIRIS）获取的遥感影像，对加利福尼亚的路面类型进行识别，并根据路面养护指数（pavement condition index，PCI）对路面等级进行评价。在激光雷达方面，主要利用激光雷达遥感获取地面高程数据以辅助交通规划，例如，Uddin和Emad（2002）利用LiDAR技术对高速公路走廊带规划与设计应用进行了研究，取代传统摄影测量技术获取数字高程模型（DEM），并同步获取可见光遥感影像，以改善LiDAR数据获取的高程数据，进而完成了正射影像图的制作。

在欧洲，德国宇航中心（DLR）与慕尼黑大学成立联合研究实验室，共同开展遥感在交通中的应用研究。该实验室基于光学遥感和微波遥感进行了多项遥感交通监测研究，包括基于航空遥感的交通信息采集以及基于合成孔径雷达（synthetic aperture radar，SAR）的交通信息监测（Grote and Heipke，2008；Suchandt et al.，2010）。德国宇航中心卫星地面站利用TerraSAR雷达卫星图像进行高速公路车辆及其速度的检测试验（DLR，2008）。英国交通遥感应用集中在交通流和公路路网的监测，主要的应用项目有高级交通流理论、非均匀智能交通网络控制和交通路线的远程监察。通过利用多种传感器（如回路探测器、遥感传感器、手机等）采集到的实时数据，建立一个基于模型的实时智能交通控制系统（宋晨曦等，2014）。瑞典国家公路管理局将遥感影像和照片应用于大型交通工程项目的规划和勘察设计，主要利用中小比例尺的卫星遥感影像和航空像片进行线路规划设计。在设计阶段，采用航空摄影测量方法进行公路纵、横断面测量和绘图自动化。

相较于美国和欧洲各国，日本更加侧重于遥感技术在交通灾害预警与防治方面的研究。早在20世纪70年代末，日本已经利用黑白航空遥感影像编制了全国1：5万比例尺的地质灾害分布图。在日本，卫星影像和航空像片已经广泛应用于高速公路规划阶段的工程地质普查工作，利用高分辨率的遥感数据，可快速判识规划路线沿线的地形、地貌以及滑坡、崩塌、泥石流等区域地质灾害，辅助现场勘测工作的完成。

基于空间技术的快速发展，发达国家在21世纪初就已经拥有丰富的高分辨率遥感数据，并将其广泛应用于交通行业各个业务领域，在以下几方面取得了明显的成效：① 基于遥感技术的交通基础设施调查、变化监测和管理；② 基于遥感技术的交通工程辅助勘察设计；③ 基于遥感技术的交通灾害监测与评价；④ 结合遥感数据和地面调查数据的交通流监测和统计；⑤ 基于遥感技术的交通环境监测与评估；⑥ 基于遥感技术的公众出行服务。

随着高分辨率遥感卫星的发射、应用和信息获取技术的快速发展，遥感影像的分辨率极大提高，遥感技术在交通信息化建设中的作用日趋重要。利用遥感技术可大范围获取交通信息，大幅提升交通空间信息获取的速度、精度及工作效率，极大地减轻了作业人员的劳动强度，节约了成本。

2）国内遥感交通应用概况

我国的遥感技术起步晚于发达国家，但是发展迅速。伴随着遥感技术的飞速发展，遥感在交通领域的研究也在逐步加深和拓展，国内学者在公路交通、铁路交通、水路交通、航空交通、管道交通等各个交通领域开展了广泛的研究，研究内容涉及交通规划、选线选址勘察、交通灾害调查与评估、环境评价等多个方面，取得了一系列丰硕的成果，逐渐形成了“交通+遥感”的局面，即交通遥感。

相较于国外，我国的公路交通遥感应用更全面、更广泛，主要涉及公路网规划、工程可行性研究、勘察设计与选线、施工建设进度监测、公路灾害监测等方面。公路交通是目前交通运输系统中遥感应用最为广泛和深入的领域。经过多年的发展，遥感技术在公路网现状调查、交通量调查、辅助公路勘察设计、地质调查、交通灾害监测与评价、交通环境监测与评估等方面，得到了不同程度的应用（刘智，2017；张志军和庄永成，2017；孙震辉等，2018）。其中，公路灾害调查与监测是当前研究的热点和难点，遥感技术已经成为区域公路灾害与孕灾环境宏观调查以及灾害损毁评估不可或缺的重要手段，在崩塌、滑坡、泥石流、地震、洪水、地表沉降等灾害的调查及监测中发挥了重要的作用，为灾后应急处置、灾情损毁评估提供辅助决策的重要信息。为了减少交通自然灾害造成的社会经济损失，我国国土资源、公路、水利等相关单位和高等院校、科研部门开展了广泛的研究，取得了一系列的研究成果。例如，1995年，国土资源部组织了“崩塌滑坡地质灾害监测预报与防治技术方法研究”课题组，重点研究崩塌滑坡地质灾害的形成演化过程、监测及预警技术。2009年，交通运输部科学研究院立项“重大公路灾害遥感监测与评估技术研究”课题，专门针对重大灾害后利用遥感技术进行公路灾情的监测与评估过程中涉及的灾害信息快速提取、公路灾情评估以及救灾路径选择等进行技术攻关。针对崩塌滑坡地质灾害,我国相继建立了巫山县地质灾害实时监测预警示范站、四川雅安地质灾害预警示范区、江西重点地质灾害易发区、贵州公路滑坡自动监测示范站等(谭小湖,2008)。

我国铁路交通遥感起步于20世纪50年代,20世纪70年代中后期开始引用陆地卫星图像和其他多种航空遥感图像。将遥感技术应用于铁路建设工程,能够快速获取大面积、真实、可靠的地形地貌、地质构造和地物信息,节省了人力物力。目前,遥感技术在我国铁路交通的应用主要体现在铁路选线、铁路网调查以及铁路运营管理养护等方面,尤其在铁路勘测选线方面,遥感技术应用广泛。早在1955年,我国就已经将航空勘测技术应用于兰(州)-新(疆)铁路勘测选线工作。基于遥感技术进行铁路勘测选线,可以避免传统选线方法在很大程度上受选线人员经验、技术水平影响,不能科学地、全面地定量比对各方案的劣势,可以有效提高选线质量和勘测质量,提高勘测设计效率,改善勘测工作条件,节约基建投资(田利川,2013;杨新亮,2014)。运营管理养护中的遥感应用主要涉及铁路沿线环境及地质灾害的动态监测、路基形变与区域沉降监测、铁路建设工程生态环境评价等方面(张玉清,2002;李珊珊等,2012;李佳承等,2013)。

20世纪90年代以来,随着空间信息技术的飞速发展,遥感技术逐渐成为港口、航道工程监测的一种新的重要的技术手段。目前,遥感技术主要应用于水路交通要素监测、航道环境监测、港口与航道工程规划及动态监测等。水路交通要素监测方面,国内学者开展了基于遥感影像的港口、岸线及船只提取等一系列研究,取得了一定的进展(张永继等,2005;张志龙等,2010;鲍松泽等,2018)。航道环境遥感监测方面,主要集中在水质监测、含沙量反演以及海上溢油监测等方面。例如,利用环境一号卫星多光谱数据对巢湖叶绿素a浓度、悬浮物浓度、水体透明度以及水体富营养化指数等水质参数进行反演(朱利等,2010);利用2006—2008年MODIS遥感影像和长江口多点实测含沙量数据,建立悬沙遥感反演模型,对长江口南、北槽泥沙含量进行反演(刘杰等,2013)。针对突发性海上溢油事故,近年来国内学者开展了大量基于AVHRR、MODIS、HJ-CCD、高分卫星、雷达等多源遥感数据的海面溢油监测研究,有效地提高了海洋溢油的监管效率(王臣等,2014)。此外,基于高分辨率遥感影像的港口与航道工程施工和港口规划研究也在积极探索中(左天立等,2017)。

航空交通业务中,遥感技术主要应用于机场规划选址、机场运营管理以及机场环境监测等方面。在机场规划选址中,应用高分辨率遥感图像和数字高程模型,构建机场规划建设区域的三维可视化模型,可为机场选址提供辅助决策信息(李玉霞等,2007)。在机场运营管理方面,研究侧重于从遥感影像中快速识别机场跑道等基础设施,实现机场运营管理智能化(李金宗等,2010)。在机场环境监测方面,研究主要集中在大气环境因子监测、机场地表热温反演等方面,目前尚处于研究阶段。

随着我国"高分辨率对地观测系统"重大专项(简称"高分专项")的启动实施,我国的遥感事业实现了跨越式的发展。国产高分辨率遥感数据的自给率大幅提高,基本形成了涵盖不同空间分辨率、不同覆盖宽度、不同谱段、不同重访周期的高分数据体系。高时间分辨率、高空间分辨率、高光谱分辨率的高分系列卫星一方面满足了交通基础设施大范围、精细化、实时动态监测管理的需求,大幅提升交通基础设施运行服务能力;另一方面将遥感技术与地理信息系统(GIS)、全球导航卫星系统(GNSS)等现代信息技术进行有效结合,在交通基础设施工程建设运营、养护等领域发挥了重要作用。在高分专项的推动下,基于卫星遥感应用学框架的遥感交通学已基本形成。目前,“遥感+交通+学”正处于快速发展活跃期,随着遥感数据获取能力和应用水平的持续提升,遥感在交通领域的应用将不断扩展和深入,遥感交通学也将得到进一步丰富和发展,为交通运输信息化、智能化、现代化以及卫星遥感应用产业化发展提供服务。

1.3 本书内容

本书主要内容分为遥感交通学有关认知与理论、遥感在交通运输系统不同领域的应用方法与高分应用示范以及遥感交通应用效益三个部分,全书共10章,如图1.4所示。

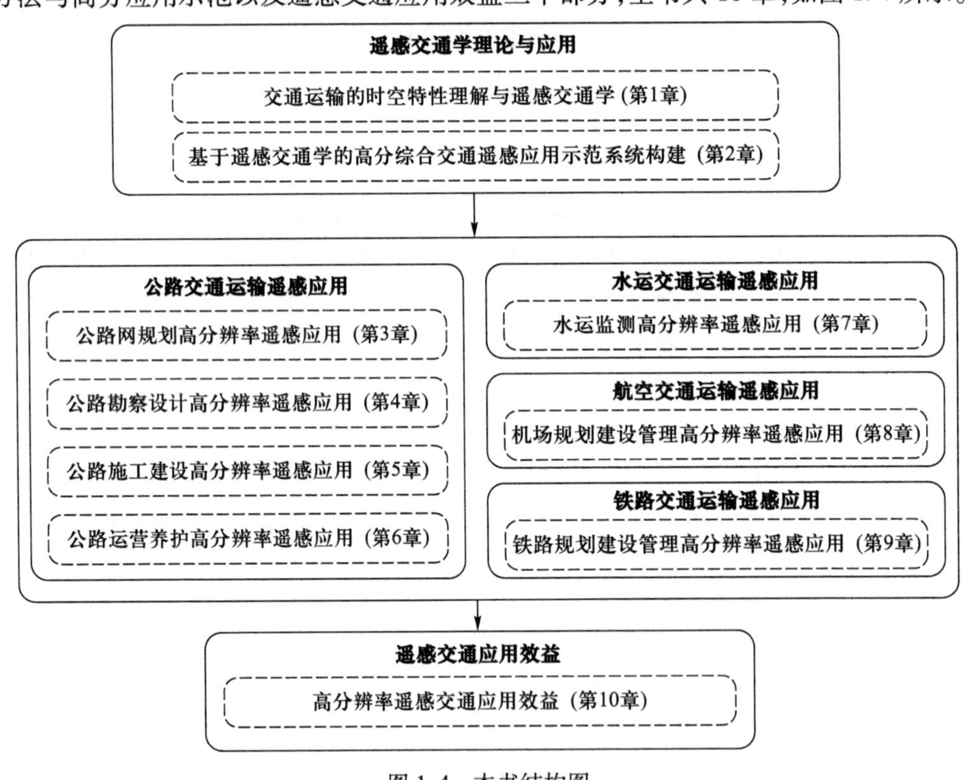

图1.4 本书结构图

第一部分对遥感交通学进行描述,包括第1章和第2章。其中,第1章主要介绍交通运输的时空特性以及对遥感交通学的基本理解;第2章在遥感交通学基本认知的基础上,介绍高分综合交通遥感应用示范系统的构建过程,包括高分辨率遥感图像交通要素解译方法与标志和高分辨率综合交通遥感应用示范系统的构建。

第二部分以综合交通领域的遥感应用为立足点,按照交通运输方式的不同,介绍遥感技术在公路运输、水路运输、航空运输和铁路运输中的应用需求及应用方法。此部分为第3~9章,具体为:第3~6章以公路交通为研究对象,介绍公路网规划、公路勘察设计、公路施工建设、公路运营养护中的高分辨率遥感应用。其中,第3章介绍公路网规划阶段,高分辨率遥感在路网现状调查、公路网节点调查以及土地利用现状调查等业务中的应用方法与技术。第4章分析公路勘察设计阶段的遥感应用需求,介绍高分辨率遥感在路线走廊带地形地貌解译与地物提取、公路不良地质体判识以及公路三维建模方面的应用情况。第5章介绍公路施工建设阶段,高分辨率遥感在公路施工进度动态监测和公路建设占地动态监测中的应用。第6章介绍高分辨率遥感在公路运营养护阶段的应用,包括公路红线控制区监测、公路灾害监测和公路损毁评估等。第7章介绍高分辨率遥感在水运交通规划、建设及管理中的应用,包括水上交通要素遥感监测和水环境遥感监测两个方面,涵盖了港口提取、岸线提取、船只提取、水质监测、航道含沙量监测以及水上溢油污染监测等内容。第8章介绍高分辨率遥感技术在机场规划与选址、机场建设、机场运营管理中的应用。第9章介绍高分辨率遥感铁路交通应用,包括铁路网现状调查、铁路选线设计、铁路施工进度监测、铁路临时用地监测、铁路安全保护区监测、铁路灾害监测、铁路路基沉降监测等方面的应用情况。

第三部分包括第10章,从经济效益、社会效益和效益持续性三个方面分析高分辨率遥感技术在交通行业中的应用成效。

参考文献

鲍松泽,钟兴,朱瑞飞,于树海,于野,李兰民.2018. 基于短波红外遥感影像的船只自动检测方法. 光学学报,38(5):289-299.

顾行发,余涛,杨健等.2019. 卫星遥感应用学与高分辨率遥感应用系统设计概论. 北京:高等教育出版社.

过秀成.2017. 交通运输工程学. 北京:人民交通出版社.

胡思继.2001. 交通运输学. 北京:人民交通出版社.

胡思继.2017. 交通运输学(第二版). 北京:人民交通出版社.

《交通大辞典》编辑委员会.2005. 交通大辞典. 上海:上海交通大学出版社.

李佳承,沈渭寿,林乃峰,欧阳琰.2013. 基于遥感和GIS的青藏铁路生态累积效应研究. 生态与农村环境学报,29(5):566-571.

李金宗,穆立胜,李冬冬,马冬冬.2010. 大尺度高分辨率遥感图像机场目标的快速识别. 光电子·激光,7:1083-1088.

李丽,郭力.2012. 交通遥感概论. 北京:科学出版社.

李珊珊,王平,胡俊.2012. 基于ARSA数据的青藏线多年冻土区形变监测研究. 工程勘察,40(12):50-54.

李玉霞,杨武年,刘汉湖,戴晓爱,夏涛.2007. 遥感图像三维可视化技术在西部高原区机场建设工程中的应用——以昆明小哨机场为例. 物探化探计算技术,29(3):260-263.

林震,杨浩.2003. 交通信息服务条件下的出行选择分析. 中国公路学报,1:88-91.

刘杰,程海峰,赵德招.2013. 长江口南北槽悬沙遥感反演模型研究. 中国水利学会河口治理与保护专业委员会年会.

刘亚岚,谭衢霖,孙国庆,张勇,周翔.2012. 交通遥感方法与应用.北京:科学出版社.

刘智.2017. 分析遥感技术在公路勘察设计中的应用.公路交通科技·应用技术版,13(2):84-85.

任福田,刘小明,孙立山等.2017. 交通工程学(第三版).北京:人民交通出版社.

任江涛,张毅,李志恒,胡东成.2001. 智能交通系统信息特征及亟待解决的相关问题.信息与控制,30(6):550-554.

宋晨曦,邹同元,王剑,汪红强,孙知文,王文亮.2014. 高分遥感技术在交通运输行业的应用及展望.卫星应用,6:55-59.

孙震辉,孟庆岩,孙云晓,张佳辉,张琳琳.2018. 脉冲耦合神经网络的遥感影像城市道路提取.测绘科学,43(1):145-152.

谭小湖.2008. 公路崩塌滑坡地质灾害监测预报现状综述.山西建筑,34(31):296-297.

田利川.2013. 遥感技术在浦建龙梅铁路地质选线中的应用.铁道勘察,39(4):66-68.

王臣,刘明,赵朝方,崔文连.2014. 高分一号在青岛输油管道海面溢油监测中的应用.海洋湖沼通报,4:174-179.

王任祥.2008. 交通运输地理.北京:人民交通出版社.

王秀清.2018. 遥感技术在交通行业应用的思考.计算机产品与流通,11:113.

王学慧,丁立波,于世军.2015. 交通信息技术基础.北京:国防工业出版社.

杨浩,赵鹏.2001. 交通运输的可持续发展.北京:中国铁道出版社.

杨新亮.2014. 遥感技术在库格铁路阿尔金山区地质选线中的应用.铁道标准设计,58(3):5-9.

杨兆升,于德新.2015. 智能运输系统概论(第三版).北京:人民交通出版社.

张永继,闫冬梅,曾峦,谷锁林.2005. 基于邻域相关信息的海岸线提取方法.装备学院学报,16(6):88-92.

张玉清.2002. 基于遥感的成昆铁路泥石流病害的判译和治理对策.陕西学前师范学院学报,18(3):54-57.

张志军,庄永成.2017. 基于 GF-1 数据的地质灾害遥感调查——以青海省大通县为例.科学技术与工程,17(18):9-17.

张志龙,张焱,沈振康.2010. 基于特征谱的高分辨率遥感图像港口识别方法.电子学报,38(9):2184-2188.

朱利,姚延娟,吴传庆,张永军,陈静,王颖.2010. 基于环境一号卫星的内陆水体水质多光谱遥感监测.地理与地理信息科学,6(2):81-84.

邹海波,吴群琪.2007. 交通与运输概念及其系统辨析.长安大学学报:社会科学版,1:24-27.

左天立,齐越,董敏,王达川,苏孟超,张民辉,姚海元,臧韶辉.2017. 遥感影像技术在港口规划中的应用探索.港工技术,54(4):13-17.

DLR. 2008. TerraSAR-X remote sensing satellite for traffic surveillance. Research and Economic Development 2007—2008.

Gardner M, Roberts D A, Funk C, Noronha V. 2001. Road extraction from AVIRIS using spectral mixture and Q-tree filter techniques. Technical Report. University of California, Santa Barbara, National Consortium on Remote Sensing and Transportation: Infrastructure.

Grote A, Heipke C. 2008. Road extraction for update of road databases in suburban areas. *Archives of Photogrammetry, Remote Sensing and Spatial Information Science*, XXXVII-B3b:563-568.

Suchandt S, Runge H, Breit H, Steinbrecher U, Kotenkov A, Balss U. 2010. Automatic extraction of traffic flows using TerraSAR-X along-track interferometry. *IEEE Transactions on Geoscience and Remote Sensing*, 48 (2):807-819.

Uddin W, Emad A. 2002. Airport obstruction space management using airborne using airborne LiDAR three-dimensional digital terrain mapping. Federal Aviation Administration Technology Transfer Conference, Atlantic City.

第2章

基于遥感交通学的高分综合交通遥感应用示范系统构建

通过遥感技术获取交通信息是科学分析交通运输系统特征、演变规律的基础,如何实现从遥感观测对象信息到认识论信息的转换,是遥感技术在交通运输领域发挥重要作用的关键。本章基于遥感交通学的基本认识,重点介绍高分综合交通遥感应用示范系统的构建,并阐述高分辨率遥感图像交通要素的解译过程。

2.1 高分辨率遥感图像交通要素解译

2.1.1 高分辨率遥感图像交通要素解译方法

高分辨率遥感图像交通信息由人工或计算机进行提取,分别称为目视解译和计算机解译。目视解译和计算机解译各有优劣,相辅相成。目视解译相较于计算机解译,可利用专业解译人员的专业知识,提取空间信息,但工作量大、效率低,难以满足实时解译大量遥感图像信息的要求,且不同人的提取结果有所不同;计算机解译具有解译效率高的优点,可提取出物理量和指标,但在解译精度上有所不足。实际上,现如今遥感图像解译单纯依赖目视解译或计算机解译的情况是很少的,一般会利用人和计算机协作,结合目视解译和计算机解译两种方式的优势,一方面可以充分发挥图像解译人员专业的经验,另一方面又能发挥计算机快速处理图像信息的优势,这种方式被称为遥感图像人机交互解译(刘刚等,2010)。

1）目视解译

（1）目视解译概念与原理

高分辨率遥感图像交通要素目视解译是高分辨率遥感技术在交通领域应用的一项基本技术，也是交通要素遥感解译中的重要内容之一。目视解译是指解译人员利用高分辨率遥感图像的图像特征，如色调等波谱特征，以及空间特征，如形状、大小、阴影、纹理、图形、位置、布局等，结合图像解译的背景知识，综合分析、逻辑推理和判断遥感图像特征所代表的目标或现象的过程（马蔼乃，1987）。目视解译是遥感成像的逆过程，其原理如图 2.1 所示。

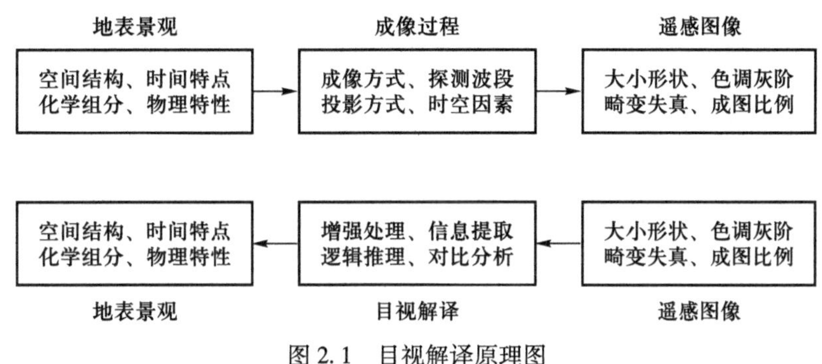

图 2.1　目视解译原理图

高分辨率遥感图像交通要素目视解译的目的是从高分辨率遥感图像中获取需要的交通要素的相关信息，需要对交通要素进行识别和判读，明确遥感图像中有哪些交通要素，及其分布位置和数量特征，要求解译人员熟悉遥感图像特征及交通要素的识别特征。

（2）遥感图像交通要素特征

遥感图像交通要素特征包含色、形、位三个方面。色是指各交通要素在遥感图像上的色调、颜色和阴影等，其中色调和颜色反映了图像的物理特征，是地物波谱信息构成的图像特征，而阴影则是地物三维空间特征在图像色调上的反映；形是指交通要素在遥感图像上的形状、纹理、大小、图案等，是色调、颜色的空间排列，反映了交通要素在图像中的几何特征；位是指交通要素在遥感图像上的空间位置，包含地物的位置和组合，反映了地物的空间关系（赵英时，2003）。

（3）目标地物识别特征

目标地物识别特征主要包含色调、颜色、阴影、形状、纹理、大小、图案、位置及组合 9 个要素，分别说明如下：

色调：色调是遥感图像解译常用的解译标志。色调是指图像的相对明暗程度，是地物反射、辐射能量强弱在图像上的表现。地物的属性、几何形状、分布范围和规律都可以通过色调差异反映在遥感图像上。色调的差异多用灰阶表示。在全色图像中，目标地物按照其反射率呈现出白-灰-黑的颜色变化，因而可以通过色调差异来识别目标。例如，在光学遥感全色图像中，水体一般表现为黑色色调，含水量低的乡村道路表现为白色。色调是解译目标地物的基本依据，但是要注意的是，解译者首先要明确待解译遥感图像的成像方式，这对了解色调的表现形式至关重要。例如，高分三号为主动式微波系统，图像色调反映的是地物后向散射强度的差异，与地物后向散射系数直接相关，而后向散射系数又受到雷达传感器系统参数（如波长、入射角、极化方式等）以及地表特性（复介电常数、坡度、表面粗糙度等）影响。例如，金沙江白格滑坡滑动面在2018年10月12日获取的高分三号升轨图像中呈现出黑色色调。相比之下，可见光-近红外波段的高分一号卫星为被动式遥感系统，其图像记录的是地球表面对太阳辐射能的反射辐射能，受到大气纯洁度、地物波谱特性、太阳辐射强度等因素的影响。金沙江白格滑坡滑动面在高分一号全色图像中色调偏向于灰白色。同时，色调除了受图像成像方式影响，还受环境变化、卫星成像参数等影响，因而，用色调进行图像解译要特别注意，不同时间拍摄的图像，同一地物的色调可能有所不同。

颜色：肉眼对色彩的识别能力要远强于对灰度的识别能力，因而在遥感图像解译过程中，一般将不同波段的遥感图像进行组合，合成彩色图像来提高目标地物的可解译性，进而提高识别精度。选取波段合成彩色图像时，可以根据解译目标自定义设置。根据合成的彩色图像与地表地物实际颜色的吻合程度，可以将彩色图像分为假彩色图像和真彩色图像。假彩色图像中的地物颜色与实际地物颜色不同，合成假彩色图像的主要目的是可以突出相关地物颜色信息，提高地物的视觉效果，从而可以更为便利地从图像中提取有用的地物信息。真彩色图像中参与合成的三个波段的波长与红、绿、蓝三种原色的波长相同或近似，使得图像上地物颜色特征与实际地物颜色特征相似，相比假彩色图像，更符合人的认知习惯。在真彩色图像上，森林和农田均为绿色，有经验的解译人员甚至能区分树种和作物种类。

阴影：是遥感图像上由于电磁波被地物遮挡而产生的暗色调。阴影的形状和大小有助于判断地物的类型，如电塔、建筑物等。阴影的形状和大小受到地物本身几何特征和电磁波的照射角度、方向等影响，反映了地物的空间结构特征，根据电磁波的照射角度，有助于判断地物的高度。但阴影同时会遮盖一些地物信息，不可避免地丢失一些目标信息，给解译工作的进行造成麻烦。

形状：是指地物目标的外形、轮廓在遥感图像上的反映。解译时需要首先考虑遥感图像的成像方式，因为不同的成像方式，会使得同一地物在遥感图像上呈现出不同的形状。大多数光学影像都是垂直拍摄的，如高分一号、高分二号，在遥感图像上会记录地物目标的顶面形状，根据顶面形状可以快速判断地物的属性，如桥梁、高速公路等；也有一些卫星拍摄图像时是侧视成像的，如高分三号，此时图像上的地物表现为侧视时的形状，这有利于直观地判断地物侧面特征，例如，可判断出桥梁是斜拉桥、拱桥或是梁式桥等。

纹理：指遥感图像上地物色调变化的空间布局和频率，如云南哈尼梯田的波浪式纹理。纹理是单一细小特征的组合，这种组合使得地物在图像上看起来平滑或粗糙。对光谱特性相似的地物可以用纹理进行区分，如在高分二号图像上，草场看起来平滑，灌木丛看起来较粗糙,针叶林看起来很粗糙。

大小:指地物尺寸、面积、体积在遥感图像上的记录,根据图像的比例尺大小,可以计算出图像上地物实际的尺寸、面积和体积。大小是目标地物解译的重要标志之一:一方面,根据地物在图像上的大小,借助于比例尺或像元分辨率可以快速计算地物实际的大小;另一方面,它直观地反映了地物之间的相对大小,解译者可以根据经验,识别出图像中最熟悉的目标(如建筑物、桥梁等),进而建立起整幅图像中各个地物直观的大小概念。

图案:指目标地物有规律地排列而形成的空间形式,反映了地物的空间分布特征。这些特征有助于图像的识别,如港口排列整齐的集装箱、小区的住宅、人工树林排列整齐的树冠等,以这些图案为线索,可以很容易地判断地物的类型。

位置:指地理位置,反映了地物分布的地点和周围环境。目标地物与周围的环境往往存在着一定的空间关系,根据周围环境,结合地物的其他特征,往往可以推断出地物的属性,并相互印证。例如,港口往往分布在海、江、河、湖、水库沿岸,是具有水路联运设施并且能够满足船舶安全进出和停泊的运输枢纽;沿海岸一般会分布着滩涂、沙滩等。

组合:反映目标地物之间的空间配置关系。与图案有序规律的空间排列不同,组合是指地物间存在着密切的联系,依据这个联系,可以推断出目标地物的属性。例如,学校由操场和教学楼组成,港口附近会有大量水体以及船舶和集装箱、起重机等设施,飞机场会有机场跑道、航站楼和飞机等。

(4) 遥感图像目视解译标志

对遥感图像进行目视解译时,由于解译人员的专业经验和知识存在差别,解译结果往往会有所差异,为提高遥感图像解译精度和速度,有必要对一些固定的判读地物,如森林、公路、水体等预先建立好解译标志。解译标志是指遥感图像上能帮助人们识别不同目标的那些图像特征,解译时,将根据这些图像特征来判别目标地物,减少由于解译人员经验不足而造成的解译错误。解译标志是依据以上提出的目标地物的色调、颜色、阴影、形状、纹理、大小、图案、位置及组合 9 个判读要素,结合图像的拍摄时间、季节、图像的种类、比例尺、地理区域和研究对象,整理出的特定地物目标在该图像上的图像特征。

解译标志可分为直接解译标志和间接解译标志。能在遥感图像上直接看到可供判读的图像特征称为直接解译标志,如形状、大小、阴影、纹理、色调等判读要素。基于直接解译标志,解译人员可以直观地判读出遥感图像上的地物目标。间接解译标志是指运用某些直接解译标志,根据地物的相关属性等地学知识,间接推断出的图像标志。例如,根据道路与河流相交处的特殊图像特征,可以判读渡口;根据植被、地貌与土壤的关系,来识别土壤类型和分布,例如,温带针叶林区多为灰化土;根据水系的分布格局与地貌、构造、岩性的关系,来判断构造、岩性,例如,树枝状水系多发育在黄土区域构造单一、坡度平缓的花岗岩低山丘陵区,放射状、环状水系多与环状构造有关,格状水系多受断裂构造、节理裂隙的控制等;通过采石场、灰窑、水泥厂的存在,推断位于石灰岩地区;通过运动场的大小,推断学校及规模等。

(5) 遥感图像目视解译方法

高分辨率遥感图像目视解译方法是指利用高分辨率遥感图像的解译标志和解译人员的专业知识与经验,从高分辨率遥感图像上识别出目标地物的办法和技巧。以下为几种常用的目视解译方法。

直接判读法是利用遥感图像的直接解译标志,就可以确定地物目标的属性和范围的方法。一般可使用的直接解译标志包含色调、色彩、大小、形状、阴影、纹理和图案等常用的地物目标判读要素。例如,在高分二号全色图像中,相比其他地物,水体对太阳光的吸收率强,而反射率低,在色调上,水体表现为灰黑色到黑色,在纹理上,水体更加的平滑,根据这两个解译标志,就可以直接判读出水体,根据水体的形状,还可以区分水体是湖泊还是河流;将高分一号的近红外波段、红光波段和绿光波段分别对应红、绿、蓝三个通道合成假彩色图像,茂密的植被颜色表现为鲜艳的红色,根据色彩可以直接从图像上区分出植被和其他地物,从而解译出植被。

对比分析法包括同类地物对比分析法、空间对比分析法和时空动态对比分析法。同类地物对比分析法是指在同一幅遥感图像上,由已知地物推理出未知目标地物的方法。例如,在遥感图像上解译城市居民点,解译人员通常比较熟悉居民点的特征,如规则的房屋、道路等基础设施,因而可以快速从图像中识别出居民点,再根据比例尺、建筑物的密度等推算出居民点的规模,区分城市和村庄。空间对比分析法是根据待判读区域的特点,解译者选择另一个熟悉的与遥感图像区域特征类似的图像,将两幅图像相互对比分析,依据已知图像的解译结果来解译待判读图像的方法。例如,地理环境特征相似的两幅遥感图像,其中一幅已经进行了室内解译与野外验证,解译人员就可以参照已经解译完成的这幅图像去解译另一幅图像,此时解译精度和效率都会有所提高;但是需要注意,应用本方法时,两幅图像应具有类似的自然地物分布特征,例如,均是黄土高原区。时空动态对比分析法是利用同一地区在不同时间成像的遥感图像加以对比分析,了解同一目标地物动态变化的一种解译方法。例如,遥感图像中油菜田从出苗到开花的变化,在油菜出苗初期,无法判断出是何种作物,而利用时空动态对比法,就可以对作物类型进行判断。

综合推理法是综合考虑遥感图像的多种解译特征,结合生活常识,分析、推断某种目标地物的方法。例如,遥感图像中高速公路被大山截断,就可以联想到,大山里可能存在隧道;公路和铁路在遥感图像上往往很难区分,因为它们均是细长形,颜色差别也不大,不能依据解译标志直接判定地物类型,此时就可以运用综合推理法。根据生活经验可知,高速公路的转弯半径远小于铁路,因为相比火车,汽车的转弯更加灵活,因而可以根据转弯半径确定是高速公路还是铁路;同时,铁路每隔一定距离就会有一个站点,并且在站点铁路会分叉出多个线路,可以根据此特征将铁路和高速公路区分开来。

(6) 遥感图像目视解译的步骤

遥感图像目视解译是一项认真细致的工作,解译成果的准确度与解译人员的专业经验等主观因素密切相关,因此,解译人员必须遵循一定的步骤,才能更快、更好地完成解译任务。遥感图像目视解译包含资料准备、初步解译与野外调查、详细解译、野外验证与补判、成果制图五个步骤，具体如下。

资料准备：为了提高目视解译的效率和准确度，需要做好目视解译前的准备工作。针对解译对象的需要，选择合适时相和波段的遥感图像，并确定波段合成方案。分析已有的解译对象的资料，研究解译对象实际地物特征与图像特征之间的关系。

初步解译与野外调查：初步解译的主要任务是掌握解译区域特点，确立解译典型样本区，建立初步目视解译标志，探索解译方法，为全面解译奠定基础。要充分利用地物目标的色调、色彩、形状、大小、阴影、纹理、图案、组合等直接解译标志和间接解译标志建立起地物目标在图像上相应的图像特征，仔细研究，初步判断出图像上的特征对应的地物类型，获得初步的解译结果。为了保证解译的正确性和可靠性，必须进行解译区的野外调查，实地进行验证。野外调查之前，需要根据室内初步解译结果，制定各个地物野外调查方案及相应的调查路线。在野外调查中，通过照片、视频及文字等方式记录目标地物与图像特征的对应关系，建立起可靠的遥感图像解译标志，作为室内详细解译的依据。

详细解译：根据建立起的准确的遥感图像解译标志，全面修正初步解译，并对遥感图像进行详细解译。解译应遵循先整体后局部、先宏观后微观、从已知到未知、先易后难、先山区后平原、先地表后深部的原则。从已知到未知是遥感图像解译必须遵循的原则。"已知"是指解译者自己或他人熟悉的环境地物，"未知"就是图像上的图像特征所代表的地物，要依据自己确定的实际地物与图像特征之间的对应关系，举一反三，找到图像在相应地面上的地物；"先易后难"是指先确认容易识别的地物，然后根据客观规律和图像特征不断地进行解译实践，逐渐积累解译经验，获得解译标志，克服各种解译困难的过程。至于"先山区后平原、先地表后深部、先整体后局部、先宏观后微观"等步骤亦属先易后难的组成部分。同时，要综合应用直接判读法、对比分析法、综合推理法等目视解译方法，这是因为遥感图像上的图像特征不是一成不变的，而是复杂多变的，因而在方法的选择上，要因地制宜，综合运用。

野外验证与补判：对于详细解译过程中出现的疑难点需要在野外验证过程中补充判读。野外验证是指再次到遥感图像解译区去实地检验图像解译的结果。野外验证的主要内容包括两方面：一方面可以检验详细解译成果是否正确。方法是抽样检查解译成果对应的地物类型与实际地物类型是否匹配，验证解译图斑的界线是否定位准确，并根据野外实际调查结果修正目标地物的分布界线。另一方面是对疑难问题的补判。补判是对室内目视判读中遗留的疑难问题的再次解译。方法是对解译过程中存在的难以确定地物目标的图像特征，定位找到疑难问题的地点，通过实际观察或调查，确定其地物属性。如果疑难问题具有代表性，应建立新的解译标志。同时，应根据野外验证情况，对遥感图像的解译进行全面修正。

成果制图：遥感图像目视解译成果，一般以专题图或遥感图像的形式表现出来，将解译原图上的地物类型界线转绘到地理底图上，根据需要，可以对各种地物类型进行着色和图面整饰，形成正式的专题地图。

2）计算机解译

遥感图像目视解译利用了解译人员的专业知识和图像的空间信息，解译精度较高，但解译人员存在个人差异，主观因素的干扰较大，花费的时间较长，且某些特殊地物特征无法区分，如同物异谱和异物同谱现象。遥感图像计算机解译基于计算机系统，综合运用地学分析、遥感图像处理、地理信息系统、模式识别和人工智能技术，可以快速、大量地从遥感图像上提取有关信息，可以有效避免由于解译人员经验不足或主观感觉不同而引起的差异和错误；同时，可以应用已有知识推理出难以到达的未知区域的情况，减少大量的野外工作。因此，利用计算机对遥感图像进行智能化解译，可以快速地获取地表不同地物的专题信息，利用这些专题信息可以快速更新地理数据库，有着重要的应用前景。

(1) 遥感图像的计算机分类

遥感图像计算机解译的主要目的是将遥感图像人工目视解译发展为目标地物的智能化识别，其基础工作是遥感图像的计算机分类。遥感图像的计算机分类是基于计算机系统，将统计模式识别技术（statistical approach of pattern recognition）应用在遥感领域的一种方法。统计模式识别的关键是提取待识别模式的一组统计特征值，然后按照一定的准则做出决策，从而对图像进行识别。

作为遥感图像分类的主要依据，地物的光谱特征是自然界中所有地物都具备的自身的电磁辐射规律，在遥感图像中地物的光谱特征通过多波段的测量值来体现，这些测量值可作为对遥感图像进行分类的原始特征变量。遥感图像分类是依据遥感图像上每个像元亮度的接近程度，大致地区分出图像中地物属性的过程。过程中采用的统计特征变量包括全局统计特征变量和局部统计特征变量，前者是将整幅遥感图像作为研究对象，对整幅图像进行变换处理后获取变量；后者是将遥感图像分割成多个识别单元，在各个单元内分别抽取的统计特征变量（梅安新等，2001）。遥感图像计算机分类的依据是遥感图像像素的相似度，常使用距离和相关系数来衡量相似度。采用距离衡量像素之间的相似度时，距离越小，相似度越大；采用相关系数衡量时，相关程度越大，相似度越大。遥感图像的计算机分类按照是否有先验类别分为监督分类和非监督分类（潘建刚等，2004；李石华等，2005）。

监督分类也称训练场地法或训练分类法，是从解译区选取有代表性的、已知相应地面覆盖类型的训练场地作为样本，利用此样本，通过选择特征变量（如像素亮度均值、方差等），确定识别地物类别的判别函数或判别准则，并以此对未知地物类别的区域的像元进行分类处理，确定非样本像元的归属类别的分类方法。监督分类对训练场地的选取具有一定要求：训练场地所包含的样本在类别上要与待分类区域的类别一致；训练样本应在各类地物目标面积较大的中心选取，这样才有代表性；训练样本的数量要足够大，这样才能够提供各类足够的信息，从而克服各种偶然因素的影响。监督分类中常用的具体分类方法包括最小距离法、最大似然法、人工神经网络和支持向量机等（杨鑫，2008）。

最小距离法是以遥感图像上特征空间的光谱距离作为像元分类的依据，该方法要对遥感图像中的每一个地物类别选取一个有代表性的统计特征值，然后计算待分类像元与确定类别的像元的欧氏距离，将待分类像元划分到距离最小的类别中（潘建刚等，2004）。

最大似然法是典型的和应用范围最广的监督分类方法，它基于贝叶斯准则，通过计算每个像元在各地物类别的归属概率，然后把待分类像元分到归属概率最大的类别中。最大似然法假定训练样本区地物的光谱特征在光谱空间服从高斯正态分布，利用训练区求出均值、方差以及协方差等特征参数，进而求出总体的先验概率密度函数。最大似然法分为三步：第一步是获取各地物类别的训练样本；第二步是计算各个地物样本区的统计特征值，建立先验概率密度函数；第三步是将每一个像元的统计特征值代入先验概率密度函数，确定该像元的归属类别（杨鑫，2008）。

人工神经网络（artificial neural network，ANN）是非线性的处理单元，其基础是模拟人脑神经系统的结构和功能，具有对信息的分布式存储，信息的并行处理、自组织、自学习等特点，可处理复杂的数据集。人工神经网络对数据类型及分布函数要求低，容忍度高、容错率强。目前，常用的神经网络模型有多层前馈网络及误差反向传播的学习算法（Error Back Propagation，BP 神经网络）、自组织特征映射网络、径向基函数神经网络、自适应共振神经网络等（史泽鹏等，2011；Sharma et al.，2017）。

支持向量机（support vector machine，SVM）是 Cortes 和 Vapnik（1995）根据统计学习理论提出的一种结构风险最小化的有监督机器学习方法。最开始从最优分类面问题提出支持向量机网络，根据最优分类面分为线性可分、线性不可分和非线性不可分三种情况，引入核函数概念，将三种情况归为一个类别进行处理（线性类别作为非线性类别的特例）。支持向量机的理论基础较强，在分类训练样本较少的情况下，能很好地平衡模型的复杂性，避免“过学习”和“维数灾难”等问题，保证了得到的极值解是全局的最优解（Munoz-Mari et al.，2010；王振武等，2016）。

非监督分类方法又称为点群分析或聚类分析，是在没有训练区作为样本的情况下，在遥感图像中搜寻、合并具有相似自然光谱特征像元的过程。这个过程依据的重要条件是在同样的条件下（如自然环境、传感器参数、成像方式等），遥感图像上同类地物具有相同的光谱特征。非监督分类方法不必手动选择训练样本，仅需依靠不同地物具有不同的光谱信息这一条件提取特征，然后按照一定的规则进行分类，最后再对分类结果的真实地物属性进行确认。其常用方法主要有 K 均值聚类（K-means）算法和 ISODATA 算法。

K 均值聚类算法是 1967 年由 Mac Queen 提出的一种基于划分的非监督分类方法，是以误差平方和作为聚类准则函数，以默认欧氏距离作为相似度测度的自适应搜索算法，它认为两个对象之间的欧氏距离越近，其相似度越大。将 K 均值聚类算法应用到遥感图像分类的思想是，遥感图像可以看成是由 n 个像元组成的数据集 X，将其划分为 k 个地物类别，首先从数据集 X 中随机选出 k 个像元作为 k 个聚类中心或均值，其他像元以与各个聚类中心的距离作为相似度的测度，归属到最为相似的类别；重新计算每个类别的新均值，形成新的聚类中心，将遥感图像的像元重新分类，不断迭代直至聚类准则函数的误差平方和最小，从而完成遥感图像的分类（徐黎明和吕继东，2015）。

ISODATA 算法称为动态聚类或迭代自组织数据分析，是利用合并与分裂的一种方法。

在对遥感图像进行初始认知或是初始分类存在困难时，ISODATA 算法可以认识到其本质属性，以逐步进化的方式在模糊聚类过程中逼近事物的本质，这个过程类似于人们认知事物的过程，从而使得遥感图像的分类结果更加科学。ISODATA 算法利用样本平均迭代确定模糊聚类的中心，在每一次迭代的过程中，在不改变分类数目的前提下改变分类，合并样本平均矢量之差小于指定阈值的类别，或依据样本协方差矩阵来决定其是否分裂。ISODATA 算法的主要环节是聚类、集群分裂和集群合并（何茂录等，2017）。

监督分类方法和非监督分类方法各具一定的优缺点，两者之间的本质区别在于有无训练场地。监督分类利用训练场地的先验类别知识，首先确定地物分类属性，在这过程中会反复检验训练样本的准确性，可有效避免非监督分类中地物光谱集群组的重新分类；但监督分类的训练样本区由人工进行选取，主观性强，费时费力，且只能确定已知图像特征的地物类别，未知的则无法定义。相比之下，非监督分类不需要训练场地，初始参数输入少，人为的误差也会减少，即使是独特、覆盖范围小的类别也能被识别出来，具有极高的效率；但是非监督分类的结果仍需要大量的检验分析，并且当不同地物类别的光谱特征差异很小时（异物同谱现象），非监督分类的分类效果不如监督分类的效果好（史泽鹏等，2011）。

（2）遥感图像多种特征的提取

遥感图像的计算机解译，还可以利用结构模式识别方法提取地物的形状特征和空间关系特征。对于高空间分辨率遥感图像，地物的结构信息可以很清晰地被观察到，如城市里建筑物、农田田埂等有规律的排列组合，利用结构模式识别就可以提取此类地物的形状特征和空间关系特征，为计算机解译提供依据。

地球表面的物体，从其分布特征来看，主要表现为三种形式：点状地物、线状地物和面状地物。在遥感图像上，相同地物的分布特征受到遥感图像空间分辨率的影响有不同的表现形式，例如，低分辨率遥感图像上的点状地物在高分辨率遥感图像可能表现为面状地物。对地物的边界进行追踪，需要考虑地物的分布特征，不同分布形式的地物需要使用不同的边界追踪算法。例如，对线状地物的追踪常以图像像元作为跟踪的落脚点，跟踪点的连线作为地物的界线；对点状或面状地物的追踪需要认识到地物的界线在相邻地物之间，因此边界跟踪的路径应该从两个相邻地物边界的像元中间穿过。

对形状特征提取可利用边界追踪法。应用边界追踪法可以获得一系列有序的边界点，边界点的组合可以进一步提取地物周长、面积、线状地物的曲率等地物形状特征。边界特征的描述常采用链码进行记录，链码使用起始点坐标和边界点方向来描述图像边界。

地物空间关系是指遥感图像上由地物的空间位置所决定的两个或多个地物在空间上的相互联系。在二维空间，地物的空间关系主要表现为以下几种：① 方位关系，指两个地物之间方向与位置的相对关系，包含距离关系和方向关系，前者是指两个物体之间的直线距离，后者是指一个地物相对于另一个地物的方向；② 包含关系，一个地物位于另一个地物的内部，并且边界不相邻；③ 相邻关系，指两个地物在边界上相邻；④ 相交关系，两个地物在一点上交汇，它主要用来描述点状地物与线状地物、线状地物与线状地物的空间关系;⑤ 相贯关系,一个线状地物穿过面状地物的内部,例如,穿过草原的高速公路。

方位关系特征提取:设点状地物 A、B 分布在二维图像空间内,令 x 轴正向指向东,y 轴正向指向北,分别对地物 A、B 做 x 与 y 方向的正交投影,可以得到地物 A、B 在 x 轴上的横坐标和在 y 轴上的纵坐标。比较地物投影在 x 和 y 方向的坐标大小,可以获得地物 A、B 之间的相对方向关系;它们的距离关系的计算公式为 $D=\sqrt{(x_A-x_B)^2+(y_A-y_B)^2}$ 。

包含关系特征提取:点状地物与面状地物的包含关系提取,关键是判断面状地物是否包含点状地物,可以使用铅垂线法或射线法判断点状地物是否在面状地物内。铅垂线法:设一个面状地物的边界由 n 个边界点构成,边界点分别为 $P_1, P_2, \cdots, P_n$,设一个点状地物 P,由 P 作一条铅垂线,如果铅垂线与边界的交点数为偶数,则该点状地物在面状地物之外;反之,则在面状地物之内,但需要考虑点状地物与面状地物相交的异常情况。射线法:若点状地物在面状地物内部,则从该点向任意方向作射线,必然会与面状地物的边界相交,由此判断出点状地物是否在面状地物的内部。线状地物与面状地物的包含关系提取,关键是判断面状地物是否包含线状地物,如果线状地物被面状地物包含,此时组成线状地物的各个像元也必然被面状地物包含,使用铅垂线法或射线法检测线状地物的每一个像元是否均在面状地物之内。两个面状地物之间是否存在包含关系,可以转化为面状地物的边界是否存在包含关系,进而简化为线状地物、点状地物是否被面状地物所包含,此时可以运用铅垂线法或射线法来检测。

相邻关系特征提取:点状地物与面状地物相邻,可以通过检测点状地物是否在面状地物的边界上来判断。线状地物与面状地物相邻,首先判断线状地物与面状地物边界是否相交,如果相交,则每个相交点将线状地物分为两部分,分别检测这两部分是否同时在面状地物的内部或外部,如果是,表明两种地物是相邻关系;否则,不是相邻关系。两个面状地物相邻情况的判断,可以通过检索一个面状地物的边界,找到相邻接的另一个面状地物,因为相邻的边界是两个面状地物的共用边界,其记录了两个面状地物的标号。

相交关系特征提取:点状地物与线状地物的相交,只要判断点状地物的像元是否在线状地物的边界上即可。线状地物的相交,可以利用两条直线求交点的公式求解是否相交。

相贯关系特征的提取:相贯关系特征提取方法类似于提取线状地物与面状地物的相邻关系,首先判断线状地物与面状地物边界是否相交,如果相交,则每个相交点将线状地物分为两部分,分别检测这两部分是否一部分在面状地物的内部,一部分在外部,如果是,选取面状地物内部的线段,检测其是否与面状地物的边界有另一个交点,如果存在交点,表明两者为相贯关系特征。

(3) 遥感图像解译专家系统

专家可以利用各种先验知识,对遥感图像的解译进行综合判断,但专家的知识和综合判断能力在计算机解译时却不能被充分利用。遥感图像解译专家系统就是为了解决这一问题,通过将某一特定领域的专家解译经验输入计算机,构成图像解译知识库,然后结合模式识别与人工智能技术,使得计算机能够模仿专家思考和解决问题,并利用专家的先验知识对遥感图像进行智能化解译和信息获取,逐步实现对遥感图像的理解(倪玲和舒宁,

1997;秦其明,2000)。遥感图像解译专家系统一般分为遥感图像处理与特征提取子系统、遥感图像解译知识获取子系统和专家系统三大部分(赵英时,2003)。

遥感图像处理与特征提取子系统的主要工作是遥感图像滤波、增强、大气校正、几何精校正、正射校正、分类与特征提取以及图像区域分割等。遥感图像滤波能够减弱图像的噪声,减少因噪声影响造成的计算机解译过程中的错判或误判。图像增强可以增强目标地物和背景之间的差异性,方便计算机对目标地物进行检测。大气校正能削弱部分大气散射等影响,提高多时相遥感图像的解译精度。几何精校正使得遥感图像与专题地图精确配准,为应用多种地学信息辅助遥感图像解译奠定基础。分类与特征提取从遥感图像中提取光谱特征、图像形状特征和空间特征,将作为专家系统综合判断的依据。图像区域分割主要是针对面状地物,目的是将图像分割成区域,检测地物边界,方便形状特征提取和描述。以上图像处理结果将被作为空间数据和属性数据,输入遥感图像数据库,供专家系统所调用。

遥感图像解译知识获取子系统的主要作用是知识的获取。知识的获取具有三个层次:① 增加遥感解译新知识;② 遥感解译知识的更新,发现原有解译知识的错误或缺漏,进行修改与补充;③ 解译专家系统根据解译结果,自动更新系统里的解译知识。

专家系统由遥感图像数据库、解译知识库、推理机和解释器组成。遥感图像数据库是指组织、存储和管理遥感图像数据的一类数据库,数据库包括遥感图像数据和每个地物类别的图像特征,由数据库管理系统进行管理。解译知识库的构建首先应利用遥感图像解译专家的先验知识,对解译知识进行完整性和一致性检查,再通过数据挖掘、规则产生器和框架产生器等将专家知识形式化表达为不同的规则库,最终形成由多个规则库组成的由知识库管理系统进行管理的遥感图像解译专家知识库。推理机是遥感图像解译专家系统的核心,作用是利用地物多种特征作为证据,对提出的假设采用正向推理和反向推理相结合的方式进行推理验证,从而实现遥感图像解译。其中,正向推理是由已知事实出发向结论方向推理,反向推理是从提出的假设出发,进一步寻找支持假设的证据。咨询式和隐蔽式是推理机的两种形式,咨询式是用户和系统进行人机对话,解译系统根据用户提供的区域和任务要求,完成遥感图像解译的过程;隐蔽式是指解译时,遥感图像数据同解译知识的结合在系统内部进行。解释器是对推理的过程进行解释的工具,以便用户了解专家系统对遥感图像进行解译的过程。解释器应可以实现以下功能:专家系统能理解用户提出的问题,并能够根据用户的问题进行解释。

2.1.2 高分辨率遥感图像交通要素解译标志

1) 交通基础设施解译

(1) 铁路和公路

铁路在全色高分辨率遥感图像上一般为深灰色调,在真彩色图像上颜色为棕色。铁路为线状地物，转弯处平滑均匀。铁路沿线有火车站等附属建筑，在火车站处往往有多条铁轨汇合，在与其他道路相交时，一般为垂直交叉。铁路分为单轨铁路和双轨铁路，在高分辨率遥感图像上可以通过量算铁轨的宽度来区分单轨铁路和双轨铁路，一般来说，单轨铁路宽 5 m，双轨铁路宽约 10 m（指路基）。

不同等级的公路在遥感图像上的特征不同。高速公路及国省道的图像特征与铁路相似，为线状，但公路转弯相比铁路较急，曲率半径小，与其他公路相交不一定为垂直相交。高速公路及国省道的路面材质主要是沥青，因此在全色遥感图像上多呈现为深灰色；而农村公路的色调从深灰、浅灰到白色，有较大差别，原因在于路面材料不同。沥青路面反射率低，图像色调深，一般为深灰色；水泥路面反射率高，图像色调浅，一般为浅灰色或白色。农村公路在平原地区多为直线或折线状，在山区则多为曲线。图 2.2 为高分二号真彩色图像，从中可以识别出铁路和公路。

图 2.2 高分二号真彩色图像（可识别出铁路和公路）

(2) 桥梁

桥梁的判读主要是依据桥梁与水体的相互依存关系。水体在全色遥感图像上一般色调较深，比较容易判读出来，再根据桥梁一般横跨水体的分布特征以及桥梁的形状等解译标志可被识别出来。图 2.3 为高分二号全色图像，从图像上可以清晰地分辨出桥梁。

(3) 港口和码头

港口和码头的位置一般在河岸或海岸，附近水体往往分布着船舶，有供船舶停靠的泊位以及附属建筑，如货运码头、货运储运场地、塔吊、龙门吊等设施（图 2.4）。

(4) 机场

机场一般位于郊区或独立城镇的较平坦地区，占地面积大，场地平整，跑道一般呈长条形,规则且明显,有调度中心航站楼和储运场地等附属设施。对于机场、航标等线性目标,基于合成孔径雷达(SAR)图像的成像特点,可以判读出其边缘信息,在图像上也比较容易判读。图2.5为机场局部图像,可以看出,在高分辨率图像上,飞机、跑道等清晰可见,很容易判读。

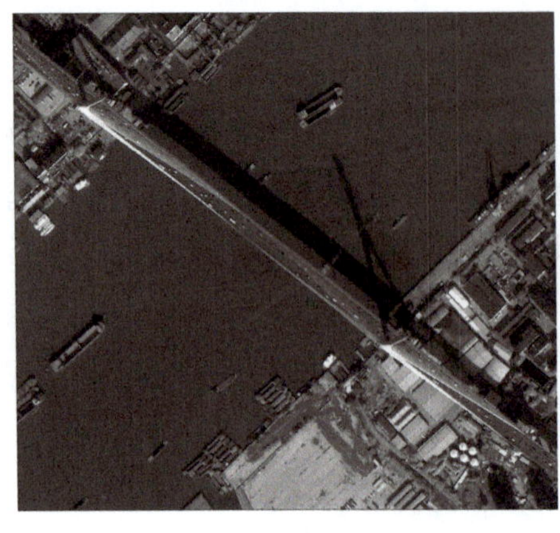

图2.3 高分二号全色图像上的桥梁

图2.4 高分二号真彩色图像上的码头

图2.5 高分二号真彩色图像上的机场

2)路域环境因子解译

(1)水体

在遥感图像上,河流与周围地物之间存在明显的界线,表现为自然弯曲、宽窄不一的条带状或线状。河流上常有堤坝、船舶和码头等附属物,这些可以作为解译河流的辅助依据。河流色调的深浅与水深、混浊程度、水面悬浮物以及拍摄瞬间的光照条件有关。一般来说,水体混浊、浅水沙底、水面结冰或光线恰好反射入镜头时,其图像色调浅,呈浅灰色或白色;反之,水较深或水虽不太深,但水底为淤泥质,其色调较深。

湖泊为面状地物,在全色遥感图像上一般表现为均匀的深色调;湖岸线为自然弯曲、不规则的曲线,轮廓较为明显。但当湖泊中生有水草和其他植物时,边界一般变得模糊,色调也较紊乱。

海岸附近的浅海海域,一般为暗灰色调,由于海浪影响,色调一般不太均匀;而陆地的色调一般较浅,因此海、陆界线在遥感图像上一般较为明显,可较容易地判断出它们之间的界线。

在 SAR 图像上,由于水体和陆地对微波的后向散射特性存在差别,分界线也比较容易分辨,水体由于多发生镜面散射,颜色一般为黑色或深灰色。图 2.6 为高分三号图像,可以清晰地识别出长江、太湖以及河流入海口处的海域。

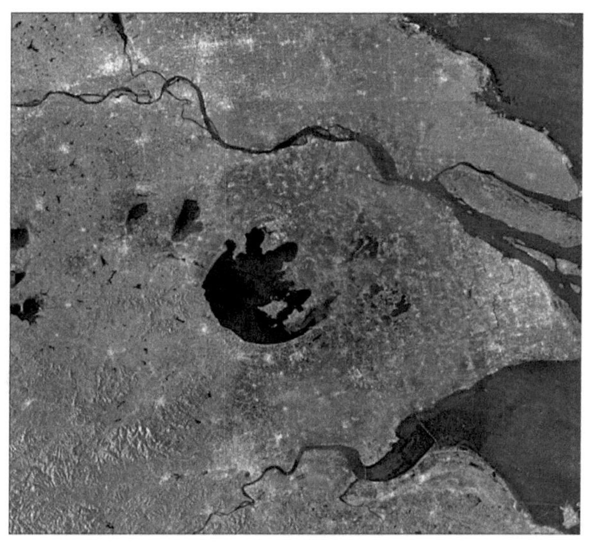

图 2.6 高分三号图像上的河流、湖泊和海域

(2) 植被

平原区耕地具有规则的几何形状,纹理平滑细腻,地块边界多有路、渠、田间防护林网等。山区、半山区耕地多为不规则的几何形状,一般都有农村道路连接。色调随土壤、湿度、农作物种类及生长季节不同而变化。水田一般地势平坦,格网比较密集,并且比较清晰。周边灌溉系统完善,附近有较大的江、河、湖、水库等。水浇地具有灌溉设施和水源保证,在图像上较为平坦、整齐,可见灌溉渠系,形态类似水田,主要分布在大的居民地周围,地块规则细碎,色彩不一。旱地平原区耕地形状较规则,地块较大,缺少灌溉设施。山区、半山区耕地由于地形原因形状常常不规则,种植作物种类较多,色调多样。

林地一般分布在山区,呈不规则的颗粒状,色调较深。自然状态的林地因树木大小、间距不同而不规则。灌木林地因较低矮,一般没有颗粒感或颗粒感不明显,均为自然状态,处于林地与草地、农用地之间的过渡地带,内部应有部分颗粒状乔木和草地,分布极不规则,色调较浅,但比草地深。图 2.7 所示为高分二号全色图像上的耕地和林地。

(a) (b)

图 2.7 高分二号全色图像上耕地和林地:(a)耕地;(b)林地

(3) 居民地

居民地常分为城市、集镇和乡村三种类型。

城市相较于集镇和乡村面积更大,房屋密集,除有广大居民区外,还有工厂、体育场、学校、公园等建筑设施。城市所在位置往往有很多的交通道路,或在江、河、湖、海旁边,较大的城市还有机场等地物,以上地物在图像上很容易判读。

集镇一般分布在公路和铁路沿线,通常都有汽车站或火车站等建筑设施。集镇面积比城市小,街道较窄,不太规则。有些集镇也会有工厂和学校,但配套设施一般较少,一般没有机场或体育场,会有几条商业街,集镇周围一般会有耕地分布。

乡村比集镇面积更小,并且分布比较散乱,乡村周围一般分布着耕地,乡村之间往往以一至两条乡村道路相连接。乡村居民地的结构和分散程度随各地区的历史和自然条件的不同表现出较大的区别。我国北方乡村一般比南方乡村的面积大,分布也较集中。平原地区又比山区的乡村居民地面积大且分布集中。山区农村因耕地分散,通常是比较分散的小村庄。图 2.8 所示为高分二号真彩色图像上的城市、集镇和乡村。

3) 路域地貌类型解译

(1) 大型地貌单元

大型地貌单元可以分为山地、丘陵、高原、盆地和平原等类型。

山地地貌相对高度较大,地形起伏明显。因而,当阳光照射时,会由于地形起伏的原因产生明暗不定的色调,其中,阳坡受光照强,亮度值较高,色调浅;阴坡受光照弱,色调深。当山地为高山形态时,由于高海拔的高山常有尖顶山峰及锯齿状山脊分布,且地形起伏剧烈,阴坡会完全照射不到阳光,从而会分布大片的阴影;有时,高山山顶上会分布白色积雪。当山地为中山形态时,图像上阴影斑块较小,色调分布零碎,谷地较宽,且有耕地和居民地零星分布。

(a) (b) (c)

图 2.8 高分二号真彩色图像上的居民地：(a)城市；(b)集镇；(c)乡村

丘陵相对高度较小，山坡趋缓，图像色调变化也较缓。在丘陵地貌，一般会分布较多耕地和居民地。

高原是顶面较平坦的宽阔高地，一般图像色调较浅，且分布较均匀。在被沟谷切割的部分图像色调有深有浅，阴影呈带状。特别是在西北黄土高原地区这种图像特征更为典型。

盆地的图像特征是四周被山地、高原或丘陵等地貌所围，中间呈现低平的盆状地形。

平原的地形一般比较平坦，因而在遥感图像上色调均匀，很少存在阴影，可在平原上解译出耕地、居民地和道路等地物。当平原有农田作物覆盖或者土壤湿度差异较大时，平原地貌的局部图像的色调也会有很大变化，此时色调较深且不均匀。图 2.9 所示为高分二号图像上的山地和平原地貌单元。

(a) (b)

图 2.9 高分二号图像上的山地和平原地貌单元：(a)山地；(b)平原

(2) 河流地貌

河流在遥感图像上呈现出带状或线状特征，当遥感图像分辨率较高且以大比例尺显示时，河流呈带状，可以解译出河流的侵蚀和堆积；当以小比例尺显示时，可以观察到河流流域的概貌和变迁。在多波段的遥感图像上，可以根据色调的深浅和颜色的差别解译出河水的混浊度、含沙量、水污染程度等；基于多时相遥感图像可以研究河流演变的动态变化和古河道的分布等。

河谷由谷坡和谷底组成。在遥感图像上，山区的河谷河床平直，河谷深切，冲积物不发育；平原区或山间盆地河谷的河床弯曲，呈曲流型或蜿蜒型。当河床弯曲较大时，会形成狭窄的曲流颈，经流水切割取直，形成牛轭湖，牛轭湖标志可用于恢复古河道的位置。

河漫滩是谷底的一部分。在遥感图像上，山区的河漫滩不发育，较窄呈带状；平原区的河漫滩呈带状，色浅，形状上呈心滩、方形、弧形等。河漫滩一般有沼泽地且植被发育。

河流阶地是河流的下切作用使得河谷斜坡呈阶梯状分布的地形。在高分辨率遥感图像上，可以看到河流阶地有较好的连续性的阶梯状分布条带，在阶地面上一般分布有耕地和居民地等。河流阶地形成的年代越老，其表面越容易被破坏，年代越新，阶地面保留越完整。图2.10所示为高分二号图像上的河流地貌。

图2.10 高分二号图像上的河流地貌

(3) 重力地貌

重力地貌是指山坡、谷坡和岸坡上的岩石或土体，在重力及水的作用下，发生不同形式的位移的一种自然界分布较广的地貌形态。重力地貌包括崩塌、滑坡和泥石流等。

崩塌是指陡峻山坡上的岩体或土体在重力作用下，发生突然倾落的现象。根据崩塌体的土质可分为土崩或岩崩等。崩塌体与坡体的分离面称为崩塌面，坡脚处的堆积体称为崩塌倒石堆。在遥感图像上，崩塌面的色调一般比周围色调浅，坡脚处有浅色调、粗糙的锥状地形。新生的崩塌体植被覆盖低，古老的崩塌体植被发育较好。

滑坡是具有明显的地貌特征的常见重力地貌。滑坡的规模大小与地质构造相关，在岩性脆弱、岩层倾向于坡向一致或大型节理发育区和活动断裂带附近，大型滑坡发生的概率较高。滑坡体上常能看到泉水和湿地，树林杂乱分布。在遥感图像上，滑坡的形状常为簸箕形、舌形、弧形和不规则形等。滑坡地貌解译应考虑解译区的断裂构造、地貌特征、岩性以及水文条件，在规模大的活动断裂地带，山坡的坡度大于35°时应尤其注意；有时，也可以通过对比同一区域不同时相的图像，来推断滑坡的发展趋势。

泥石流是一种具有突然性、流速快、流量大及破坏力强特点的严重的自然灾害。泥石流发生常会导致公路铁路等交通设施、村庄等被冲毁，对人们生命财产安全有极大威胁。在高分辨率遥感图像上，泥石流顶部呈瓢形，且地势陡峭，泥石流的岩石破碎强烈，色调深浅不一，冲沟没有沟槽，无植被生长，冲沟内有大量松散固体，色调呈浅色。泥石流流动时，一般呈条带状扇形，无固定轮廓。泥石流发育地区也常是崩塌、滑坡等地质灾害的发育区，这种区域的图像交织错乱，色调变化大；通过对比同一区域不同时相的遥感图像，有助于研究不同时期泥石流发生和发展趋势。图 2.11 所示为利用高分二号图像解译的崩塌、滑坡和泥石流地质灾害。

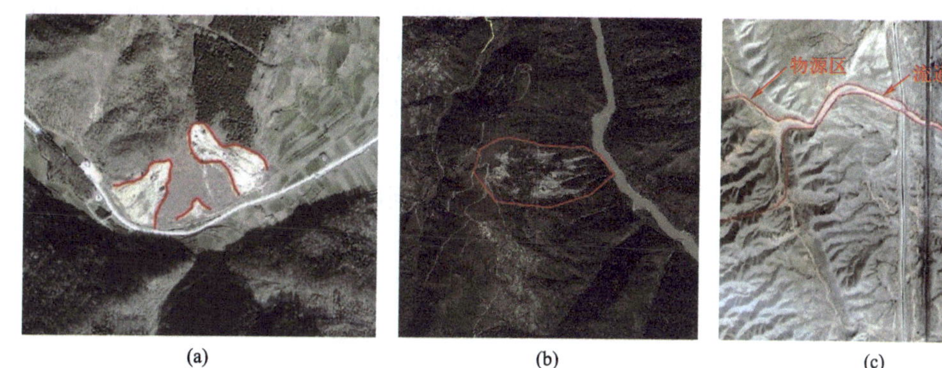

图 2.11 高分二号图像上的地质灾害解译：(a)崩塌；(b)滑坡；(c)泥石流

4）交通运载工具解译

车辆、船只和飞机等交通运载工具是构成交通运输的基本要素。

车辆一般位于道路或停车场，在遥感图像上呈长方形，比较容易判读。

船只的解译与桥梁类似，主要是依据船只对水体的依存关系。水体在全色遥感图像上一般色调较深，比较容易判读，再根据船只一般位于水体表面的分布特征以及船体的形状特征可识别出船只。

由于飞机主要分布在机场，所以飞机的解译可在机场解译完成之后进行。图 2.12 所示为高分二号真彩色图像上的车辆、船只和飞机。

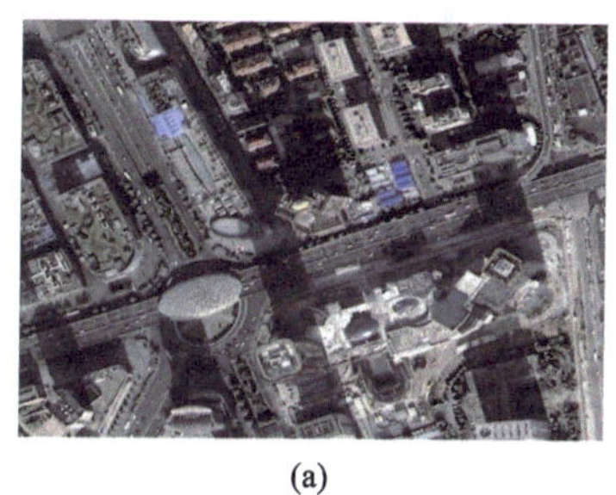

(a)

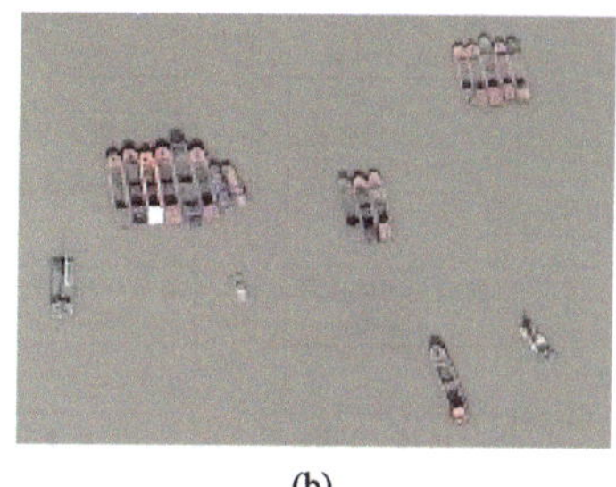

(b)

(c)

图 2.12 高分二号真彩色图像上的车辆、船只和飞机：(a)车辆；(b)船只；(c)飞机

2.2 高分综合交通遥感应用示范系统构建

2.2.1 系统工程与工程系统

1）系统总体

高分综合交通遥感应用示范系统项目，是我国高分辨率遥感对地观测技术在行业应用的重要项目，是推动遥感技术在我国交通领域深入发展的重要契机。高分综合交通遥感应用示范系统项目针对交通运输行业主管部门、科研部门及公众的不同需求，以及国产高分辨率卫星数据应用需求，开展高分示范应用相关的科研、建设、示范等工作，构建高分综合交通遥感应用服务系统，为解决交通运输行业瓶颈问题，推动交通信息化、智能化、现代化发展提供科学服务和技术支撑。

2）系统组成

高分综合交通遥感应用示范系统包含一个支撑平台（数据中心与集成应用子系统）、六大应用子系统，各个应用子系统的产品集成到高分交通一张图平台上，实现多种数据一体化展示，系统总体架构如图2.13所示。

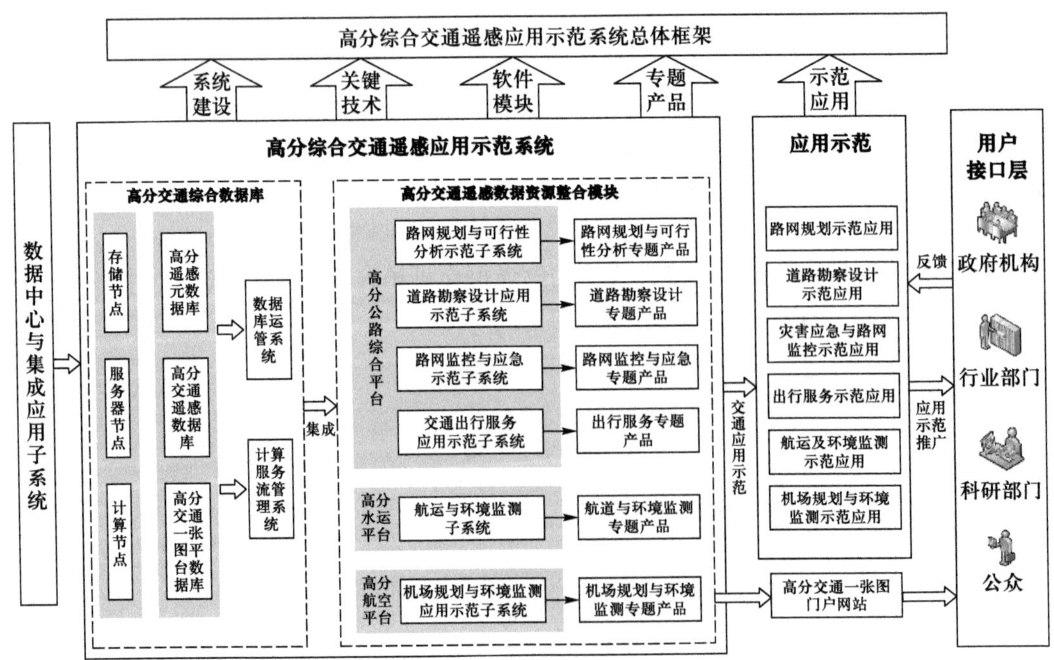

图2.13 高分综合交通遥感应用示范系统总体框架

路网规划与可行性分析示范子系统主要针对路网规划的需求，以解决路网的精细化规划为主要目标，基于高分辨率遥感图像数据并结合众源地理数据，对现有不同等级公路网及附属设施进行业务化提取，形成道路网、道路附属设施提取专题产品，为交通规划、道路运营管理提供快速、直观、准确的辅助信息，解决交通区域规划发展不均衡、宏观科学的决策水平不足等规划瓶颈，实现区域路网协调发展、规划决策智能化的目标。

道路勘察设计应用示范子系统主要针对道路工程方案研究、预可行性研究、工程可行性研究阶段选线设计需求，基于高分辨率卫星遥感图像，对道路勘察区域周边地形地貌及地质等专题信息进行快速提取与更新，生成道路路域因子勘察信息提取产品、道路路域不良地质勘察信息提取产品、道路设计三维辅助决策产品，为公路勘察设计路线方案比选提供更加直观的辅助决策信息。

路网监控与应急示范子系统主要以连续监控与灾害应急为主要目标，以多时相高分辨率遥感图像数据为主，结合众源地理数据，对地质灾害、洪水灾害、交通用地和道路沉降等进行长期动态监测，提取道路沿线不良地质灾害、非法用地、灾后路段运行情况和道路损毁情况等信息，提供交通用地监测产品、道路周边区域沉降监测产品、灾后道路损毁评估产品等，为防灾减灾及灾后应急提供服务。

交通出行服务应用示范子系统主要针对出行服务的需求，基于高分辨率卫星遥感图像，提取路网和车辆空间信息、道路运行情况和区域用地地块等信息，结合居民出行、交通常态化运行指标等交通数据，实现城市路网运行指标评价、路域能见度监测、居民出行预测等业务功能，从而实现跨部门交通信息资源整合、共享和交换，并通过分析运行状态信息，为交通管理部门提供支持和辅助决策信息。

航运与环境监测子系统主要提供岸线边界提取、洲滩边界提取、水工建筑边界提取、水上关键目标专题提取等多项功能，生成航道边界线监测、航道洲滩监测、港口及船舶监测等产品，为航道的管理提供辅助决策信息。

机场规划与环境监测应用示范子系统以辅助机场选址与环境监测为主要任务，以高分卫星数据为基础，结合多源专题信息，进行机场跑道、滑行道、停机坪等机场基础设施以及机场周边地表覆盖（植被、水体、居民地等）、机场三维地形（地形、地貌）、机场大气环境等信息提取，生成机场基础设施提取、机场施工变化监测、机场热温反演、机场选址三维辅助决策等专题产品，为机场选址与机场规划提供辅助信息及必要的分析工具。

数据中心与集成应用子系统以海量地理数据的时空建模和高效管理为核心，综合利用 GIS 技术、云计算技术和服务技术跨域共享资源，实现协同处理，为各类地理时空数据综合应用提供理论基础和技术保障。数据中心与集成应用子系统的总体架构如图 2.14 所示。

数据中心与集成应用子系统的系统底层为高分交通综合数据库，按数据用途分类，将其分为六大库（图 2.14）。以六大库作为基础，搭建高分交通计算服务和各领域数据生产作业，并通过统一开放式应用接口为各大子系统提供高性能计算及数据处理等服务。高分综合交通应用示范子系统对数据进行专业层面的分析、提取和处理，以满足应用示范的需求，最终提供专题成果数据；高分交通一张图实现了多元海量数据的无缝集成、多维展示和综合检索等功能，提供对数据的综合管理服务。

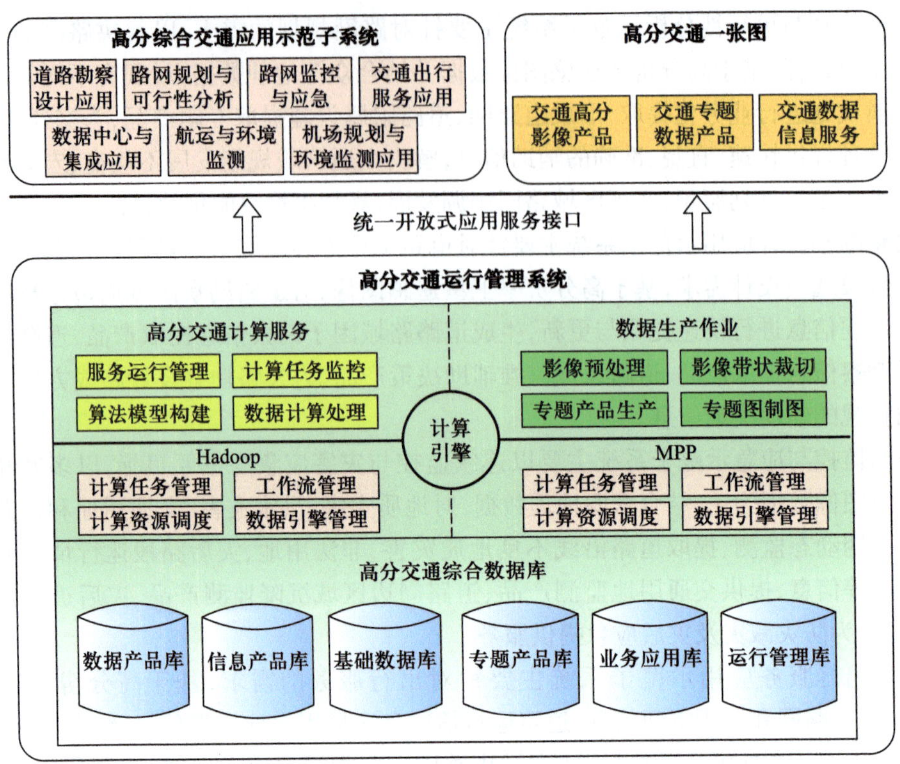

图2.14 数据中心与集成应用子系统总体架构图

2.2.2 技术工程研发

技术工程研发过程主要包括系统总体设计、关键技术研发、软件模块开发、专题产品研制、应用系统建设和行业应用示范等。

1）标准规范设计

标准规范设计是系统总体设计的重要内容。根据交通业务运营需求与交通业务数据特点，针对高分综合交通遥感应用研究中涉及的处理、检验、服务等全流程与重要环节，开展现有国内外标准规范收集与整理，设计标准规范框架体系，制定相关数据、产品、技术服务规范，包括交通遥感数据管理规范、技术规范、专题产品规范和应用服务规范等，保障高分综合交通遥感应用示范系统的长期、有效、稳定运行。

高分综合交通遥感应用示范系统专题产品技术要求：包括综合交通路网规划与可行性分析、公路灾害损毁评估、航道边界与含沙量监测、公路勘察设计、公路出行服务、机场规划建设与环境监测等领域高分辨率卫星应用专题产品的生产过程、产品质量评价以及产品维护等相关要求。

高分综合交通遥感应用示范系统服务技术要求：规定高分综合交通遥感应用示范系统服务技术的形式与基本参数、要求、试验方法及检测规则等，包括路网规划与可行性分析、道路勘察设计应用、路网监控与应急、交通出行服务应用、航运与环境监测、机场规划与环境监测应用等子系统的服务规范。

2）关键技术研发

关键技术研发主要基于高分辨率卫星数据开展路网规划与可行性分析、道路勘察设计应用、路网监控与应急、交通出行服务应用、航运与环境监测、机场规划与环境监测应用以及数据中心与集成应用等方面的关键技术攻关（表 2.1）。

表 2.1　高分综合交通遥感应用示范系统关键技术梳理

子系统	关键技术	卫星
路网规划与可行性分析示范子系统	矢量地图引导的道路网变化自动检测与更新技术	GF-1/GF-2
	基于概率识别模型的道路附属设施识别技术	GF-1/GF-2
道路勘察设计应用示范子系统	基于高分辨率遥感图像的公路设特殊规避/穿越范围信息提取技术	GF-2/GF-3
	基于高分辨率遥感图像的公路勘察设计选线与辅助决策技术	GF-2
	基于高分辨率数据的道路地质识别技术	GF-2/GF-3
路网监控与应急示范子系统	基于高分辨率数据的道路灾害损毁评估技术	GF-2
	交通用地动态监测技术	GF-2
	天地空一体化公路灾害多源立体监测技术	GF-2
交通出行服务应用示范子系统	融合 GF-2/4 卫星图像数据的路网运行指标评估技术	GF-2/GF-4
	基于 GF-2/4 卫星图像数据的路域能见度监测技术	GF-2/GF-4
	基于 GF-2/4 卫星图像数据的居民出行分布预测技术	GF-2/GF-4
航运与环境监测子系统	基于地面控制点和水上浮动控制点的水位线提取技术	GF-2
	基于高光谱图像的含沙量反演技术	GF-5
	基于高分辨率数据的水面目标提取技术	GF-2
	有害漂浮物的提取技术	GF-3
	基于波谱特征的高分辨率图像油污染信息提取技术	GF-2
机场规划与环境监测应用示范子系统	基于显性特征的典型机场基础设施信息提取技术	GF-2
	基于遥感图像的机场选址环境参量提取技术	GF-1/GF-2/GF-5
数据中心与集成应用子系统	基于多源高分辨率数据的高分交通一张图平台集成技术	—
	交通空间大数据存储负载均衡关键技术	—
	交通空间大数据分布式 SQL 引擎关键技术	—
	高分交通数据中心高效能计算服务关键技术	—

3）软件模块开发

在关键技术研发的基础上，开展路网规划与可行性分析、道路勘察设计应用、路网监控与应急、交通出行服务应用、航运与环境监测、机场规划与环境监测应用所涉及的软件模块的开发（表2.2）。

表2.2 高分综合交通遥感应用示范系统软件模块

子系统	软件模块
路网规划与可行性分析示范子系统	道路网提取模块 道路附属设施提取
道路勘察设计应用示范子系统	道路三维建模模块 公路设计多因素综合评价 不良地质体时空分布分析模块
路网监控与应急示范子系统	灾害评估模块 交通用地监测模块 重大灾害立体监测模块
交通出行服务应用示范子系统	城市路网运行指标评价 路域能见度监测模块 居民出行分布预测模块
航运与环境监测子系统	冲刷岸区提取和多时相分析模块 基于地面控制点和水上浮动控制点的水位线提取模块 基于高光谱图像的含沙量反演模块 面向水上交通事故调查的船舶自动分类识别模块 有害物质扩散范围监测模块
机场规划与环境监测应用示范子系统	机场基础设施信息提取模块 机场环境参量信息提取模块
数据中心与集成应用子系统	高分交通计算服务运行管理 高分交通计算服务流建模 高分交通多元数据综合检索 高分交通数据多尺度无缝集成 高分交通统一专题图制图

4）专题产品研制

完成路网规划与可行性分析、道路勘察设计应用、路网监控与应急、交通出行服务应用、航运与环境监测、机场规划与环境监测应用所涉及的道路网提取与变化检测、道路路域因子勘察信息等专题产品的研制，形成产品生产技术流程与算法，构建高分综合交通遥感应用示范系统专题信息产品体系。

高分辨率数据信息产品可分为7级（图2.15），大致分为数据信息、观测对象信息和专题应用信息3个等级（顾行发等，2018）。基于此产品分级标准，形成高分综合交通遥感应用专题产品体系，如表2.3所示。

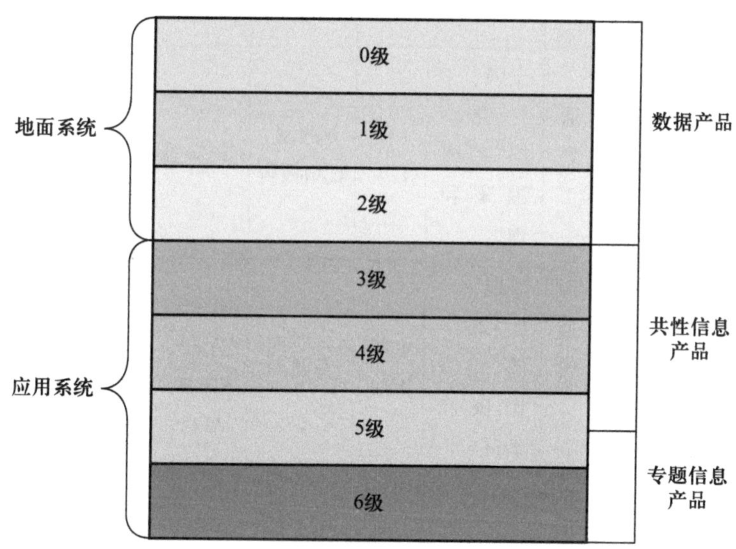

图2.15 高分辨率数据信息产品分级示意图

表2.3 高分综合交通遥感应用示范系统业务化产品清单

序号	产品名称	产品级别	服务对象	区域范围	服务频次	服务方式	数据源	产品精度	数据自给率	效果评价
（一）路网规划辅助决策与道路资产普查										
1	道路网提取与变化检测产品	5级	各级交通运输规划单位，各级农村公路管理单位	全国	1年2次	专题图、监测报告	GF-1/2	85%	100%	快速提取路网及其变化信息，极大提高道路变化监测效率与质量
2	道路附属设施提取产品	5级	各级交通运输规划单位	全国	1年2次	专题图、监测报告	GF-1/2	85%	100%	实现收费站、服务区等道路附属设施自动提取，为路网规划提供基础数据

续表

序号	产品名称	产品级别	服务对象	区域范围	服务频次	服务方式	数据源	产品精度	数据自给率	效果评价
（二）道路勘察设计辅助决策										
3	道路路域因子勘察信息提取产品	5级	各级交通运输规划设计单位	全国、“一带一路”沿线国家和地区	1年2次	专题图、监测报告	GF-2等	85%	80%	获取大范围路域因子信息，为道路勘察设计提供辅助决策支持，提高了勘察效率，节省成本
4	道路路域不良地质勘察信息提取产品	5级	各级交通运输规划设计单位	全国、“一带一路”沿线国家和地区	1年1次	专题图、监测报告	GF-2等	75%	80%	为道路勘察设计提供辅助决策支持，提高勘察效率，节省成本
5	道路设计三维辅助决策产品	6级	各级交通运输主管部门	全国、“一带一路”沿线国家和地区	1年1次	专题图	GF-2、ZY-3、STRM、ALOS	—	80%	构建路域范围三维环境，为道路勘察设计提供直观可视化场景
（三）交通地质灾害评估应急与交通用地监测										
6	道路沿线地质灾害风险等级评估产品	6级	各级交通运输道路管理部门，道路养护单位	全国	1年1次	专题图、监测报告	GF-2	80%	100%	为公路运营管理部门排查安全隐患提供重要决策支持
7	道路周边区域沉降监测产品	5级	各级交通运输道路管理部门，道路养护单位	全国	1年4次	专题图、监测报告	GF-2/3、哨兵1A	厘米级	50%	监测精度达厘米级，为公路运营管理部门排查安全隐患提供重要决策支持
8	交通用地监测产品	6级	各级交通运输道路管理部门，道路养护单位	全国	1年3~4次	专题图、监测报告	GF-2	90%	100%	为路政执法提供有力的执法依据，提高了路政执法效率

续表

序号	产品名称	产品级别	服务对象	区域范围	服务频次	服务方式	数据源	产品精度	数据自给率	效果评价
9	灾后道路损毁评估产品	6级	各级交通运输道路应急管理单位	全国	灾后48小时内	专题图、监测报告	GF-2/3	80%	100%	第一时间提供灾后道路信息,为灾后交通疏导、应急救援提供有效的辅助决策支持,提高了灾后应急效率
(四)航运与环境监测										
10	航道边界线监测产品	5级	各级航道管理单位	长江流域、白洋淀流域	1年1次	专题图	GF-2	90%	100%	为航道图的更新提供新的监测技术,节省了大量的人工作业成本,提高了航道管理技术水平
11	航道洲滩监测产品	5级	各级航道管理单位	长江流域、白洋淀流域	1年1次	专题图、监测报告	GF-2	90%	100%	为航道洲滩冲刷情况大范围快速监测提供了新的监测手段,降低了数据采集成本,提高了监测效率
12	港口及船舶监测产品	5级	各级航道管理单位	长江流域、白洋淀流域、“一带一路”沿线国家和地区	1年2次	专题图、监测报告	GF-2、Google Earth	80%	80%	基于小目标识别与卷积神经网络算法实现了港口及船只的自动提取,为港口及航道管理提供辅助决策信息

续表

序号	产品名称	产品级别	服务对象	区域范围	服务频次	服务方式	数据源	产品精度	数据自给率	效果评价
(五)机场规划建设与环境监测										
13	机场选址三维辅助决策产品	6级	中国民航机场建设集团公司等一系列具有机场设计资质的单位	全国	1年1次	专题图、监测报告	GF-2、ZY-3	—	100%	为机场规划选址提供直观、可视化环境,提高选址与规划水平
14	机场施工建设变化监测产品	5级	中国民航机场建设集团公司、中国交通建设集团有限公司	全国、“一带一路”沿线国家和地区	每月1次	专题图、监测报告	GF-2	85%	100%	为机场施工进度管理提供直观可视化的有力支持
(六)重大交通工程监测										
15	全国高速公路省界收费站撤站监测产品	5级	交通运输部科技司	全国	每月1次	专题图、监测报告	GF-1、GF-2、GF-6、北京二号、高景一号WorldView	—	100%	全面、直观、动态地掌握全国高速公路省界收费站撤站进度,极大地减少了外业工作量,降低了监测成本,提升了行业服务管理水平

5) 应用系统建设

完成路网规划与可行性分析示范子系统、道路勘察设计应用示范子系统、路网监控与应急示范子系统、交通出行服务应用示范子系统、航运与环境监测子系统、机场规划与环境监测应用示范子系统、数据中心与集成应用子系统的研发与集成,形成高分综合交通遥感应用示范系统(图2.16)。

高分交通综合数据库及管理系统(图2.17)是对交通空间信息服务支撑平台的管控,主要功能包括数据查询浏览、数据更新维护、系统管理、任务管控和计算服务等,可以实现高分数据查询、下载和任务分发(图2.18)。

图 2.16 高分综合交通遥感应用示范系统集成界面

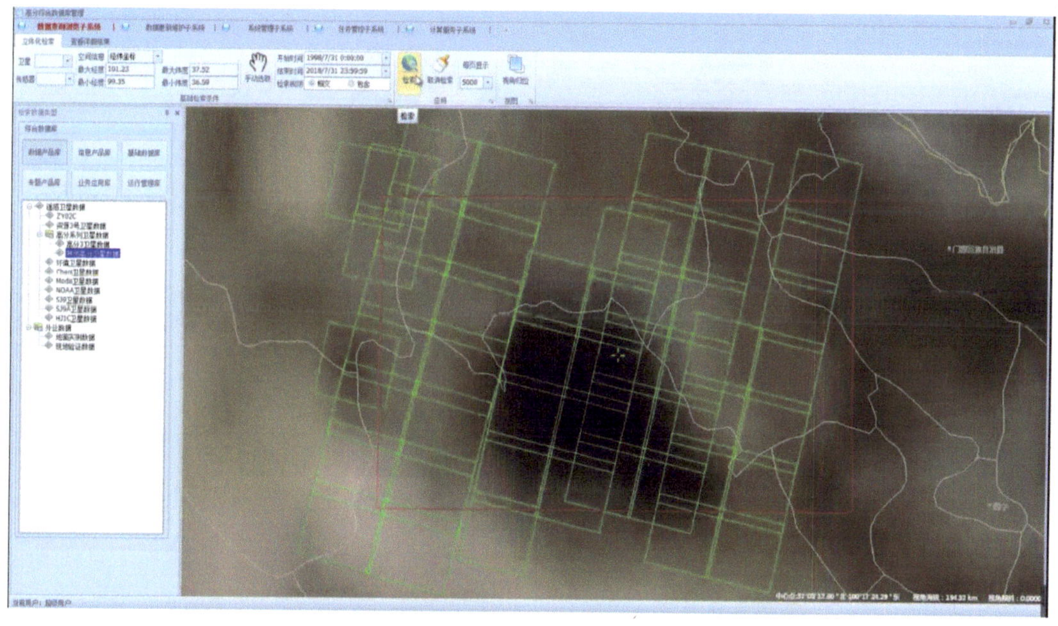

图 2.17 高分交通综合数据库及管理系统界面

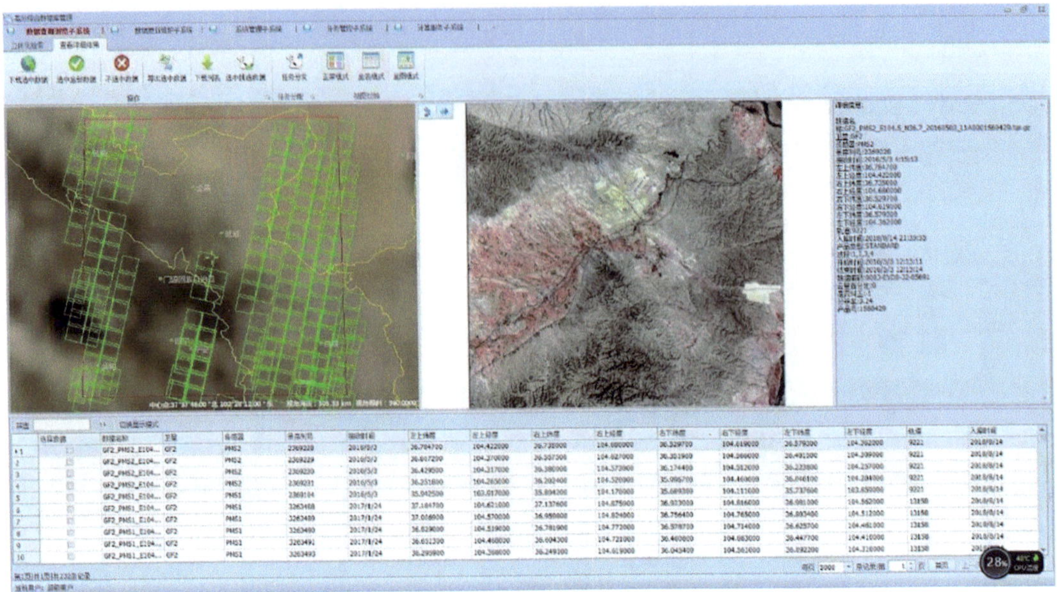

图 2.18 高分数据查询下载界面

路网规划与可行性分析示范子系统(图 2.19)主要是进行路网和道路附属设施的自动提取,集成了交通道路提取、交通车辆提取、道路附属设施提取和路域信息提取四个功能模块。

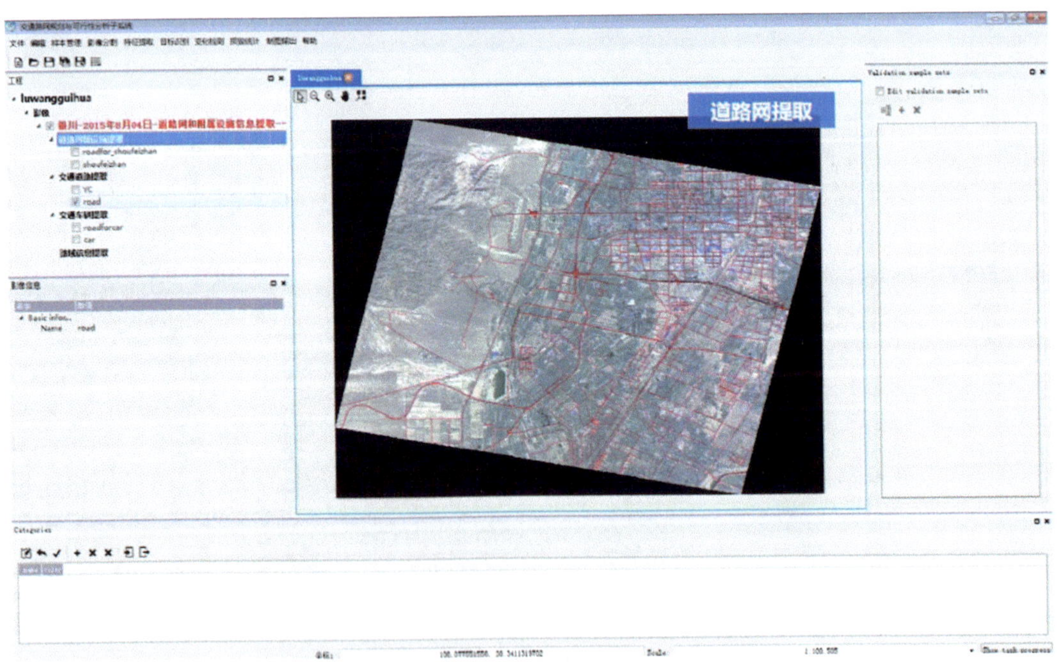

图 2.19 路网规划与可行性分析示范子系统界面

道路勘察设计应用示范子系统(图2.20)主要是基于高分辨率图像,建立道路三维选线环境,提取道路勘查区域周边环境及地貌信息,提高勘察效率,节省勘察成本,并为道路智能选线及方案比选提供新的评价手段。系统主要功能包含地物识别、平面选线、平纵横设计、三维建模与模拟驾驶和方案评价比选等。

图2.20 道路勘察设计应用示范子系统界面

路网监控与应急示范子系统(图2.21)可以实现道路灾害损毁检测、道路灾害风险评估、交通用地监测、公路灾害多源立体监测、灾害体交互式提取等功能。

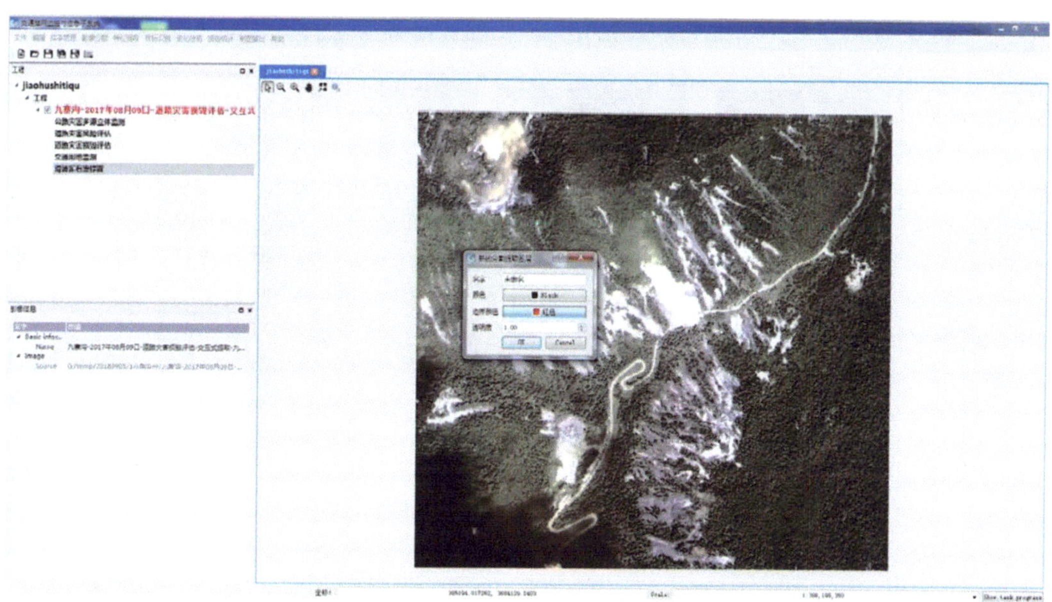

图2.21 路网监控与应急示范子系统界面

交通出行服务应用示范子系统(图 2.22)可以实现道路拥堵长度监测、常态化堵点监测、路网监测专题图管理、路网演变监测、多源高分数据融合处理、居民出行分布预测和路域能见度监测等功能。

航运与环境监测子系统(图 2.23)主要集成了洲滩提取、多时相岸区变化监测、水位线提取、有害漂浮物提取、含沙量反演和船只检测等功能模块,为航道管理部门提供辅助决策信息。

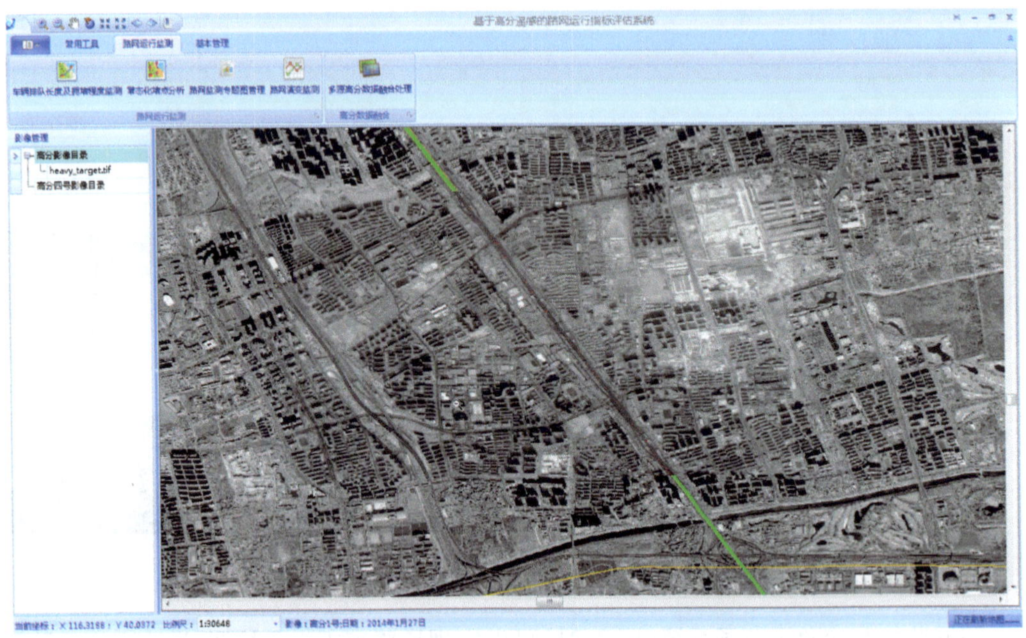

图 2.22 交通出行服务应用示范子系统界面

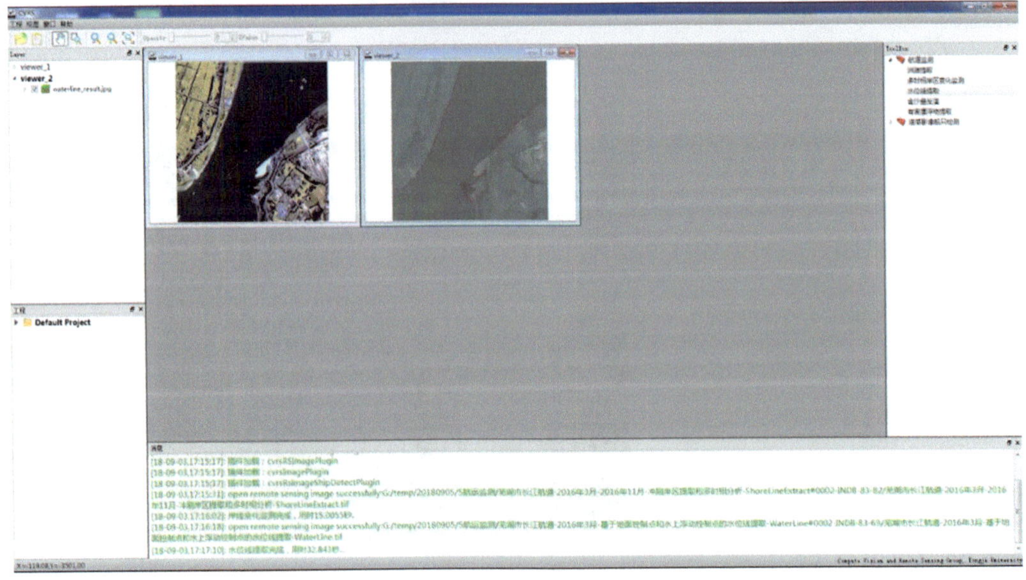

图 2.23 航运与环境监测子系统界面

机场规划与环境监测应用示范子系统(图 2.24)集成了机场基础设施信息提取、机场环境参量反演和机场建设变化监测功能模块,为机场规划、建设和运营管理提供服务。

高分交通一张图平台将交通高分图像产品、交通专题数据产品和交通数据信息服务等都集成到一个三维球上,能够实现交通信息一体化展示。图 2.25 所示为茂县山体滑坡专题产品,通过高分交通一张图平台可以直观、立体地了解灾害的影响范围等信息。

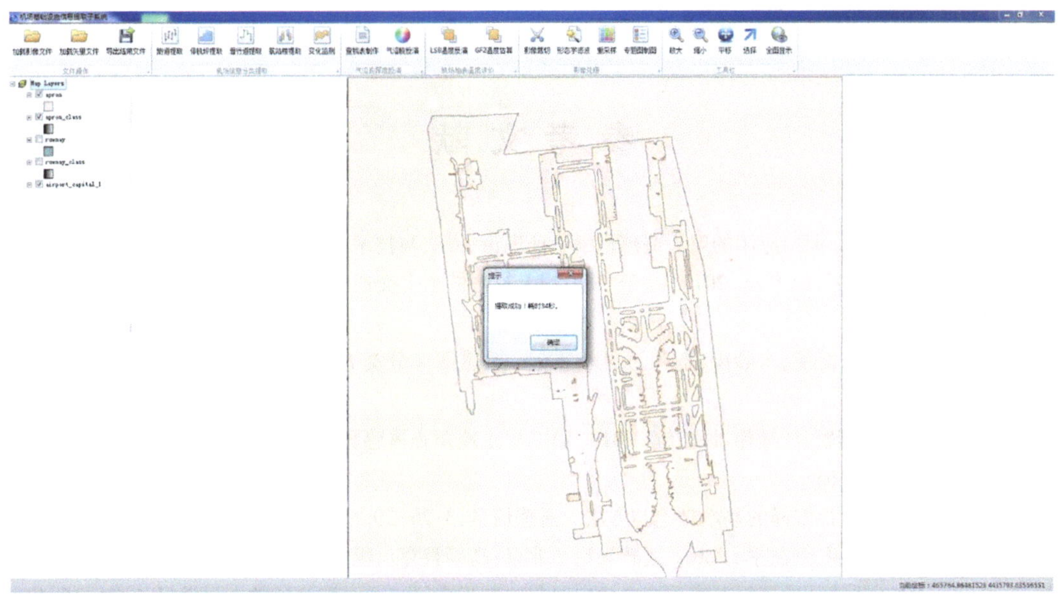

图 2.24 机场规划与环境监测应用示范子系统界面

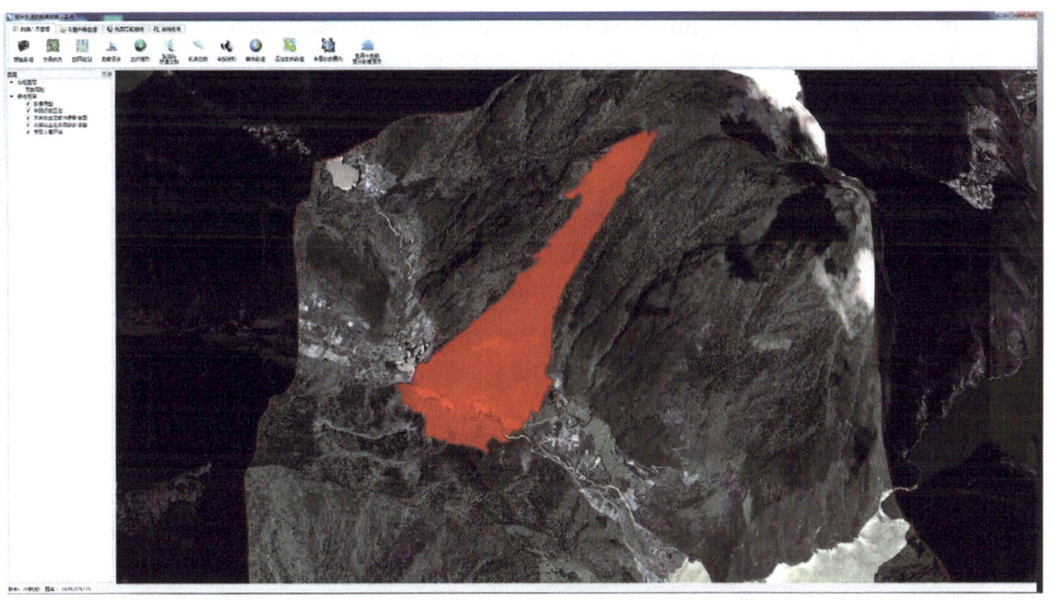

图 2.25 高分交通一张图平台(茂县山体滑坡监测)

6）行业应用示范

针对高分卫星数据在交通运输行业的重点应用领域，包括路网规划、道路勘察设计、路网监控与应急、出行服务、航道管理、机场环境监测，结合实际工程建设项目，选择典型示范区开展高分综合交通遥感示范应用，形成标志性成果，并推广到“一带一路”沿线国家及地区重大交通基础设施建设项目中，促进交通运输行业的科技进步，服务交通信息化建设。

参 考 文 献

顾行发，余涛等．2018．面向应用的航天遥感科学论证理论、方法与技术．北京：科学出版社．

何茂录，甘浪雄，郑元洲，徐才云．2017．基于 ISODATA 算法的水上交通事故黑点识别．安全与环境学报，17(2)：413-417．

李石华，王金亮，毕艳，陈姚，朱妙园，杨帅，朱佳．2005．遥感图像分类方法研究综述．国土资源遥感，17(2)：1-6．

刘刚，朱敏，马海涛，那岩，汪继伟，许宏键．2010．第二次土地调查遥感影像解译应用分析．测绘与空间地理信息，33(4)：61-63．

马霭乃．1987．遥感目视解译的基本理论与方法．遥感信息，3：26-29．

梅安新，彭望琭，秦其明，刘慧平．2001．遥感导论．北京：高等教育出版社．

倪玲，舒宁．1997．遥感图像理解专家系统中面向对象的知识表示．武汉测绘科技大学学报，1：34-36，48．

潘建刚，赵文吉，宫辉力．2004．遥感图像分类方法的研究．首都师范大学学报（自然科学版），5(3)：86-91，80．

秦其明．2000．遥感图像自动解译面临的问题与解决的途径．测绘科学，2：21-24，1．

史泽鹏，马友华，王玉佳，马中文，黄勤，黄艳艳．2011．遥感影像土地利用/覆盖分类方法研究进展．中国农学通报，28(12)：273-278．

王振武，孙佳骏，于忠义，卜异亚．2016．基于支持向量机的遥感图像分类研究综述．计算机科学，43(9)：11-17，31．

徐黎明，吕继东．2015．基于同态滤波和 K 均值聚类算法的杨梅图像分割．农业工程学报，31(14)：202-208．

杨鑫．2008．浅谈遥感图像监督分类与非监督分类．四川地质学报，3：251-254．

赵英时．2003．遥感应用分析原理与方法．北京：科学出版社．

Cortes C, Vapnik V. 1995. Support-vector networks. *Machine Learning*, 20:273-297.

Munoz-Mari J, Bovolo F, Gomez-Chova L, Bruzzone L, Camp-Valls G. 2010. Semisupervised one-class support vector machines for classification of remote sensing data. *IEEE Transactions on Geoscience and Remote Sensing*, 48(8):3188-3197.

Sharma A, Liu X, Yang X, Shi D. 2017. A patch-based convolutional neural network for remote sensing image classification. *Neural Networks*, 95:19-28.

第3章

公路网规划高分辨率遥感应用

我国遥感数据性能不断提高,具有提供时效性高、数据量足、直观可视化数据的优势,有助于提升公路网规划的效率与精细化水平,也逐渐被公路网规划的管理者、制定者与实施者所认可。针对我国公路网规划范围广、层次深、需求多样化的特点,如何实现基于高分辨率遥感的公路网规划成为当前遥感与交通领域共同关注的重点。本章根据公路网规划的主要内容与流程,探讨了高分辨率遥感技术在公路网规划调研中的主要作用。

3.1 公路网规划

3.1.1 公路网规划概念

公路网规划包含两层含义:第一层含义是指对一个国家或地区(以下在不注明的情况下,统称区域)公路建设发展所做出的全面、长远的安排,即该国家或该地区的公路网规划方案或文件;第二层含义则是指拟订公路网规划方案或文件的过程,包括其步骤、内容、方法和模型等。

公路网规划的主要任务是通过对公路网发展现状及其对经济社会发展的适应性分析,诊断公路网发展存在的主要问题,根据未来经济社会发展趋势和交通运输需求,结合工程建设条件、环境保护、土地资源等因素,确定公路网发展目标、空间布局和技术标准,并提出公路网建设总体安排。

3.1.2 公路网规划内容

目前,我国公路网规划的内容主要是经济社会及交通调查分析、公路网的远景交通量预测、公路网线路平面布局和等级结构方案规划、公路网评价系统模型建立与运用、公路网目标优化模型的建立与运用、公路网方案决策模型的建立与运用、公路网规划环境影响分析、公路网实施计划和投资优化决策模型的拟定和运用。随着计算机技术与网络技术的不断发展，公路网规划的过程逐渐形成专业软件，规划人员的工作量逐渐减少，但传统的人工外业调查分析工作复杂度与难度仍未改变。外业调查主要是对路线可能途径的城市和村镇等进行经济、人口、产业、交通等多方面的调查，同时对途经的地形、地貌、环境保护区等进行摸底，并对路网交通量现状进行准确的调查。实际调查资源有限，被调查内容范围广、覆盖面宽、数据精度要求高，使得传统调查难以确保所需信息的全面、精准。

经济社会及交通调查主要包含以下内容：① 地理位置及自然条件：调查地理位置、地质水文资料，尤其是不良地质体、自然保护区等；② 经济社会发展状况：调查规划区历史经济、社会发展情况及现状；③ 交通运输发展现状：调查运输类型、比例、运输通道现状等；④ 公路网现状及综合评价：调查路网结构、组成现状等。

根据调查结果进行以下需求分析：① 经济社会发展需求：针对规划区经济、社会、人口、产业类型现状等分析其发展趋势；② 综合运输发展需求：分析面向规划区内综合发展的运输类型、车辆类型与主要通道需求及未来发展目标下的运输需求；③ 公路交通需求：主要分析公路运输量、汽车保有量现状等情况，分析其未来发展趋势。

公路网交通量预测是根据经济、社会等调查及分析，结合预测模型预测未来路网交通量，并将交通量分配到抽象的路网上，得到整个路网分配交通量。

公路网线路平面布局和等级结构方案规划是根据预测交通量，设计路网的平面布局、交叉方式、道路等级和采用的技术指标等。

公路网评价是基于规划路网，根据经济、社会等发展需求，构建路网评价模型。一般从结构与交通量两个层面进行评价，评价指标包括经济、安全和环境影像等。

公路网目标优化是基于评价模型得到的评价结果，优化规划模型，再进行评价，不断优化后，得到路网规划的最优方案。

公路网方案决策是基于规划方案与方案评价结果，根据经济社会发展要求，构建方案实施决策模型，对方案实施进行决策，确定最终采用的公路网规划方案。在方案决策制定后，需对规划路网进行环境影响分析，评估路网建设后对周边水质、动物、植物、居民等造成的环境影响，并作为规划方案的一部分提交，便于后期方案实施过程中减少对环境的影响。

公路网实施计划和投资优化决策则是根据投资计划与经济社会发展要求，制定公路网规划方案的实施计划，确定公路网实施的步骤。

3.1.3 公路网规划意义

公路网规划是公路建设的重要前期工作之一，是进行公路建设决策的支持系统。公路网规划的目的就是要从科学、实事求是的观点出发，分析模拟区域客货运输的交通状况，剖析公路网建设发展存在的问题及其根源，预测区域社会经济发展趋势和交通需求，制订合理可行的公路网规划方案和建设时序，为区域公路近期和长远发展建设提供决策依据,最终实现:① 节省车辆行驶时间,降低运输成本,提高公路运输效益;② 保障国民经济和工农业生产健康发展;③ 促进区域经济平衡协调发展;④ 促进公路运输与其他运输方式协调发展;⑤ 合理投放和使用公路建设资金;⑥ 节约土地资源,保护自然环境(裴玉龙,2011)。

3.1.4 公路网规划需求

卫星遥感技术发展至今已经比较成熟,尤其是高分专项的实施使我国遥感技术从载荷到平台应用都有了巨大飞跃。采用遥感技术可以快速地探测到远距离、大范围、多层面的信息。尤其是利用高分辨率卫星图像,能够更加精准地提取规划范围内的路网现状、交通节点、地形地貌、道路附属设施、路域环境、土地利用现状、车辆分布等信息,数据精度高、范围广、类型多,极大减少了公路网规划外业调查的工作量,提升了调查的工作效率和公路网规划方案质量。当具有大量的时序数据时,还可以进一步辅助区域内的城市、公路、交通变化分析,更加科学地完善公路网规划方案。

我国公路遥感技术最早始于 90 年代中期,起步较晚。早期的应用几乎全部依靠国外卫星数据,购买价格高昂并且数据时效性不高,对路网规划、勘察设计、公路应急等业务的辅助作用有限,这限制了遥感技术在公路网规划领域的发展。由于公路具有狭长特点,对图像拼接连片能力要求非常高,人工成本相较于现场调查没有优势。另外,数据分辨率不高,是公路遥感技术未能像在农业、林业等行业大规模发展的根本原因。随着计算机技术和我国遥感卫星技术飞速发展,2013 年起开始系统性地开展公路遥感技术研究与应用。

随着高分专项的实施,国产数据资源的丰富实现了数据自主,极大降低了遥感技术的应用成本。另外,交通行业作为高分二号卫星的主用户,更是具有了对高分辨率卫星图像需求的优先权,可以快速获取最新的图像数据,实现了公路网规划遥感技术应用的数据与技术的双重自主。这不仅为遥感技术在公路网规划领域的发展提供了丰富可靠的数据资源,还推动了遥感技术在公路网规划领域的进一步发展,辅助制定了更加科学的公路网规划方案。

高分辨率遥感数据作为一种大规模数据采集的方法,可以有效替代公路网规划中的调查任务,在路网现状调查、交通节点调查和土地利用现状调查三个方面具有较多的应用场景。

1) 路网现状调查

公路网现状调查是交通基础设施调查的一部分,是进行前期公路网分析的必要信息基础。开展公路网现状调查对于公路网规划具有重要意义,体现在以下几个方面:

(1) 完善区域现状数据

作为公路网规划的重要基础数据,由于各地的公路网管理程序多和技术水平参差不齐等问题,公路网信息经常出现更新不及时、数据缺失的现象。为了保障规划的准确性,传统的公路网规划工作要求规划人员需要根据区域规划目标，通过长期大量的外业调研采集、汇总、整理、补充完善现状数据，才能开展下一步规划工作。在规划过程中交通量预测是核心工作，然而现状数据调查这一项工作花费的时间与交通量预测的时间差不多，极大地降低了工作效率。

(2) 保障现状分析全面性

公路网现状分析是对当前时期区域综合交通状况、经济发展需求及模式进行深入了解的途径。通过公路网现状调查，能够加深对地区居民出行生活的理解、对经济发展的认识、对路网及交通需求的分析，抓住限制区域发展的交通问题，通过分析对区域内经济、社会、人文和环境等进行全面的理解，便于对地区综合发展进行有重点、有针对性的认识与掌握。

(3) 提升规划方案科学性

公路网规划是将区域的公路网络作为一个整体，通过对公路网现状的分析，结合对区域未来经济发展、交通运输需求和公路建设投资的预测，拟定合理可行的公路网规划建设方案。全面准确的现状调研分析是辅助制定合理、科学的规划方案的关键基础，也是评价方案是否科学合理、适度超前的主要参考内容之一。

传统方式往往多采用专家打分法，主观地评价方案的科学性。这主要是由于在进行大范围的区域公路网规划时，难以准确地获取所需的详细数据。而采用遥感技术将不仅可以极大地降低数据获取的难度，提高数据获取的精度，还能提供更多层次、维度的信息，形成区域的综合画像，提高规划方案数据量化水平与评价参数的准确性，从而提升规划方案的整体科学性。

2) 交通节点调查

交通节点是运输系统的重要组成部分，是公路网实现交通服务的关键。主要的交通节点包括综合交通枢纽、路网交叉口和重大附属设施。综合交通枢纽包括机场、火车站、长途车站等；路网交叉口包括平交路口、立体交叉口等；重大附属设施是指道路沿线设置的大型收费站、加油站、服务区和停车场等。通过遥感技术实现交通节点的调查能够：

改进规划方案的量化层次。基于高分辨率遥感进行交通枢纽与重大附属设施调查，对公路网规划数据的完善是必不可少的，将更多的量化数据运用于规划过程中将极大地提高公路网规划的科学性与合理性。路网交叉口作为路网组成的必要结构，其提取是将公路线段组合成网，并将其转换为有向路网的必要节点。综合交通枢纽的位置和宏观参数的提取，将为公路网规划节点的选择提供更加全面的参考依据。对直接影响范围区域与间接影响区内的综合交通枢纽的标注，可为该枢纽年吞吐量、日最高吞吐量等数据的进一步调研完善节省大量的调查工作，所获得的数据可为既有交通现状影响分析提供更加准确的基础预测数据。利用遥感提取的公路网，可以快速地将路网与交通节点数字化，便于快速的量化分析。相较于传统利用 GIS 历史数据进行数据导出的方式，遥感提取的数据时效性更高,与规划人员的交互性更好。从路网交叉口到综合交通枢纽,不同层面的量化数据丰富了规划的基础数据,一定程度上降低了传统规划过程中规划专家在初步了解规划背景下进行宏观概念上的评价的不确定性,提高了制定方案的量化水平。

提高节点调查工作效率。节点调查是公路网布局规划的关键。大型枢纽站是路网结构中的关键节点,其客货运输的发送量、到达量及规模等都达到了一定程度,对路网上的交通量影响巨大,这些是规划中需要考虑的重要基础数据,也是交通量预测的关键。另外,节点数据是构成路网邻接目录表、节点坐标系统表、交通节点类型表及交通节点与交通区对应表数据的一部分,利用遥感进行快速提取与边界的量化将极大地提高路网节点数据统计的工作效率。公路网规划中交通量是具有方向性的,同一路段不同的方向其交通量分布与规律千差万别,所承担的主要交通方式和交通运输结构也不尽相同。有向路网是规划线路交通量预测的基础路网,将利用遥感提取的有向路网与现有的 TransCAD 等规划软件相衔接,将极大地节省规划人员的内业工作,实现规划调研与交通量预测基础数据处理的自动化。

3) 土地利用现状调查

在公路网规划中,基于遥感的土地利用现状调查主要包括对矿产资源(矿藏分布、蕴藏量、质量特征等)、区域产业(工业布局、产品、产量等)、环境保护区(范围和等级等)和国土面积(耕地面积、产业布局、城镇布局等)的调查。

土地利用现状调查是规划工作中做好公路与国土空间之间协调工作的关键步骤。土地资源配置调查能够获取区域内城镇布局、经济发展区、工业发展区、农业等信息,便于对地区社会经济结构进行了解,并根据区域未来经济发展规划,综合考虑在现有公路网上,需要对哪些局部区域进行路网加密,以促进经济发展,哪些区域需加强对外连接,以增进与外界经济社会的文化交流等。同时,公路网规划对经济、社会、交通、环境和土地等方面还有反馈作用。公路网的建设将改变区域土地资源的配置,合理的路网规划能够对土地资源的优化配置起到积极的作用,需要重点考虑两者的交互作用。

利用遥感提取土地利用信息,可以迅速获取近期规划区域的土地利用状况,从宏观到微观、从定性到定量,多个维度分析土地利用的情况,为路网规划提供量化的、丰富的数据支撑。

3.2 路网现状调查

3.2.1 高分辨率遥感图像路网特征

作为公路网规划基础调研的一部分,从遥感图像上提取公路网是目前遥感领域的研究热点。公路网提取的主要目标是提取公路线位、长度、宽度、车道数、公路断面形式和起终点等。

公路具有以下形态特征:① 道路段都具有一定的长度,长宽比很大;② 道路包含一定的面积,有连续性;③ 道路的表面灰度差异小,但同两侧建筑物、林地、耕地等差异很大,有较丰富的边缘信息;④ 道路互相连接交织,形成道路网;⑤ 道路存在林荫道,有车辆拥堵的现象,图像存在中断现象;⑥ 在主干道路交会点,立交桥存在的可能性很大(朱长青等,2004)。

3.2.2 路网提取方法及流程

公路网规划项目一般3~5年滚动和调整一次。在进行路网规划信息的更新过程中,需要按照上一次规划的全过程进行一次信息的更新与路网规划的优化,这造成重复劳动,耗费大量时间、人工和资源。目前,公路网现状调查仍以人工调查为主,前期搜集相关现状信息,并进行整理,制定调查方案,对重点关注地区需要人工现场复核。整个调研过程时间跨度长、内容复杂、工作量繁重、劳动密集程度高。采用遥感技术将在以下四个方面提高调查的技术水平与调查结果精度:① 传统报表形式数据可利用性低,整理工作量大。② 通过GIS信息化的路网数据时效性低,获取信息片面,影响后续分析精度。GIS数据是基于调查生产的产品,由于其全面调查有较大难度,因此采用阶段性调查方式。如果需要的数据刚好在阶段性调查更新后,则可以购买到最新数据,否则在我国基础设施建设日新月异的背景下,难以全面调查到最新数据。③ 现场复核重点路网数据,调研工作量大、效率低。利用遥感数据可以获取当前道路现状,减少需要复核的重点路段,尤其在交通不发达地区,可以节省大量的资源。④ 通过遥感数据提取公路网,便于数据的信息化与量化分析,提取路网数据直接生成矢量格式,可与交通行业传统软件无缝衔接,使遥感数据应用起来更加方便。

目前有以下两种主流的路网提取技术的划分方法。

第一种,针对不同的道路特征和道路模型,道路提取的方法主要有基于分类的方法、基于知识的方法、数学形态学方法、活动轮廓模型、动态规划等(Wang et al.,2016)。该类方法针对目标进行提取,算法精度较高,但对于种类和背景较复杂的情况,建模过程较为复杂。

第二种划分方法比较具有系统性,是根据提取的自动化程度,划分为人工提取、半自动提取、自动提取三种方法。人工提取主要是通过目视解译提取目标信息;半自动提取方法有动态规划法(Barzohar and Cooper,1996)、模板匹配法(朱长青等,2004;Wang et al.,2018)、基于图像分割与边缘检测法(刘丽霞等,2019)、Snake模型(张金梅,2020;施海亮等,2011)等;自动提取方法是利用人工智能、计算机视觉、模式识别等方法实现,主要包括数学形态学(戴激光等,2019;王海军等,2018)、基于拓扑关系的方法(刘昌振和马红,2019)、基于平行线的道路特征提取(朱昌盛等,2011;卫靖杰等,2008)和基于知识的方法等(林丽群和肖俊,2011;张志伟和刘志刚,2010)。半自动提取通过预给道路特征,计算机跟踪识别进行提取;自动提取则是计算机根据算法进行目标的识别提取。人机交互的半自动提取目前已取得成功,是当前提取的主要手段;自动提取由于图像光照、色彩等因素,实现起来仍很困难,是未来的主要研究方向。

1) 目视解译

首先对图像进行融合、增强等预处理,再通过人机交互对目标进行提取。因遥感图像是多种信息的综合反映,远距离的拍摄受到自然地理现象的限制或季节的影响,造成反差过大或过小、色彩平淡、饱和度降低、清晰度不够,影响了地类信息的提取,所以很有必要对遥感图像进行增强处理;图像增强的目的是提高图像质量,突出所希望得到的信息,从而利于地类的分析、解译判读和提取。

该方法根据图像拍摄特点与参数,对目标进行提取。精度较高,但工作量大,效率低,较适用于对精度要求高、目标复杂、提取范围不大的情况,不适用于较大面积、多种类、多目标提取。

2) 半自动提取

(1) 动态规划法

动态规划法需要人为沿道路获取一系列种子点,建立道路的假设参数模型,构建代价函数判定种子点之间的距离,通过动态规划法对各种子点之间的最优路径进行决策,得到最佳候选路段(Barzohar and Cooper,1996)。在路网提取中的代价函数常设为累积线段最小代价。

要使用动态规划方法,必须具备以下条件:① 问题必须能划分为若干个相互联系的阶段;② 每一阶段都有状态变量描述该阶段的状态;③ 每一阶段都有决策变量描述该阶段的决策;④ 具有无后效性(马尔可夫性);⑤ 设计一个标准的动态规划模型。

通常可以按以下步骤进行:① 划分阶段。按照问题的时间或空间特征,把问题分为若干个阶段。注意这若干个阶段一定要是有序的或者是可排序的,即无后向性,否则问题就无法用动态规划求解。② 选择状态。将问题发展到各个阶段时所处于的各种客观情况用不同的状态表示出来,状态的选择同样要满足无后效性。③ 确定决策并写出状态转移方程。决策和状态转移有着天然的联系,状态转移就是根据上一阶段的状态和决策来导出本阶段的状态。所以,如果确定了决策,状态转移方程也就写出来了。但事实上,常常是反过来做,根据相邻两段的各状态之间的关系来确定决策。④ 确定指标函数。根据题意确定目标函数,注意要满足递推条件。⑤ 递推求解基本方程。按照与递推过程相反的顺序推算,逐步确定每阶段的决策。

以下实例运用动态规划法提取了高分辨率遥感图像的道路中心线。该实例首先利用阈值分割提取道路区域,再运用核密度估计计算道路概率分布,以提高图像对光谱特征的敏感性(曹帆之等,2015)。道路概率分布如图 3.1 所示。

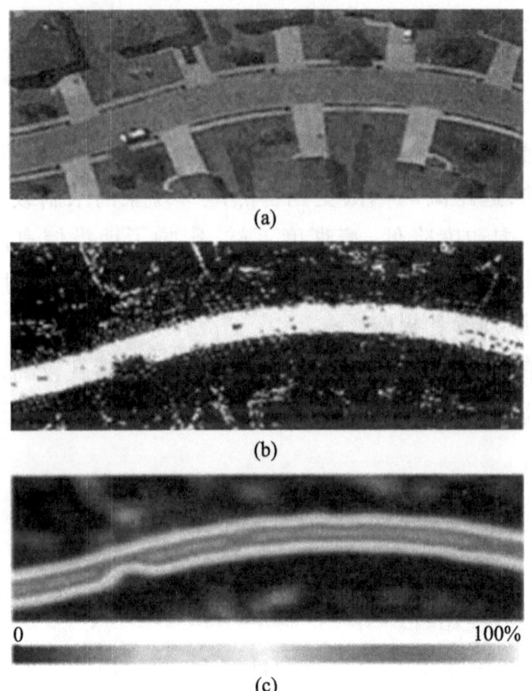

图 3.1 道路概率分布图生成过程:(a)道路原始图像;(b)道路阈值分割图像;(c)道路概率分布图

道路中心线的具体提取过程如下:首先人工选取一系列种子点,作为代价函数中的初始顶点;然后运用动态规划求解使代价函数达到最大值的折线段;接着利用线性插值在求解出的折线段上插入新的顶点,并再次运用动态规划求解;最后重复前两步的过程,直到折线段不再发生变化,将该折线段作为待提取的道路中心线。

基于核密度估计的概率分布函数建立的道路中心线模型如式(3.1)所示:

$$E=\sum_i E_i = \sum_i \left[1+\cos(a_i - a_{i+1})\right]\cdot \sum_{s\in S} G^2_{P_iP_{i+1}}(s)/\left|\Delta s_i\right| \qquad (3.1)$$

$$\text{s.t. } C_g=\left|a_i - a_{i+1}\right| < T_1$$

式中,P_i、P_{i+1} 为道路中心线折线段的顶点;a_i 为线段 P_iP_{i+1} 的方向,$a_i=\arctan\left(\frac{y_i - y_{i-1}}{x_i - x_{i-1}}\right)$;$s$ 为线段 P_iP_{i+1} 的像素集合;$G_{P_iP_{i+1}}(s)$ 为概率分布图上线段 P_iP_{i+1} 的灰度函数;Δs_i 为线段 P_iP_{i+1} 的长度,$\left|\Delta s_i\right|=\sqrt{(x_i - x_{i-1})^2+(y_i - y_{i-1})^2}$;$C_g$ 为道路中心线的局部曲率的上界;T_1 为给定的阈值。

根据算法提取两种不同宽度道路的中心线如图 3.2 所示。

动态规划法提取道路主要是根据道路特征定义的代价函数进行决策,受到种子点位置光谱特征与代价函数的精度限制。

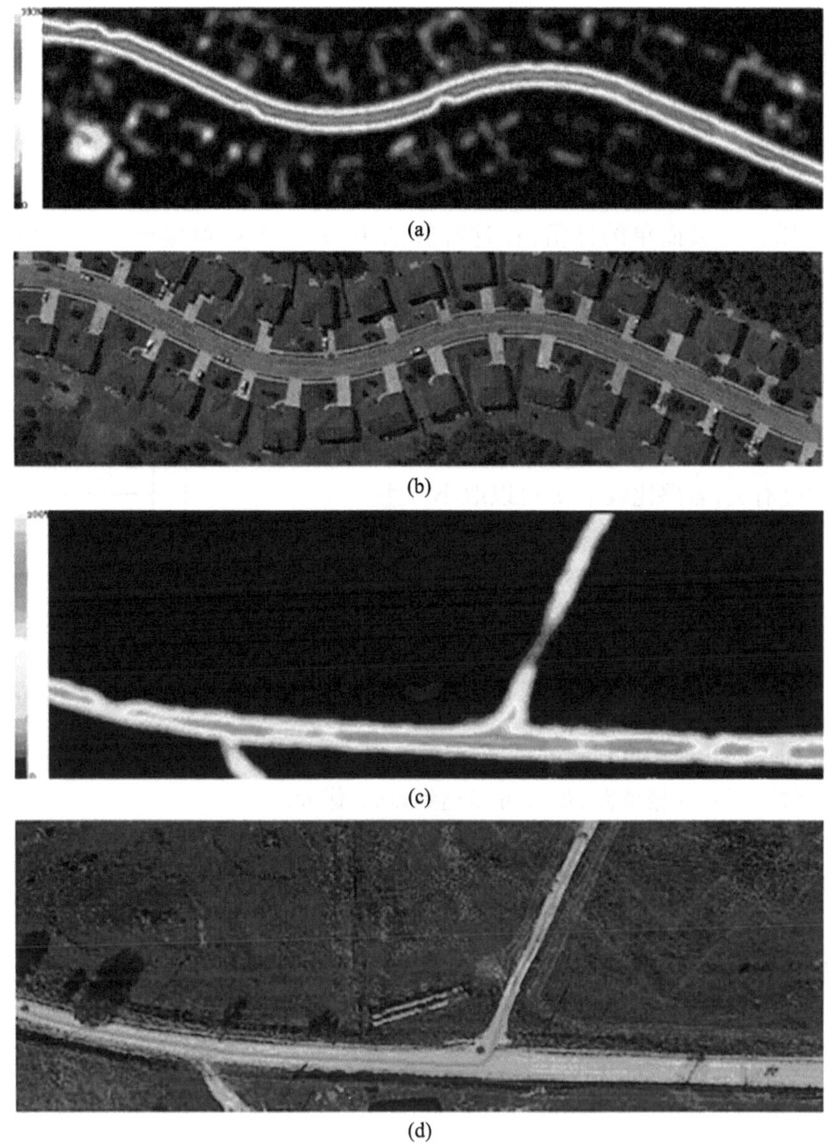

图 3.2 两种不同宽度的道路中心线提取结果:(a)道路概率分布图;(b)城镇道路中心线提取结果;(c)道路概率分布图;(d)道路中心线提取结果

(2) 模板匹配法

模块匹配法即通过人工选择特定的模块,然后匹配寻找图像上的特征。该方法主要寻找用户感兴趣的特征,这种特征一般是已知的某种形状或灰度特征。其基本思想是以已知的某种目标的模型形成一个灰度矩阵,用该矩阵在图像的搜索范围内分别移动计算其与图像上相应区域的相似度,以相似度最大的位置为待识别目标的位置。

在路网提取中，常见的是利用模板匹配法对道路边缘进行特征提取。基于模板匹配的道路半自动提取主要步骤如下：

① 根据每两个人工点对输入图像进行重采样，即将存在的一小段图像取下来；采用基于小波变换的方法生成一个小的图像金字塔，为多分辨率相关做准备。采样中常用方法有最邻近插值法与双线性插值法等。

最邻近插值是最简单的插值，在这种算法中，每一个插值输出像素的值就是在输入图像中与其最邻近的采样点的值。最邻近差值法以人工输入的两个点对之间的距离 L 作为重采样图像的长度；重采样的宽度 W 随着 L 变化而变化：$W=kL$。其中系数 k 小于1，并不取固定的值，但一般取0.3。对于 L 超过200个像素的情况，k 通常取的很小，因为此时人工点给的较远，一般道路的曲率不会太大，搜索范围也很小。此外，该系数的选取也同道路宽度有关，若路比较窄，k 可以取小一些。

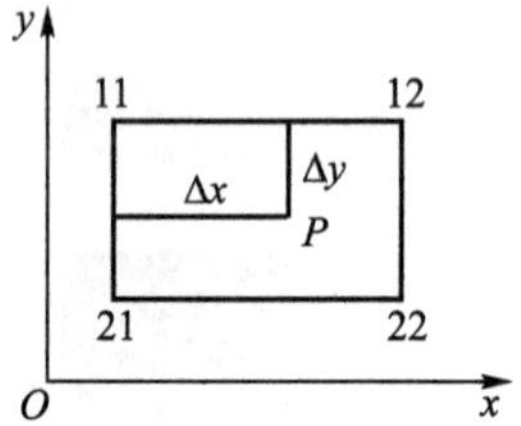

图3.3 双线性插值法重采样

双线性插值法的输出像素值是它在输入图像中2×2领域采样点的平均值，如图3.3所示，P 点的邻近4个原始像素为11，12，21，22，则 P 的灰度重采样值为

$$I(P)=(1-\Delta x)(1-\Delta y)I_{11}+(1-\Delta x)\Delta y I_{12}+\Delta x(1-\Delta y)I_{21}+\Delta x\Delta y I_{22} \tag{3.2}$$

双线性插值的几何精度比最邻近插值法好，但计算时间比较长；最邻近插值法比较简单，计算速度快，但几何精度差，最大可以达到±0.5像元。

② 从金字塔图像分辨率最低的最上一级开始，每隔一个小步距用一个0、1模板，即用道路两边暗中间亮的局部特征模板移动计算相关系数。移动相关采用快速算法，并且分频道相关极大地减少了计算量，速度很快。

设灰度函数为 $f(x,y)$，相关系数用标准化的协方差函数表示：

$$\rho=\frac{S_{xy}}{\sqrt{S_{xx}S_{yy}}} \tag{3.3}$$

式中，S_{xy} 为协方差函数；S_{xx}、S_{yy} 分别为模板与图像窗口内的方差。由离散灰度数据对相关系数的估计为

$$\rho(r,c)=\frac{\sum_{i=1}^{m}\sum_{j=1}^{n}(g_{ij}-\bar{g})(g'_{(i+r,j+c)}-\bar{g}'_{(r,c)})}{\sqrt{\sum_{i=1}^{m}\sum_{j=1}^{n}(g_{ij}-\bar{g})^2\sum_{i=1}^{m}\sum_{j=1}^{n}(g'_{(i+r,j+c)}-\bar{g}'_{(r,c)})^2}} \tag{3.4}$$

$$\bar{g}=\frac{1}{m\cdot n}\sum_{i=1}^{m}\sum_{j=1}^{n}g_{ij},\qquad \bar{g}'_{(r,c)}=\frac{1}{m\cdot n}\sum_{i=1}^{m}\sum_{j=1}^{n}g'_{(i+r,j+c)}$$

式中，(r,c) 为搜索区域图像相位移动的行、列参数；m、n 分别为搜索区域的行数、列数；g 为灰度值。

设 $\overline{X}$ 与 $\overline{Y}$ 是目标图像灰度与搜索图像灰度的矢量，其相关系数为

$$\rho = \frac{\sum_{i=1}^{N} (x_{ij} - \bar{x})(y_{ij} - \bar{y})}{\sqrt{\sum_{i=1}^{N} (x_{ij} - \bar{x})^2 \sum_{i=1}^{N} (y_{ij} - \bar{y})}} \tag{3.5}$$

当搜索图像变为 $\overline{Y}'$，并假设它与 $\overline{Y}$ 呈某一线性畸变：

$$\overline{Y}' = a\overline{Y} + b \tag{3.6}$$

则 $\overline{Y}'$ 与 $\overline{X}$ 的相关系数仍为 ρ，灰度矢量经过线性变换后的相关系数是不变的。

③ 根据最大相关点的坐标进行曲线最小二乘迭代拟合，得到道路初始轮廓。假设已知一组型值点 (x_i, y_i) $(i = 1,2,\cdots,n)$，要求构造一个 $m(m < n - 1)$ 次多项式函数 $y = F(x)$ 逼近这些型值点。逼近的好坏常用各点偏差的平方和最小 $\varphi = \sum_{k=1}^{n} [F(x) - y_k]^2$ 或加权偏差平方和最小 $\varphi = \sum_{k=1}^{n} d_k [F(x) - y_k]^2$ 来衡量，其中 d_k 是权因子，对可靠的点赋予较大的权重，一般 $d_k > 0$。令 $F(x)$ 为一个 m 次多项式，$F(x) = \sum_{j=0}^{m} a_j x^j$；这里的最小二乘就是要确定系数，使偏差平方和达到极小。

④ 用低通滤波器对输出结果进行平滑处理。如果直接连接任意一对人工点对，将出现毛刺现象，不符合道路连续平滑性的特征，如图 3.4 所示。解决这一问题的办法通常是拟合。将图像横向看作时间 t，纵向看作幅度 A 的模拟信号，对此信号做低通滤波，即可以将出现的毛刺滤除，达到平滑的目的。

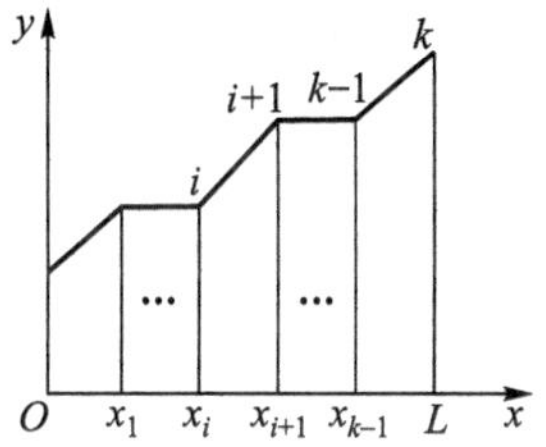

图 3.4 道路离散点的分段线性函数

模板匹配法虽具有简单、直观、有效的优点，但在有着丰富信息的遥感图像上，目标往往难以用一个单一的灰度矩阵模板表示出来；此外，由于模板匹配采用移动计算矩阵区域内的相似度的方法，计算量非常大，这也成为限制其在图像地物自动提取中的应用的因素之一。

(3) 基于图像分割与边缘检测

遥感图像道路分割提取技术大多是基于图像分割方法展开的。图像分割是通过将图像中的所有像素进行一定的特性相似性判断，将其分类成具有不同内涵意义的像素群，最终得到互不重叠的区域完成分割。图像分割作为图像分析过程中的关键步骤，经过分割后的区域可以为后续的识别提取提供目标对象。图像分割算法是在灰度值的两个基本性质——不连续性和相似性的基础上实现的。常用的分割方法有灰度阈值分割法、基于边缘的分割法和基于区域的分割法。

道路的形状与其他地物差异较大，表现出狭长区域的特征，常采用基于边缘的分割方法。基于边缘的分割方法是在边缘检测的基础上进行的，大致思想是确定图像中的边缘像素点，完成边缘线的连接。用它构成分割区域的边界，进一步得到分割结果。

图像边缘作为一个区域到另一个区域的过渡地带，一般存在于灰度发生突变的地方。主要表现出两方面特征：方向和幅度。沿着边缘的方向，像素值变化幅度较小；沿着垂直于边缘的方向，像素值变化幅度较大。依据上述两方面特征，可以通过求导数的方式来描述和检测图像边缘。如图 3.5 所示，不同的边缘图像与一阶导数、二阶导数的对应关系分别为极值点、过零点。

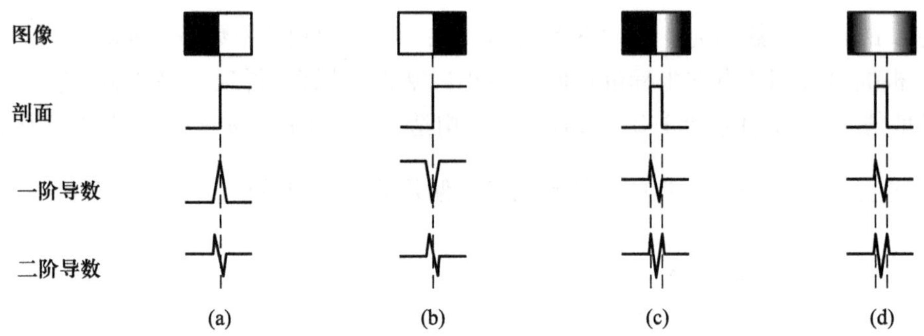

图 3.5　边缘图像及其导数规律示意图：(a)上升阶跃边缘；(b)下降阶跃边缘；(c)脉冲边缘；(d)屋顶边缘

基于一阶导数的边缘检测算子有 Roberts、Prewitt 和 Sobel 等，基于二阶导数的边缘检测算子有 Kirsh、Laplacian 等。它们对噪声的抗干扰力相对较差，只对噪声较小、复杂程度低的图像检测效果好。因此，针对噪声问题突出的图像，通常使用具有平滑功能的 LoG 算子和 Canny 算子等。

Roberts 算子结构简单，对边缘的定位能力好，但是较容易受到噪声干扰（唐阳山等，2017）。Sobel 算子（张旺，2018；谭媛等，2016）和 Prewitt 算子（徐兮和冯晓，2007）对噪声的抑制能力相较于 Roberts 算子有所提高，但是检测结果经常有多像素宽度的情况出现，造成虚假边缘的误检。LoG 算子（周芳和马莉，2011）受噪声干扰较小，但是由于高斯滤波的参与容易将边缘细节平滑模糊，从而导致边缘的漏检。Canny 算子（罗文婷等，2018）是低错误率的边缘检测，能最大限度地、精确地找到图像中所有真实边缘，尽可能地降低漏检和误检的发生概率。

（4）Snake 模型

Snake 模型即主动轮廓模型，它的基本思想是在图像目标边界的附近定义一条初始轮廓线，轮廓曲线的能量由内部能量与外部能量两部分构成。Snake 演化的最终结果是使得曲线能量达到最小，此时轮廓曲线与图像中的目标边界相一致。

Snake 模型是在自身内力和外部约束力共同作用下移动变形的轮廓曲线，将它表示为参数曲线 $v(s)=(x(s),y(s))$，其中 $s\in[0,1]$ 是弧长。Snake 模型的能量函数（熊立伟等，2010）为

$$E_{snake} = \int_0^1 [E_{int}(v(s)) + E_{ext}(v(s))] \, ds \tag{3.7}$$

式中,$E_{int}(v(s))$为曲线内部能量,表示为

$$E_{int}(v(s)) = \frac{(\alpha(s) \ |\dot{v}(s)|^2 + \beta(s) \ |\ddot{v}(s)|^2)}{2} \tag{3.8}$$

式中,$\dot{v}(s)$为一阶能量项,表示弹性能量;$\ddot{v}(s)$为二阶能量项,表示弯曲能量;$\alpha(s)$、$\beta(s)$为控制参数,分别用于控制轮廓曲线的弹性和刚性,也即连续性和平滑性;$E_{ext}(v(s))$为外部能量函数,由图像力和其他外部的约束力所产生的能量组成。外部能量函数没有统一固定的数学表达方式,需要从问题本身的性质和特点出发,根据特定的问题来定义:

$$E_{ext}(v(s)) = \gamma(s) E_{image}(v(s)) + \mu(s) E_{constrain}(v(s)) \tag{3.9}$$

图像能量 $E_{image}(v(s))$反映了图像的某些根本特征,如线条、边缘等,它使 Snake 轮廓曲线向显著的图像特征移动。对于灰度图像 $I(x,y)$,通常采用以下两种图像能量函数:

$$\begin{aligned} E_{image}^{(1)}(v(s)) &= \pm \nabla [G_\sigma(x,y) \times I(x,y)] \\ E_{image}^{(2)}(v(s)) &= \pm I(x,y) \end{aligned} \tag{3.10}$$

式中,$G_\sigma(x,y)$为二维高斯函数,σ 为标准差;∇为梯度算子。$E_{constrain}(v(s))$为人为给 Snake 曲线定义的外部约束能量,可以对曲线的形变加入人为限制;γ 和 μ 分别为图像能量的约束能量系数,用于调节相应的能量在总能量函数中的权重。

对 Snake 轮廓曲线 $v(s)$沿着弧长 s 抽样得到 N 个点,用 $v_i, i=1,2,\cdots,N$ 表示,则 Snake 模型被离散化为若干控制点的几何单元。此时,能量函数的离散形式为

$$E_{snake} = \sum_{i=1}^{N} E_{int}(v_i) + E_{ext}(v_i) \tag{3.11}$$

式中,

$$\begin{aligned} E_{int}(v_i) &= \frac{(\alpha_i \ |v_i - v_{i-1}|^2 + \beta_i \ |v_{i-1} - 2v_i + v_{i+1}|^2)}{2} \\ E_{ext}(v_i) &= \gamma(v_i) E_{image}(v_i) + \mu(v_i) E_{constrain}(v_i) \end{aligned} \tag{3.12}$$

要使 Snake 模型收敛,即使其总能量函数达到最小值,主要的方法有偏微分方程法、动态规划法和贪心算法。偏微分方程法需要足够多的控制点,使信息完成,保证曲线平滑,但增加了计算复杂度。动态规划法不需要高阶导数,稳定性好,但计算复杂度高,运算量大,需要进行复杂的搜索和参数控制,且只能做到局部最优。贪心算法是求解最优化问题最简单迅速的方法,但也不能保证得到最优解,不适用于求最大或最小解的情况。

Snake 模型算法稳定性高并能够与计算机进行交互,因此得到了大量的研究,许多新模型得到发掘,如 LSB-Snake 模型、Ziplock Snake 模型和 Double-Snake 模型等(Gruen and

Li,1997; Renaud and Julien,2003)。施海亮等(2011)在对 Snake 模型求最优解时采用贪心算法来改进 Snake 模型,该模型通过搜索每一节点的领域使其各节点的总能量最小,改进后的 Snake 模型更适合道路提取。Wei(2011)提出了 GVF-Snake 模型,与经典的 Snake 模型相比,该模型扩大了外力的作用范围,同时增大了对目标的凹轮廓边缘吸引力,极大地提高了传统的 Snake 模型在道路提取上的精度。Snake 模型分割有两个缺点:一是分割结果对开始提取的轮廓线很敏感;二是分割结果有时会收敛到某局部极值而不能得到想要的结果。

3)自动提取

自动提取是指对道路的自动识别与定位,主要包括数学形态学、基于拓扑关系的方法、基于平行线的特征提取、基于知识的方法、地图匹配法和几何统计法等。随着计算机技术的发展,也出现了一些新的道路提取方法,如基于高斯-马尔可夫随机场纹理模型和支持向量机的方法、基于标点随机过程的方法、基于神经网络的方法、基于场景感知模型与分类检测的方法、基于统计特征的方法等。下面主要介绍目前较为常用的道路自动提取方法。

(1)数学形态学

数学形态学由于操作简单、效果良好,得到了广泛研究,但对于道路提取适用范围有限。需结合其他方法实现公路网提取。

数学形态学建立在集合论的基础之上。参加运算的目标有两个:图像 A(需要处理区域)和结构集合 B,其中 B 称作结构元素。

假设 A 与 B 都是 Z 的子集,则将图像 A 沿矢量 $\boldsymbol{x}$ 平移一段距离,记作 $A+\boldsymbol{x}$ 或 $A\boldsymbol{x}$,定义如下:

$$A\boldsymbol{x} = \{c:c = a + \boldsymbol{x}, \forall a \in A\} \tag{3.13}$$

结构元素 B 的映射为 $\hat{B}$,定义为

$$\hat{B} = \{x:x = - b, \forall b \in B\} \tag{3.14}$$

$A-B$ 称作集合 A 与集合 B 的差集,定义如下:

$$A - B = \{x:x \in A, x \notin B\} = A \cap \overline{B} \tag{3.15}$$

对于两幅图像 A 和 B,如果 $A\cap B\neq\varnothing$,则称 B 击中 A,记作 $B\uparrow A$;否则,如果 $A\cap B=\varnothing$,则称 B 击不中 A。

形态学算法的基础操作是膨胀与腐蚀。膨胀是假设 A 为待处理图像,B 为结构元素,则 A 被 B 膨胀定义为

$$A \oplus B = \{z \mid (\hat{B})_z \cap A \neq \varnothing\} = \{z \mid (\hat{B})_z \cap A \subseteq A\} \tag{3.16}$$

A 被 B 膨胀是所有位移 z 的集合,$\hat{B}$和 A 至少有一个元素是重叠的。膨胀操作是用来填补目标中的空洞的,如图 3.6 所示。

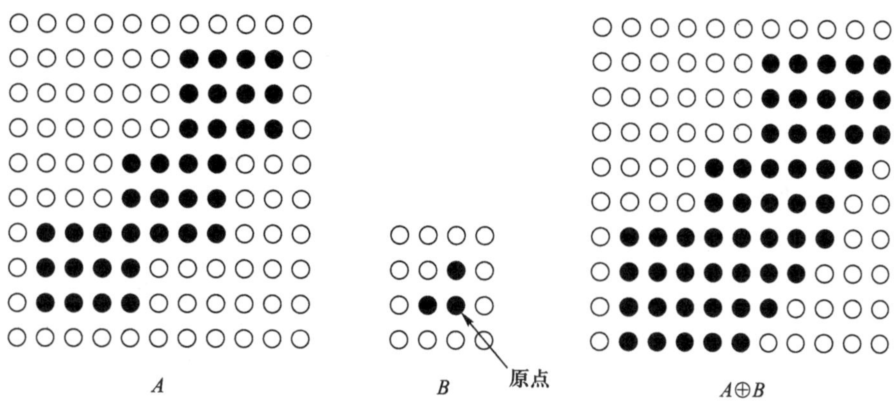

图 3.6 膨胀运算(王双和曹国,2014)

腐蚀运算是使用 B 对 A 进行腐蚀,定义为

$$A \ominus B = \{z \mid (B)_z \subseteq A\} \tag{3.17}$$

腐蚀操作是一种取出边界点,是使目标边界向内部收缩的过程,可以用于消除体积小且无意义的物体,如图 3.7 所示。

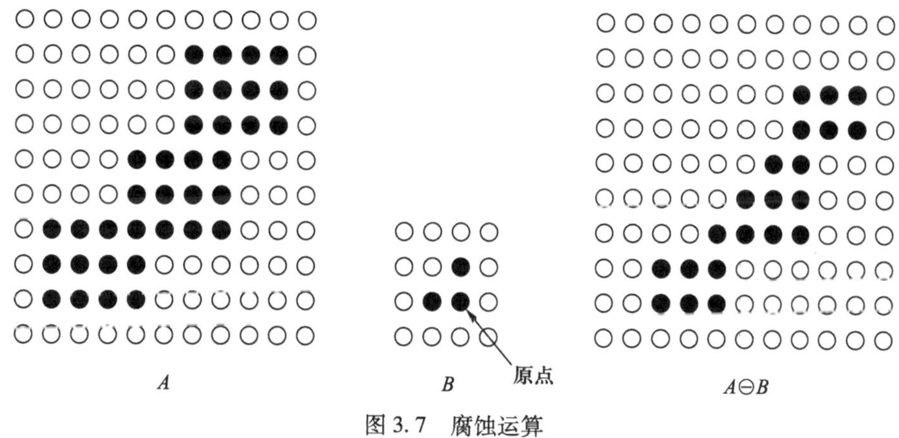

图 3.7 腐蚀运算

膨胀与腐蚀对于集合求补运算与反射运算是彼此对偶的,即

$$\overline{A \ominus B} = \bar{A} \oplus \hat{B} \tag{3.18}$$

开操作是先用 B 对 A 进行腐蚀,再用 B 对结果进行膨胀,定义为

$$A \circ B = (A \ominus B) \oplus B \tag{3.19}$$

开操作是使对象的轮廓变得光滑,消除小物体或细小的突出物,在纤细的连接处分离物体、断开狭窄的连接,平滑较大物体边界的同时,不明显改变物体的面积,如图 3.8 所示。

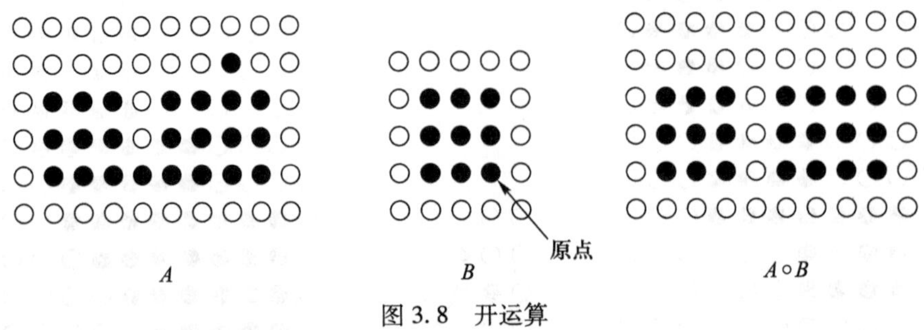

图 3.8 开运算

闭操作是先用 B 对 A 膨胀,再用 B 对结果进行腐蚀,定义为

$$A \cdot B = (A \oplus B) \ominus B \tag{3.20}$$

闭操作通常用来填补长细的鸿沟、狭窄的间断或轮廓线中的断裂等,同时也可以用来消除小的孔洞,如图 3.9 所示。

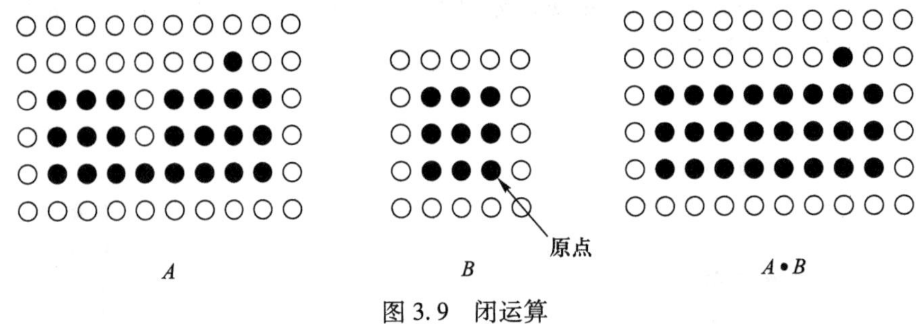

图 3.9 闭运算

开闭操作也是一对关于集合求补和映像的对偶操作,即

$$\overline{A \cdot B} = \bar{A} \circ \hat{B} \tag{3.21}$$

在形态学基础上针对狭长、线状结构特征的物体,发展而形成了一种路径形态学算法。其定义为:假设 E 为给定的像素点集合,在 E 上定义二元邻接关系 $x \mapsto y$,表示从 x 到 y 存在一条边。如果 $x \mapsto y$,称 y 为 x 的后继节点,x 为 y 的前驱节点。如图 3.10 所示,b_i 为 a 的后继节点,a_i 是 b 的前驱节点。

这种邻接关系“$\mapsto$”是非对称的,是有方向的,由图像域 E 中的像素点与邻接关系构成一幅有向图,即邻接图。邻接图具有周期性、平移不变性。

对于 E 中的每一个点 x,根据邻接关系,它的后继节点的集合表示为 $\delta\{(x)\}$,即

$$\delta\{(x)\} = \{y \in E \mid x \mapsto y\} \tag{3.22}$$

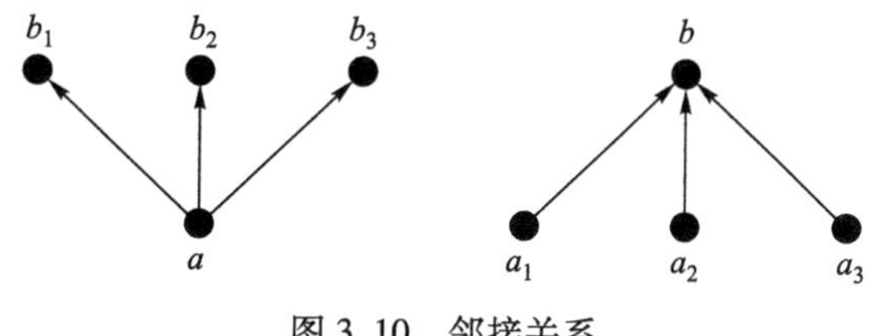

图 3.10 邻接关系

推广到 E 中的任意集合 X：

$$\delta\{(x)\}=\{y\in E\,|\,x\mapsto y\quad\exists\quad x\in X\}\tag{3.23}$$

对于任意集合 X_i：

$$\delta(\cup_i X_i)=\cup_i\delta(X_i)\tag{3.24}$$

这是膨胀操作典型的代数性质，称 δ 和 $\bar{\delta}$ 为膨胀操作。

若$a_k\mapsto a_{k+1}$，称 $\boldsymbol{a}=(a_1,a_2,\cdots,a_L)$为长度为 L 的 δ-路径，等价于：

$$a_{k+1}\in\delta(\{a_k\}),\quad k=1,2,\cdots,L-1\tag{3.25}$$

相反的路径 $\bar{\boldsymbol{a}}=(a_L,a_{L-1},\cdots,a_1)$，称为长度为 L 的$\bar{\delta}$-路径。给定 E 中的路径 $\boldsymbol{a}$，定义 $\sigma(\boldsymbol{a})$为路径元素的集合：

$$\sigma(a_1,a_2,\cdots,a_L)=[(a_1,a_2,\cdots,a_L)]\tag{3.26}$$

用Π_L表示所有长度为 L 的 δ-路径的集合，$\overline{\Pi}_L$表示所有长度为 L 的$\bar{\delta}$-路径的集合。将包含在 E 的子集 X 中长度为 L 的 δ-路径的集合定义为$\Pi_L(X)$，即

$$\Pi_L(X)=\{\boldsymbol{a}\in\Pi_L\,|\,\sigma(\boldsymbol{a})\subseteq X\}\tag{3.27}$$

则 X 中长度为 L 的 δ-路径的集合定义为$\overline{\Pi}_L(X)$。

定义$\alpha_L(X)$为 X 中长度为 L 的所有 δ-路径元素的并集：

$$\alpha_L(X)=\cup\,\{\sigma(\boldsymbol{a})\,|\,\boldsymbol{a}\in\Pi_L(X)\}\tag{3.28}$$

α_L运算时具有开操作的代数性质，相反地，闭运算也可得出。图 3.11 是一个长度为 6 的路径开运算例子，即$\alpha_6(X)$。左图中黑点表示 E 中的子集 X，浅灰色背景表示邻接图，与右图所示的邻接图相同，定义了 E 中像素点的邻接关系，右图中表示路径开操作的结果，其中未被填充的点被过滤掉了。

利用形态学理论，使用阈值法对二值化遥感图像分割得到路网轮廓，并用数学形态学中膨胀、腐蚀等算法进行去噪、细化，该方法对于高精度图像效果不太显著，但对中低分辨率图像的处理效果较好。如果在高分辨率图像中使用，需对邻接图算子进

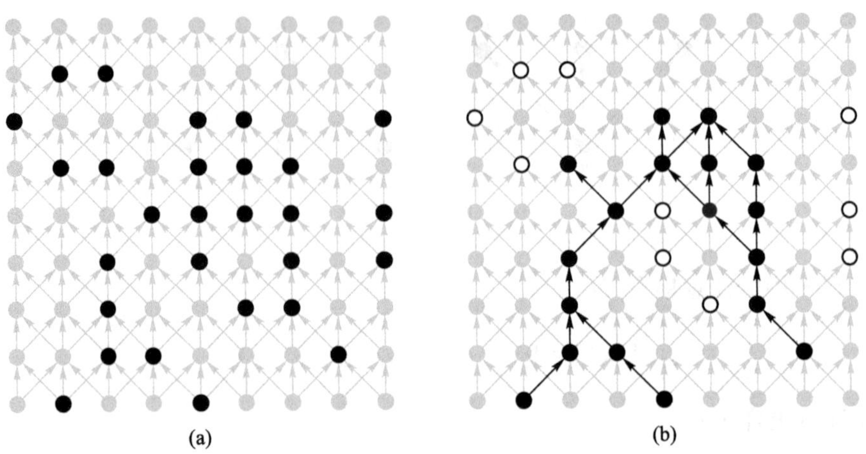

图3.11 路径开运算

行改进。

(2) 基于拓扑关系的方法

Trinder 和 Wang 于 1998 年首先提出了基于道路网拓扑关系的假设-验证方法,该方法分三个层次实现对道路的识别与提取,是一种全局提取道路的方法,但该方法只针对道路的主干进行提取,具有一定的局限性(Trinder and Wang,1998)。Wiedimann 等(1998)利用模糊数学的方法表示各个路段节点,对各个节点模糊化,根据模糊数确定有权无向图,结合最短路径形成道路网,并进行验证。

(3) 基于平行线的道路特征提取

从遥感图像中道路边缘特征不难发现,大部分道路的本质为一组组平行线。根据这个特征产生了较多的提取算法,通过先对道路进行边缘检测和连接,来产生道路的平行线特征,从而达到提取道路的目的,但此类算法仅对背景简单的高速公路等道路效果较好,且无法得到路宽等道路信息(Trinder et al. ,1997)。

(4) 基于知识的方法

基于知识的方法是近年来道路提取的研究热点。这类方法首先创造性地提出了基于知识系统的遥感图像道路网提取思路,提出了道路网的语义模型,建立知识库,在低层次提取道路边缘,然后在中层次进行处理特征信息,最后,在高层次根据知识库中的规则进行特征识别,但由于道路模型复杂,基于知识的提取方法尚处于研究阶段(周昀罡,2013)。

归纳上述方法可知,目前高分辨率遥感图像中提取道路网主要存在的问题包括:① 遮挡问题。图像的边缘包含大量的有用信息,然而在边缘检测时,易受到局部噪声或者周围建筑、树木等地物遮挡的影响而产生虚假边缘或间断边缘,因此提取出的道路网几乎无法保证是连续的。② 地物特征类似问题。图像上的线状地物种类繁多,不同属性的线状地物可能有相同的特征,这使得道路提取的准确性往往不够高。此外,由于现代城市建造道路和建筑物的原料大致相同,这也使得这两种地物具有类似的光谱特征,在图像分割时,经常存在将道路旁的建筑物错分成道路的情况,使得道路提取产生错分的现象。③ 地物复杂问题。高分辨率下的城区道路场景异常复杂,道路区域受到交通线、汽车以及阴影等的影响,使得路面复杂多样,局部道路段的灰度具有近似的一致性,但是各道路段的灰度不一定具有相似性,这使得在城区图像中提取道路特别困难。

以上问题目前仍是道路提取的难点,需要通过融合新技术、新方法、新途径,不断提高路网提取的正确率与精度。

4) 矢量地图引导的道路网提取技术

笔者在攻关高分综合交通遥感应用示范系统过程中,提出了一种基于矢量地图引导的道路网提取技术,可以实现道路的自动提取,具体方法如下。

(1) 道路兴趣区提取

首先将图像按照一定的间隔划分成若干子区域,然后对每一部分子区域求取其梯度强度,最后判断每一子区域是否比八邻域相邻区域的均值梯度强度更强,若更强,则该区域为兴趣区。对于梯度求取,依据的是道路区域在垂直于道路方向上具有较强的梯度且方向具有较强的一致性,所以会在主方向具有较大的统计值。梯度方向按照 12 个主方向统计,将 0°~180°的道路梯度分为 12 个主方向,每个主方向夹角为 15°,在固定大小局部窗口中,对于每一个像素,统计这 12 个主方向的平均梯度强度,作为该区域的梯度强度(图 3.12)。

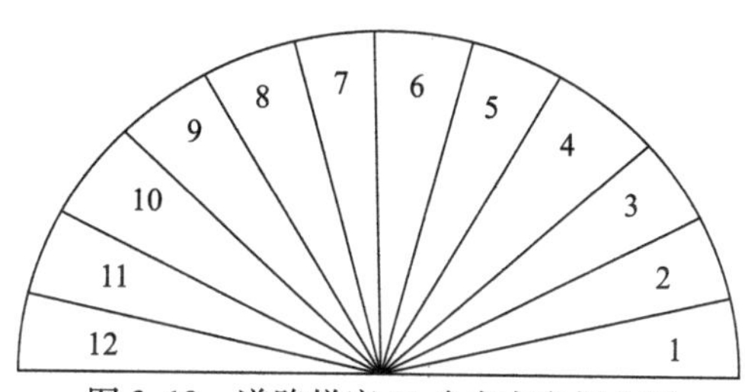

图 3.12 道路梯度 12 个主方向划分图

(2) 道路的全自动追踪

道路追踪的基本流程可以分为以下几步:

第一步,在道路兴趣区选取种子点,利用旋转、滑动、可伸缩动态模板在种子点附近进行道路模板的对比、对称、梯度方向加权求和,若该加权和超过一定的强度,则依据最大加权和所对应的模板,求取道路方向、路宽、道路中心点的位置。模板使用及设置如图 3.13 所示。

第二步,道路追踪即从确定的道路中心点开始,沿着道路方向寻找邻近道路点,基本流程如图 3.14 所示。

对于模板,求取道路方向、宽度及道路点位置的方法同算法流程第一步中的道路。道路追踪根据当前点的道路方向,沿着道路方向进行道路点搜索。道路追踪条件包括以下几个部分:

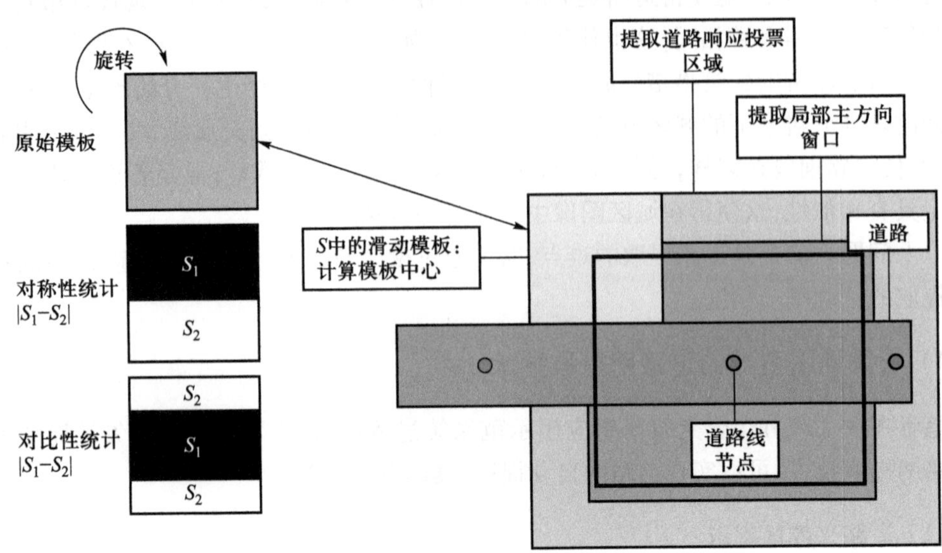

图 3.13 模板使用及设置

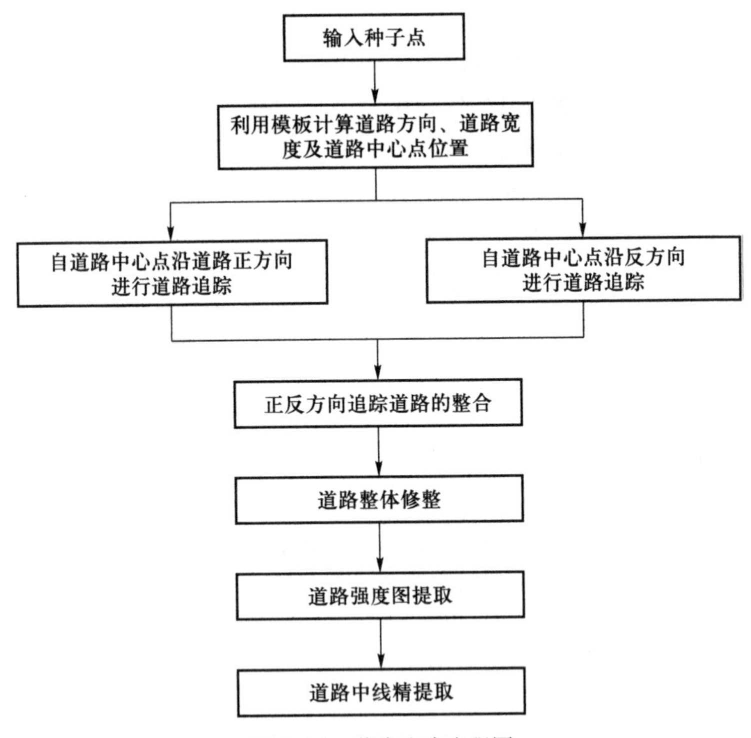

图 3.14 道路追踪流程图

- 下一道路点位于当前道路点方向确定的区域上，以图 3.15 说明该区域：道路增长步长按照当前点道路宽度一半设置即可，根据当前道路方向，输入下一候选点，并在

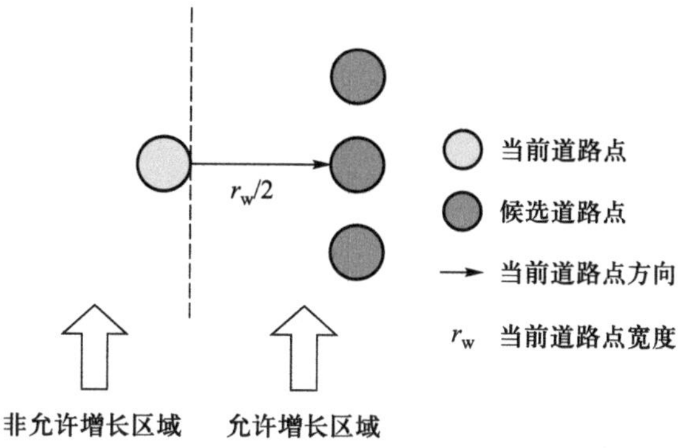

图 3.15 道路增长区域图

候选点附近搜索道路中心点。

- 道路宽度验证:若前后点道路宽度差距太大,或者道路宽度太小,则停止追踪。
- 道路点灰度验证:若前后点灰度差距太大,则停止追踪。
- 道路点增长区域约束:此约束针对自相交道路设计,引入一个道路点缓冲区来防止自相交道路进入追踪死循环。每次有新道路中心点添加进来时,则对此两点确定的区域进行标记(图 3.16)。

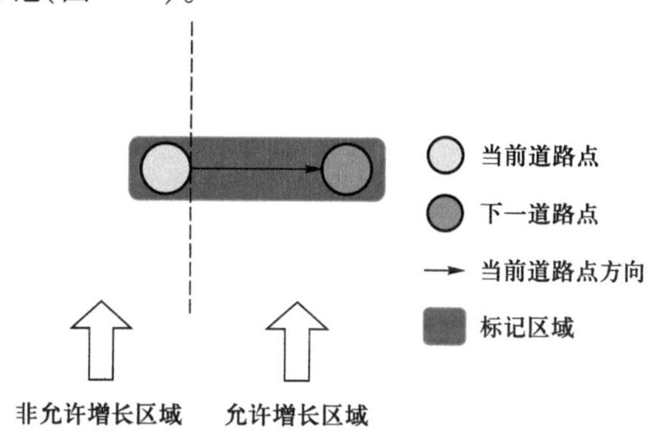

图 3.16 道路增长缓冲区示例

第三步,道路整合与修整,即将正向与反向追踪道路合并,将距离过近的点剔除,并用 B 样条曲线模型进行拟合,获取较优的道路表达。

第四步,道路强度图获取。对所有提取的道路根据道路宽度建立缓冲区,并将其叠加,以构建良好的道路强度图。

第五步,道路中线精确提取。利用道路强度图,在强度图中对道路反复跟踪,并将跟踪后的道路强度区域抹除,直到所有道路跟踪完毕。

除公路网线状结构提取外,道路交叉类型、道路附属设施等的提取,将在第 3.3 节介绍。利用遥感还能提取路面的铺装情况,但由于目前技术刚刚起步,尚未形成完整体系且稳定的提取方法,仍需要在未来的应用中进一步研究。

5）路网提取流程

路网提取方法多种多样，针对不同数据特点需要灵活应用，基本的数据处理流程是一致的。基于遥感图像的路网提取流程如图3.17所示。

获取规划区的图像后，首先对选取的图像进行校正、配准、融合和拼接等预处理。

收集已有路网及基础设施的基础地理数据，作为辅助数据。基于高分辨率卫星遥感图像与地图道路网，利用矢量地图引导和上下文语义匹配、感知编组等算法，对路网信息进行提取，实现道路的快速普查。

利用道路兴趣区约束下的、基于种子点追踪的多尺度模板匹配方法，跟踪出道路的中心线和边线。图3.18为部分道路提取结果，图中蓝色十字标注的点为道路中心线上的点，两边的红色线为提取出的道路边线。

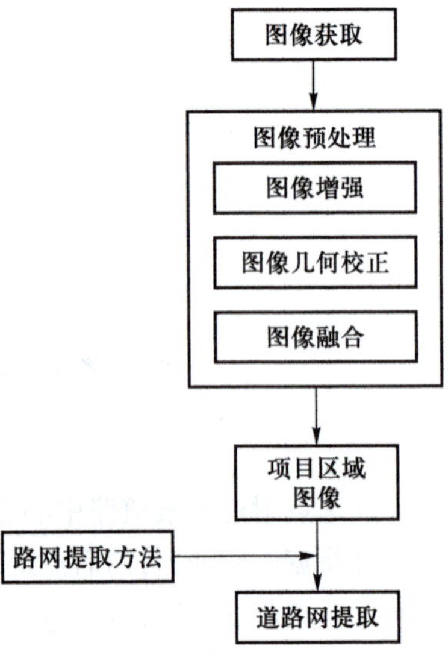

图3.17 路网提取流程图

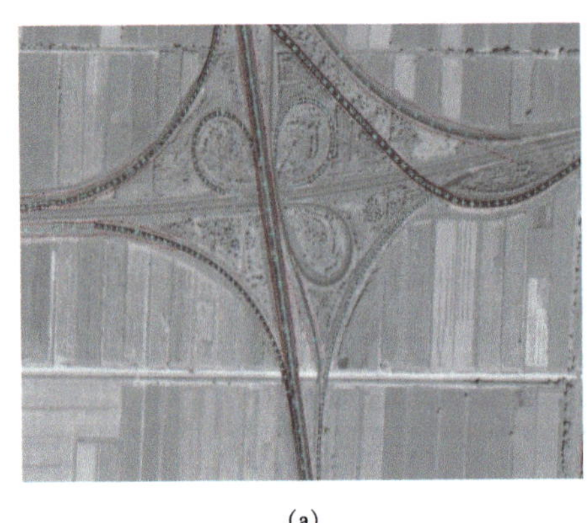

(a)

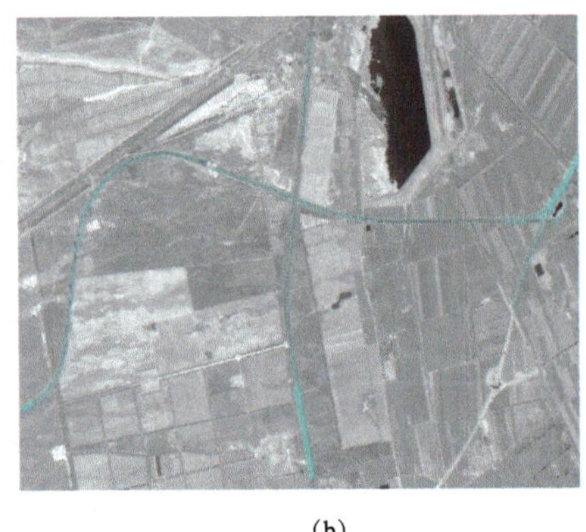

(b)

图3.18 基于矢量地图引导的道路提取结果

利用上述方法，结合规划区基础设施的基础地理数据等，公路网提取精度可达到91.2%，并生成了道路网专题图（图3.19），相较于传统人工调查的方法节省了大量的人力物力。本研究成果为路网管理、监测、核查等工作提供了新的、高效的、大范围的路网监测手段，提高了路网普查的效率，为交通布局规划与管理提供快速、直观、准确的辅助信息，实现了区域路网协调发展、规划决策智能化的目标。

3.2.3 高分辨率遥感路网提取应用

基于高分辨率遥感提取的公路网可以生产为矢量图，作为规划基础数据，利用GIS技

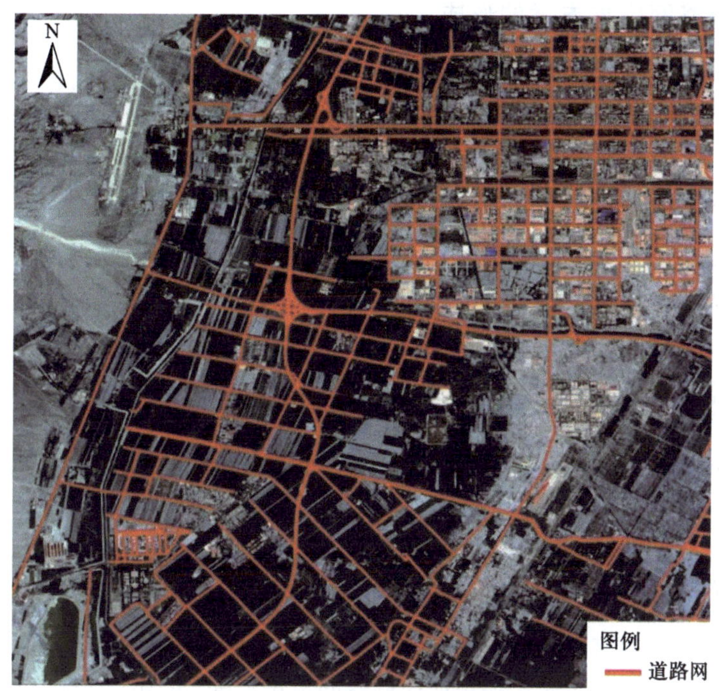

图 3.19 银川市道路网专题图

术，结合社会经济信息调查、公路交通基础设施调查和综合交通运输信息调查等结果，可用于公路网布局规划以及路网规划技术评价，辅助交通量预测等。

利用高分辨率遥感图像还可以提取公路网的路线、路面铺装情况、道路起终点和道路交叉类型等。这些基础数据可以为公路网规划提供底图，进行路网空间布局现状分析，辅助交通量预测及方案评估等。

1）更新路网底图

传统路网规划是基于测绘部门获取的最新测绘数据进行的。测绘部门更新底图的周期在 5 年以上，在实际规划过程中，往往需要规划人员花费较大的精力与时间核对当前时期的底图数据，利用高分辨率遥感图像可进行快速更新。

2）路网现状分析

利用高分辨率遥感图像可对公路网现状进行交通质量评价，找出公路网存在的交通问题，如断头路、路网分布密度不均匀等，以便在规划过程中解决这些问题。

3）辅助交通量预测

基于高分辨率遥感图像提取的路网矢量可直接导入 CAD 制图软件中生产，与传统交通量预测软件 TransCAD 衔接，叠加交通量数据，进行交通量预测。

4）初始公路网规划方案的形成

将遥感地图作为规划底图，叠加提取的路网与经济社会发展信息，提取区域路网的关键节点，布置区域路网走向。将路网矢量数据与遥感底图匹配，根据公路网的特征、地位或层次、作用以及发展的战略目标，结合区域社会经济、政治、国防等数据，可辅助选择合理范围的节点作为路网布局的控制点，如交通枢纽、干线道路节点、城市经济发展中心等。结合各节点所发挥的主要功能，可将节点划分为不同的等级，便于路网主、次干道的规划布设。通过计算机手段，可直接将节点属性便捷地生成为节点矩阵，用于后期空间布局优化。

5）辅助公路网规划技术评价

公路网规划技术评价指标有以下方面可利用遥感图像提取路网数据进行计算，用于评估路网规划方案的技术水平（裴玉龙，2011）。

（1）路网密度

公路网密度是反映区域公路网发展水平的常用指标，在某种程度上体现了路网的内部结构及其合理性。通过遥感图像提取区域路网里程长度，可用于计算以下公路密度。

面积密度（km/100 km^2），单位面积拥有的公路里程长度：

$$\gamma_{\mathrm{A}} = \frac{L}{A} \tag{3.29}$$

人口密度（km/万人），单位人口拥有的公路里程长度：

$$\gamma_{\mathrm{P}} = \frac{L}{P} \tag{3.30}$$

经济密度（km/亿元），单位经济产值占有的公路里程长度：

$$\gamma_{\mathrm{G}} = \frac{L}{\mathrm{GPN}} \tag{3.31}$$

运输密度[km/（亿车·km）]，单位运输周转量占有的公路里程长度：

$$\gamma_{\mathrm{T}} = \frac{L}{T} \tag{3.32}$$

车辆密度（km/百辆），单位车辆占有的公路里程长度：

$$\gamma_{\mathrm{N}} = \frac{L}{N} \tag{3.33}$$

其中,

$$L = \sum_{j=0}^{5} b_j m_j x_j \tag{3.34}$$

式中,L 为公路网等效里程,是将区域中各等级公路的里程折算成标准等级(二级)公路一个车道的里程(km);A 为区域面积(100 km^2);P 为区域人口(万人);GPN 为区域经济产值(亿元);T 为区域运输周转量(亿车·km);N 为区域车辆数(百辆);b_j 为 j 级公路一个车道的等效系数,$j \in \{0,1,2,3,4,5\}$,分别代表高速、一级、二级、三级、四级和等外公路(表 3.1);m_j 为 j 级公路的车道数;x_j 为 j 级公路的实际里程(km)。

表 3.1 各级公路的等效系数

技术等级	高速	一级	二级	三级	四级	等外
车道数/条	4	4	2	2	2	2
适应交通量上限(中型车)	25000	125000	5000	2000	200	100
b_j	2.500	1.250	1.000	0.400	0.040	0.020

(2) 公路网连通度

公路网连通度是通过考察各节点的联通状况,从公路网布局方面反映公路网的结构特点,定义为规划区域内各节点间依靠公路相互联通的强度,计算公式为

$$C = \frac{\frac{L}{\xi}}{\sqrt{A \cdot N}} \tag{3.35}$$

式中,C 为规划区域内公路网连通度;L 为规划区域内公路网总里程;ξ 为公路网变形系数,定义为各节点间实际线路总里程与直线总里程之比;A 为规划区域面积(km^2);N 为规划区域应连通的节点数(个);一般 C 值最好为 2.00~3.00,对于一般干线公路,C 值为 2.00~2.50。

(3) 公路网理想规模接近度

公路网理想规模接近度为规划路网实际道路长度与理想道路长度的接近程度。

$$\mathrm{DP} = \frac{\frac{L_{\mathrm{P}}}{K}}{\sqrt{A \cdot P}} \tag{3.36}$$

式中,DP 为公路网理想规模接近程度;L_{P} 为规划路网实际干线公路里程(km);K 为道路网系数,理想道路网系数可用人均国民生产总值通过回归分析各发达国家的道路网系数

的实际值求得；A 为规划区域面积（km^2）；P 为规划区人口（万人）。

（4）公路网等级水平

公路网等级水平用区域内各路段修正技术等级的加权平均值表示。公路网等级水平的高低将直接影响公路交通运行状况，计算公式为

$$G = \frac{\sum \frac{L_i G_i}{\eta_i}}{\sum L_i} \tag{3.37}$$

$$\eta_i = a_i \times b_i$$

式中，G 为公路网等级水平（$0 \leqslant G \leqslant 5$）；$L_i$ 为区域内各路段的公路里程（km）；G_i 为区域内各路段的技术等级，对应高速、一级、二级、三级、四级、等外，分别取 0、1、2、3、4、5；η_i 为区域内各路段的等级修正系数；a_i 为车道修正系数，为路段实际车道数和标准车道数①之比；b_i 为车道宽度修正系数，为路段实际车道宽和标准车道宽之比。

（5）公路网铺装水平

公路网铺装水平为区域内各路段路面等级的加权平均值，与整个路网的通行能力与服务水平密切相关，直接影响行车质量与公路运输的经济效益。计算公式为

$$P = \frac{\sum L_i P_i}{\sum L_i} \tag{3.38}$$

式中，P 为公路网铺装水平（$1 \leqslant P \leqslant 4$）；$L_i$ 为区域内各路段的公路里程（km）；P_i 为区域内各路段的路面等级，对应高级、次高级、中级、低级路面，P_i 分别取 1、2、3、4。其中，高级路面主要包括水泥混凝土、沥青混凝土路面；次高级路面主要包括沥青贯入、沥青、沥青表处、沥青碎石、沥青粒料、沥青砂土等类型路面；中级路面主要包括砾料、粒料、碎石等类型路面；低级路面主要包括砂土、土路、沙土等类型路面。

（6）迂回率

迂回率为最短实际公路距离和假想直线连接距离之比，计算公式为

$$Y_{ij} = \frac{\sum s_{ij}}{\sum d_{ij}} \tag{3.39}$$

式中，Y_{ij} 为 i、j 节点间的迂回率，不宜大于 2.0；s_{ij} 为 i、j 节点间的最短公路距离（km）；d_{ij} 为 i、j 节点间假想直线连接距离，即空间距离（km）。

---

① 各等级公路标准车道数与标准车道宽度参考值详见《公路工程技术标准》。

3.3 公路网节点调查

3.3.1 交通节点提取方法

由于不同的交通节点特征相差较大,因此根据其分类单独讲述不同类型交通节点提取方法。

1) 平面交叉与立体交叉

平面交叉与立体交叉是一种单一枢纽,是交通网结构中必需的要素,是连接道路的关键节点。重大的交叉口,如高速公路互联的立体交叉口,是公路运输的重要枢纽,承载着主要的交通要道连接。

由于平面交叉口、立体交叉口规模相对较小,宜采用高精度的影像进行调查。目前,平面交叉与立体交叉的提取方法主要建立在路网提取的前提下,通过道路提取判定当前节点是否交叉。基于路网提取判定相交的交点,给定道路的宽度等级,定义交叉口提取的控制区域,获得道路的平面交叉点。汪闽等(2004)利用高斯-马尔可夫随机场方法得到道路块,通过启发式规则连接道路轴线获取道路网,在路网基础上识别道路轴线的交点作为平面交叉口;刘菁欣等(2016)在路网提取后判定交叉点,并利用霍夫变换的方法对交叉点进行圆形检测,提取了立体交叉口。还有些学者针对交叉的特点,直接运用监督学习、非监督学习、拓扑关系等进行交叉口的直接提取。但由于这类提取方法特征提取困难,算法计算复杂,因此研究较少。目前,主要以交叉口的几何特征、空间特征为主要目标进行检测与提取。虽然交叉口提取方法较多,但未形成具有技术体系的提取方法,在应用过程中仍需要进行有针对性的改进。

2) 综合交通枢纽

综合交通枢纽是交通基础设施中必不可少的关键设施,也是运输系统重要组成部分,主要承担客货流的集散功能。在公路网规划过程中,综合交通枢纽的布局对路网线路走向具有重要的影响。综合交通枢纽主要有火车站、机场、长途客运站等具有换乘或货物中转集散功能的场站。

基于遥感技术的综合交通枢纽提取目前处于起步阶段,也可以通过现有的一些地物识别与提取的方法进行枢纽提取,但提取方法因其针对性与特征性不明显,提取结果的精度不好,往往还依赖于传统的目视解译手段。丁美(2008)利用 SPOT-5 目视提取了虹桥综合交通枢纽的轮廓,并通过预处理获取了枢纽的平面设施现状,用于枢纽的规划方案比选。遥感技术在铁路枢纽、港口、机场等地区的应用较多,在实践中有很多方法,例如,中国公路工程咨询集团有限公司运用数学形态学算法提取了首都国际机场的布局,提取精度达到了90%。

通过梳理当前综合交通枢纽提取的国内外文献可以发现,综合交通枢纽构成复杂,包括建筑、停车场、道路、不同类型车辆、停靠站等设施,提取难度大,目前对于综合交通枢纽的提取技术仍处于起步阶段。随着遥感技术在交通行业应用的逐渐深入,将推动该领域的技术发展,实现对综合交通枢纽的位置、空间布局、变化特征等的提取,使遥感技术在公路交通规划应用有所突破。

3) 交通附属设施

交通附属设施主要包括安全设施、管理设施、防护设施、服务设施、公路管理房屋与绿化设施。在公路网规划过程中,主要关注的是大型交通附属设施,如停车场、服务区和收费站等。目前,针对大型停车场、服务区和收费站等的调查较少,随着我国逐渐取消收费站人工收费方式,收费站在未来路网规划中所起的作用也将逐渐降低。因此,本节主要针对大型停车场和服务区进行讨论。

目前,基于遥感技术的停车场、加油站等交通设施的提取研究较为少见。从停车场、服务区等设施的特征来看,其提取方式可采用监督分类、非监督分类、面向对象识别、基于知识等方法。在高分专项一期建设中,中国公路工程咨询集团有限公司采用概率图模型的道路附属设施识别技术实现了对交通附属设施如停车场、服务区、收费站等地物的提取。

概率图模型是将概率论与图论相结合,使用图的形式表示随机变量之间依赖关系的概率模型,它能够很好地计算条件概率分布和边缘分布,以便进行模型参数的学习。其基本思想如下:将对象作为势函数的一个计算层级,将对象级势函数、像素级势函数和层间势函数进行求和,并以此作为图割(graphcut)的能量函数来进行最优化求解。首先采用均值漂移算法(mean shift)进行图像分割来构建对象,分别对像素级和对象级计算特征,然后计算势函数,将像素级势函数、对象级势函数和层间势函数求和作为能量函数进行基于图割的移动构造算法求解(图3.20)。

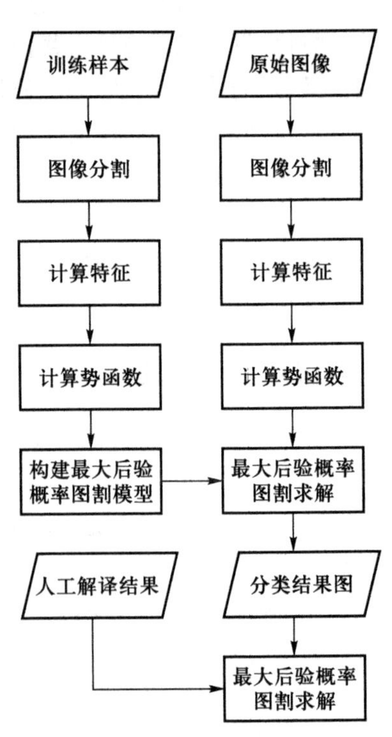

图3.20 均值漂移分割算法

采用均值漂移分割算法对图像做非监督分割来构建超像素,这种分割保证了属于同一区域的像素具有共同的视觉特性,并通过核函数的选择形成不同的量化层,以此构建基于超像素的条件随机场,预测每个区域的标签。

采用纹理基元特征(texton)、局部二进制模式(LBP)、SIFT(scale invariant feature transform)描述算子、Color-SIFT和Location这五类底层视觉稠密特征对像素层进行特征训练,然后对这些底层视觉稠密特征进行聚类。LBP 特征由 8 位二进制数字表示，特征维数较低不需要聚类；Location 特征由于坐标分布是均匀的，采用 12×12 的网格聚类，其他三种特征均采用 K-means 算法进行聚类，聚类中心固定为 140，以保证这些类别均处于同一数量级。

经过聚类后的特征采用一种基于 Joint Boosting 的算法进行目标分类，使用 Joint Boosting 算法来计算多层条件随机场模型像素层中的单元势能，也就是每个像素获取标签的概率。然后在多层条件随机场模型的任何一个分割层中，通过统计块内像素标签的分布，来确定分割块的主导标签。

基于概率图模型的影像分类与分割关键环节描述如下：

（1）基于均值漂移算法的图像分割

采用均值漂移算法进行图像分割以获得对象层级。均值漂移算法指一个迭代计算的过程，即先计算出当前点的漂移均值，从当前点移动漂移均值的距离到新的点，然后以此为新的起点继续移动，直到满足迭代终止的条件结束。该算法常被用于聚类和图像分割等。

（2）计算特征

基元（Texton）特征：基元是纹理感知的基础。通常情况下，基元被定义为具有某种属性的图像块，或者在整幅图像中基于某种属性的重复模式。纹理基元特征能够客观地反映物体表面的粗糙程度。为了模拟肉眼的感知习惯，首先将图像由 RGB 空间转换为 CIELab 空间。采用 17 维滤波器组提取每个像素点的纹理信息，每个像素点都关联一个 17 维的特征。卷积核分别为 3 个高斯核、4 个拉普拉斯高斯核和 4 个一阶高斯核。

Local Binary Patterns（LBP）特征：LBP 是一种用来描述图像局部纹理特征的算子，计算单位为 3×3 的像素窗口，周围 8 个像素以中心像素值为阈值，若大于中心像素值，该像素点位置被标记为 1；否则，标记为 0。于是在 3×3 的窗口内，除中心点外的 8 个像素点外，可产生 8 bit 的无符号数，也就是该窗口的 LBP 值，利用该值可以表达区域内的纹理信息。

SIFT 特征：SIFT 特征描述特征点的梯度方向，具有旋转不变性。SIFT 特征采用 4×4 窗口大小，分别统计 8 个方向的梯度直方图，最后生成一个 128 维的特征向量，并对这个 128 维的特征向量做归一化处理。

（3）势函数

图像分类就是给一幅图像的每一个像素赋予一个代表它类别的标签。如果将一幅图像中的所有像素当作是离散的随机变量，可以假设标签的集合为 $L=\{l_1,l_2,\cdots,l_L\}$，随机变量的属性的集合为 $X=\{X_1,X_2,\cdots,X_N\}$，其中 N 为图像中随机变量的总数，假设随机变量的标号为 $i\in V=\{1,2,\cdots,N\}$。基于最大后验概率的图像分类问题，等价于求解能量函数最小化问题，相关的吉布斯能量（Gibbs energy）定义为

$$E(x)=-\log P_{\mathrm{r}}(x|D)-\log Z=\sum_{c\in C}\Psi_c(x_c) \tag{3.40}$$

式中，Z 为配分函数，C 为所有团的集合，$\Psi_c(x_c)$ 为基于团 C 的势函数，$x_c=\{x_i \mid i\in C\}$，势函数可以定量地表示随机变量之间的依赖关系，D 为图像的观察数据，$P(x \mid D)$ 为 x 的后验概率，r 表示正方形的图像掩膜结构。团 C 中变量的个数称为势函数的阶数。通过最大后验概率(maximum a posteriori，MAP)，随机场被定义为

$$x^* = \underset{x\in L}{\operatorname{argmax}} P_{\mathrm{r}}(x \mid D) = \underset{x\in L}{\operatorname{argmin}} E(x) \tag{3.41}$$

配分函数 Z 是一个常量，并不影响随机场的优化结果，于是被省略。通过计算最小能量对随机场进行优化，就可以解决图像分类问题。势函数可分为像素级与对象级的一元势函数；像素之间、对象之间的二元势函数；像素与它所属对象之间的层间势函数。

① 像素级势函数。定义在一元团和二元团的像素级的能量函数为

$$E(x) = \sum_{i\in\nu} \Psi_i(x_i) + \sum_{(i,j)\in\varepsilon} \Psi_{ij}(x_i,x_j) \tag{3.42}$$

式中，ν 为图的节点，这里指代图像中的像素。ε 为图的边，这里指代邻近像素间连接的线段。根据临近的像素相连是否包含斜对角线可以区分出四邻域和八邻域。像素级的一元势函数参考了由像素级的特征进行 Joint Boosting 算法处理得到的关于特征的置信值的方法，然后使用 softmax 函数转换为概率分布的形式：

$$\widetilde{P}_l(C_i \mid x) = \frac{\exp(H(C_i))}{\sum_{C_i'} \exp(H(C_i'))} \tag{3.43}$$

式中，C_i、C_i' 为 C 的两个一元团，$H(C_i)$表示弱分类器的置信度之和。

像素级的二元势函数采用关于能量函数的平滑项的描述：

$$V = \gamma \sum_{(m,n)\in C} \mathrm{dis}(m,n)^{-1}[\alpha_n \neq \alpha_m]\exp - \beta(z_m - z_n)^2 \tag{3.44}$$

式中，γ 与 β 为模型参数，通过训练求得，m 和 n 指代团 C 中任意相邻的像素，z_m 和 z_n 表示相邻像素的灰度值，dis 函数表示计算相邻像素之间的欧氏距离。

② 对象级势函数。对象级的一元势函数的形式类似像素级的一元势函数，不过需要根据对象中像素的标签趋势给出一个主导标签。对象的特征统计了对象内部像素的特征直方图，将其归一化得到对象的特征向量，然后利用 Joint Boosting 算法处理并转换为概率表达。对象级的二元势函数以联系层次随机场为基础，首先计算对象的颜色直方图，然后根据欧氏距离计算各个直方图的相似度，以期给特征相似的区域赋予相同的标签。

③ 层间势函数。层间势函数可以评价对象的分割质量，当对象内部出现与对象的主导标签不一致的像素时，层间势函数会给出惩罚。目前多采用 Robust P^n 模型作为层间势函数，它与标准的 P^n 模型不同，在累加惩罚时采用一个线性的截断函数，这样得到的对象允许其内部存在一定数量的像素与它的主导标签不一致，增强了判断指标的鲁棒性。

（4）图割

求解最大后验概率的优化问题是NP-hard问题，只能通过近似方法求解进行优化。本研究采用基于图割的移动构造算法对随机场进行优化，将NP-hard问题转换为二元子模问题，使用最小割算法寻找最优解。

3.3.2 高分辨率遥感交通节点调查应用

1）综合枢纽现状分析

综合枢纽主要是提取机场、港口、火车站等大型综合枢纽的边界，具体案例可参见本书第7.2.1节港口提取和第8.3.2节机场基础设施提取。

2）交通基础设施现状

根据规划区的规划目标和要求，选取质量好的高分二号卫星图像。首先对图像进行校正、配准、融合和拼接等预处理。基于拼接后的图像，结合已有路网数据与调查数据，对规划区内的交通基础设施现状进行提取，如图3.21和图3.22所示。

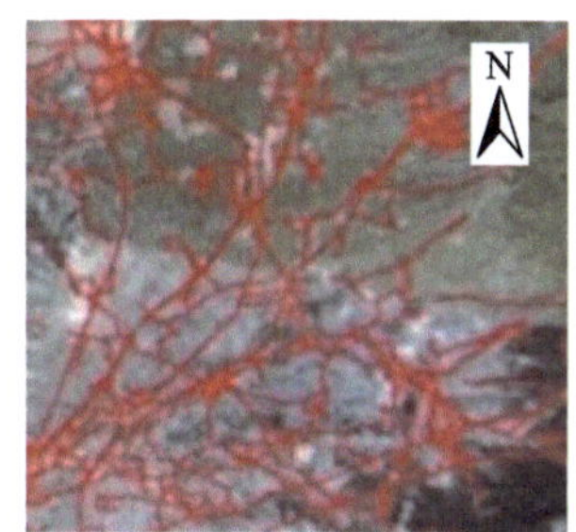

N
道路网

图3.21 道路网

N
国道118467 m
省道80582 m

图3.22 道路分级专题图

N
收费站与服务区
铁路
道路

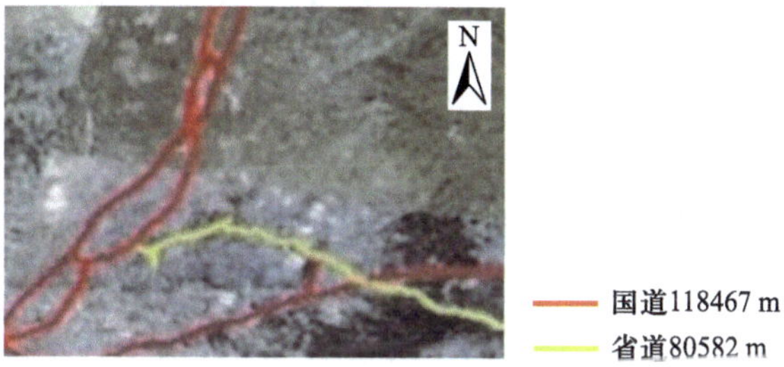

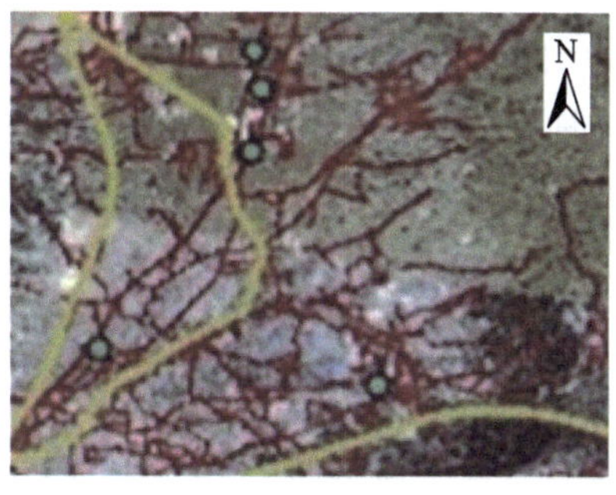

图3.23 道路附属设施提取专题图

根据相关统计资料，截至2016年，阳曲县公路通车里程为1070.533 km，路网密度达0.517 km/km^2。根据高分辨率遥感图像，提取出其中国道共118.467 km，省道共80.282 km。由相关的统计信息可知，阳曲县境内国道108.421 km，省道76.754 km，县道226.253 km，乡道328.323 km。通过与图像提取结果进行对比发现，基于高分辨率图像对国道、省道路网信息的提取准确率达到91.5%。基于高分辨率遥感图像提取的收费站、服务区的道路附属设施如图3.23所示。

基于以上提取的信息，可对规划区目前公路现状存在的问题进行分析，进一步评估路网现状，进行优化。对于阳曲县的公路网分析，有以下问题：① 交通运输结构不完善，县域内交通运输主要依靠公路运输，铁路运输只承担一小部分，公路运输网络在社会经济发展中倚重偏大，存在公路网服务水平不高、安全系数较低、破损严重等不足。② 阳曲县县域内公路网发展具有明显的不均衡性，总体来看，南北向公路交通联系强，公路网等级高；东西向公路交通联系弱，公路网等级低；县域北部地区路网较为密集，技术等级较高；东部和南部地区路网密度较低，技术等级不高。县域东西部地区路网布局不均衡，东部地区仅有县乡道。③ 县域内公路网技术等级偏低，特别是县道路网，分段技术等级变化较大，整体水平偏低，形成了路网瓶颈，造成了一定的运输瓶颈，使得干线公路的快捷性优势得不到充分发挥。④ 阳曲县有丰富的旅游资源，如不二寺、悬泉寺、三藏寺（大安寺）、青龙古镇等，但是通往旅游区的道路等级低，给旅游区的开发带来了很大的困难。

3.4 土地利用现状调查

3.4.1 土地利用类型提取方法

目前，基于遥感图像的土地利用类型提取方法主要有目视解译、监督分类和非监督分类等。

1）目视解译

目视解译是土地利用遥感分类与居民地遥感提取研究中最常用、最基本的方法之一，分为人工目视判读和人机交互解译两种。由于人机交互方式提取效率和精度高，该方法的应用比较广泛。

人机交互解译首先对融合后的图像进行图像增强（增加光谱强度差异，便于识别分类）。图像增强的方法主要有线性增强、空间滤波、彩色合成、非定向边缘增强、锐化增强、多光谱变换、自适应增强、均衡化增强、增加亮度值、增加对比度及各种空间变换等。然后对图像进行解译。一般由解译土地类型经验丰富的解译人员进行，根据不同土地类型的色调、形状、大小、图案、布局等特征及先验知识，即可解译图像中的公路、河流、村庄、林地、工厂和耕地等用地类型。

目视解译方法简单，判读结果精度较高，在土地利用分类与居民地遥感识别中多被采用，但该方法需要花费大量的人力和时间，并且对于同一幅遥感图像，不同的解译人员会得到不同的结果，在遥感数据量十分庞大时，需使用计算机自动分类方法以提高效率。

2）监督分类

监督分类，又称训练场地法或训练分类法，是一种统计分类模型，通过选择已知的样本去识别其他未知的像元的过程，它的操作步骤如下：① 从研究区域选取最具代表性的已知样本，即训练样本，这些训练样本必须是容易识别的，均匀分布在全图，而这些训练区是代表各类地物的典型区域；② 根据已知训练区提供的样本，通过选择特征参数，建立判别函数；③ 利用判别模型对目标区域进行分类，依据样本的类别特征来识别非样本像元的所属类别。

典型的监督分类法有最大似然法、最小距离分类法、马氏距离分类法和平行体等。其中最大似然法是图像处理中最常用的监督分类法，它以经典的统计学为基础，用它进行分类的前提是待分类数据应满足正态分布（即高斯分布），在假设数据满足正态分布的前提下，可以用训练样本的均值或协方差矩阵等参数计算出已知的、属于特定土地利用类型的像元值的统计概率，根据每一类像元值的概率，应用概率密度函数对未知像元进行分类。在有足够的训练样本、一定的类别先验概率分布知识，且数据接近正态分布的条件下，最大似然分类被认为是分类精度最高的分类方法。

最大似然分类是一种典型的基于统计分析的监督分类器，其理论基础是贝叶斯准则，即以错分概率或风险最小为准则建立的判别规则。最大似然分类中的多变量正态分布的概率密度函数为

$$P\left(\frac{x}{\omega_i}\right)=\frac{1}{(2\pi)^{\frac{M}{2}}\left|\sum_i\right|^{\frac{1}{2}}}\exp\left[-\frac{1}{2}(x-N_i)^{\mathrm{T}}\sum_i^{-1}(x-N_i)\right] \tag{3.45}$$

式中，M 为参加分类的特征数，N_i 为均值向量，$\sum_i$ 为类别ω_i 的协方差矩阵。两边取自然对数，即为最人似然的判别函数：

$$\ln g_i(x)=\ln P(\omega_i)-\frac{1}{2}(x-N_i)^{\mathrm{T}}\sum_i^{-1}(x-N_i)-\frac{M}{2}\ln 2\pi-\frac{1}{2}\ln\left|\sum_i\right| \tag{3.46}$$

最小距离分类是利用训练样本中各类别在各波段的均值，根据各像元训练样本平均距离的大小来决定其类别。距离判别函数的建立是以地物光谱特征在特征空间中按照集群方式分布为前提的。同一类别的特征点在特征空间内形成一个集群，每个集群都有一个中心。这些集群点的数目越多，密度越大，点与中心的距离越近，就越可以肯定它们属于一个类别。因此，在集群中心已知的情况下，以每个点与集群中心的距离作为类别判定的准则，就可以完成分类工作。

3）非监督分类

非监督分类,也称为点群分析或聚类分析。在多光谱图像中搜寻、定义其自然相似光谱集群的过程。它不必对图像地物获取先验知识,仅依靠图像上不同地物光谱(或纹理)信息进行特征提取,再统计特征的差别来达到分类的目的。它是在没有先验类别作为样本的前提条件下,即事先不知道类别特征,主要根据像元之间的相似度的大小来进行归类合并的方法。其优点是不需要人工干预,只要给出分类数目,计算机就可以进行自动分类。这种方法只适用于定性的宏观分析,一般需要结合目视解译作为分类的前期准备,给研究区域一个粗略的分类。由于不能控制它的过程,所以分类结果有时不一定理想。

非监督分类方法有动态聚类、模糊聚类和系统聚类等。较为常用的有动态聚类中的K均值算法、ISODATA算法和模糊聚类法等,介绍如下。

(1) K均值算法

K均值算法,也称C均值算法,是一种动态聚类中较常用的算法,它根据样本的均值向量进行分类,算法步骤如下:

假设有N个样本$x_i(i=1,2,\cdots,N)$,分到K个类中:

① 分类数为K,则在$x_i(i=1,2,\cdots,N)$中随机取K个样本作为初始聚类中心点,记为$Z_1^{(s)},Z_2^{(s)},\cdots,Z_K^{(s)}$,其中,$s$为当前迭代次数;初始选取中心点,记为$s=1$;

② 对每一个样本$x_i(i=1,2,\cdots,N)$,如果$\| x_i-Z_m^{(s)} \| < \| x_i-Z_n^{(s)} \|$ $(n=1,2,\cdots,K$,且$m\neq n)$,且$C_n^{(s)}$是以$Z_n^{(s)}$为中心的类,则$x_i \in C_n^{(s)}$,其中Z_m指样本类的中心;

③ 令N_n为$C_n^{(s)}$中的样本数,$x_i \in C_n^{(s)}(i=1,2,\cdots,N_n)$,则用式(3.47)重新计算聚类中心点$Z_n^{(s+1)}$;

$$Z_n^{(s+1)}=\frac{1}{N_n}\sum_{x_i} \tag{3.47}$$

④ 如果$Z_n^{(s+1)}\neq Z_n^{(s)}(n=1,2,\cdots,K)$,则跳转到步骤②继续迭代;如果$Z_n^{(s+1)}==Z_n^{(s)}(n=1,2,\cdots,K)$,则表示得到分类结果,迭代结束。

在使用K均值算法时,首先要确定把样本分为几类,再根据算法进行归总。该聚类算法适用于样本数据量大的情况,算法简单清晰。该算法的难点在于确定初始K值,即样本分为几类。该算法计算时间长,并且对异常数据很敏感,在质心计算过程中,如果数据异常,在计算均值时会对数据结构产生较大的影响。

(2) ISODATA算法

针对K均值需要先确定K值的缺点,学者在K均值算法的基础上进行了改进,提出了迭代自组织数据分析(ISODATA)算法。该算法在分类过程中增加了合并和分裂两个操作,并通过参数来控制这两个操作。

① 设置控制参数,K为希望得到的类别数;K_c为初始聚类中心的个数,可以不与K相

同;类的样本数下限用θ_{LN}表示;类的分散程度(一般用标准差)的上限用θ_{e}表示;θ_{c}为类中心间最小距离下限;θ_{t}为每次迭代合并操作的次数上限;θ_i 为迭代次数上限。

② 选取K_{c}个类的初始中心$Z_i(i=1,2,\cdots,K_{\mathrm{c}})$。

③ 对每一样本 $x_i(i=1,2,\cdots,N)$ 进行分类,如果$\|x_i-Z_m\|<\|x_i-Z_n\|(n=1,2,\cdots,K_{\mathrm{c}}$且$n\neq m)$,若 C_n是以Z_n为中心的类,则 $x_i\in C_n$。

④ 如果 C_n类中样本数$N_n<\theta_{\mathrm{LN}}$,则将该类撤销,令Z_n失效,合并入其他类,$K_{\mathrm{c}}=K_{\mathrm{c}}-1$,返回步骤③。

⑤ 重新计算各类中心:

$$Z_n=\frac{1}{N_n}\sum_{x\in C_n}x,n=1,2,\cdots,K_{\mathrm{c}} \tag{3.48}$$

计算 C_n类内的平均距离:

$$\overline{D}_n=\frac{1}{N_n}\sum_{x\in C_n}\|x-Z_n\|,n=1,2,\cdots,K_{\mathrm{c}} \tag{3.49}$$

计算所有样本与相应聚类中心的平均距离:

$$\overline{D}=\frac{1}{N}\sum_{n=1}^{K_{\mathrm{c}}}N_n\overline{D}_n \tag{3.50}$$

⑥ 如果迭代次数I_p达到了迭代次数上限θ_i,则算法结束;如果$K_{\mathrm{c}}\leqslant\frac{K}{2}$则转到步骤⑦进行分裂处理;如果$K_{\mathrm{c}}\geqslant 2K$,跳转到步骤⑧进行合并处理;如果$\frac{K}{2}<K_{\mathrm{c}}<2K$,迭代次数$I_p$是奇数时,跳转到步骤⑦,是偶数时则跳转到步骤⑧。

⑦ 分裂处理。计算每类各分量的标准差:

$$\delta_{in}=\sqrt{\frac{1}{N_n}\sum_{x\in C_n}(x_{ik}-z_{in})^2} \tag{3.51}$$

式中,$i=1,2,\cdots,d$ 为 x 的维数;$n=1,2,\cdots,K_{\mathrm{c}}$为类别数;$k=1,2,\cdots,N_n$为 C_n类中的样本数;x_{ik}为 k 个样本的第 i 个分量;z_{in}为第 n 个聚类中心Z_n的第 i 个分量。

对每个聚类 C_n取标准差最大的分量$\delta_{n\max}$:

$$\delta_{n\max}=\max(\delta_{1n},\delta_{2n},\cdots,\delta_{dn}),n=1,2,\cdots,K_c \tag{3.52}$$

如果 $\delta_{n\max}>\theta_{\mathrm{e}}$($\theta_{\mathrm{e}}$ 表示类中心间最小距离下限的常量),当$\{D_n>D$ 且$N_n>2(\theta_{\mathrm{LN}}+1)\}$或$\left\{N_n>\frac{K}{2}\right\}$任一条件满足时,把 C_n 分裂为两个新类,新类的中心分别为Z_n^+和Z_n^-,原中心Z_n失效。

令 $\gamma_n=\alpha\cdot\delta_{n\max}(0<\alpha\leqslant1)$，则：

$$\begin{aligned}&Z_n^+=Z_n+\gamma_n;Z_n^-=Z_n-\gamma_n\\&K_c=K_c+1,I_p=I_p+1\end{aligned}\tag{3.53}$$

然后跳转到步骤③，重新分类。

⑧ 合并处理。计算所有聚类中心之间的两两距离：

$$D_{mn}=\|Z_m-Z_n\|,m=1,2,\cdots,K_c-1,n=1,2,\cdots,K_c\tag{3.54}$$

把 D_{mn} 与 θ_c 比较，并把小于 θ_c 的 D_{mn} 按照由小到大顺序排列，取前 θ_t 个分类，两两合并，并计算合并后的聚类中心。两个分类 C_i 和 C_j，中心分别为 Z_i 和 Z_j，样本数分别为 N_i 和 N_j，合并为新的类 C_l，则新的分类中心为

$$Z_l=\frac{1}{N_i+N_j}(N_iZ_i+N_jZ_j)\tag{3.55}$$

在一次迭代过程中，某一类最多只能合并一次。运算时，如果发现该类在本次迭代合并过，就越过该类，处理下一个，如果一次迭代合并成功 h 次，则 $K_c=K_c-h$。

⑨如果迭代次数 I_p 达到了迭代次数上限 θ_i 或过程收敛，则算法结束；否则，$I_p=I_p+1$，如果需要调整参数，则调整参数后，跳转到步骤③，继续迭代。

该算法便于计算机处理，并且分类较为准确，但由于其预设参数较多，聚类中心与最优迭代次数很难预先确定，针对不同特点的图像适应程度较低，所以通常用于同一特征图像下的同类目标的提取（郭云开和曾繁，2015）。

（3）模糊聚类法

模糊聚类算法是非监督分类中一种重要的方法。在遥感图像处理中，常用的模糊聚类算法有 HCM 和 FCM 算法，这两种算法利用带约束的非线性规划函数求解最优目标，易于计算机实现与计算，使得该算法应用最为广泛。

① HCM 算法。

初始化：给定聚类类别数 c，$2\leqslant c\leqslant n$，n 是数据个数，设定迭代停止阈值 ε，初始化聚类原型模式 $P^{(0)}$，设置迭代计数器 $b=0$。

用式（3.56）计算或更新划分矩阵 $\boldsymbol{U}^{(b)}$：

$$\mu_{ik}^{(b)}=\begin{cases}1 & d_{ik}^{(b)}=\min\{d_{ir}^{(b)}\},1\leqslant r\leqslant c\\0 & \text{其他}\end{cases}\tag{3.56}$$

用式（3.57）更新聚类原型模式矩阵 $\boldsymbol{P}^{(b-1)}$：

$$p_i^{(b-1)} = \frac{\sum_{k-1}^{n} \mu_{ik}^{(b+1)} x_k}{\sum_{k-1}^{n} \mu_{ik}^{(b+1)}}, \quad i = 1,2,\cdots,c \tag{3.57}$$

如果 $\| \boldsymbol{p}^{(b)} - \boldsymbol{p}^{(b+1)} \| < \varepsilon$,则算法停止,并输出划分矩阵 $\boldsymbol{U}$ 和聚类原型 $\boldsymbol{P}$;否则,令 $b=b+1$,回到最初步骤。其中 $\| \quad \|$ 为某种合适的矩阵范数。

上述 HCM 算法还有另一种形式,即首先初始化分类矩阵 $\boldsymbol{U}^{(0)}$,然后用式(3.57)计算聚类原型 $\boldsymbol{P}^{(b)}$,再用式(3.56)更新分类矩阵 $\boldsymbol{U}^{(b+1)}$,不断迭代,直到 $\| \boldsymbol{U}^{(b)} - \boldsymbol{U}^{(b+1)} \| < \varepsilon$ 为止。

② FCM 算法。

初始化:给定聚类类别数 c,$2 \leqslant c \leqslant n$,$n$ 是数据个数,设定迭代停止阈值 ε,初始化聚类原型模式 $\boldsymbol{P}^{(0)}$,设置迭代计数器 $b=0$。

用式(3.58)和式(3.59)计算或更新划分矩阵 $\boldsymbol{U}^{(b)}$:

对于 $\forall i,k$,如果 $\exists d_{ik}^{(b)} > 0$,则有

$$\mu_{ik}^{(b)} = \left\{ \sum_{j=1}^{c} \left[\left(\frac{d_{ik}^{(b)}}{d_{jk}^{(b)}} \right)^{\frac{2}{m-1}} \right] \right\}^{-1} \tag{3.58}$$

如果 $\exists i,r$,s. t. $d_{ir}^{(b)=0}$,则有

$$\mu_{ir}^{(b)} = 1, \text{且对 } j \neq r, \mu_{ij}^{(b)} = 0 \tag{3.59}$$

用式(3.60)更新聚类原型模式矩阵 $\boldsymbol{P}^{(b+1)}$:

$$p_i^{(b+1)} = \frac{\sum_{k-1}^{n} (\mu_{ik}^{(b+1)})^m x_k}{\sum_{k-1}^{n} (\mu_{ik}^{(b+1)})^m}, \quad i = 1,2,\cdots,c \tag{3.60}$$

如果 $\| \boldsymbol{P}^{(b)} - \boldsymbol{P}^{(b+1)} \| < \varepsilon$,则算法停止并输出划分矩阵 $\boldsymbol{U}$ 和聚类原型 $\boldsymbol{P}$;否则,令 $b=b+1$,回到最初步骤。其中 $\| \quad \|$ 为某种合适的矩阵范数。

同样,该算法也具有另一种形式,即从初始化模糊划分矩阵开始,先用公式计算聚类原型(中心)矩阵,然后用式(3.58)和式(3.59)更新模糊分类矩阵,直到满足停止准则为止。

FCM 算法是目前比较流行的一种模糊聚类算法,基于该算法,有学者提出了基于其他原型的模糊聚类算法,如模糊 c 线(FCL)、模糊 c 面(FCP)、模糊 c 壳(FCS)等聚类算法,分别实现了对线状、超平面状及薄壳状结构模式聚类的检测,其中 FCL 大量应用于公路网的提取。

基于 HCM 与 FCM 的众多算法的提出,说明了模糊算法还存在着一些缺陷,在众多模糊聚类方法中,FCM 算法理论最为完善,但仍然还存在一些问题:① 如何优选参数 m,尚缺乏理论指导,虽然存在一些经验值或范围,但仍然没有面向问题的优选方法,也缺少关于参数有效性的评价准则;② 模糊聚类是一种无监督的分类,但要求聚类原型参数的先验知

识,否则会对算法产生误导,破坏了算法的无监督性;③ 算法的目标函数是非凸函数,而且通过迭代计算,容易陷入局部极值点或鞍点,从而得不到最优解;④ 算法迭代计算,大数据量下计算耗时较大;⑤ 算法针对空间中的点集设计,无法直接处理特征值在区间、集合或是模糊数时的情况。

4）决策树分类

决策树分类法是一种基于知识的分类方法,是以各像元的特征值作为设定的基准值,分层逐次进行比较的分类方法。决策树的典型算法有 ID3、C4.5 和 CART 等。

(1) ID3 算法

ID3 算法的基本算法是贪心算法,以自顶向下递归的划分-控制方式构造决策树,其核心是根据信息增益最大的准则进行递归,算法流程如下:

① 创建节点 N 及节点属性 C;

② 从根节点判断样本是否在同一个类 C_1 中,存在则该节点成为叶节点,样本标记为类 C_1,直至没有剩余的属性用来进一步将样本分类;

③ 不存在则使用信息量增益的基本熵的度量作为起发信息,选择能够最好地将样本分类的属性,并将该属性作为该节点的判定属性;

④ 重复步骤②和③;

⑤ 运用多数标记的类别来标记样本;

⑥ 对策是属性的每个已知的值,创建一个分支,并据此划分样本;

⑦ 分支候选属性没有样本,在这种情况下,以样本中的多数类创建一个树叶。

(2) C4.5 算法

C4.5 是目前数据挖掘算法中最经典的算法。C4.5 是基于 ID3 算法提出的,与 ID3 的决策树构建方式相同,采用信息增益率替代信息增益,作为对节点属性的选择准则,即选择具有最大信息增益率的特征作为分裂规则。在决策树的每个节点上,C4.5 算法可选择数据的属性,该属性可以有效地将一组样本分割为一个或另一个类中的子集。

(3) CART 算法

CART 决策树最早是由 Leo Breiman 提出的,可以采用 Gini 指数、双化指数、有序化指数作为选择最优分裂条件的标准,并且在建树的过程中采用递归的方式。在这种分类方法中大部分是进行比较大小的运算,因此这种方法的计算量很小,在地类混合程度较低时是一种效率很高的分类方法。以 Gini 指数为例,建树的流程如下:

① 创建节点 M;

② 为 M 分配类别;

③ 如果当前节点 M 满足停止分类的条件,则可以判定 M 为叶节点,在属性集中选择对应的属性分配给它;

④ 逐个选择当前候选属性集中的属性,找出该属性使得样本集分类纯度最高的划分方式,并将此划分的 Gini 系数赋予该属性;

⑤ 把属性集中 Gini 系数最小的属性作为分类条件;

⑥ 把当前样本集划分为两个分支;

⑦ 对划分出的两个分支分别重复上述过程;

⑧ 在建树的过程中,其中一个节点如果不满足预设的停止划分的条件,那么此节点就不是一个叶节点,需尝试根据当前样本的每一个属性对样本继续划分,并根据选定的不同属性值计算杂质改变量。

杂质改变量的计算方法如下:

$$\text{杂质改变量} = \text{Gini}(A) - p \times \text{Gini}(B) - q \times \text{Gini}(C)$$

式中,A 表示当前的节点,B 和 C 表示由 A 划分出的子节点,p 表示 B 在 A 中所占比例,q 表示 C 在 A 中所占比例。杂质改变量的值如为负值,则表示该划分没有意义。计算杂质改变量的目的是找出尽量使 B 和 C 纯度更高的划分方式,杂质改变量最大的划分方式,就是该样本最优的划分方式。

建立分类树时,需要设定停止的条件以防止过度划分。一种较为直观的情况,当某个节点只有一个类别时,即计算出来的 Gini 系数为 0,就可以终止分类。但该种情况在实践中并不多见,更多的情况是某种类别占优势,混杂有少量其他类别的样本。这时候,需要计算分类条件和类别独立性值。如果独立性值较大,说明分类条件和类别是相关的,还可继续分类;如果独立性值很小,说明分类条件和类别相关性很差,此节点已没有合适的分类条件,应停止分类。这里的“分类条件”并不是泛指属性值里的任意划分,而是按上述建树过程中第⑤步得到的“分类条件”。还有一种较为简单的判别方法是,如果某一分支的“纯度”小于一个阈值,即某一类样本占到了绝对的优势,那么也可将它作为叶节点,从而终止划分。该种方法基本不需要计算,执行起来效率更高,但如果阈值设置不合适,会对分类结果造成严重影响。

在用 CART 算法建树的过程中,为避免遗漏掉有用信息,会让决策树尽可能地生长,直到无法再长出新的分支为止。这个过程中,往往会因为噪声产生过拟合作用,生成部分无效的划分,不仅使得决策树变得庞大而效率低下,还会对最终分类结果产生不可估计的后果。

剪枝的目的是将决策树的规模控制在一定范围之内,避免不必要的分裂。可以从以下几个方面考虑剪枝的情形:

- 当某个节点已经达到相应的“纯度”时,其下的过度分支应该被剪掉;
- 按照事先的计划,当分类回归树已经达到所需的深度时,其后的分支应该被剪掉;
- 用已有的任何属性及任何值进行划分,计算的杂质改变量均小于给定的阈值或者预设值,应对其进行剪枝。

剪枝可分为前剪枝和后剪枝。前剪枝是指设置相应的条件,在建树的过程中一旦满足该条件,节点就停止分裂,从而阻止无效分支的产生。而后剪枝是指在已生成的决策树上查找过拟合的分支进行修剪,得到简洁的决策树。前面提到的利用计算独立性值来判断节点是否继续分裂的方法就可以认为是一种前剪枝的方法。后剪枝方法有多种，通常都需要计算决策树的复杂性、分支的误差等，计算量较大。与前剪枝相比，后剪枝的计算更为复杂，但可靠性更高。两种剪枝的方法各有优劣，具体使用哪一种剪枝方法需要根据实际情况来确定。

决策树算法比较适用于具有可对应的属性特征的图像分类，而遥感图像中的每一个参数与特征都可以通过数学方式描述，从操作上具有匹配性。另外，决策树分类对布尔型特征分类具有较强的适应性，能够快速地分类。

5）面向对象分类

面向对象分类技术在高分辨率图像土地利用/覆盖分类中应用十分广泛。传统基于像元的分类方法在对高分辨率遥感图像进行分类时，常存在噪声影响大、混合像元分类不准确、目视效果差等问题，具有不能充分利用图像信息、分类精度降低、速度慢等局限性。随着遥感图像空间分辨率的提高，这一问题更加突出。面向对象的图像分析方法，基于遥感图像的光谱和空间两方面特征进行模糊逻辑分类，能够解决基于像元的“椒盐现象”，并有效地提高分类精度。

面向对象分类是一种处理遥感图像分类的思想，而不是一种具体技术，其核心技术是图像分割与特征空间聚类。图像分割的方法有基于阈值分割法、基于边缘的分割和基于区域的分割。基于阈值的分割方法大部分是基于直方图的统计信息对图像进行分割，其他的还有最大类间方差法、熵、模糊测度、多阈值分割法等。

计算机机器视觉的发展推动了聚类分割方法的发展，出现了基于特征分类的 K 均值聚类、模糊 K 均值聚类、ISODATA 聚类等空间分割方法。但基于特征空间聚类等方法需要先确定分类个数，且初始参数对分类结果影响较大，并且没有利用像元空间的相关性，导致分割结果在空间上不连通。随后又产生了基于数学形态学的方法，用一定形态的结构元素度量图像中的对应形状以分析和识别地物目标。但该方法对噪声较为敏感，需充分利用各种形态学算子的特点并结合多结构元素的多尺度特性。基于神经网络的分割方法先用训练像元集对神经网络进行训练以确定节点间的连接权值，再用训练好的神经网络分割其余像元，但需要大量样本进行较长时间的学习。基于信息论的分割方法主要是利用信息论中的信息量与信息熵对图像进行区域划分，缺点是要对图像的分布提出假设模型。基于模糊论的方法是与其他方法结合形成集成模糊分割方法。基于小波分析的方法利用多尺度特性可以在不同尺度上进行图像分析。Baatz 和 Schäpe（2000）提出了采用多尺度的彩色图像分割算法，利用图像的光谱特征、形状特征、纹理特征等进行图像分割，以期提高分割精度，是国内比较常用的一种图像分割方法。

面向对象的分割方法很多，不少学者对各种图像分割方法进行了对比分析与评价，但因为图像分割问题至今未建立起普适的理论与方法，因此仍是计算机视觉研究领域的研究热点之一。

面向对象的分类首先将遥感图像按照一定的规则分割成同质的小图斑，再对图斑进行分类，避免了像元分类的“椒盐噪声”，同时能够充分利用图像的光谱、形状、纹理等信息,可以获得较高的分类精度。最后将相似的特征点集作为分类的处理单元,而非单一像元,根据分类规则进行聚类分析。

针对高分辨率遥感图像的处理已经由基于像元的方式转换到面向对象的方式,面向对象图像分析已成为遥感与地理信息系统相结合的重要发展模式。在高分辨率遥感图像分割、尺度选择以及分类方面已有大量研究。但是,还存在以下问题有待进一步研究:① 现有分割方法大部分是针对医学、林业、工业等领域的灰度或彩色图像。很多遥感图像分割方法依然停留在对单波段图像的处理。由于多光谱图像所含信息更为丰富,用于多波段图像的分割方法有待进行更加深入的研究。② 不同的地物都有其固有的尺度特性,单尺度的分割方法无法顾及高分辨率遥感图像上的诸多地物。从多尺度的角度分析地物的结构特征,进而指导分割算法进行更有针对性的分割具有重要意义。③ 高分辨率遥感图像的显著特点是地物的空间特征更加丰富,如形状、面积和纹理等。如何将这些特征用于图像分割,建立更有效的同质性或异质性标准,还需要展开进一步的实验研究。④ 尺度问题广泛存在于遥感图像的各个研究环节,它与遥感信息提取的不确定性有着紧密的联系,是遥感研究领域的重要组成部分。因此,有必要针对尺度问题的三个基本方面,即尺度效应、尺度转换和尺度选择,进行切合实际应用的深入研究。⑤ 进行最佳尺度的选择有利于增强图像分割、分类时的针对性,进而提高其最终效果。现有的尺度选择方法或者只从单波段像元灰度的统计角度进行计算,忽略了多光谱信息的差异性;或者对整幅图像像元的可分性从平均信息熵的角度进行分析,存在耗时方面的限制,因而需要发展更为直观、有效且简单易行的尺度选择方法。⑥ 现有的面向对象分类的研究大多是在已有软件基础上进行的,基本上还处于应用上的创新阶段。随着遥感图像空间分辨率的提高,图像所反映的地面信息将更加丰富、复杂,需要提出新的方法以拓宽面向对象分类思想的应用范围,进而作为现有方法的有力补充。

6) 指数阈值提取

除以上方法可以识别出不同地类外,还有一些针对某一类地物的提取方法,如归一化建筑指数、指数型建筑用地指数等,这些指数对 TM、ETM+图像提取效果较好。基于这些指数,结合监督分类方法可以更加精准高效地实现目标的提取。

归一化建筑指数(NDBI):

$$\mathrm{NDBI}=\frac{\mathrm{TM}_{\mathrm{swir}}-\mathrm{TM}_{\mathrm{nir}}}{\mathrm{TM}_{\mathrm{swir}}+\mathrm{TM}_{\mathrm{nir}}} \tag{3.61}$$

式中,$\mathrm{TM}_{\mathrm{swir}}$、$\mathrm{TM}_{\mathrm{nir}}$分别指图像短波红外、近红外波段的亮度值。

比值居民地指数(RRI):

$$\mathrm{RRI}=\frac{\mathrm{TM}_{\mathrm{blue}}}{\mathrm{TM}_{\mathrm{nir}}} \tag{3.62}$$

式中,$\mathrm{TM}_{\mathrm{blue}}$、$\mathrm{TM}_{\mathrm{nir}}$分别为图像蓝光波段、近红外波段的亮度值。

归一化差值不透水面指数(NDISI)：

$$NDISI = \frac{TM_{tir} - \dfrac{(MNDWI + TM_{nir} + TM_{swir})}{3}}{TM_{tir} + \dfrac{(MNDWI + TM_{nir} + TM_{swir})}{3}} \tag{3.63}$$

式中,MNDWI 为改进的归一化水体指数：

$$MNDWI = \frac{TM_{green} - TM_{swir}}{TM_{green} + TM_{swir}} \tag{3.64}$$

式中,TM_{tir}、TM_{nir}、TM_{swir}、TM_{green}分别指图像的热红外、近红外、短波红外、绿光波段的亮度值。

指数型建筑用地指数 IBI：

$$IBI = \frac{NDBI - (SAVI + MNDWI)}{NDBI + (SAVI + MNDWI)} \tag{3.65}$$

$$SAVI = \frac{(TM_{nir} - TM_{red})(1 + L)}{TM_{nir} + TM_{red} + L} \tag{3.66}$$

式中,TM_{nir}、TM_{red}分别为近红外、红光波段亮度值;L 为土壤调节因子,介于 0~1,通常取 0.5。

3.4.2 高分辨率遥感土地利用调查应用

利用遥感图像提取土地利用情况,可以用于路网规划的经济评价。经济评价主要包括经济环境、政策环境、文化环境、生活环境和生态环境等。

利用高分辨率遥感图像提取用地,如植被、水体、建筑等,从而实现对示范项目区域的自然情况的调查,为合理确定公路网布局提供辅助信息,可极大地节省野外踏勘的工作量,有助于保护生态环境。基于高分辨率遥感图像的土地利用提取流程如图 3.24 所示。

本研究案例根据规划区的规划需求,获取了高分辨率图像,通过预处理后,获取规划区的用地情况分布,如图 3.25 所示。

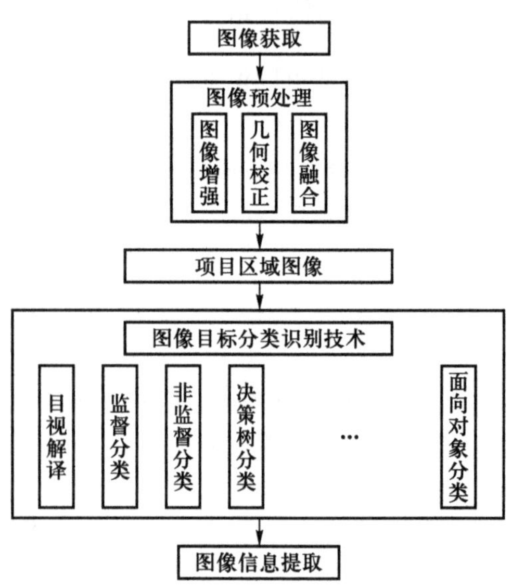

图 3.24 图像处理流程

通过对古交市的用地提取,可以发现古交市

地形以山岭和河谷为主，市域四周有群山围绕，地形较为复杂。在古交市自西向东有汾河穿城而过，在古交市的南部地区有大川河、原平河、屯兰河，因此古交市宜因地制宜，充分结合地形地貌条件，依山就势，合理布局。

在方案制定后，可根据遥感图像提取的土地利用情况，统计其面积及分布情况，根据公路网方案环境评价方法进行方案评价。土地利用分类提取的参数可用于空间分隔、地形地貌、动植物群、自然景观与自然保护区等的评价中。环境影响评价的主要流程如图 3.26 所示。

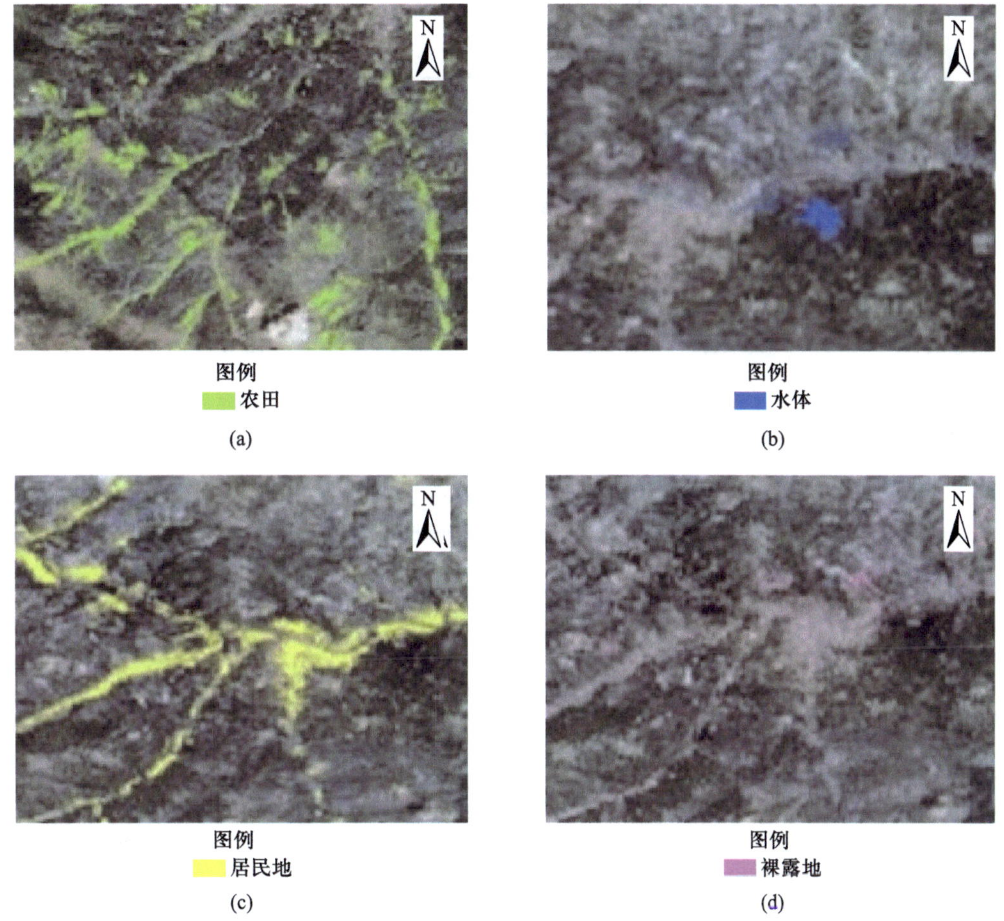

图 3.25 古交市各类用地提取结果：(a)农田分布图；(b)水体分布图；(c)居民地分布图；(d)裸露地分布图

环境影响评价比较复杂，大部分指标只能进行定性分析，为了能够对方案进行比较，应尽可能将指标进行量化。公路建设后对环境有正效果和负效果两个方面，当负效果产生后，需要一定的经济投入才能予以减少或控制。考虑到正负两种效果，在进行指标量化时，取值如表 3.2 所示。环境影响评价定性指标的量化如表 3.3 所示。环境影响评价指标的权重主要参考日本的调查资料，并结合我国国情进行适当调整，如表 3.4 所示。

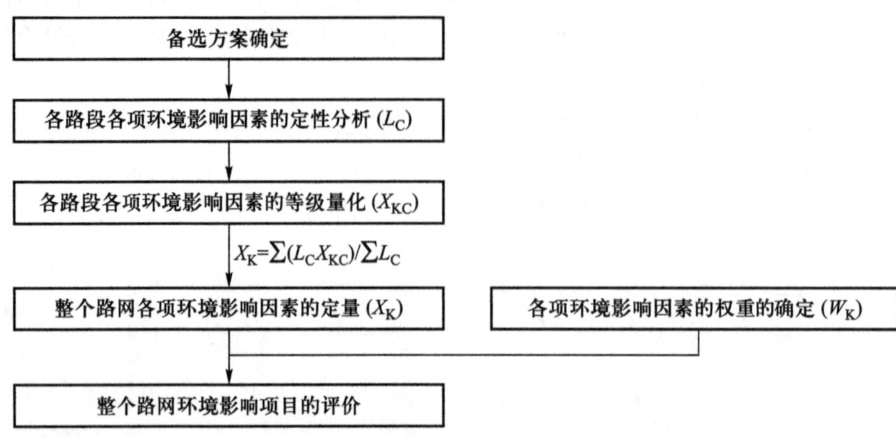

图 3.26 环境评价工作流程

表 3.2 定性评价等级化

影响程度	很严重	严重	中等	轻微	无
评价等级	A	B	C	D	E

表 3.3 定性指标量化

评价等级	A	B	C	D	E
正效果	0.8~1.0	0.6~0.8	0.4~0.6	0.2~0.4	0~0.2
负效果	0.8~1.0	0.6~0.8	0.4~0.6	0.2~0.4	0~0.2

表 3.4 生活环境和生态环境影响因素权重

生活环境影响因素	W35	生态环境影响因素	W34
噪声	0.358	地形地貌	0.140
震动	0.155	动物	0.180
大气污染	0.236	植物	0.255
水质污染	0.079	自然景观	0.234
空间分隔	0.172	历史遗产和保护区	0.191
总计	1.000	总计	1.000

在未来技术不断发展的情况下，遥感技术将能够实现大气污染、水质污染等其他指标的评价。

参 考 文 献

曹帆之，徐杨斌，朱宝山，李润生．2015. 利用动态规划半自动提取高分辨率遥感影像道路中心线．测绘科学技术学报，32(6)：615-618，625.

戴激光，苗志鹏，葛连茂，王晓桐，朱婷婷．2019. 结合路径形态学的高分遥感影像道路提取方法．遥感信息，34(1)：28-35.

丁美．2008. SPOT-5 卫星影像图在上海虹桥综合交通枢纽规划勘测中的应用．长三角科技论坛．

高新波，李洁，姬红兵．2004. 基于加权模糊 c 均值聚类与统计检验指导的多阈值图像自动分割算法．电子学报，32(4)：661-664.

郭云开，曾繁．2015. 融合增强型模糊聚类遗传算法与 ISODATA 算法的遥感影像分类．测绘通报，465(12)：33-36.

林丽群，肖俊．2011. 结合先验知识和图像特征的道路提取方法．计算机工程与应用，47(33)：236-239，243.

刘昌振，马红．2019. 一种复杂道路网中心线自动提取算法．城市勘测，4：145-147.

刘菁欣，白云，王俊．2016. 改进霍夫变换的枢纽立交桥检测方法．测绘科学，41(10)：136-141.

刘丽霞，李宝文，王阳萍，杨景玉．2019. 改进 Canny 边缘检测的遥感影像分割．计算机工程与应用，55(12)：54-58，180.

罗文婷，李中轶，李林，甘宏，郭建钢．2018. 基于改进 Canny 算法的道路标线自动识别及定位．西南交通大学学报，53(6)：1253-1260.

裴玉龙．2011. 公路网规划(第二版)．北京：人民交通出版社．

施海亮，周绍光，徐勇．2011. 基于 Snakes 模型的高分辨率遥感影像城区道路提取方法研究．大气与环境光学学报，6(2)：106-111.

谭媛，黄辉先，徐建闽，陈任．2016. 基于改进 Sobel 算子的遥感图像道路边缘检测方法．国土资源遥感，28(3)：7-11.

唐阳山，徐忠帅，黄贤丞，朱停仃，李栋梁．2017. 基于 Roberts 算子的车道线图像的边缘检测研究．辽宁工业大学学报(自然科学版)，37(6)：383-386，390.

汪闽，骆剑承，明冬萍．2004. 高分辨率遥感影像上交通枢纽信息的自动提取方法．计算机工程与应用，23：20-23.

王海军，邵宝武，王海燕，王飞．2018. 基于数学形态学和 Hough 变换的高分辨率遥感影像道路提取．地理信息世界，25(2)：108-112.

王双，曹国．2014. 一种基于改进 path opening 的道路提取新方法，计算机科学，41(2)：285-289.

卫靖杰，李光耀，汪燕琴，朱恒晔．2008. 基于平行线对的卫星照片道路自动提取算法．计算机工程与应用，29：193-195，210.

谢谦礼，程承旗，马廷．2006. 一种基于高分辨率遥感影像的道路提取方法．计算机工程与应用，17：188-190.

熊立伟，谭红伟，何亮云，龙岳红．2010. 一种基于 Snake 模型的遥感影像道路网半自动提取方法．湖南文理学院学报(自然科学版),22(2):74-78.

徐兮,冯晓.2007. 用边缘检测方法提取农村道路信息. 四川测绘,4:175-178.

张金梅.2020. 遥感影像线状地物智能化提取算法研究. 测绘与空间地理信息,43(2):169-171.

张旺.2018. 融合 Sobel 的区域生长算子提取车道线. 计算机产品与流通,5:248.

张志伟,刘志刚.2010. 利用既有知识渐近数学形态学提取 LiDAR 数据中道路信息方法研究. 测绘科学,35(4):154-156.

周芳,马莉.2011. 一种带有方向的边缘检测算子在道路边缘提取中的应用研究. 测绘, 34(4):155-158.

周昀罡.2013. 基于知识的道路信息提取方法研究. 四川师范大学硕士研究生学位论文.

朱昌盛,周伟,关键.2011. 基于平行线对检测的 SAR 图像主干道提取算法. 中国图象图形学报,16(10):1908-1917.

朱长青,王耀革,马秋禾,史文中.2004. 基于形态分割的高分辨率遥感影像道路提取. 测绘学报,33(4):347-351.

Baatz M,Schape A. 2000. Multiresolution segmentation: an optimization approach for high quality multi-scale image segmentation. *Angewandte Geographische Informationsverarbeitung*,12:12-23.

Barzohar M,Cooper D B. 1996. Automatic finding of main roads in aerial images by using geometric stochastic models and estimation. *IEEE Transactions on Pattern Analysis and Machine Intelligence*,2(18):32-34.

Gruen A, Li H. 1997. Semi-automatic linear feature extraction by dynamic programming and LSB-snakes. *Photogrammetric Engineering and Remote Sensing*,63(8):985-995.

Renaud P, Julien C. 2003. Detection and extraction of road networks from high resolution satellite. *Proceedings of the IEEE International Conference on Image Processing*, 301-304.

Shi W,Zhu C. 2002. The line segment match method for extracting road network from high-resolution satellite images. *IEEE Transactions on Geoscience and Remote Sensing*,40(2):511.

Ton J, Jain A K, Enslin W R, Hudson W D. 1989. Automatic road identification and labeling in Landsat 4 TM mages. *Photogrammetric*,43(2):257-276.

Trinder J C, Wang Y, Sowmya A, Palhang M. 1997. Artificial intelligence in 3D feature extraction. Basel: Birkhaeuser Verlag,257-265.

Trinder J C, Wang Y. 1998. Automatic road extraction from aerial images. *Digital Signal Processing*,8(4):215-224.

Wang F, Newkirk R. 1988. A knowledge-based system for highway network extraction. *IEEE Transactions on Geoscience and Remote Sensing*,26(5):525-531.

Wang M, Cui Q, Sun Y, Wang Q. 2018. Photovoltaic panel extraction from very high-resolution aerial imagery using region-line primitive association analysis and template matching. *ISPRS Journal of Photogrammetry and Remote Sensing*,141:100-111.

Wang W, Yang N, Zhang Y, Wang F, Cao T,Eklund P. 2016. A review of road extraction from remote sensing images. *Journal of Traffic and Transportation Engineering* (English Edition),3(3):271-282.

Wei T. 2011. Road extraction in quaternion space from high spatial resolution remotely sensed images basing on GVF Snake model. *Journal of Remote Sensing*,37(1):39-42.

Wiedemann C, Heipke C ,Mayer H, Hinz S. 1998. Automatic extraction and evaluation of road networks from MOMS-2P imagery. *International Archives of Photogrammetry and Remote Sensing*,32(1):285-291.

第4章

公路勘察设计高分辨率遥感应用

传统的勘察设计数据获取多依靠野外人工作业，不仅耗时费力，而且缺乏可视化工程设计环境。遥感技术则具有明显的优点，可获取大面积地面信息和地表现象，配合高程数据解译测区地貌、地质和水文等资料，实现现代空间信息与公路交通勘察协同设计，可为复杂困难地区及海外地区的公路勘察设计提供全新的技术手段。本章着重阐述国产高分辨率遥感图像在公路勘察设计中的应用，对高分辨率遥感技术在路线走廊带地形地物提取、公路不良地质体识别、公路三维建模等方面的应用方法与成果进行介绍。

4.1 公路勘察设计

4.1.1 公路勘察设计内容

公路工程基本建设一般分为三个阶段：前期工作阶段、设计施工阶段和竣工验收试运营阶段。公路勘察设计是前期工程可行性研究及设计阶段的重要内容，其主要任务是在施工以前公路基本建设（包括新建、改建、改善、恢复等）所必须进行的野外勘察工作和室内设计工作。公路勘察设计是根据项目需求，对公路路线走廊带范围内的自然条件和地质条件等进行调查、评估、设计的工作。公路路线走廊带是指在公路建设预可行性研究阶段初步确定路线起终点、重要控制点和路线走向的基础上，按地形、地质、水文等自然条件定出一些细部控制点，并将其连接而成的带状走廊。公路路线走廊带选择是公路建设步入实质性阶段的第一步，也是至关重要的一步。走廊带的合理性，不仅直接影响工程建设规模、投资、工期和质量等，而且影响公路的辐射范围、辐射人口、路网结构、路网密度、路网地位以及公路的社会效益、沿程经济、城镇规划和发展方向等（吴华金，2003）。特别是我国中西部山区的高速公路，由于山区地形、地质复杂，虽然可通走廊不少，但可行走廊不多，经济合理走廊更少甚至是唯一的，再加上路网密度小，辐射影响面小，带动和影响沿程经济发展的力度相对较小,因此走廊带的选择显得更加重要。

路线走廊带的选择是公路勘察设计中最根本的问题,其必备的基础之一便是快速获取各种基础资料,如地形资料、地质资料、地物情况等,在传统的公路勘察设计中,这些基础资料一般通过工程技术人员现场测绘和调查得到,不仅工作强度大、周期长,而且精度得不到保障。随着我国公路建设向中西部延伸,公路勘察设计面临较为困难的局面,建设环境日益恶劣,生态环境保护与可持续发展意识逐渐增强,快速、完整和精确地获取路线走廊带的地形、地面、地物等基础资料,为路线方案的优化设计提供强大技术支持的需求越来越急迫(陈楚江,2013)。

不良地质是指地球的内力、外力作用产生的对人类活动造成危害的地质作用和现象。公路工程作为一项庞大而复杂的带状工程,常常需要跨越不同的地形地貌和地质构造单元,会遇到各种各样的不良地质现象。随着国民经济的发展和路网完善的要求,公路工程建设中心逐步向中西部山区延伸,地形地质条件更为复杂,地质环境脆弱,地质灾害多发,在前期选线过程中要更加注重不良地质现象的调查与处理,否则容易诱发和加剧各种地质灾害,增加公路建设投资,影响工期,甚至给运营带来严重的安全隐患。

公路沿线走廊带常见的不良地质现象有滑坡、泥石流、岩崩、岩溶、软弱土、膨胀土、湿陷性黄土、冻土、水害、采空区以及强震区(高地应力)等。关于不良地质的调查工作,主要集中在公路设计的工程可行性研究阶段,通常采用现场踏勘和钻孔等传统手段(石刚等,2013),工期长、成本高,且对于环境复杂、范围较大的不良地质体有局限性。随着高分辨率卫星技术的发展和图像处理技术的完善,高分辨率遥感技术提供的资料信息量丰富、图像清晰,获取时不受地形和交通条件限制,可为公路选线中不良地质调查工作提供有力的补充,是目前公路工程勘察设计中重要的先进技术手段之一。

近年来,空间对地观测技术飞速发展,基于卫星的测量勘察技术日益完善。随着高分辨率对地观测系统的实施,目前高分一号至高分六号卫星已发射升空,实现了亚米级高空间分辨率与高时间分辨率的有机结合,高分七号还可以实现高分辨率立体测图。这些高分辨率卫星,可基本实现对任意地区的重复观测,卫星图像覆盖范围也十分宽广,具有精度高、视域广、现势性强、图像逼真、信息量丰富、宏观、直观等特点,特别对地形、地貌、地物等信息的反映最为直接,使得设计人员可以快速地了解路线走廊带的情况,为合理确定路线、桥址、隧道位置等提供科学的依据。在我国广大的中西部地区,由于经济、社会等原因,许多地方 1∶5 万、1∶10 万的地形基础资料为空白或者过于陈旧,利用高分辨率卫星图像对这类地区进行勘察设计具有更为明显的优势。对于海外工程建设地区,由于所处地理位置特殊,地面作业不便,而卫星测量具有全球覆盖和不受空域影响等优势,利用高分辨率卫星图像进行工程建设设计是一种优先考虑的技术手段和方法。

基于高分辨率遥感技术的公路不良地质判识,主要是通过遥感图像目视解译或利用先进的计算机识别技术与算法,判识出沿线区域崩塌、滑坡、泥石流、冻土等不良地质体的类型和分布范围等,同时利用多时相的遥感图像进行对比研究,对其发展趋势和危害程度做出准确判断,为从宏观至微观、从定性至定量了解区域不良地质的情况提供便捷的方法。以此资料配合勘测人员进行实地勘测,避免了勘测人员对地形、地质调查的盲目性,极大地减轻了外业勘察作业难度，为公路走廊带的确定和路线方案比选等提供决策依据，可尽可能地避免遗漏有价值的线路方案。

4.1.2 公路勘察设计需求

由于公路勘察设计所需精度较高，高分辨率遥感技术在预可行性研究、工程可行性研究和初步设计阶段发挥的作用最为有效。利用高分辨率遥感技术，根据设计人员提供的路线方案的范围，可以快速对走廊带的地形、地物情况进行解译与识别，主要的工作内容有以下两个方面：① 地形、地貌解译。以卫星遥感数据为主，为勘察选线提供高精度的数字高程模型信息，建立三维模型，并对路线走廊带区域地貌情况进行解译，提供应用于路线线形的三维可视化设计，进一步提高路线平纵组合优化设计水平。② 地物信息提取。基于高分辨率遥感数据，对走廊带区域的居民地、耕地、林地、水体、工矿区、道路等地物情况进行判识和分析，为选线提供基础数据，也可为征地拆迁、公路建设费率计算提供丰富的数据支持。

基于高分辨率遥感的不良地质体判识的主要工作内容包括：① 利用遥感图像解译判识崩塌、滑坡、泥石流、冻土等不良地质现象，并圈定其分布的边界。② 评价、论证不良地质现象对公路路线及构造物的影响程度，提出工程绕避或优化方案等。③ 对遥感解译发现的不良地质现象进行外业地质调查验证（陈楚江，2013）。

随着计算机三维可视化技术和公路交通事业的快速发展，公路工程设计已从二维的几何设计和结构设计发展到三维空间实体的整体设计，从分散的单一要素发展到基于数字地球的综合要素的统一设计，同时注重道路与环境的协调性、美观性以及道路的整体布置。高分辨率遥感数据具有图像覆盖范围广、信息客观真实、地表纹理清晰丰富、便于计算机分析等优点，可以高效、大规模地获取设计走廊带数字化地形地貌信息。基于高分辨率遥感的公路勘察设计技术模式，可以从高分辨率遥感图像获取的地表信息生产得到数字正射影像（DOM）、数字高程模型（DEM）、数字线划图（DLG）、地质信息等，辅助设计人员进行路线的地形、地质、生态环境选线，并将设计成果与 DOM、DEM 自动整合，结合建筑信息模型（BIM）技术建立公路三维模型，模拟司机驾驶。

基于高分辨率遥感技术的公路三维建模可以一目了然地对公路路线方案及景观设计进行分析和评价，不仅可以服务于景观设计功能，有利于道路方案比选和线形优化设计，而且可以贯穿公路勘察、设计、施工、养护、管理、重建、规划的全生命周期，便于后期进行模型等对象的空间关系及属性管理、数据分析等工程分析。其具体的作用和优势如下（陈楚江，2013）：① 使高分辨率遥感技术产品可视化，提供最直观、准确的公路地形、地质、生态及景观选线所需的信息，提高工可阶段公路选线效率。② 使设计成果立体化、真实化，为设计方案和工程建设环境评估提供客观的可视化评价依据。③ 为模拟司机驾驶功能提供技术基础，通过视觉、时间变化来分析设计公路的立体现象和道路景观，有利于方案比选，优化线形设计。④ 为公路工程的后期运营、养护、管理提供三维可视化的方案与信息。

一般一个公路工程项目包括：路基、桥梁、涵洞、通道、立交、平交、交通工程设施以及其他附属设施等多项工程实体。基于高分辨率遥感的公路工程三维建模就是在计算机中建立起这些工程实体的三维模型，并与高分辨率卫星构建的地形模型融合，制作出具有真实感效果的视觉模型。因此，可以把基于高分辨率遥感技术的公路三维建模分成四个模块：公路及地形建模、隧道与桥梁构造物建模、交通附属设施建模、叠加高分辨率影像与公路模型的景观建模。

目前，国内外已逐步将遥感技术应用于公路勘察设计，比较常见的是依靠 IKONOS、WorldView、SPOT 等国外遥感数据源，但购买价格昂贵且自主性差。我国高分辨率卫星技术的发展则为公路勘察设计提供了强有力的自主数据支撑，并相应地积累了较为成熟的应用技术与成果。

4.2 路线走廊带地形地貌解译与地物提取

4.2.1 地形地貌解译

1）地形数据采集

采集地形数据应以现有技术条件为基础，以数据精确为目标，才能更好地处理和分析数据，构建高精度的数字高程模型，用于公路选线设计。

地形数据的采集方式有很多种，如卫星图像测量、航空摄影测量、激光扫描测量、GPS 测量、全站仪测量和现有纸质图数字化等。

（1）高分辨率卫星遥感图像测量

随着卫星传感器的发展，卫星遥感测量的空间分辨率可达到 1 m 以内，如 IKONOS 卫星、GeoEye 卫星、QuickBird 卫星等国外卫星以及国内资源卫星和高分七号卫星等，通过控制系统采集同轨立体图像，构建立体模型，可以得到三维地表空间信息。高分辨率遥感图像可以满足公路预可行性分析、工程可行性分析阶段测设对大比例尺地形资料的需求，结合地面控制点数据，甚至可以满足初步设计阶段 1∶2000 比例尺地形资料需求等。

（2）航空摄影测量

航空摄影测量指在飞机上用航空摄影仪器对地面连续摄取像片，结合地面控制点测量、调绘和立体测绘等步骤，绘制出地形图的作业。这种方式获取地面信息范围广，精度也比较高，同样适用于路线方案设计与比选。但对于地形地貌条件复杂的中西部地区或者海外地区，实施起来存在一定困难。

（3）激光扫描测量

激光扫描测量主要依靠激光扫描装置，大面积高分辨率快速获取被测对象表面的三维坐标数据。获取方式一种是依靠机载激光测量，即将激光扫描装置放在飞机上；另一种是将激光扫描装置架设在地面固定点或移动车辆上。它突破了传统的单点测量方法，具有高效率、高精度的独特优势，便于道路成果方案可视化，但是价格昂贵。

（4）GPS 测量

GPS 测量不受距离、天气、通视条件等限制，测量精度高。GPS 实时动态测量是快速获取地表空间信息的有效方法，精度可达厘米级，可用于公路勘察设计放样、地面点采集以及控制测量等。该方法精度高，但主要依托于人力，对于预可行性研究、工程可行性研究阶段获取地形数据较卫星手段成本高。

（5）全站仪测量

全站仪是一种集光、机、电为一体的高技术测量仪器，广泛用于地上大型建筑和地下隧道施工等精密工程测量领域。其测定目标点精度可以达到厘米级，是建立精确数字地面模型的重要数据源。该方法需要依托人力，成本较高。

（6）纸质图数字化

纸质图数字化主要是指电子化以前的纸质成图，如 1∶1 万、1∶5 万等各类早期的地形图、地质图等。该方法人工劳动强度大，且容易出现错漏。

综上几种方法可见，高分辨率遥感图像测量是在道路工可等阶段，针对复杂困难地区大范围获取地形数据较为高效便捷的方法。目前，对于国产数据源，大多研究成果是基于资源三号卫星图像来获取数字高程模型（DEM），其原理是利用立体像对来提取 DEM，主要包括读取立体像对、相对定向、绝对定向、生成核线影像、DEM 提取与编辑等步骤，如图 4.1 所示。

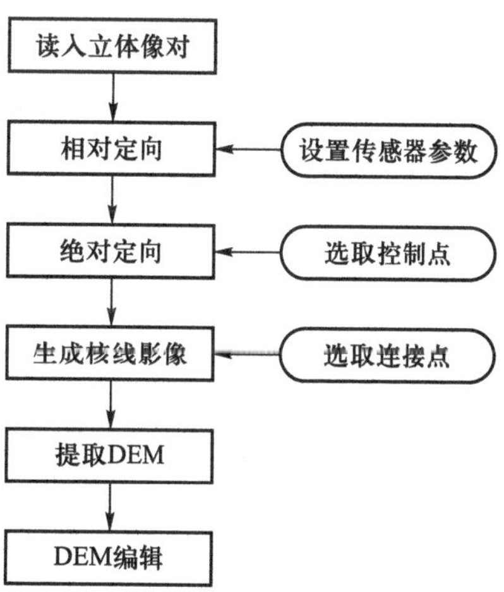

图 4.1 DEM 提取的一般步骤

下面以资源三号图像数据为例，详细介绍利用 ENVI5.1 生成 DEM 的方法步骤，具体流程如图 4.2 所示。

首先，将控制点和同名点（ENVI 中称作连接点）信息按照 ENVI 的 .pts 文件格式录入，并在文件开头位置写入控制点或同名点描述，方便软件读取。ENVI 要求同名点 Y 方向最大视差小于 10 像素，否则无法进行后续操作。

然后，利用 ENVI 自动生成核线影像，可以消除立体像对在 Y 方向的视差，将二维问题转化为一维问题，简化后续过程的计算量。核线影像如图 4.3 所示。

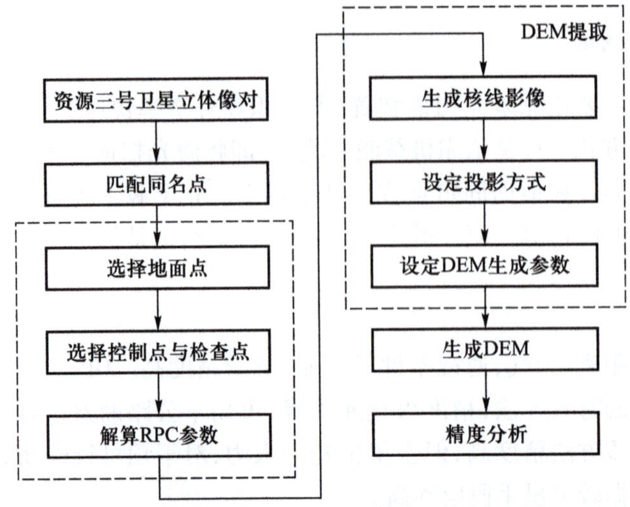

图 4.2 基于资源三号卫星立体像对的 DEM 生成流程

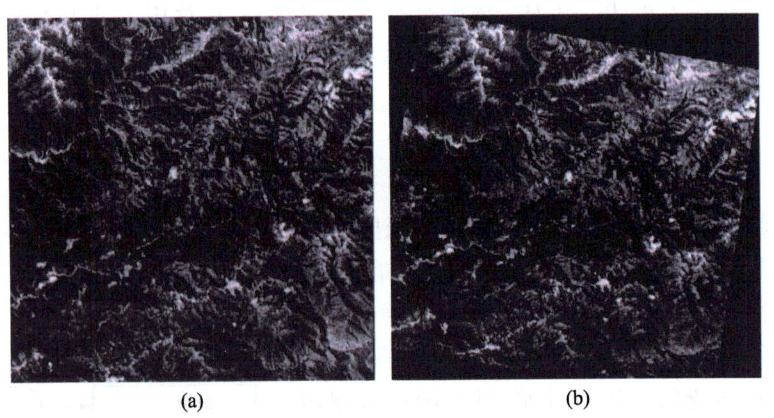

图 4.3 核线影像:(a)左核线影像;(b)右核线影像

在生成核线影像之后,ENVI 可自动识别影像同一目录下的 RPC 文件,基于有理函数模型,由影像重叠区域内的像点计算得到对应的地面点位置信息。依据最大高程与最小高程确定高程差,根据高程值对所有像素点赋予相应的灰度值,进而生成 DEM,渲染后如图 4.4 所示。

2)地形数据分析与应用

从路线基本走向的确定到路线走廊带方案选择,再到具体定线这几个阶段,对于地形数据的分析利用是必不可少的,而数字高程模型则是一种以三维空间形式描述地形起伏的有效表达方式。相较于二维地形数据,将数字高程模型应用于公路勘察设计可以提高选线效率,增强方案比较的直观效果,有助于对路线走廊带方案进行大范围多方案的比选论证。前面已介绍了基于高分辨率遥感构建数字高程模型的方法,下面主要介绍数字高

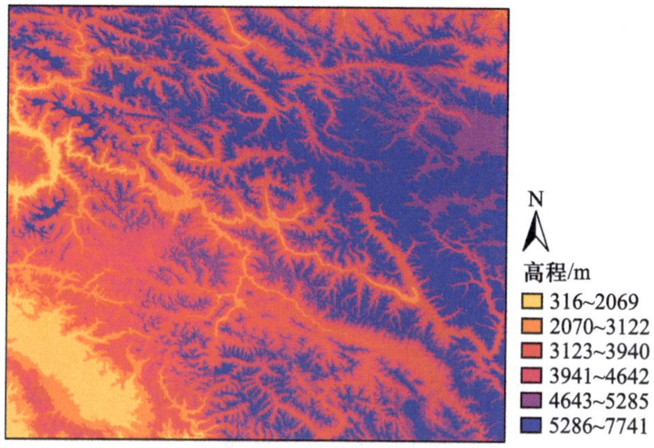

图 4.4 DEM 渲染图

程模型在公路勘察设计中的应用,主要有以下几个方面。

(1) DEM 应用于等高线图

在公路设计中,地面的等高线图是设计的重要原始资料之一,它是公路平纵设计的基础,因此从 DEM 内插等高线是公路辅助设计的基本任务之一,也是 DEM 最重要的应用之一。从 DEM 内插等高线主要包括两个步骤:① 从 DEM 跟踪等高线点;② 进一步插补、加密等高线点以形成光滑的曲线(即等高线的拟合或光滑处理)。曲线拟合方法包括分段三次多项式、B 样条、张力样条等(陈军和杨克俭,2006)。

(2) DEM 应用于路线设计及方案比选

在 DEM 的基础上,能够快速地比较所有可能的平面线形,进行路线平面优化及空间优化,确定最佳路线位置方案。同时,在利用路线 CAD 系统进行设计时,通过与数字高程模型相结合,能够对路线纵断面地面线、横断面地面线等相关数值进行计算,并输出路线纵、横断面的地面线数据,为公路路线的选择及土石方量计算提供更多的依据,实现最优化。

(3) DEM 应用于三维可视化

数字高程模型具有其他技术没有的优点——三维可视化。三维可视化就是利用高分影像与 DEM 融合模拟走廊带周边真实环境,使设计人员在设计过程中有如身临其境,便于对方案进行优化,协调道路建设与周边环境的关系,更好地保证工程质量。具体的建模方法参见第 4.4.4 节内容。

3) 地貌解译方法与应用

地貌是各类地质体、地质现象的外部形态表现。区域地貌是一种宏观地质现象,如流水地貌、海岸地貌、风成地貌等,反映了地质作用对地表所表现出的改造过程,必然会对公路工程的建设产生影响。高分辨率卫星遥感图像可以清晰显示成像地区的地表形态特征。利用高分辨率遥感数据解译地貌,可以从图像上直观地识别各类地貌的单个形态及其组合形态、展布规律和空间关系等。

地貌遥感解译主要是从地貌学原理出发,分析图形特征、色调和阴影等直接解译标志,再根据地质、水文、土壤、植被等地理要素相关的信息,综合分析解译,目前主要采用的是目视解译方法。

(1) 流水地貌

侵蚀沟在遥感图像上以线状显示,不同方向的侵蚀沟组合在一起,形成不同类型的水系网(图4.5),常见的形状有菱形、卵形、直线形、宽带形和梯形等。在植被稀疏的缓坡地区,侵蚀沟可以发展得很快,使地形遭受强烈的分割,蚕食耕地,破坏道路,造成大量的水土流失,因此在道路选线过程中应注意进行绕避或采取防护措施。

洪积扇一般分布在山前沟谷的出口处,坡度较小,规模较大。从遥感图像看,一般呈锥形或扇形,顶部或中上部色调明亮较浅,具暗色斑点,边缘部分则色调较暗(图4.6)。洪积扇分为固定的和正在发展的,如果公路修建于正在发展的洪积扇上,对工程建设十分不利。可通过影像观察植被的生长情况加以识别,通常已固定的洪积扇有植物生长,可将公路线路选在洪积扇顶部淤积范围之外通过。

图4.5 侵蚀沟

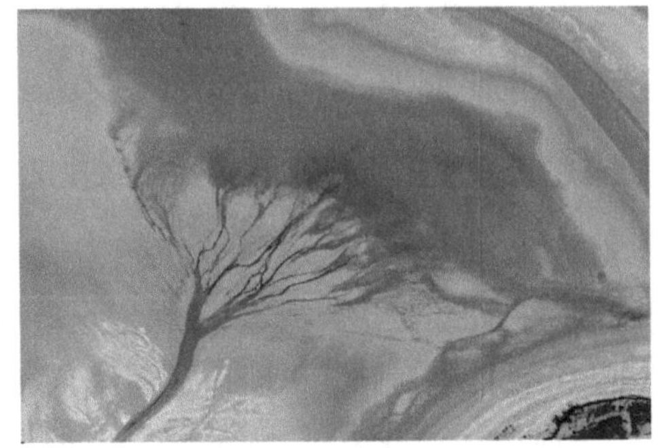

图4.6 洪积扇

在遥感图像上,河流呈不同形状的带状或线状。在大比例尺图像上呈带状,图像清晰,可以直接判别河流的侵蚀和堆积地形。在中、小比例尺图像上,河流呈线状,可以判别河流的变迁。图4.7为西藏S101线山南市附近雅鲁藏布江河流地貌的遥感图像,图中清晰可见河流阶地、心滩等地貌形态。对于山区内河流,在选线中一般应选择两岸开阔、较为平缓的河谷,路线走向应与河谷走向基本一致。对于所选的河谷,应结合农田、城镇分布和地形地质条件等,选择有利的一岸定线。若需要跨河换岸,应选择在河道顺直、岸坡稳定的河段跨越,纵断面则应考虑足够的通航净空或与设计洪水位线,预留足够的安全高度(许金良等,2016)。

(2) 海岸地貌

基层海岸地形起伏小,山坡冲沟发育,水系呈树枝状或网状,海岸带平坦,台面微微倾向海面,色调较深而均一,有时有斑点状纹影;当岩性软硬相间时,会形成锯齿状基岩海岸。基岩海岸的海蚀崖呈现线状分布时,被称作断层海岸。

沙质、泥质海岸,地形起伏较小,色调较均一。沙质海岸色调浅,泥质海岸色调深,冲沟发育,植被茂盛。

厦门翔安隧道是我国内地第一座大断面海底隧道,在该项目的工程地质勘察工作中结合了高分辨率遥感技术,基于2003年3月成像的15 m分辨率的Landsat ETM+卫星图像和2001年12月成像的1 m/4 m分辨率的IKONOS卫星图像解译出三条规模较大的断裂构造(陈楚江,2013),如图4.8所示。

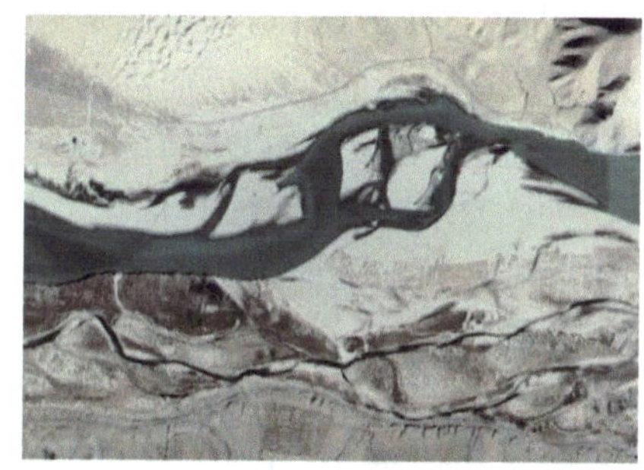

图4.7 河流地貌

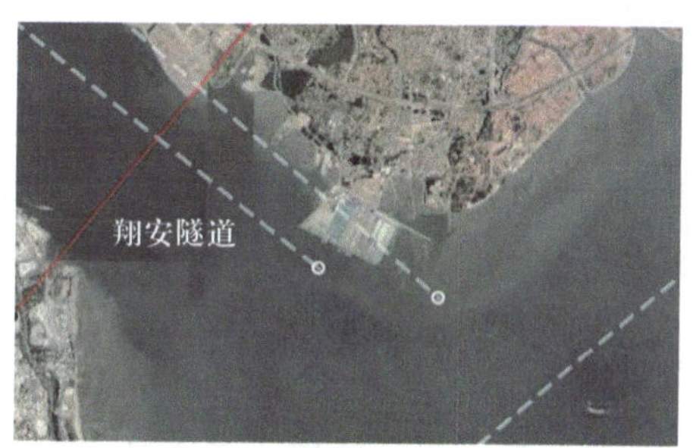

图4.8 翔安隧道遥感解译的断裂构造

(3) 风成地貌

风成地貌较为常见的类型有风蚀地貌和风积地貌等,主要分布在干旱和半干旱区。干旱区松散层上最显著的风蚀地形是风蚀洼地和雅丹。前者为规模大小不一的浅圆形洼地,后者为无数条深度浅而延伸长的平行凹槽,在遥感图像上呈定向展布的环斑状和条带状图案。

风积地貌在遥感图像上,根据沙丘组合的宏观展布特征,可以确定沙丘的类型,如沙丘链、沙垄等。依据不同时相遥感图像上地面干湿状况、植被有无和疏密程度等的对比,还可解译沙丘的动态变化。

4.2.2 地物信息提取

1) 地物信息提取方法

高分辨率遥感数据主要可为道路勘察设计提供水系、植被、居民地、交通及附属设施、高压走廊、风力发电机等地物目标信息,原理是对遥感图像进行分割,进而提取出目标信息。按照图像分割原理与方法的差异,地物目标信息常见的提取方法主要有阈值法、支持向量机、决策树和面向对象等。

（1）阈值法

阈值法是图像分割中的经典方法，它利用图像中要提取的目标与背景在灰度上的差异，通过设置阈值来把像素级分成若干类，从而实现目标与背景的分离。阈值分类方法的核心是阈值选取的准则函数，其描述了该方法依据哪一种知识作为阈值选取的标准，包括信息量、灰度值、分类误差、相关性等（谭优和王泽勇，2007）。该方法成本低廉，实现简单，当目标和背景区域的像素灰度值或其他特征存在明显差异的情况下，能非常有效地实现对图像的分割，但是计算量较大。

（2）支持向量机

支持向量机是一种建立在统计学习理论基础上的机器学习方法，基本思想是通过非线性变换将输入空间变换到一个高维的特征空间，然后在这个新的高维特征空间中构造线性判别函数来实现原空间中的非线性判别函数，求取最优分类超平面，从而解决复杂数据的分类问题（Cristianini and Shawe-Taylo，2004）。该方法具有小样本学习、抗噪声、学习效率高等优点，是一种有效的遥感图像分类方法，但对于大规模样本难以实施。

（3）决策树

决策树是一种直观的知识表示方法，同时也是高效的分类器，它以信息论为基础，将复杂的决策形成过程抽象成易于理解和表达的规则或判断。此方法利用信息论中的信息增益寻找示例数据库中具有最大信息量的属性字段，形成一条规则并以此建立决策树的一个节点，依据这条规则对指定的遥感图像进行运算，所产生的逻辑值派生出两类结果，即形成两个分支，或根据属性的不同取值形成多个分支，该过程可向下继续拓展，直至图像分出类别（潘琛等，2008）。该方法具有直观、清晰、计算效率高等特点。

（4）面向对象

面向对象是一种基于目标的分类方法，可以充分利用高分辨率影像的空间信息，综合考虑光谱统计特征、形状、纹理、大小、相邻关系等一系列因素，得到较高精度的信息提取结果。其最主要特点是，分类的最小单元是由图像分割得到的同质图像对象（图斑），而不再是单个像素（杜凤兰等，2004）。该方法减少了图像中像元光谱的差异影像，针对不同地物能获取较好的分类相关，并有效减少了基于像素分类的“椒盐”现象，但是计算速度较慢。

综上，这几种方法各有优缺点，随着数据挖掘领域的发展，国内外学者目前多采用多种分割方法相结合、多种特征相融合的技术，来提升图像的分类精度。在高分综合交通遥感应用示范系统（一期）项目中突破了基于高分辨率遥感的公路设计特殊规避/特殊穿越范围的信息提取技术，基于高分二号图像数据，采用方向梯度直方图（HOG）和支持向量机（SVM）方法实现了多种地物目标的提取。下面以风力发电机为例，详细介绍该方法。

首先进行正、负样本选取，输入分类器中进行训练；随后提取目标的 HOG 特征，表示图像局部目标的表象和形状特征，并利用 SVM 分类器对风力发电机目标进行识别处理。图 4.9 为基于 HOG-SVM 算法的风力发电机目标识别流程图。

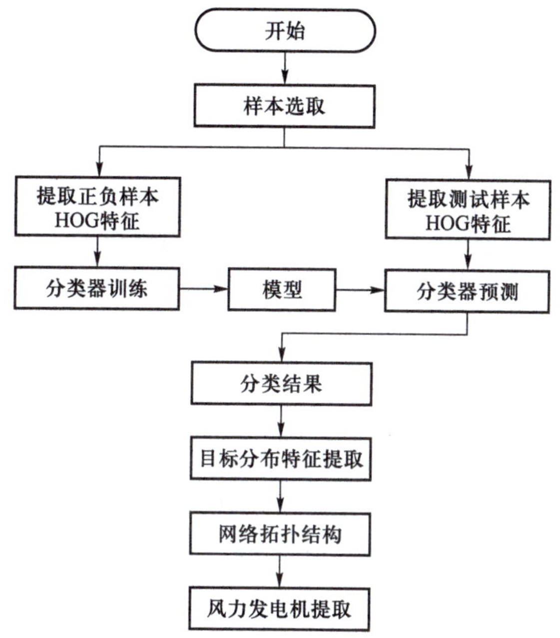

图 4.9　基于 HOG-SVM 算法的风力发电机目标识别流程图

图 4.10 为利用高分二号图像数据提取的风力发电机目标。在第一幅场景中共有 5 个风力发电机目标，全部被检出，检测概率 100%；第二幅场景共有 6 个风力发电机目标，全部被检出，检测概率 100%。

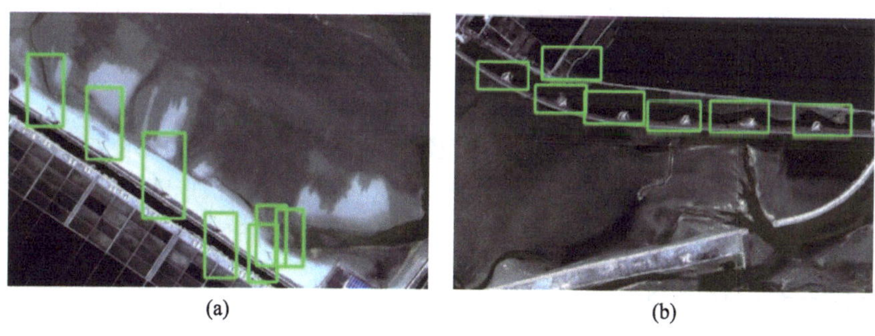

(a)　　(b)

图 4.10　风力发电机目标特征提取与识别结果

2）地物信息的应用

基于高分辨率遥感数据对地物信息进行提取，在公路勘察设计中主要可应用于以下几个方面：

（1）生成地形图

利用高分辨率遥感数据生产数字正射影像（DOM），在此基础上进行地物矢量化工作，如绘制建筑物、道路、河流湖泊、植被土质等信息，绘制完毕后，叠加等高线产品，进行标准化的图面编辑，得到地形图产品，可用于道路勘察设计。

（2）进行环境评价

利用高精度DOM，提取植被、水系、居民地等信息并进行量化，为科学对比不同选线方案对环境的影响程度提供决策信息。同时，还可提取自然保护区、水源保护区等信息，便于在选线过程中对环境敏感点进行绕避，最大限度降低对生态严控区、自然保护区、水源保护区的影响，加强生态选线。

（3）获取征地拆迁数据

基于高分辨率遥感数据可以对公路用地范围内的征地及拆迁建筑物等的位置、范围及面积等进行提取，用作各项成本预算。同时，在道路工程可行性研究、初步设计等阶段，利用正射影像以及居民地、耕地等矢量化信息作为设计底图，可以使设计人员更为直观地浏览设计线路的覆盖范围及走向，突显环境与人文的和谐设计理念（辛恕杰等，2015），减少因拆迁引起的各种纠纷。

4.2.3 路线走廊带地形地貌解译与地物提取应用

利用高分辨率遥感图像进行公路勘察设计，最适用于经过区域地形复杂、地势高低起伏，当地环境较为恶劣，海外地区，项目前期入场测量设备比较困难，外业时间有限，难以完成勘察任务的项目。在此情况下，利用高分辨率遥感数据在时间、空间上的优势，基于高分二号遥感图像对沿线地形地貌信息进行解译，并生成等高线地形图，辅助勘察设计人员进行路线设计。

除获取勘察区域图像外，还需收集项目区域建设条件资料（地形地貌、水文气象、工程地质、环境敏感区、社会环境等）、项目区域测绘及设计资料（各种比例尺地形图、航空像片、已有勘测设计资料）等基础调查资料，用于辅助路线走廊带的地形地貌解译与成果精度验证。

1）三维工程环境构建

根据公路项目所需范围，首先采集和处理高分二号数据和资源三号数据，生产正射影像和DEM，将DEM进行分块处理，并以多块无缝拼接的DEM表示三维带状地形。然后将高分正射影像数据按DEM分块格局进行坐标纹理分块映射，实现高精度自动匹配，构建基于高分辨率遥感图像的三维工程环境，如图4.11所示。

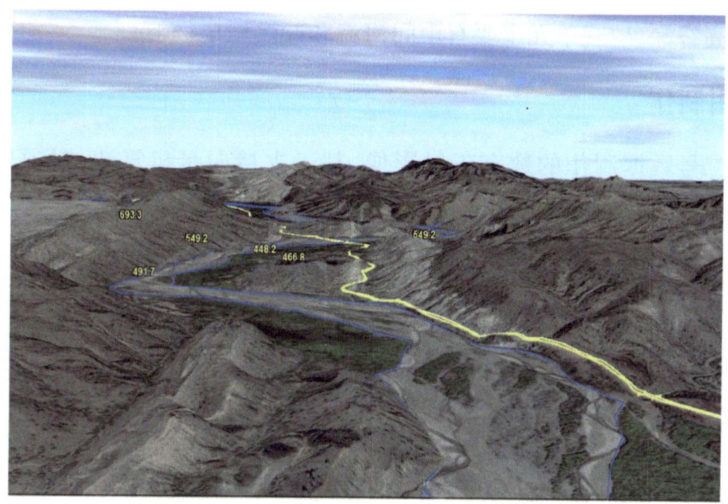

图 4.11 基于高分辨率遥感图像的公路三维工程环境

2）地形地貌解译

根据构建的三维环境，对公路工程项目区域地形地貌进行遥感解译。从图 4.12 中可见，项目起点段，沿线地势比较平坦，海拔基本在 200～300 m。沿线分布有多处季节性河

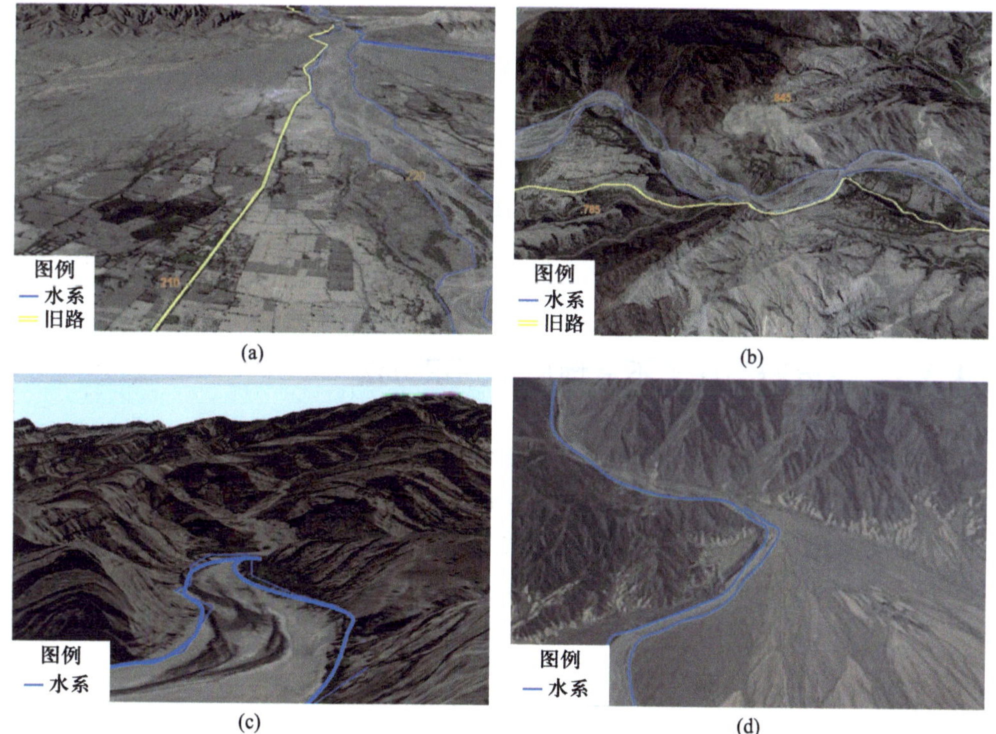

图 4.12 公路工程项目区域地形地貌解译结果：(a)平原；(b)高山地；(c)U 形河谷；(d)洪积扇

流,多为U形河谷,植被发育程度较低。项目中后段地势逐渐抬高,海拔逐渐抬高至900 m,沿线山高谷深,地貌单元主要有山间河流和冲洪积扇。

3）地形图制作

根据高分二号数据制作的数字正射影像,基于支持向量机算法,对项目区域内居民地、河流等地物进行自动提取,结果如图4.13所示。

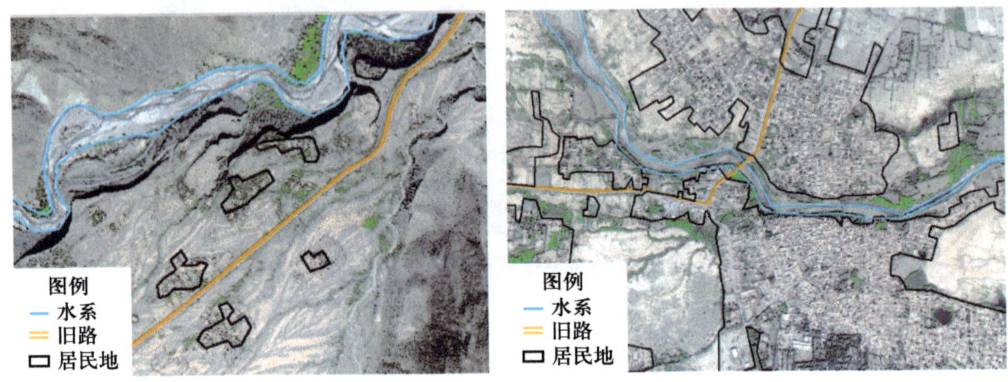

图4.13 地物提取结果(部分)

利用DEM数据,基于Global Mapper软件制作1∶1万比例尺等高线图,并叠加地物提取的矢量结果,生成1∶1万比例尺数字地形图,满足项目工程可行性研究的精度要求。项目成果可以有效解决复杂艰险地区基础资料匮乏的问题,为地形复杂、环境恶劣的勘察设计项目提供了技术支持,保障了公路工程建设项目顺利完成。

4.3 公路不良地质体判识

4.3.1 高分辨率遥感不良地质体判识方法

不良地质现象尤其是崩塌、滑坡、泥石流等灾害个体,在遥感图像上呈现的形态、色调、纹理等均与周围背景存在一定的区别,可以直接判读,特别是由高分辨率图像得到的解译结果,对公路地质勘察工作具有实际的指导和应用意义。崩塌、滑坡、泥石流等较为大型的不良地质体的判译是山区公路工程地质遥感判译的重点,也是工程地质遥感判识内容中效果最好的一种。下面主要对崩塌、滑坡、泥石流的高分辨率遥感判识方法进行介绍。

1）崩塌

陡坡上一部分岩土体突然且急剧向下崩落的动力地质现象,其中规模较大的称为崩塌,而个别岩块的崩落称为落石。崩塌对公路的威胁很大,在前期选线勘察时影响路线方向的选择;在施工过程中,可能造成严重的事故,拖延工期;在运营阶段则会威胁行车安全或中断运输。

目前,对于崩塌的遥感识别,主要研究方法集中在图像增强结合人工经验进行目视解译,而以往通过算法实现半自动、自动提取崩塌的研究不多,近几年依托高分辨率图像开展了一些研究。例如,冯光胜(2012)针对 SPOT5 卫星图像提出一种自动提取崩塌信息的改进方法,极大提高了崩塌识别的效率。该方法首先利用改进的阈值算法去除 SPOT5 图像中的植被信息,进而对提取的结果进行去阴影、坡度筛选、形态学滤波、栅矢转换、面积和顺坡性筛选,并基于改进的多峰直方图阈值自动选取算法,实现了崩塌信息的自动提取,流程如图 4.14 所示(冯光胜,2012)。结果表明,与现场验证资料相比较,提取精度约为 73%。

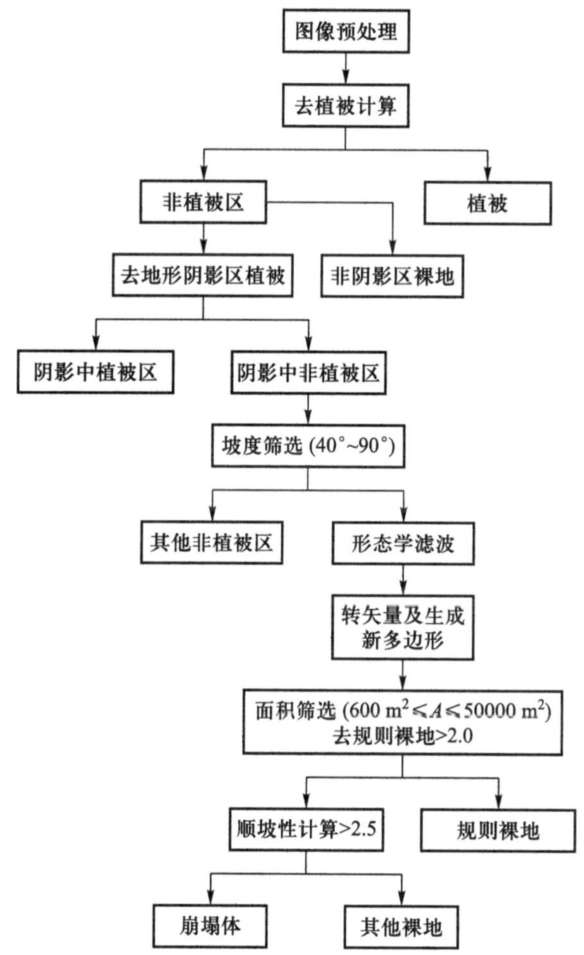

图 4.14 崩塌自动提取的流程(冯光胜,2012)

2015 年,中国国土资源航空物探遥感中心利用资兴地区高分一号、高分二号图像数据,结合其他辅助数据(DEM、以往地质勘察资料等),根据崩塌现象的遥感图像特征,建立解译标志，采用图像的三维多角度显示，对二维图像与三维图像同时进行观察与分析，并进行人机交互式解译。结果发现，崩塌在高分一号图像上较难识别，在高分二号图像上清晰可辨，解译出崩塌两处(图4.15)，与野外实地调查结果吻合，识别准确度为100%。

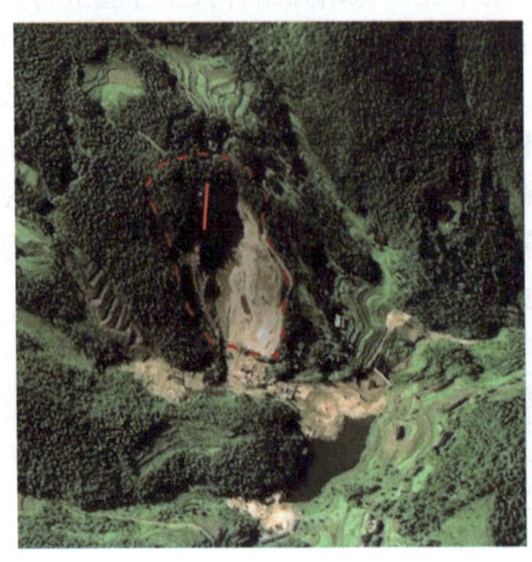
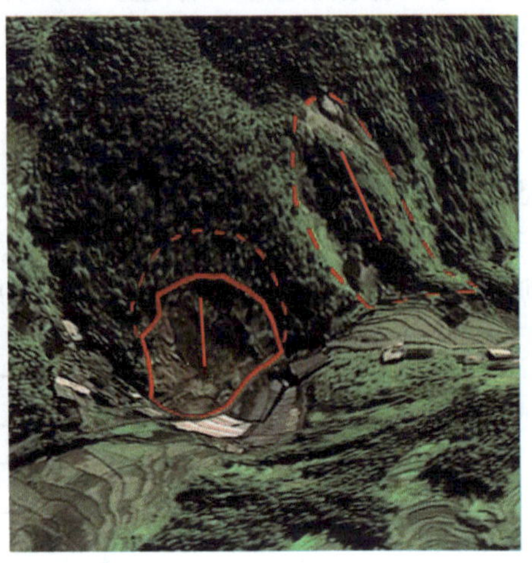

图4.15 基于高分二号的崩塌现象提取结果

在崩塌段布线，应充分考虑崩塌的规模和稳定性。对处于发育阶段的崩塌路段，岩体破碎，结构松散，边坡高陡，路线通过时，因山体开挖有可能产生大规模崩塌，且治理困难，路线布设应以绕避为宜。对于规模不大，采取工程处置措施后可确保安全的崩塌路段，路线可不绕避，但应将绕避与工程处治方案进行经济技术综合比选后加以取舍。对于稳定的路段，可在坡脚外以低路堤或浅路堑形式通过，避免填挖方过大。

2）滑坡

对滑坡的解译是斜坡地质灾害解译中最复杂的一种，因此在解译滑坡之前，首先应对滑坡的形成规律进行研究，以避免解译时的盲目性。滑坡的遥感解译主要依据遥感图像的形态、色调、阴影、纹理等进行。大部分滑坡具有独特的滑坡地貌，比较容易辨认。

目前，利用高分辨率遥感图像对滑坡进行解译的研究成果较多。除了目视解译方法之外，随着计算机技术的发展，基于像元、面向对象、深度学习、三维分析技术等方法的滑坡解译成果不断涌现。例如，2015年中国国土资源航空物探遥感中心利用资兴地区高分一号、高分二号图像数据，结合示范区的DEM数据构建三维模型，采用人机交互的方式，利用三维分析技术清晰地在三维模型中判识了滑坡壁、滑坡台阶、滑坡舌、滑坡周长、封闭洼地等(图4.16和图4.17)。结果显示，利用高分一号图像数据解译了42个疑似滑坡图斑，通过野外实地调查，确定滑坡图斑为36个，识别准确度为86%；利用高分二号数据解译了53个疑似滑坡图斑，通过野外实地调查，确定滑坡图斑为47个，识别准确度为88.7%。两种数据对于滑坡的识别都具有较好的应用能力。

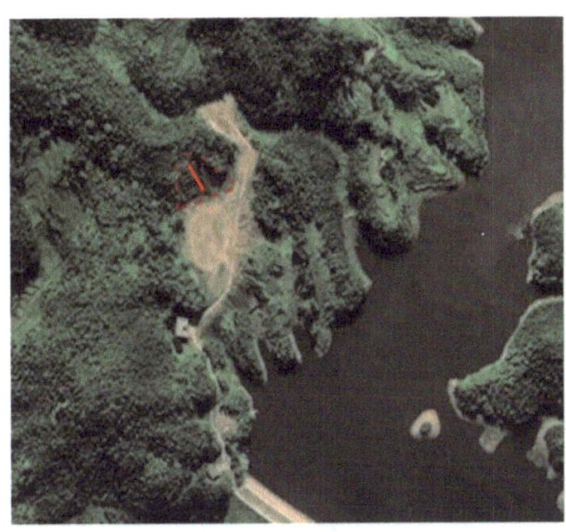

图 4.16 基于高分一号的滑坡现象提取结果

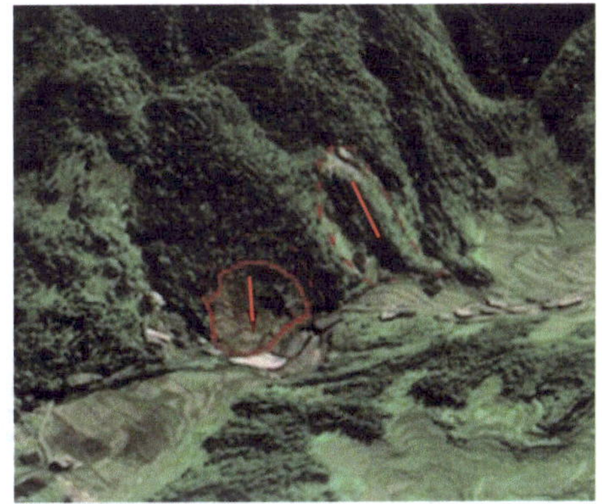

图 4.17 基于高分二号的滑坡现象提取结果

王宁等(2018)通过引入形态学开运算和区域水平集算法来构建面向对象的滑坡提取方法,以高分二号卫星多光谱图像为数据源,对位于尼泊尔的研究区,实现了滑坡的提取,流程如图 4.18 所示。结果表明,与谷歌地球对应位置的时序图像目视解译结果进行对比,提取精度可达 84.19%,可满足滑坡不良地质体识别的应用需求(王宁等,2018)。

滑坡段工程地质选线应尽可能绕避大型复杂滑坡,若绕避有困难,应结合稳定程度、处治难易程度,对绕避和整治方案综合比较后加以取舍;对于中型滑坡,一般可考虑通过,但需慎重评价其稳定性,并选择有利部位通过,同时采取必要的工程处治措施;对于小型滑坡,一般可不绕避,但应采取相应的措施进行处理。

3) 泥石流

泥石流是山区汛期常见的一种严重的水土流失现象。它是持续时间很短、突然发生的夹有泥沙、石块或巨砾等大量固质与水组成的混合流体,具有强大的破坏力。

在计算机自动提取技术出现之前,获取泥石流等地质灾害信息的主要方式为实地勘

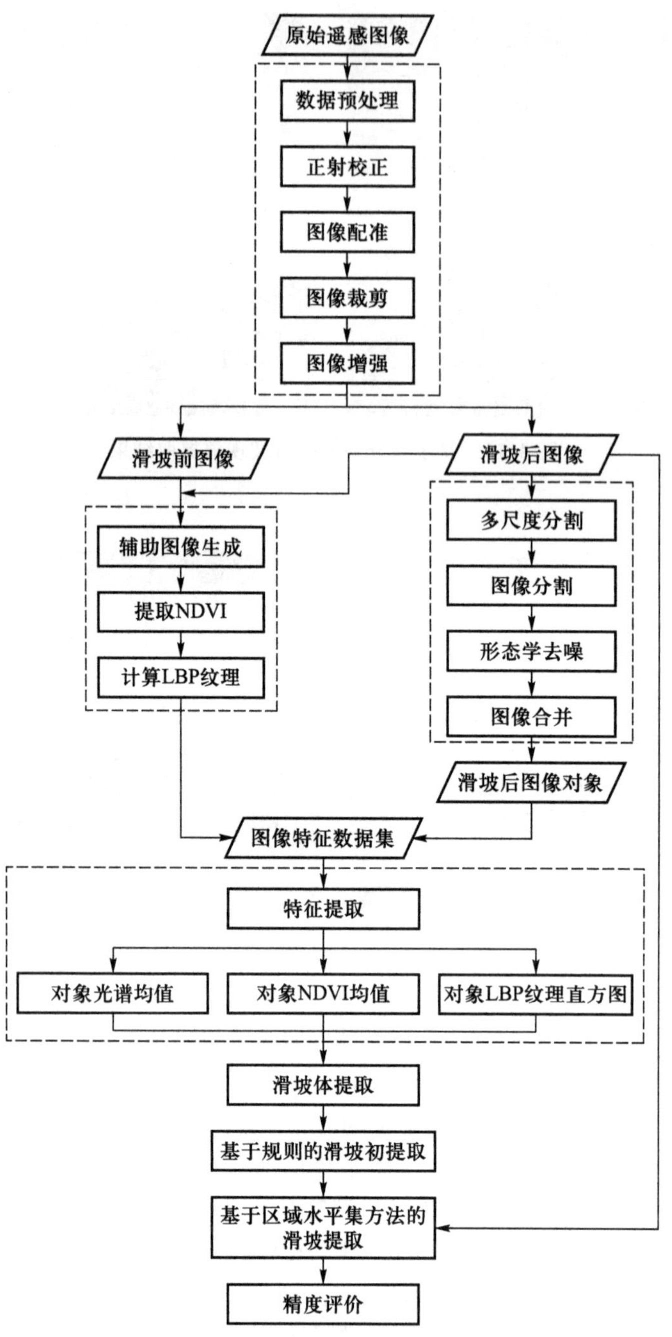

图 4.18 面向对象的滑坡提取流程图(王宁等,2018)

测及遥感图像人工目视解译。实地勘测虽能获得较高的精度和置信度,但是具有费用高、工作量大、效率低和信息不及时的缺点;此外,传统的遥感图像解译方法如人工目视解译、人机交互解译,都存在费时费力、精度有限的缺点,且因解译人员的水平不同,其质量难以保证统一。因此,借助遥感技术以及最近发展较快的人工智能技术,自动或半自动提取泥石流不良地质信息,成为当前研究的重要趋势。国内外所使用的传统方法是利用植被指数与土壤亮度指数等指标对泥石流灾害的物源区进行提取,这类方法在大区域、小比例尺度上有较好的效果,但无法满足泥石流信息大比例尺、高精度的提取需求,同时此类方法需要对阈值进行反复调试,数据处理工作较为烦琐。而目前来说,结合机器学习的提取方法相对于传统方法能实现更高的提取精度,在图像识别与分类中达到了较好的效果。

例如,何超(2018)利用高分二号卫星数据,以北京房山、门头沟为研究区,建立了泥石流灾害系统调查的应用体系。在深入了解高分二号卫星数据特征的基础上,结合研究区泥石流的发育特点,提出了运用机器学习中的支持向量机算法对泥石流灾害的裸露、松散堆积物进行自动提取;再利用研究区 DEM 数据进行三维空间分析,从而提取出泥石流隐患沟的沟系范围,结合研究区实际情况,通过坡度值、面积对图斑进行筛选;最后通过野外验证查明该泥石流灾害信息自动提取应用体系的准确率,提取流程如图 4.19 所示。结果显示,利用该体系提取出 221 条泥石流灾害,经野外查证准确度达 80.37%。图 4.20 为房山、门头沟地区泥石流自动提取与野外验证对比图。

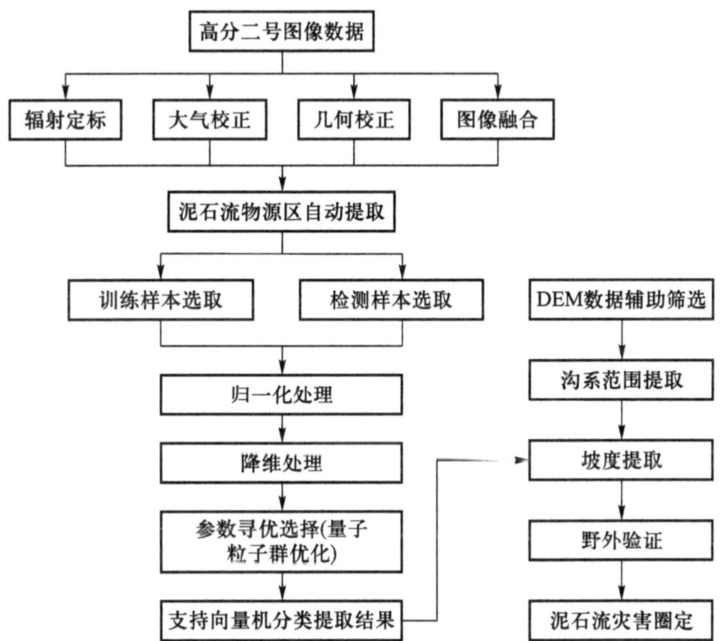

图 4.19 泥石流灾害信息自动提取流程图

在泥石流地段进行选线,应综合考虑泥石流类型、分布、规模等因素。对于规模较大的泥石流路段,应进行绕避;对于趋于稳定的泥石流堆积区,可考虑通过,但应确保泥石流排泄通畅;对于沿河两岸均有泥石流发育的地段,路线宜选在相对轻微一岸,必要时考虑多次跨河。

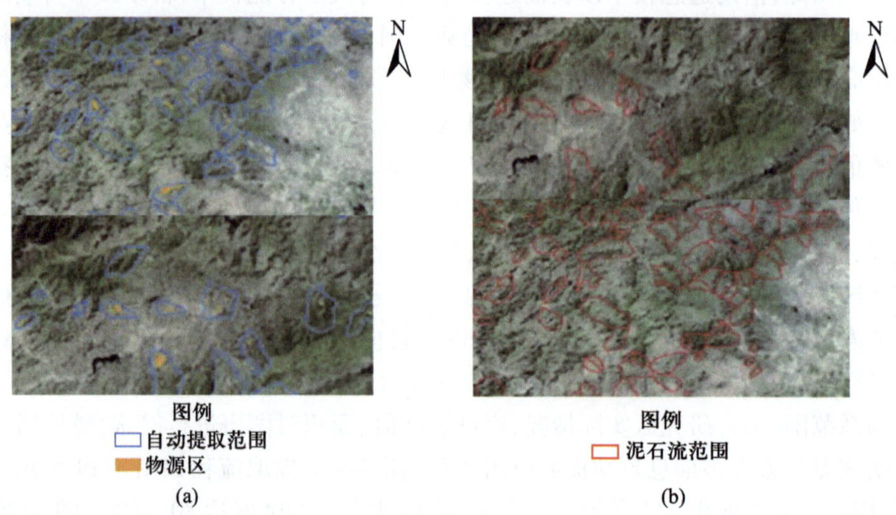

图 4.20 房山、门头沟泥石流隐患沟自动提取与野外验证对比图:(a)自动提取筛选后泥石流分布范围;(b)野外查证修改后泥石流分布范围

4.3.2 公路不良地质体判识应用

本研究获取了勘察区域内高分二号全色多光谱图像数据,收集了项目区域地质图、前期地质成果、项目工程资料等,对公路路域范围内不良地质体进行了判识。利用高分二号图像和DEM数据,获取了路线走廊带内多方位、高可信度的区域地质信息,特别是滑坡、崩塌、泥石流等不良地质体的分布位置、规模大小等信息,下面重点介绍解译的滑坡不良地质现象。

利用综合建立的滑坡遥感解译标志,对高分二号卫星图像进行综合分析,对沿线路段的滑坡进行重点解译。例如,线路ZK44+213(龙头山隧道左洞出口)左约65 m处,根据高分辨率图像可以判断该处有一处滑坡,滑坡后壁清晰可见,如图4.21所示。从野外调查看,该滑坡位于龙头山镇北侧大园子村附近,分布在构造、侵蚀、剥蚀山体一侧坡面,与高分辨率图像识别定位十分接近,位置精度高达95%。滑坡体呈多级台阶,整体坡度较平缓,约25°~35°,局部较陡峻,约75°~80°,平均宽度约500 m,初步推测该滑坡面埋深约20~100 m,平均深度约60 m,体积约24×10^6 m^3,属深层巨型滑坡。

经实践证明,高分辨率数据对滑坡、崩塌等地质灾害揭示的准确性较高,为不良地质体的绕避提供了全新高效的方法和信息源,极大地提高了工作效率。在本次勘察工作中,勘察周期缩短了50%,节约了大量人力物力,降低了勘察成本。

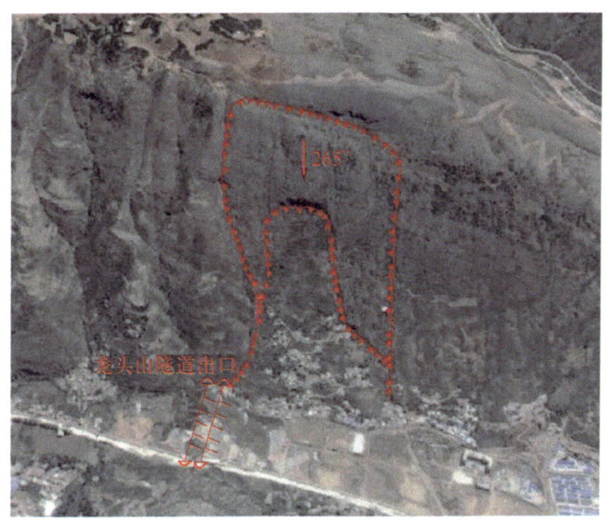

图 4.21 滑坡高分辨率图像

4.4 公路三维建模

4.4.1 公路及地形建模

公路及地形建模包括道路周围的带状三维地表模型和道路设计表面模型。由于道路设计表面和地表都是不规则的,因此可以采用表面模型来构造。

1) 地表表面模型

通过高分辨率遥感图像测量、野外测量、航测、地图数字化等途径可以获得设计所需的公路带状地形资料,经软件处理后形成数字地面模型(DTM),根据 DTM 的类型(常用的有三角网式和方格网式等)采用不同的方法来建立地面三维模型。如果采用的是三角网式 DTM,那么地表采用若干空间三角形平面来表示,每一个三角形平面的空间位置均由三个顶点的三维坐标(x,y,z)确定,而这些数据都可以方便地从 DTM 中获得。在 AutoCAD 中绘制地表三维模型时,每个三角形平面的绘制采用“3dface”命令来完成(图 4.22)。如果采用的是方格网式 DTM,既可以采用三角形平面,又可以采用网格曲面来拟合地表。对于前者,只需将每个网格分解为两个三角形即可;对于后者,可以直接采用 AutoCAD 的多边形网格曲面来拟合(杨宏志和贾兴利,2017)(图 4.23)。此外,利用 BIM 软件 PowerCivil 可以直接基于点云数据和图形文件等来创建 DTM,并进行分析渲染。

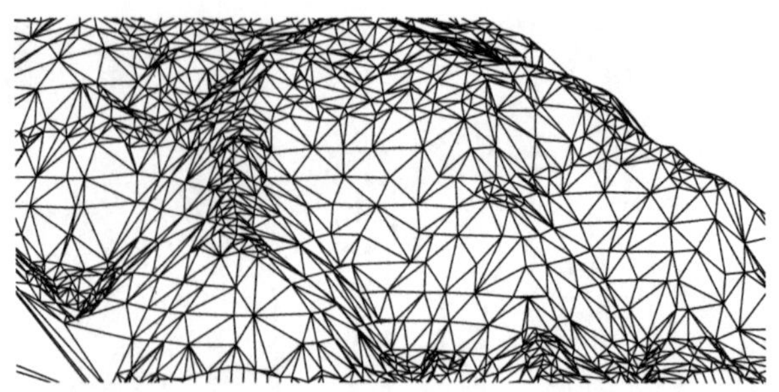

图 4.22 空间平面拟合地表

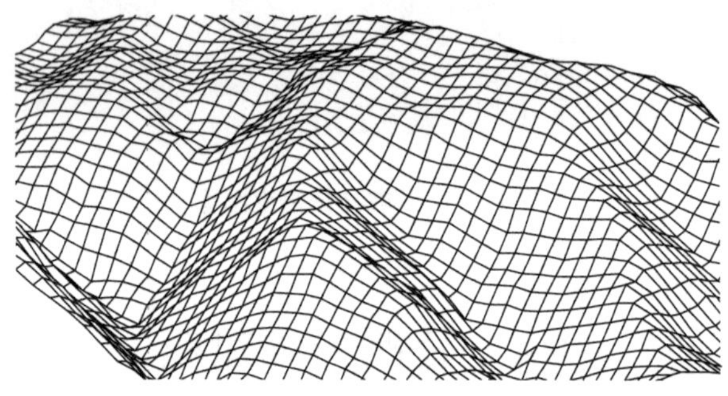

图 4.23 多边形网格曲面拟合地表

2）公路路线设计三维模型

公路路线设计分为平面设计、纵断面设计和横断面设计。在平面线形设计阶段，需要根据规范要求对圆曲线半径、缓和曲线长度、平曲线长度等进行合理取值。平面选线后，根据线位进行纵断面交互设计，如增删变坡点、拉坡设计等。横断面设计以平面、纵断面设计为依据，采用基于装配式的横断面设计，根据公路不同的断面组成情况进行不同的装配，选择组成断面的组件，如中间带、行车道、路肩、边坡表面、边沟等，把各个组件连接起来形成横断面。同时对土石方量进行计算、分析和调配，获得最佳设计方案。平纵横设计是不断微调的过程，既要综合考虑，又要分别衡量。在所有路基组成部分完成后，即可输出得到路基部分的 CAD 三维模型。

相对于地表表面模型而言，公路路线设计表面模型的规律性较强，一般采用四边形空间平面来建立。例如，绘制行车道表面模型时，先根据所需的建模精细程度，确定沿路线前进方向的间距，然后计算出模拟公路表面每个四边形四个顶点的三维坐标，再用 AutoCAD 的“3dface”命令绘制出每个空间四边形平面（图 4.24）（杨宏志和贾兴利，2017）。三维坐标的计算采用路线设计软件来完成。组成公路设计表面模型的其他部分也可以采用相同的方法来完成。

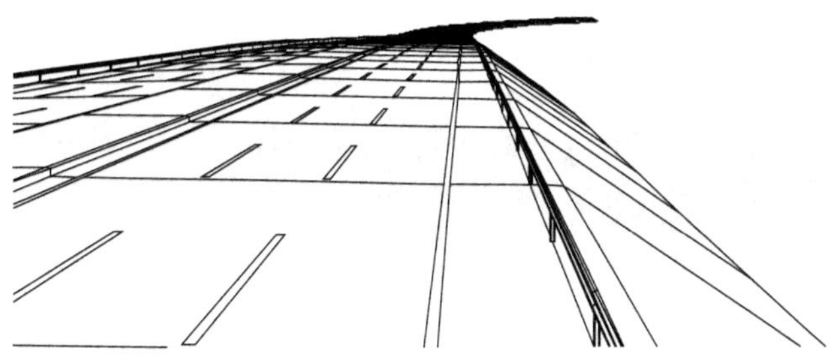

图 4.24 空间四边形平面拟合道路设计表面

3）路线与地形模型的嵌入

这个步骤应在进行公路设计成果的三维展示前完成，以实现路线设计模型与地形模型无缝拼接。对于挖方路段，由于道路模型在下，地面在上，地表模型会“盖住”道路设计表面模型。因此，地表模型与道路设计表面模型叠加的关键是确定路线模型的边界，对边界内部的地表模型进行清除，流程如图 4.25 所示，具体步骤介绍如下：① 确定路线模型边界：沿路线走向，按横断面生产路线模型的三维坡脚线，将形成的封闭空间多边形作为边界线。② 加入地形特征线，重新构网：将路线模型的边界作为特征线嵌入地形模型中，将特征线外侧的地形模型进行局部调整，重新构网。③ 删除多余地形面：剔除掉特征线内部三角形。④ 模型叠加：将路线模型叠加到地形模型上，嵌入路基设计的三维模型。

经过这样处理形成的地表模型中就不包含特征线内的地面了，从而实现了地表模型与路线设计模型的融合，构成了整体模型，如图 4.26 所示。

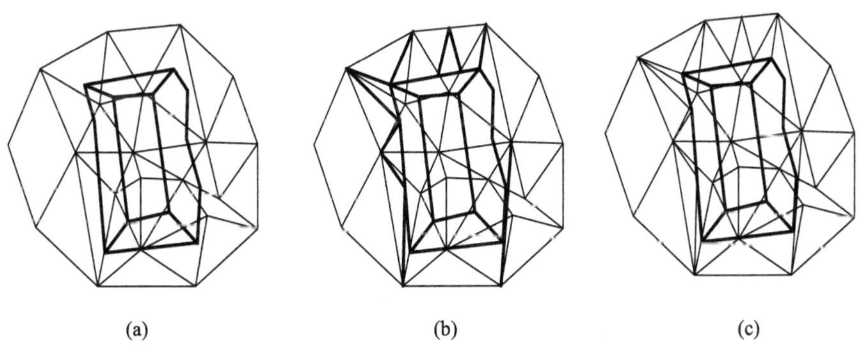

图 4.25 模型叠加过程：(a)确定路线模型边界；(b)重新构网；(c)删除多余地形面

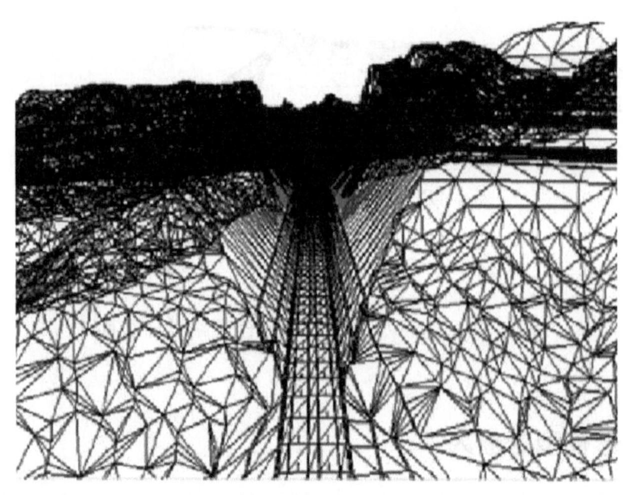

图4.26 道路三维表面模型

4.4.2 隧道与桥梁构造物建模

1）隧道三维建模

在丘陵区和山岭区等起伏地带的高等级公路上，隧道的数量比较多，在整个路线上占有相当重的比例，在越来越重视环境评价与景观设计的今天，其影响越来越不容忽视。通常情况下，对一条隧道景观的分析与评价主要包括两方面的内容：一是隧道与路线及其周围环境是否协调，洞口和洞身以及相应的环境美化措施是否得当等；二是隧道内的装饰、照明、交通标志标线及其他附属设施布置是否合理。因此，在隧道模型创建时应充分考虑隧道与环境的相合与协调。隧道三维建模的难点在于：其洞口和洞身是通过对地形的开挖而形成的，即隧道是与周围地形融合在一起的，所建隧道三维模型应包括隧道的洞口、洞门、洞身及周围地形等。隧道建模的关键在于：如何实现洞口、洞身开挖过程，并且开挖后应与周围地形地势相协调。

王福建和吴国雄（2004）介绍了一种基于三维实体模型的隧道三维外观建模方法，即先建立地形、洞口、洞身等的实体模型，然后由实体间的布尔运算就可以方便地实现洞口与洞身的开挖过程，从而建立上述所需的隧道洞口、洞身等主体结构的三维实体模型。这种方法为解决多个面模型的接合问题提供了一种新颖而简便的途径。

虽然隧道的洞身横断面形式多种多样（如单心圆拱、坦顶三心圆拱或尖顶三心圆拱等），但从几何上看，洞身横断面却比较简单，由若干直线段和圆弧首尾相连而成。对于洞顶圆弧段的处理可采用直线段近似代替。以洞顶圆弧中点为分界，将圆弧左右两边各平均分成 N 段，N 越大，精度越高，通过连接各分段点从而形成整个隧道模型。这里可以采用 BIM 软件 PowerCivil 中的廊桥模型来实现。

图 4.27 中，依据公路路线中心线的坐标，计算出 A、A_1、B、B_1、P 点的坐标，P_1、P_2 为分段点，根据 $A_1(X_a, Y_a)$、$B_1(X_b, Y_b)$、W、α，计算出圆弧半径以及横断面各个特征点的坐标，然后按照隧道的起始桩号，逐桩将各个横断面的特征点连接起来，即可完成整条隧道的建模。图 4.28 是基于 PowerCivil 构建的隧道模型。

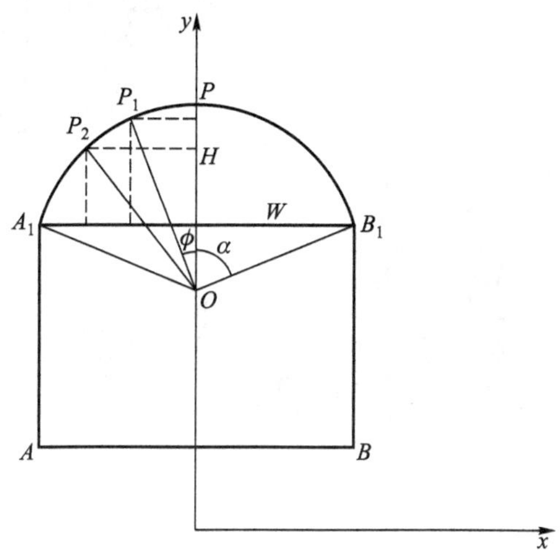

图 4.27 隧道洞顶示意图

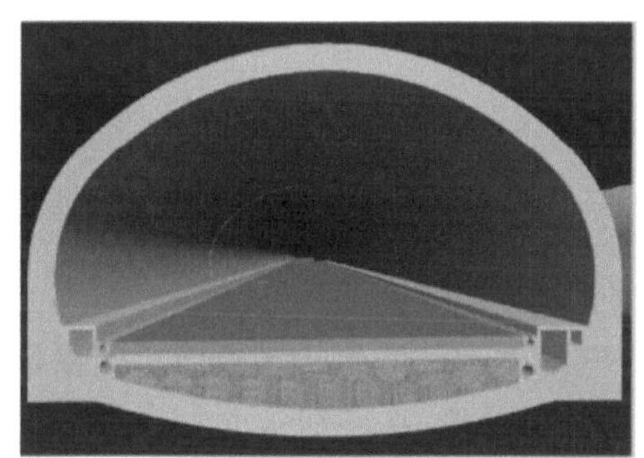

图 4.28 隧道三维模型

2）桥梁三维建模

桥梁结构的形状一般比较规则，具有较强的规律性，构件多为规则的形体，比道路建模更容易。桥梁的整体模型可以通过一系列标准构件组成。构件分为两种类型：一种是与地面标高没有关系的构件（如板梁、防护墙和栏杆等），对这些组件模型的构建只需要通过参数设计构造出模型断面形状，按照路径遍历就可以构建三维模型；另一种是与地面标高有关系的构件（如桥墩和墩台），这些构件可细分为方体、柱体等体元素，应用第一种构建方法，将体元素进行组合拼接形成桥墩模型。基于 PowerCivil 可建立三维上、下部构件的标准化库（如箱梁、墩身、基础等），根据原始基础资料及路线设计资料，自动化、批量化完成桥梁的设计建模。图 4.29 是基于 PowerCivil 构建的海南铺前大桥的三维模型。该桥是单塔双索面钢箱梁斜拉桥，塔高 151.8 m，下设 32 根大直径钢管复合桩。

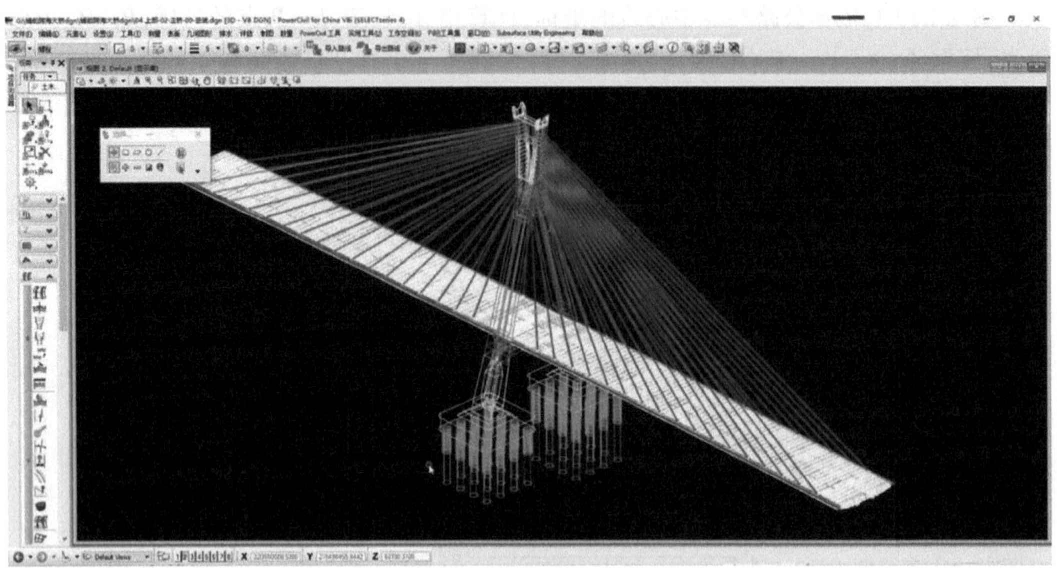

图 4.29 桥梁三维模型

4.4.3 交通附属设施建模

交通附属设施模型主要包括交通标线模型、护栏模型和标志标牌模型等。

1）交通标线模型

交通标线主要是行车道的分隔线。标线模型采用依附于路面的连续或有间隔的空间矩形平面来完成(杨宏志和贾兴利,2017)。大多三维建模软件的基本原理是依据标线形状构建空间矩形的边界,赋予材质特征,指定模型放置位置,按路线走向扫描放样完成建模。一条标线的空间矩形平面的个数直接影响在视觉上的逼真程度。

2）护栏模型

高等级道路的中央带和两侧一般均要设置护栏。一般采用的是波形护栏。例如,基于 PowerCivil 平台,可以利用廊桥中代码约束条件构建护栏曲面模型,并指定插入点的位置,自动批量化完成模型构建。由于护栏模型是一个曲面模型,其数据量随着路线里程的增加而成倍增加,所以一般在后期渲染或动画模拟时才添加。

3）标志标牌模型

标志标牌模型主要包括里程指示牌、地名指示牌、道路出入口指示牌和警示牌等。这些标志标牌模型一般可从三维建模系统中的三维部件库调用或基于约束条件构建模型,并输入合适的指示内容,插入指定里程的合适位置上即可。指示内容的位置和插入点的位置由系统自动计算。

4.4.4 叠加高分辨率图像与公路模型的景观建模

高分辨率遥感图像不仅能获取大比例尺地形、地质资料，而且可客观、真实地反映地表的地形、地貌和地物情况。利用高分辨率遥感图像与 DEM 进行纹理映射是构造三维地形景观模型的重要环节，其实质就是将校正后的正射影像叠加到 DEM 上，构建具有真实感的三维地形，然后再与公路模型叠加，构建公路景观模型。

1）卫星图像信息与 DEM 的叠加

纹理映射技术就是把纹理图像“粘合”到三维模型表面来增强模型的真实感。通常，通过三角网的形式表示公路所处的环境仅能简单地表示一些地形情况，不能真实、直观地表达公路所处的景观环境。通过纹理映射技术将 DEM 与数字正射影像融合在一起（图 4.30），可以制作出较为真实的公路环境模型，极大地提高景观可视化的表达效果。陈国（2016）通过以下步骤实现大规模三维地形的纹理映射：① 对获得的高分辨率遥感图像进行投影轴的变换，一般校正为正射投影方式。之后与 DEM 数据进行精确配准，保证卫星图像显示的地区与 DEM 表示的范围和边界一致。② 对高分辨率遥感图像进行缩放处理，使格网 DEM 数据的行列数等于图像数据的行列数，或为整数倍。③ 图像数据的离散化，使得图像数据与格网 DEM 数据之间呈现一一对应或一多对应关系，$\{R,G,B\}=T\{x,y,z\}$，其中 R、G、B 分别为颜色值的三个分量，x、y、z 分别为格网中顶点的三维坐标。④ 根据如上关系组织图片颜色数据，使格网中每个定点数据都有对应的颜色数据，并且颜色数据的组织结构与 DEM 地形数据相似，便于进行任意分块和快速读取，这样才能保证在三维地形场景的漫游中严格与地形数据匹配，读取保持一致。

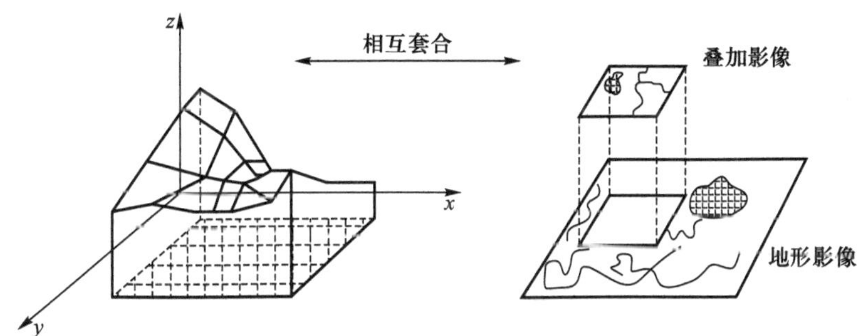

图 4.30 高分辨率遥感图像与地形模型叠加

2）实体消隐技术

通常情况下，公路三维空间细小狭长，建模种类繁多，总会出现模型之间相互遮挡的现象。在显示过程中消除被遮挡部分称为消隐。消隐技术可以加强模型的真实感，消除多义性。由于肉眼看到的范围有限，通常只能看到三维场景的一部分，所以要想更加真实地表达三维景观,必须从可视化的角度对所要处理的空间物体进行消隐,只保留肉眼能够看见的部分,从而提升三维场景的显示质量。

消隐可分为线消隐和面消隐两类。公路三维环境的形成是消隐隐藏面的问题,即根据观察者当前所处的位置,首先将肉眼看不到的面片裁剪掉,而对肉眼能看到的面片进行隐藏面消隐,从而更加真实地表现模型。因此,三维空间的实体消隐技术不仅能加快三维场景绘制的速度,还能提高三维场景的渲染效果,是获得较好三维可视化效果的一个重要手段。

3) 公路景观模型的构建

具有真实感的三维地形通过以上几个步骤已经建立,按照给定路线的坐标,生成公路路线投影,将路面、桥梁、隧道等路线设计模型嵌入三维地形模型中,并删除道路范围内的图像,建立公路整体三维模型,从而全面、直观、形象、系统地展示公路设计效果及其景观。

4.4.5 公路三维建模应用

获取高分二号全色多光谱图像数据,收集项目区域路线设计方案等资料,结合项目区域构建的三维工程环境,进行项目公路景观建模。

1) 三维工程环境构建

本研究获取的原始图像经过正射校正、图像融合和图像镶嵌,最终得到项目区域的高分辨率图像。利用获取的DEM与高分辨率图像生成甘肃静庄高速公路的三维工程环境,如图4.31所示。

图4.31 甘肃静庄高速公路三维工程环境

2) 公路景观模型构建

采用GIS、虚拟仿真、计算机自动化等信息技术,搭建高分交通道路勘察设计应用示范子系统,实现路线方案设计、公路建模和三维动画模拟等功能。基于真实的路线线位信息,构建公路三维模型、桥梁三维模型和隧道三维模型等,并实现与三维工程环境无缝结合,可以动态展示项目建成后的运行效果,如图 4.32 所示。

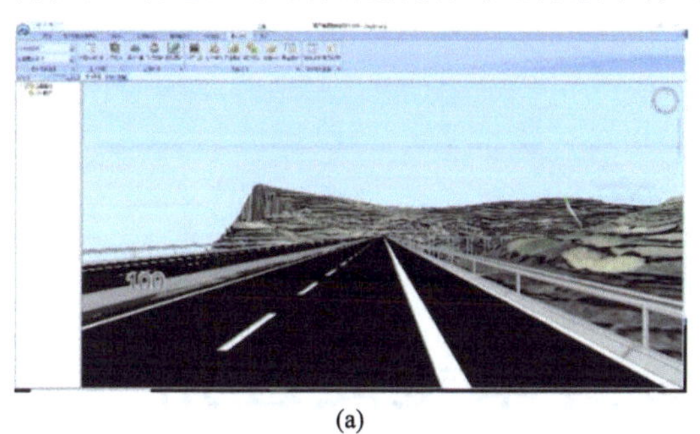

(a)

(b)

图 4.32 甘肃静庄高速公路景观模型:(a)公路三维模型;(b)桥梁三维模型

参 考 文 献

陈楚江 . 2013. 公路卫星勘察原理与方法 . 北京:人民交通出版社 .

陈国 . 2016. 公路三维地理信息与智能化选线技术 . 北京:人民交通出版社 .

陈军,杨克俭 . 2006. 数字高程模型(DEM)在公路辅助设计中的应用 . 中国水运(理论版),3:112-113.

杜凤兰,田庆久,夏学齐,惠凤鸣 . 2004. 面向对象的地物分类法分析与评价 . 遥感技术与应用,19(1):20-23.

冯光胜 . 2012. 基于 SPOT5 的崩塌遥感自动提取方法研究 . 铁道勘察,2:5-8,11.

何超 . 2018. 基于 GF-2 卫星数据的泥石流自动提取及评价模拟研究 . 中国地质大学(北京) 硕士研究生学位论文 .

潘琛,杜培军,张海荣 . 2008. 决策树分类法及其在遥感图像处理中的应用 . 测绘科学,33(1):208-211.

石刚,王少华,赵小峰,王新民,晏长根 . 2013. 公路不良地质遥感解析的 GIS 管理平台技术 . 沈阳建筑大学学报(自然科学版),29(4):662-668.

谭优,王泽勇 . 2007. 图像阈值分割算法实用技术研究与比较 . 微计算机信息,23(24):298-299.

王福建,吴国雄 . 2004. 道路工程三维建模技术 . 北京:人民交通出版社 .

王宁,陈方,于博 . 2018. 基于形态学开运算的面向对象滑坡提取方法研究 . 遥感技术与应用,33(3):520-529.

吴华金 . 2003. 山区高速公路路线走廊带的选择与研究 . 公路,5:45-52.

辛恕杰,李素兰,刘晓东 . 2015. 激光扫描技术在公路勘察设计中的应用 . 中外公路,35(5):13-15.

许金良,杨宏志,赵一飞,潘兵宏,赵永平 . 2016. 道路勘测设计 . 北京:人民交通出版社 .

杨宏志,贾兴利 . 2017. 道路工程 CAD(第二版). 北京:人民交通出版社 .

Cristianini N, Shawe-Taylo J. 2004. 支持向量机导论 . 北京:电子工业出版社 .

第 5 章

公路施工建设高分辨率遥感应用

近年来,我国的公路建设事业蓬勃发展,截至 2021 年年末,全国公路总里程接近 520 万千米,其中高速公路通车里程达到 16.1 万千米,里程规模位居世界第一。公路建设作为经济发展的血脉,在国民经济发展中占据十分重要的地位。公路作为一种长距离、大范围的人工构造物,在公路的建设过程中,扰动区域大且较分散,施工周期长短不一,施工过程中对周边沿线区域的环境(如生态环境、侵占土地等)会造成不同强度的干扰和影响(孙红梅,2010)。在公路施工建设阶段,遥感在公路施工建设中的作用主要体现在对公路建设项目实施情况的动态监测,以及对项目中永久占地、临时占地及其恢复效果的动态监测。同时,遥感还可以对公路施工中的工程单元进行属性信息查询,如工程计划开竣工时间/实际开竣工时间、完成百分比、质量评分等信息。本章主要介绍高分辨率遥感在公路施工建设进度动态监测和公路建设用地占地动态监测中的应用,为公路项目建设管理提供科学参考。

5.1 公路施工建设

5.1.1 公路施工建设内容

为了适应社会生产和流通发展的需要,必须通过新建、扩建、改建和重建四种基本建设形式,不断扩大公路运输能力。公路施工建设主要包括路基工程施工、路面工程施工、桥梁工程施工、涵洞施工、隧道工程施工和公路附属设施施工。

路基是按照道路的平面位置、纵面线形和一定的技术要求修筑的作为路面基础的沿途构造物,是路面的基础,是公路的重要组成部分。路基工程施工包括填方路基施工、挖方路基施工、特殊路基施工、路基排水设施施工、路基防护与支挡工程施工等。

路面是在路基之上用各种筑路材料铺筑的供汽车行驶的层状构造物。路面结构一般由面层、基层、基底层与垫层组成。主要的路面面层类型及适用范围如表 5.1 所示。

表5.1 路面面层类型及适用范围

面层类型	适用范围
沥青混凝土	高速公路、一级公路、二级公路、三级公路、四级公路
水泥混凝土	高速公路、一级公路、二级公路、三级公路、四级公路
沥青贯入、沥青碎石、沥青表面处理	三级公路、四级公路
砂石路面	四级公路

桥梁是为道路跨越河流、山谷或人工障碍物而建造的构造物。涵洞是为宣泄地面水流而设置的横穿公路的小型排水构造物。隧道是为公路从地层内部或水下通过而修建的结构物。公路附属设施是针对高等级公路行车速度快、通过能力大、交通事故少、服务水平高的特点设置的,包括安全设施、管理设施、服务设施、收费设施、供电设施等。

此外,公路施工建设还包括排水工程和防护工程等。排水工程是为了排除地面水及地下水而设置的排水构造物。防护工程是为了加固路基边坡、确保路基稳定的结构物(朱峰,2009)。

公路施工建设是公路生命周期最主要的阶段,时间跨度也最长,开展公路施工建设监测对于保证公路工程质量具有重要的意义。

5.1.2 公路施工建设监测需求

为了降低公路工程建设成本,缩短建设周期,需要在公路建设开工后进行施工进度管理。传统的施工进度监测一般是通过实地量测、调查监测和资料分析等方法开展,这类调查方法耗费大量的人力物力,通常是以点代面,采用由点到线再到面的演绎法,不能够对全局进行实时的掌控,难以满足施工进度监测时效性与全面性的需求。近年来,随着遥感技术的快速发展,其在交通行业的应用范围也随之扩大。传统的建设占地情况主要是依据现场调查,根据现场痕迹确认临时占地位置,在这个过程中会耗费大量的人力物力。随着遥感技术的发展,利用高分辨率遥感技术能够对施工过程中占地情况进行大范围、瞬时拍摄,从而对占地情况进行直观而准确的监测,对提高公路建设永久占地具体情况监测数据的客观性和丰富程度是极其有利的。例如,胡健波等(2013)利用 Landsat 5 TM 和 HJ CCD 数据对“曹南”和“朝黑”两段高速公路的施工前、施工期、竣工后的临时占地情况进行了动态监测;谢萍等(2016)采用高分辨率数据 SPOT 5 传感器数据,通过地物变化信息提取等技术,实现了对广东省的“三旧”改造项目进度的监测。

利用遥感数据对公路施工建设进行动态监测可以大幅度地降低人力物力的消耗,有利于全面及时了解公路建设状况和用地占地状况,但同时也存在一定的局限性,主要有以下三个方面:① 受图像空间分辨率的影响。中低空间分辨率的图像中单个像元中包含多种地物,会出现“同谱异物”现象,使得道路沿线地物信息识别提取时出现较大误差。② 由于公路施工过程长短不一,因此对于图像获取的时效性具有一定的要求,如果卫星重复周期过长,则无法获取有效的监测数据。③ 对于不同路面材质,需要高光谱遥感数据对其进行光谱判别,而目前高光谱数据空间分辨率较低,如 MODIS 数据,空间分辨率多为 1 km,难以满足公路施工建设监测的要求。

我国高分辨率遥感卫星无论数量还是图像质量都将接近国外先进水平(宋晨曦等,2014),以其高空间分辨率、高时间分辨率、高光谱分辨率的优势,为公路施工进度监测提供了一个客观、准确获取公路信息的手段,它获得的信息资料可以与实地调查数据互为补充和验证,进而提高对公路建设施工以及占地情况的动态监测精度。

5.2 公路施工进度动态监测高分辨率遥感应用

5.2.1 公路施工进度动态监测内容

由于施工进度在公路建设工程中属于贯穿整个工程的内容,会直接影响公路施工的工期及资源消耗等问题。施工进度监测包括桥梁施工、路面施工、防护施工、交通施工和路基施工等方面。例如,在路基施工中,路基高度是影响公路稳定性的最重要因素之一,在施工期间和竣工后对路基高度进行实时监测,对保证路基施工质量和高速公路的正常运营十分重要。对工程整体的施工进度进行监测,可为施工单位的决策提供参考,保证工程的顺利竣工。

对于公路施工建设来说,其进度变化与周围沿线环境的变化反映在图像上均对应着地物光谱以及空间位置的改变(Coppin et al.,2004),因此利用高分辨率遥感技术对施工进度进行动态监测主要是针对这两方面。到目前为止,基于光谱和地理空间位置信息改变的遥感监测方法主要包括两个方面:基于多时相数据的人机交互式目标解译和路面信息变化检测技术。其中人机交互式目标解译主要是在 GIS、RS 软件支持下,由经验丰富的遥感专业人员对处理后的遥感图像的地表地物进行目视解译修正,以期达到准确解译目标地物的目的;信息变化检测技术采取已有历史数据与变化信息数据相结合的策略进行,以历史数据为基础,通过信息变化检测手段,对不同时相的高分辨率遥感数据进行相关信息的分析提取,获取道路施工进度以及路面铺设材质变化信息发生的时间与范围。

5.2.2 公路施工进度动态监测方法

1) 人机交互式目视解译

人机交互式解译主要是通过计算机对研究区域不同时相的遥感图像进行专业的增强处理,然后根据专业人员的目视解译,判定研究区域的地物变化。目前,由于遥感成像技术的快速发展,图像中包含的信息愈加丰富,在目视解译过程中会产生大量的冗余信息,利用计算机技术可以对遥感数据进行重复性处理,且效率较高,能够有目的地提取有关信息,为人工目视解译提供必要、客观的参考。

人机交互式目视解译能够较为直观、迅速地对地物信息以及变化状况进行提取判读,成效显著,因而在公路施工进度动态监测中得到了广泛应用。如图 5.1~图 5.3 所示分别是都香高速云南昭通段主线收费站、永丰枢纽主线桥、K12-K15(含永丰大桥)施工进度的动态监测效果图。

图 5.1 为主线收费站 2017 年 3 月到 2018 年 12 月期间六个时间点的高分辨率图像。根据图像展现的情况可知,主线收费站的施工变化明显,主要表现在以下几方面:① 收费站基层、面层发生变化,包括土路基平整修筑、路面材料铺设过程;② 收费棚地基建设、收费棚主体结构建设变化情况,截止到 2018 年 3 月,收费棚地基已施工开建,到 2018 年 12 月,收费棚以及站台的总体轮廓修建已完成;③ 互通主体结构、互通路面在监测期间发生了变化,主要包括互通主体结构逐步修建完善,路面的蓝色遮挡板已撤除,而且路面铺设材质发生了变化,由 2017 年 3 月到 2018 年 3 月,土路基修整完毕,边界修整得较为规则,开始铺装新的材料,到 2018 年 12 月铺装了疑似水泥路基;④ 连接线段的路面及桥梁施工进度发生了变化,在 2017 年 3 月和 9 月处于土路基平整阶段,在 2018 年桥梁已可见墩柱状物。

图 5.2 为永丰枢纽主线桥施工变化遥感监测图,可以看到,在 2018 年 2 月,永丰枢纽主线桥还未开始动工,图像中未发现动工痕迹;2018 年 9 月图像显示开始施工,土路基开始进行平整修筑,截止到 2018 年 12 月,从图像上可以清晰地看到匝道轮廓。

图 5.3 为 K12-K15(含永丰大桥)的路段施工情况,由图像可以判断得知,K0-K21 之间,部分路线已开始施工。

通过上述图像监测结果可知,基于高分辨率遥感,利用计算机处理技术,结合人工目视解译方法,能够快速、直观地对公路以及附属设施的施工建设进度进行实时动态监测。该方法主要是对公路施工进度状况做定量的判识,可以在整体上把握道路施工项目的大致进程,为施工单位提供参考。

2）信息变化检测

公路施工过程中,路面结构施工流程主要包括:① 天然砂砾垫层施工,主要是下承层和砂砾摊铺;② 水泥稳定砂砾基层施工,主要包括对下承层表面进行整形,清除浮土和其他杂质,然后进行混合料摊铺,及时碾压;③ 沥青面层施工,包括路缘石安砌,洒透油层,铺筑沥青面层。

不同的路面光谱曲线存在一定的差异性,针对公路施工进程中路面铺设材料的不同,可以利用高光谱/多光谱遥感技术进行检测区分,进而可以实现对公路施工进度的准确有效检测。基于高分辨率遥感数据对公路路面区域的信息变化检测识别的主要原理是,在遥感图像中不同路面材质的光谱、纹理、方向、亮度等存在差异,通过分析不同路面面层的特征,构建不同材质路面的特征模型,然后通过时间差异,对不同时期的路面图像所呈现出的不同特征进行信息变化检测,从而得到该位置的路面材质的铺装变

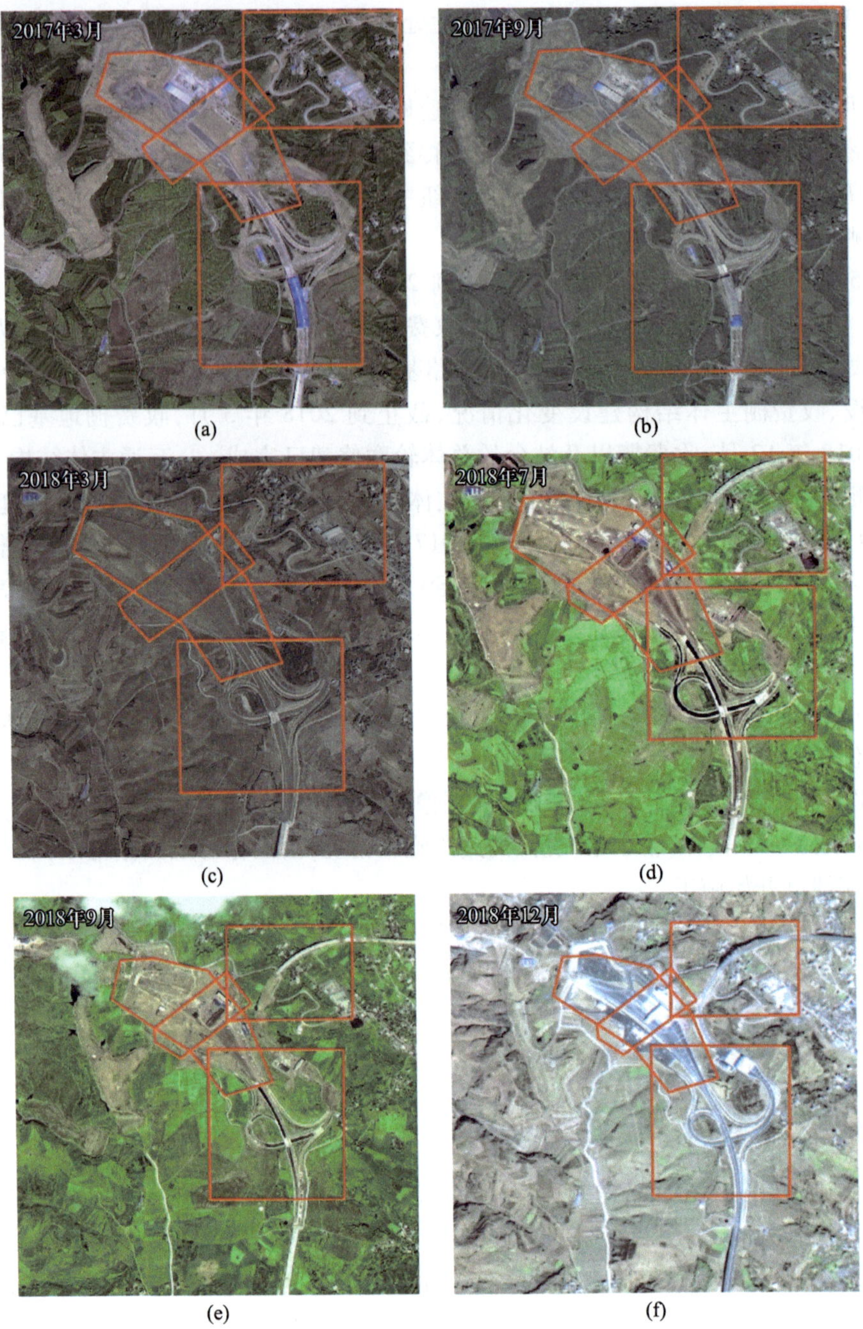

图5.1 主线收费站施工变化监测图：(a)2017年3月；(b)2017年9月；(c)2018年3月；(d)2018年7月；(e)2018年9月；(f)2018年12月

化，实现对公路施工过程中进度的动态监测。目前，国内很多学者对路面材料的光谱特征进行了相关的研究，取得了较好的成果（佘宇晨等，2014；金续等，2017；张映雪等，2017）。

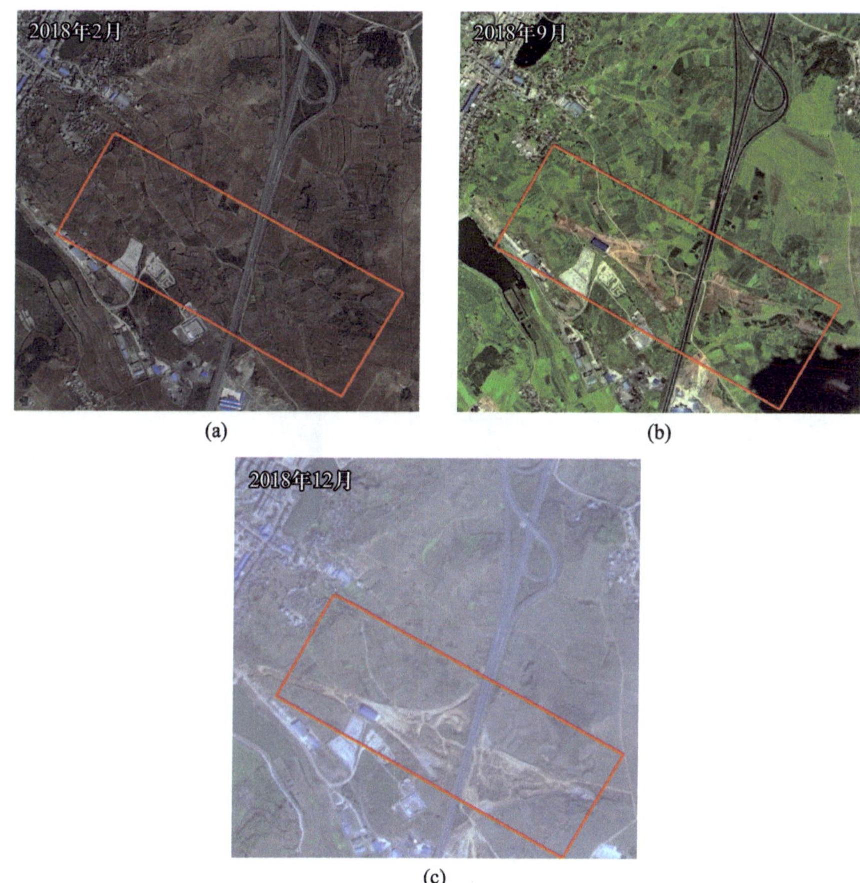

图 5.2 永丰枢纽主线桥施工变化监测图:(a)2018 年 2 月;(b)2018 年 9 月;(c)2018 年 12 月

国产高分辨率卫星的发展为路面材质的识别提供了有效的数据支撑,基于高分卫星(GF-1/2/5/6)数据分析不同路面面层的纹理等特征,建立沥青混凝土路面、水泥混凝土路面、砂石路面、泥结碎石路面和土路路面等不同路面面层的遥感解译标志,结合实地获取的道路路面材质的特征样本,构建不同路面材质对应的特征模型,开展道路路面铺筑材料的检测区分,进而可以为公路施工进度监测提供可靠的参考数据。

不同的道路材质在高分辨率遥感图像中会呈现出不完全相同的特征:① 土石表层,部分未硬化的乡间公路,在图像上表现较为明亮且不均匀;② 水泥混凝土表层,常见于大部分道路表面,由于该材质对光的反射率较强,通常在高分辨率遥感图像上形成均匀、明亮的区域;③ 沥青表层,大部分高速路面都为沥青材质,由于沥青路面的像素在高分辨率遥感图像中灰度值较小,因而呈现为灰暗的区域。

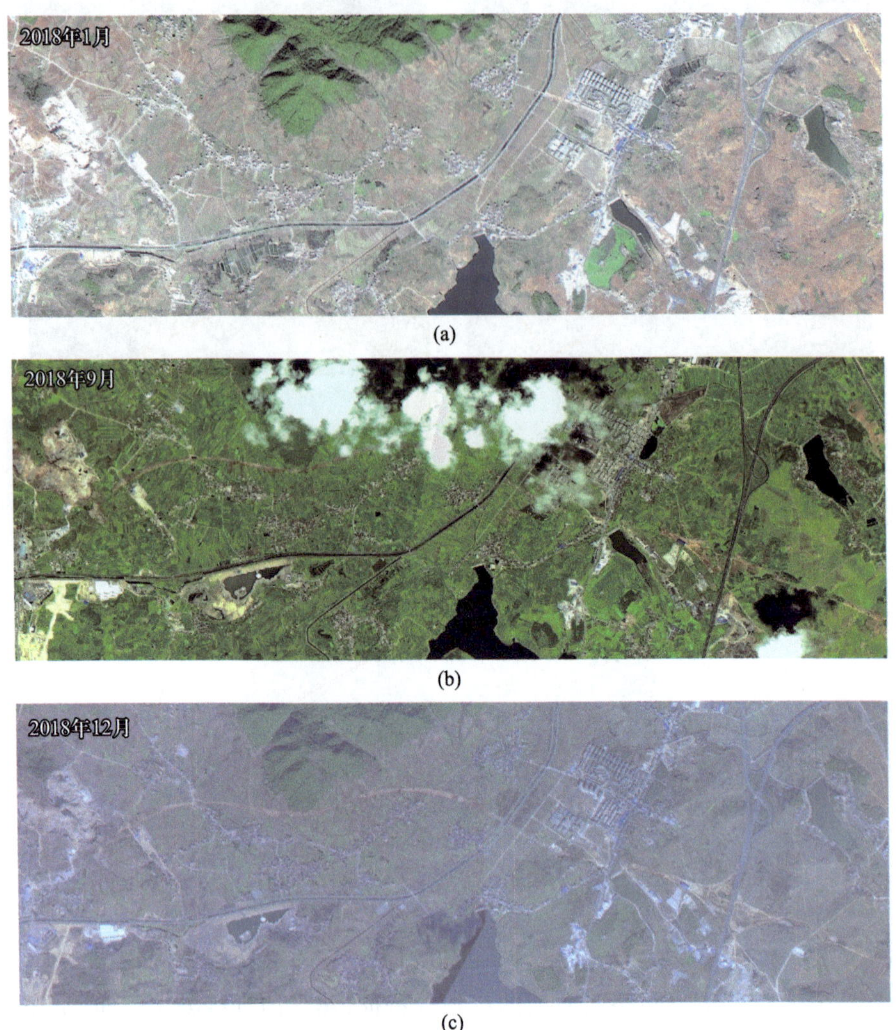

(a)
(b)
(c)

图5.3 K12-K15(含永丰大桥)施工进度监测图:(a)2018年1月;(b)2018年9月;(c)2018年12月

5.3 公路建设占地动态监测高分辨率遥感应用

5.3.1 公路建设占地动态监测内容

在建设过程中大量的土地资源被永久性地占用,给当地居民和生态环境带来了直接和间接的影响。公路永久占地包括路基、互通、服务区、收费站等,该类用地涉及征地拆迁问题,如果在工程可行性研究阶段前期未查验清楚公路沿线占地问题,在施工过程中出现临时经济作物种植和居民区搭建等现象,会为施工建设带来不良影响。公路临时占地包括取(弃)土场、施工营地、拌和站、预制场、施工便道等,施工完成后会出现大量的裸地,影响当地的水文和生态环境等,如果不及时恢复,严重时会导致水土流失。

公路建设用地情况可以利用遥感手段进行监测,利用多时相遥感技术在施工前、施工期和竣工后分别开展监测,获取公路用地范围内的土地利用情况,包括用地类型、覆盖类型、建筑物等信息,能够全面了解前期永久性占地情况以及施工前后公路沿线生态破坏与恢复状况,为施工单位提供一定的参考。

5.3.2 公路建设占地动态监测方法

公路建设过程中永久占地情况的监测主要是基于不同时期的高分辨率遥感数据,结合实地调查数据,按照当地实际情况,采用分类后比较法监测公路建设土地利用类型变化情况。首先对施工前期和施工后期的高分辨率图像进行分类,然后对分类后的结果进行分析和比较,最后检测出施工前后土地利用类型变化情况,监测征地拆迁位置与面积,为公路施工建设占地监测提供一个较为方便、快捷、客观的手段。分类后比较法的关键在于分类,在遥感分类方法上,一般可分为两类:基于像元分类和面向对象分类。

1)基于像元的遥感图像分类方法

基于像元的遥感图像分类方法是目前应用较广、技术较成熟的分类方法之一。根据在分类过程中是否使用先验知识,可以将其分为非监督分类和监督分类。具体内容参见第 2.1.1 节和第 3.4.1 节。

2)面向对象的遥感图像分类方法

面向对象的遥感图像分类方法在第 3.4.1 节和第 4.2.2 节已有详细介绍,本节仅列举一些案例。

通过面向对象的遥感图像分类方法获取公路施工前后土地利用类型变化情况,结合实地调查数据能够判识施工永久占地情况。例如,图 5.4 为山东省广饶市 S227 河辛线广饶绕城段改扩建工程施工前后高分辨率遥感图像对比。可以清晰地看出,在 2017 年该路段位置为规整的农田,在 2018 年新建公路施工后,被征用的部分土地其土地类型全部为农田,属于永久占用,其中部分路段已完成路面水泥的铺筑,该路段规避了建筑物,未侵占居民区。由此可以看出,高分辨率遥感技术对于监测公路改扩建具有明显的时空优势,能够对施工永久占地实现直观地动态监测。

此外,公路施工过程中的临时占地情况,如废渣场、施工便道、临时住房等,可以通过高分辨率遥感技术手段进行有效动态监测。具体应用详见本书第 9 章相关内容。

虽然利用高分辨率遥感数据对公路施工的进度进行动态监测能够全面、及时地掌握工程现状,但是仍然存在不足,主要是由于公路施工进度监测需要多源数据融合,如高分辨率遥感数据、施工数据、DEM 数据等,由于目前数据格式具有多样性、时效性不足等问题,这些数据之间可能存在一定的不兼容。如何将多源数据融会贯通地应用到公路施工建设进度监测中，是必须要考虑的问题。

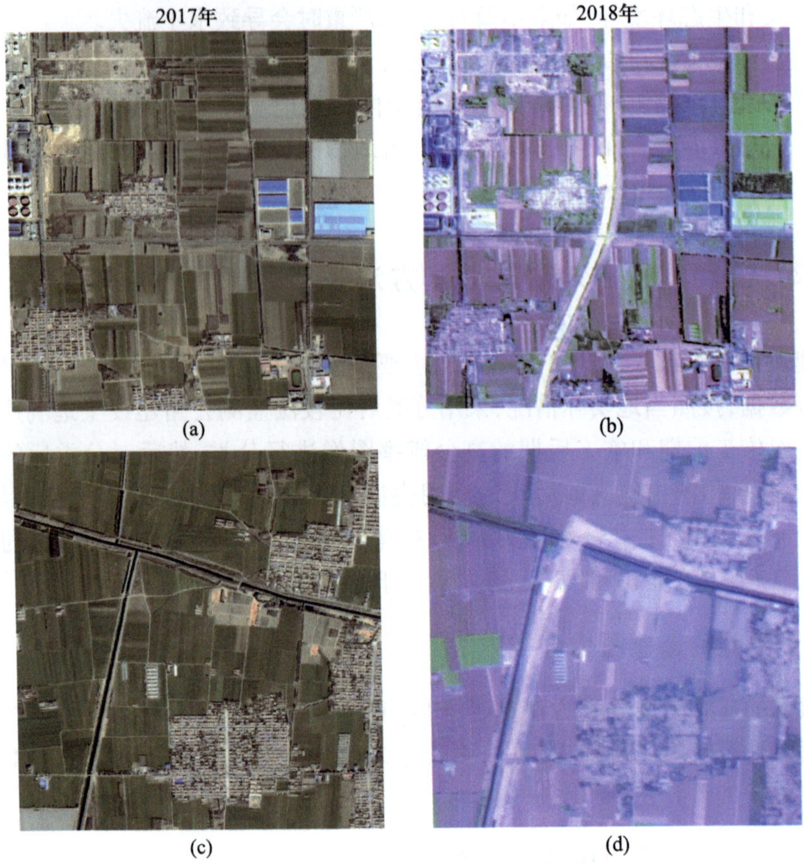

图 5.4 公路建设占地监测：(a)2017 年 S227 路段(局部)；(b)2018 年 S227 水泥路段(局部)；(c)2017 年 S227 路段(农田局部)；(d)2018 年 S227 土路基路段(局部)

参考文献

邓书斌. 2014. ENVI 遥感图像处理方法. 北京：高等教育出版社.

胡健波，李皑菁，李东昌，吴世红，刘长兵. 2013. 遥感监测公路建设项目临时占地恢复状况. 中国环境科学学会学术年会.

金续，张显峰，罗伦，潘一凡，阳柯. 2017. 公路路面光谱特征分析与沥青路面老化遥感监测方法初探. 地球信息科学学报，19(5)：672-681.

余宇晨，林辉，孙华. 2014. 主要道路路面材料高光谱特征分析. 中南林业科技大学学报，34(11)：120-139.

宋晨曦，邹同元，王剑，汪红强，孙知文，王文亮. 2014. 高分遥感技术在交通运输行业的应用及展望. 卫星应用，6：57-61.

孙红梅. 2010. "以人为本"思想发展的历史进程. 城市建设，16：33-34.

谢萍,钟燕飞,吴楷钊,吕鹏远.2016. 基于高空间分辨率遥感影像的广东省"三旧"改造项目进度监测技术研究与应用. 测绘与空间地理信息,10:188-190.

杨胜天,朱启疆.2000. 人机交互式解译在大尺度土壤侵蚀遥感调查中的作用. 水土保持学报,14(3):88-91.

张映雪,徐威,王勇,庄大方.2017. 基于光谱特征的路面材料区分度分析. 长沙理工大学学报(自然科学版),14(4):1-9.

朱成杰,杨世植,崔生成,程伟,程晨.2015. 面向对象的高分辨率遥感影像分割精度评价方法. 强激光与粒子束,27(6):37-43.

朱峰.2009. 公路工程施工. 北京:机械工业出版社.

Coppin P, Jonckheere I, Nackaerts K, Muys B, Lambin E. 2004. Digital change detection methods in ecosystem monitoring: a review. *International Journal of Remote Sensing*,25(9):1565-1596.

Jayanth J, Koliwad S, Ashok K T. 2015. Classification of remote sensed data using Artificial Bee Colony algorithm. *Egyptian Journal of Remote Sensing and Space Science*, 18(1):119-126.

第 6 章

公路运营养护高分辨率遥感应用

公路的运营养护是公路建设的延续和发展,决定着公路的使用功能和寿命的延长。如何提升公路运营养护管理的信息化水平,使公路最大限度地发挥服务功能,是目前公路运营养护面临的难点问题。遥感作为一种新型的空间信息技术,在大范围业务数据获取及节约人力、物力投入等方面具有明显的优势。高分辨率卫星遥感图像,具有图像覆盖范围广、信息客观真实、便于计算机分析等特点,可快速、准确、动态及直观地采集交通信息数据,为公路运营养护的科学化、信息化、智能化管理提供数据支撑。本章系统地介绍高分辨率遥感技术在公路运营养护中的应用,包括公路红线控制区监测、公路灾害监测、道路损毁评估业务中的应用方法及应用模式,旨在对公路运营养护管理的信息化和智能化进行有意义的探讨,为科研工作者和专业技术人员提供参考。

6.1 公路红线控制区高分辨率遥感监测

公路红线控制区是建筑红线的组成部分之一。公路红线控制区监测对于公路实施监测以及养护有重要意义,能够保证公路充分发挥服务功能。主要体现在以下几方面:一是防止公路街道化,充分发挥公路的效能;二是可以避免公路沿线群众、单位近距离建设施工对公路的影响,有效保护公路和附属设施;三是可以充分保障公路上汽车驾驶员的行车视野,促进行车安全;四是可以减少公路上车辆的噪声和尾气对公路沿线居民的影响。

目前,公路红线控制区的督查主要采用人工巡查的方式,这种传统的调查方式耗时费力、成本较高,极易发生遗漏,且多发现于违法项目建成之后,不能及时、准确、高效地处置。另外,由于公路呈线性放射和延伸的特点,人工巡查的方式往往难以保证对公路建筑红线控制区进行及时、有效、全面的监管。

基于高分辨率遥感图像的公路红线控制区监测应用,绝大部分针对新生建筑物侵占公路红线控制区土地的情况进行监测,为路政执法提供参考。利用定期更新的高分辨率卫星图像,可以对公路建筑红线控制区域内的违法建筑、施工加以监测,能够加强信息的对称性,使监督与执法两种类型的工作人员无障碍地沟通,获知问题所在。通过在遥感图像上测算距离,再与规划红线相比较,可快速掌握红线控制范围内的违法建筑情况。

6.1.1 公路红线控制区界定

公路红线控制区,即公路建筑红线控制区。公路建筑红线是指由《中华人民共和国公路法》授权的县级以上地方交通主管部门,按照保障公路运行安全和节约用地的原则划定的用以界定公路两侧能否建盖建筑物、地面构筑物的界限。建筑红线控制就是路政管理部门按照公路管理法律法规的规定,严格禁止任何单位和个人在建筑红线范围以内建盖建筑物、地面构筑物的管理过程(谭湘邕,2011)。

公路红线控制区示意图如图6.1所示。公路红线控制区内建筑物的变化在遥感图像上的反映一般有以下三种形式:一是旧建筑物的消失,即在遥感图像上公路红线控制区内找不到旧的建筑物;二是新建筑物的出现,即在旧的遥感图像上不存在建筑物,而在新的遥感图像上出现建筑物;三是建筑物本身的变化,即建筑物自身几何形状以及构造等发生变化(王成钢,2003)。

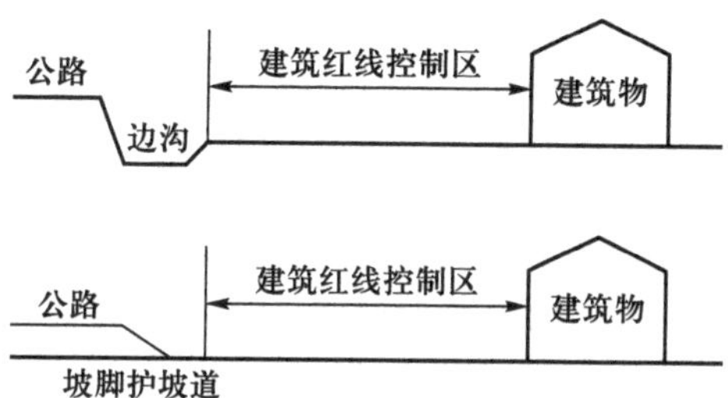

图6.1 公路红线控制区示意图(王成钢,2003)

6.1.2 公路红线控制区监测

基于高分辨率遥感图像的公路红线控制区监测,主要任务是通过多时相高分卫星遥感数据联合对比,分析公路红线控制区内的土地利用属性变化情况,获取违章建筑用地的面积范围及违规土地的利用类型,检查公路红线控制区土地利用现状与规划数据是否相符,其核心技术是多时相高分辨率遥感图像变化检测技术。多时相遥感图像变化检测方法主要分为单时相分类比较法、双时相比较法和时序分析法三类(殷守敬等,2013)。

1)单时相分类比较法

单时相分类比较法是将不同时相的遥感图像分别进行分类,通过比较分类结果来识别发生变化的研究区域。常用的分类方法有监督分类、非监督分类、面向对象分类、决策树等。这种单时相分类后比较的变化检测方法,原理简单,易于理解,得到了广泛的应用。其缺点在于耗时费力、工作量大、地面验证困难。另外,该方法对分类方法的要求较高,不同时相的遥感图像,需要有高度一致的分类系统、模型和方案才能保证变化检测结果的可信度。

2）双时相比较法

双时相比较法是指对多时相遥感图像两两组合变化检测处理后进行综合分析，采用的是两时相图像变化检测方法。这种方法一般直接利用像素光谱值或者从图像中提取出来的植被指数、纹理特征、边缘特征等特征参数，通过差值、比值、变化矢量分析等代数运算方法进行比较，获取差异图像，然后对差异图像进行阈值分割、分类等处理，提取变化信息。双时相变化检测的理论方法和应用相对成熟，适用于时相较少的图像变化检测处理分析。

3）时序分析法

时序分析法通常是以单波段量化参数（如归一化植被指数）代替多光谱图像作为输入数据，并且大多是历年的同时相、月份或季节的时序图像。该类方法通过定量分析地物在时间序列上的变化趋势和规律，获取地物的变化情况，能够有效地挖掘地物的时序变化信息，对变化的判断标准具有较高的一致性，可以一次性检测多年的变化状况，获取地物的变化过程和变化规律，算法效率相对较高。但该方法对遥感图像的时间分辨率要求较高，目前研究较多的是利用如 AVHRR 和 MODIS 等中低空间分辨率的图像，应用于植被变化和土地覆盖变化等大面积目标变化分析（眭海刚等，2018）。

相较于双时相比较法和时序分析法，单时相分类比较法在公路红线控制区高分辨率遥感监测中应用最为普遍。例如，中国公路工程咨询集团有限公司高分交通数据中心以高分二号图像及历史图像为数据源，采用单时相分类比较法对北京市怀柔区施工建筑非法侵占公路红线控制区情况进行了监测，其技术路线如图 6.2 所示，主要步骤介绍如下。

① 公路用地范围圈定：融合怀柔地区的路网及公路规划信息，根据《公路工程技术标准》规定，圈定公路用地范围。

② 公路建筑控制区生成：在公路用地范围圈定的基础上，根据《公路工程技术标准》《公路安全保护条例》中的相关规定，生成公路建筑控制区，如图 6.3 所示，蓝色为道路，黄色为公路建筑控制线。

③ 图像分类：采用示范区多期 GF-2 卫星图像数据的光谱、纹理等特征，对公路建筑控制区内的图像数据进行最大似然分类，进而采用基于面向对象的变化监测方法实现对公路用地的动态监测，图像分类结果如图 6.4 所示。

④ 深度学习：采用深度学习方法，构建建筑物等典型地物的提取模型，在公路建筑控制区内检测是否存在建筑等违法侵占现象。

通过高分辨率遥感图像监测发现，怀柔区安坝村存在施工建筑非法侵占道路控制区的情况。经测算距离发现，在公路左侧离路最近的临时建筑物非法侵入控制区达 13.2 m。实地调查与量测显示，该地临时建筑物非法侵入控制区约 14.5 m，利用高分辨率图像进行道路侵占情况的监测精度可达 91%，为路政部门提供了有力的执法依据。

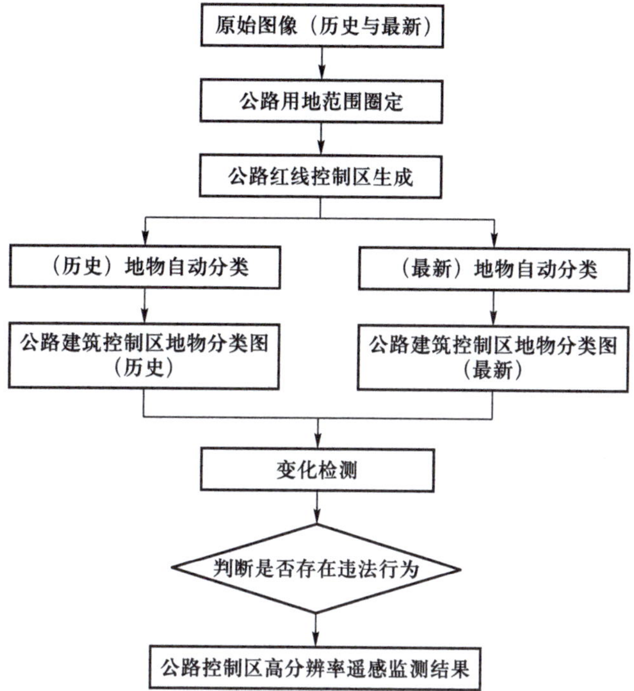

图 6.2 公路红线控制区高分辨率遥感监测技术路线

图 6.3 公路及公路控制线

图 6.4 公路红线控制区图像分类结果

6.2 公路地质灾害高分辨率遥感监测

公路地质灾害是指由自然因素或人为活动引发的、危害人民生命财产和公路工程安全的、与地质作用有关的灾害。全球气候异常变化，世界范围内的降水量日渐增多，地质灾害发生的数量和隐患也在不断增加。我国疆域辽阔，气候变化多样，孕育了复杂多变的地质灾害，对公路建设工程规划、设计、施工、养护和正常运营等产生了巨大影响。随着空间信息技术的飞速发展，遥感技术已经成为区域地质灾害及孕灾环境宏观调查以及灾害体动态监测的不可或缺的手段之一，在崩塌、滑坡、泥石流、地震等地质灾害的调查、监测、评估等工作中发挥了重要的作用，为山区工程建设的环境灾害调查及防灾减灾工作做出了重要的贡献。

公路地质灾害具有突发性强、数量多、频率高、分布广、损失大等特点，不仅对人们的生命财产安全造成很大的影响，对我国经济的发展也会带来消极影响。据统计，我国地质灾害的发生数量很多，每年高达5万多起，而且仅滑坡、崩塌和泥石流三类地质灾害就占80%以上，每年因公路地质灾害造成的损失高达几十亿元。常见公路地质灾害类型主要有滑坡、泥石流、崩塌、地震、地面塌陷和地裂缝等。

6.2.1 滑坡地质灾害监测

滑坡是常见的公路地质灾害之一，严重影响公路的正常运营，同时危害公路建设和沿线交通工程设施。滑坡是指斜坡上大量土体、岩体或者其他碎屑堆积物，受河流冲刷、地下水活动、地震及人类切坡等因素的影响，在重力作用下，沿着一定的软弱面或软弱带，整体地或分散地顺坡向下滑动的自然现象(杨威等，2013)。从滑坡的定义可以看出，滑坡的发生发展受内外因素的影响，内部因素主要包括河流侧蚀、地层岩性等，外部因素有地下水位变化、降水、地震以及人为破坏等。滑坡灾害时空不确定性强、影响大、破坏严重，给人类生活、生产带来巨大的经济损失。如何有效地调查、监测滑坡的分布与活动状况，是进行滑坡灾害预测、评估及防治的前提。

传统方法主要采用实地调查，通过位移监测、物理场监测、地下水监测等对滑坡进行监测和预警，不仅耗时费力、成本高，且难以满足大面积滑坡灾害动态调查的需要，尤其是难以获取发生在交通落后的高山峡谷，高海拔、高寒等地质环境复杂地区的滑坡灾害信息。高分辨率遥感技术的崛起与发展，为滑坡地质灾害的宏观、实时、动态、连续监测提供了解决途径。

高分辨率遥感图像具有丰富的光谱信息，图像上的线性构造和环形构造，在一定程度上揭示了某些深部构造信息。基于多时相、多种类、多平台的高分辨率遥感数据的人机交互解译，并辅以一定的现场验证，即可实现滑坡地质灾害的动态监测。滑坡灾害遥感解译是进行滑坡地质灾害动态监测的重要前提。滑坡灾害的遥感判译主要通过形态、色调、阴影、纹理等进行，在高分辨率遥感图像上较容易被识别，尤其是滑坡体，通常低于周边稳定山体，因而滑坡的灰阶总是与稳定山体之间存在一定的色差。典型的滑坡在高分辨率遥感图像上一般呈簸箕形、舌形、似 V 字形、不规则形等平面形态，个别滑坡甚至可以见到滑坡壁、滑坡台阶、滑坡舌、滑坡周长、封闭洼地等(童立强和郭兆成，2013)。此外，滑坡造成的地形地貌、植被、水系等的异常突变，可以为滑坡的判定提供某种信息，通常被称作间接解译标志，也是滑坡遥感调查的重要内容。图 6.5a、b 所示分别为新疆新源县则克台沟加朗普特滑坡和吐尔根萨依西侧滑坡群高分一号图像。

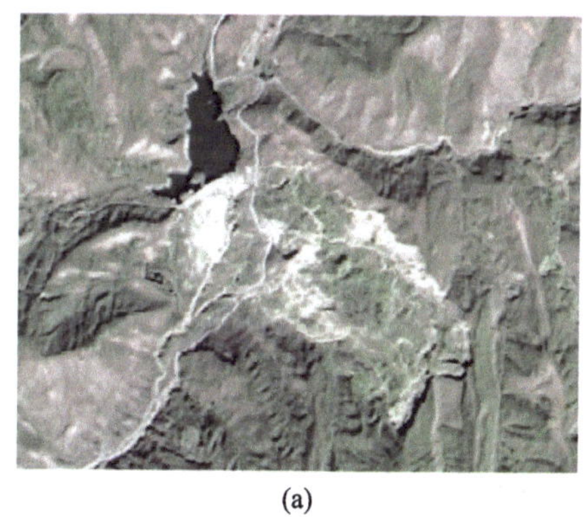
(a)

(b)

图 6.5 滑坡高分一号图像：(a)则克台沟加朗普特滑坡；(b)吐尔根萨依西侧滑坡群(张策等，2017)

从图 6.5a 中可以看出，则克台沟加朗普特滑坡体的形态、纹理、色调与背景环境在宏观上表现极不协调，由 2 个呈舌形的滑坡体、1 个呈椅形的滑坡体组成，形成明显的洼地，滑坡体呈浅色调，灰白色或青白色，色调分布不均匀，纹理平滑细腻，滑坡体后壁有坎，坎处呈暗色调,线性特征清晰;滑坡形成的泥石流位于滑坡体下游,呈长而弯曲的蚯蚓状,滑坡体上游形成的堰塞湖在图像上呈深蓝色。从图 6.5b 中可以看到,吐尔根萨依西侧滑坡群呈弧形、椅形、马蹄形或舌形,色调呈浅色调、灰白色,纹理细腻平滑;个别滑坡体引发泥石流,泥石流呈长而弯曲的蚯蚓状。

长期以来,我国学者利用遥感图像在滑坡灾害监测领域做了大量的研究,积累了丰富的经验。航空立体像对、卫星、机载雷达等多源遥感数据被广泛应用于滑坡灾害体识别及预警等研究之中。随着高分专项工程的落地,国产高分辨率卫星系统进一步扩大了滑坡灾害遥感监测的能力,为公路地质灾害的防灾减灾以及灾后应急救援做出了重要的贡献。基于高分辨率卫星图像的滑坡灾害动态监测主要通过检测多时相卫星图像上滑坡前后的土地利用变化来定位滑坡。通过对比不同时期的滑坡条件,如滑坡范围、规模、地表形态等的变化,对滑坡灾害进行动态监测,为制定应急救援方案、评估灾害损失和研究滑坡提供基础资料和技术支持。

例如,2017 年 6 月 24 日 6 时,四川阿坝茂县叠溪镇新磨村突发山体高位垮塌,滑坡体约 1800 万 m^3,滑坡最大落差约 1600 m,水平滑动距离 2.5~3 km。滑坡造成河道堵塞 2 km。灾情发生后,中国公路工程咨询集团有限公司高分交通数据中心基于高分辨率遥感图像立即对四川茂县大型滑坡灾后大范围隐患进行排查,通过对比灾害前后的高分辨率卫星遥感图像,快速评估灾害面积、房屋道路受损情况,为灾后应急处置、灾情损毁评估提供辅助决策的重要信息。图 6.6 所示为四川茂县叠溪镇滑坡灾害前后对比图。

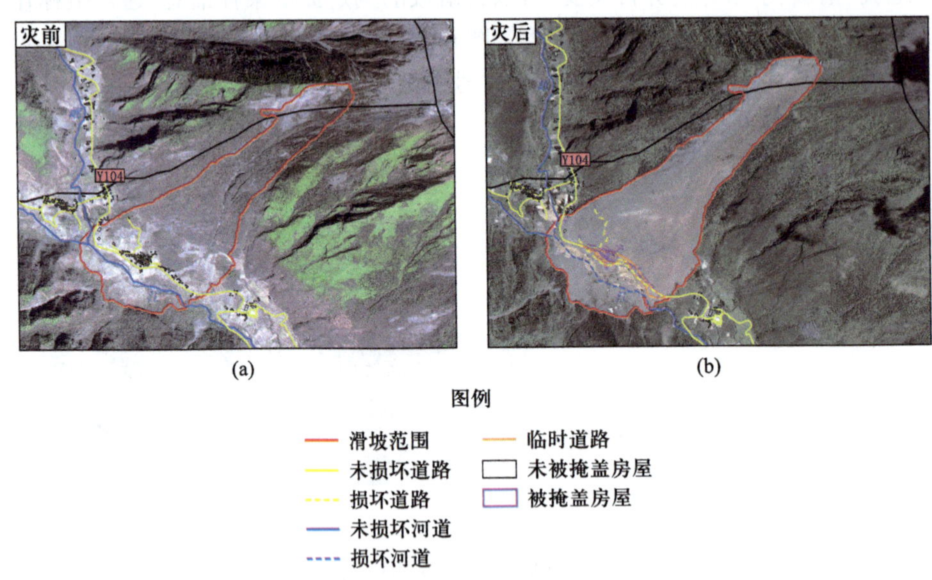

图 6.6 四川茂县叠溪镇滑坡灾害前后高分二号图像:(a)灾前;(b)灾后(新华社,2017)

通过灾害前后高分辨率遥感卫星图像观察分析,发现叠溪镇附近发生大面积滑坡,滑坡面积达 160 万 m^2,滑坡冲积扇较大,冲毁了大量房屋,区域河流受到了较大的影响,道路阻塞最大长度约 1 km。

2018 年 10 月 11 日 7 时，西藏自治区昌都市江达县波罗乡境内的金沙江两岸，发生山体滑坡，滑坡体量大，造成金沙江断流并形成堰塞湖。6 日后，2018 年 10 月 17 日凌晨 5 时许，西藏米林县派镇加拉村附近雅鲁藏布江沿岸，再次突发山体滑坡灾害，导致河道被堵塞形成堰塞湖。险情发生后，中国资源卫星应用中心紧急调度我国民用陆地观测卫星对灾区成像，中国公路工程咨询集团有限公司高分交通数据中心通过高分专线第一时间获取了灾区图像，立即开展了相关工作。图 6.7 和图 6.8 分别为金沙江山体滑坡和雅鲁藏布江山体滑坡前后对比。

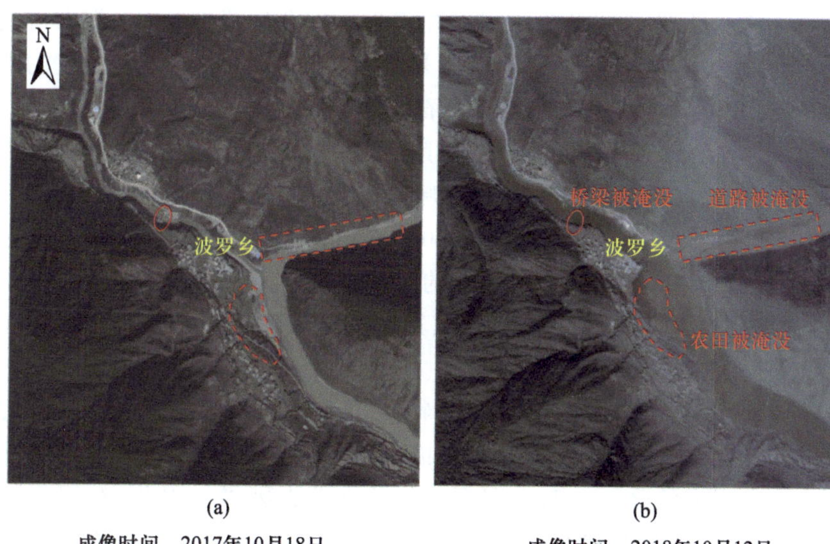

图 6.7 金沙江山体滑坡前后高分二号图像：(a)灾前；(b)灾后

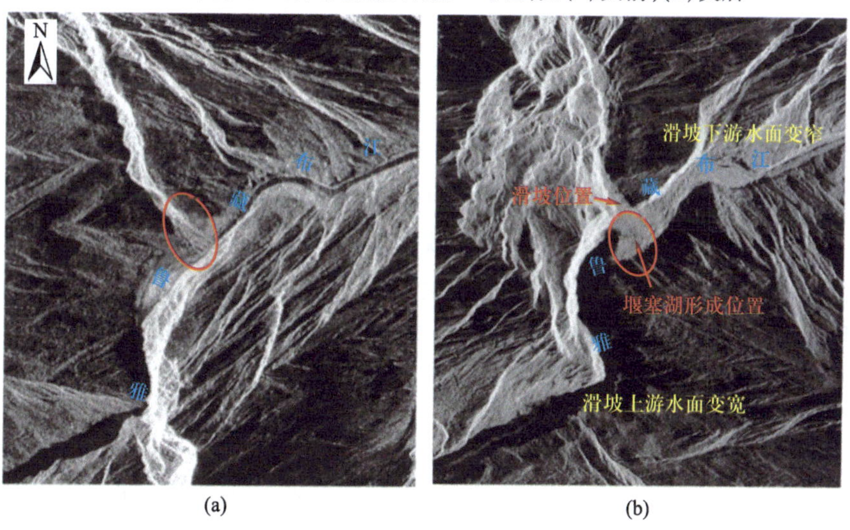

图 6.8 雅鲁藏布江山体滑坡前后高分三号图像：(a)灾前；(b)灾后

基于高分二号图像对金沙江山体滑坡前后情况进行对比监测，上游波罗乡附近河面变宽，通往波罗乡的桥梁、沿河道路和部分房屋被淹没，同时有较大面积的农田被淹没。

通过对比雅鲁藏布江山体滑坡前后高分三号雷达图像可以明显地发现，滑坡导致了堰塞湖（图中红色箭头所指）形成，滑坡下游水面变窄，而上游水面变宽。

6.2.2 泥石流地质灾害监测

泥石流是典型的地质灾害现象，可对穿越泥石流沟或者沿泥石流沟岸的公路造成毁灭性的破坏，往往造成公路长期阻断，严重影响公路的安全运营与养护。泥石流是指在山区或者其他沟谷深壑、地形险峻的地区，因为暴雨、暴雪或其他自然灾害引发的山体滑坡并携带有大量泥沙以及石块的特殊洪流。泥石流具有突然性强以及流速快、流量大、物质容量大和破坏力强等特点。我国是一个多山区的国家，山地面积约占国土面积的2/3，又多处于季风气候区，加之断裂构造发育、地震频繁、地形陡峻，泥石流灾害频发。据不完全资料统计，我国公路沿线存在典型的泥石流6000余条，川藏公路受泥石流危害里程累计可达160余千米，我国公路每年因泥石流造成的直接经济损失达数十亿元（赵欢等，2016）。因此，对泥石流灾害进行实时有效的监测，尤其在汛期泥石流频发的情况下，对于评估灾害危险范围以及防灾减灾具有重要的意义。

泥石流是含有大量泥沙以及砂石块的特殊山洪，具有强大的能量和巨大的破坏性。在泥石流的形成条件中，陡峭的地形和一定储量的松散固体物质是泥石流形成的内在因素，一定强度的降雨是激发泥石流的外在动力因素。因此，对泥石流形成的自然环境的宏观与微观调查和综合分析成为泥石流监测的关键。传统的泥石流调查方法是通过人工野外勘察的方式对泥石流形成区、流通区和堆积区进行详细的调查，这种方法工作量大、成本高，难以满足大区域泥石流调查的需要。利用遥感图像可对典型区域的泥石流空间分布规律、灾害发育特征以及孕灾环境等进行解译，从而对泥石流的活动趋势及危害程度进行综合评价和定量分析，为泥石流灾害预测预报及防灾减灾提供技术支持。

泥石流在遥感图像上具有明显的特征。泥石流的顶部通常呈瓢形，山坡通常比较陡峻，由于岩石破碎，图像色调深浅不一（图6.9）。冲沟内有大量松散堆积物呈浅色，冲沟没有沟槽，无植被生长。流动的泥石流呈条带状的扇形，扇形区域的形状不固定。泥石流发育地区常常伴有崩塌、滑坡等地质灾害的发生，因此图像纹理交织错乱、色调变化大（李珊珊等，2011）。根据发育阶段和形态特征的不同，可以分为坡面泥石流和沟谷泥石流。

坡面泥石流是发育在尚未形成明显沟谷的斜坡上的小型泥石流沟。坡面泥石流是沟谷泥石流的早期阶段，主要的形态特征表现为形成区和堆积区相贯连，无明显的流通区，沟坡和山坡坡度几乎一致，多发育在大中型崩塌体上，且有一定的汇水面积。其在遥感图像上的特征表现为在流域上游，有植被镶嵌，呈点状分布，色调绿白相间，纹理较均匀、细密；中部为细长冲沟，痕迹明显，多为树枝状，无固定沟槽，色调呈灰白色或浅亮色；下部呈扇形或锥形，色调亮白。

图 6.9 坡面泥石流高分辨率遥感图像

对于沟谷泥石流，从地貌上可以将泥石流流域分为三个区：形成区、流通区和堆积区。流通区和堆积区是物源区在流域空间上向沟谷下游不断延伸的结果，泥石流各个区域在空间分布上既具有一定的连续性，又具有各自的特征。形成区位于沟头及流域的上中游，呈瓢状或漏斗状，一般分布有高大的山体，沟道两侧多为陡坡；流通区位于流域中下游，沟道平直，沟谷呈"V"字形；堆积区位于流域出口处，在主河水力条件较弱的情况下，一般发育有一定规模的堆积扇，扇顶指向泥石流沟口，扇缘挤压主河。表 6.1 为沟谷泥石流的主要解译标志。

表 6.1 泥石流主要解译标志

解译标志	形成区	流通区	堆积区
纹理	破碎粗糙	光滑	均匀、光滑，多期暴发呈阶梯状
形态	勺状、漏斗状、椭圆状，多具有树枝状支流，植被呈条状或零星状	呈线状或条带状，断面呈"V"字形，靠近堆积区的部分可呈"U"字形	扇形、弧形
色彩	绿白相间，绿色区似突起的"山脊"	色调亮白	色调亮白
植被	植被镶嵌其中，植被覆盖率低	沟内无植被，沟两侧以外植被茂盛	新堆积区无植被，老堆积区呈零星态
灾害数量	灾害发育，数量多、面积大	两侧坡脚伴随崩塌、滑坡发生	无灾害发生，只有灾害物质堆积

地貌、地质环境不同,泥石流地质灾害的特点也因地而异。高分辨率卫星遥感技术可以方便、快捷地获取泥石流灾害点的大型构造、地形地貌、水系以及植被等综合特征参数,通过对灾害发生区域多期高分辨率图像的解译,结合必要的实地调查,对每期泥石流暴发前后的发育特征进行对比分析,进而探讨泥石流孕灾、发展及触发的机理,为灾害趋势预测预警及防灾减灾提供服务。同时,对比泥石流灾害发生前后的高分辨率卫星图像,可实现泥石流淹没区域的准确提取,为灾情的损失评估提供方便条件。

6.2.3 崩塌地质灾害监测

崩塌,也称崩落、垮塌或塌方,是较陡斜坡上的岩土体在重力作用下突然脱离母体崩落、滚动、堆积在坡脚(或沟谷)的地质现象,地震、融雪、降水、地表冲刷与浸泡以及不合理的人类活动都可能造成崩塌。崩塌灾害对公路的危害十分严重,如损坏路面、掩埋公路、砸坏车辆和中断交通等。大型的山体崩塌会造成长时间交通中断,造成较大的经济损失。

崩塌地质灾害是由自然界中多种环境孕育并在特定诱发条件如暴雨、地震、人为因素等影响下形成。其在遥感图像上的解译标志如下(高志勇,2010):

- 崩塌地质灾害主要发生在地形较陡、岩石坚硬、节理发育的地区。一般多分布在沟谷,河流,公路两侧的陡崖、陡坎或构造变形强烈、岩石破碎明显的地带。
- 新发生的崩塌色调较浅,上陡下缓,崩塌陡崖下方有锥状堆积地形并伴有堆积体或倒石堆,呈浅色调,表面坎坷不平,有粗糙感,呈锯齿状或花瓣状。
- 崩塌以小规模居多,常常成群、成带出现。崩塌体内若有水系,则与周围水系特征截然不同,其形状有放射状、钳状等。
- 崩塌轮廓线明显,有时处于遥感图像的阴影区,不易识别。崩塌壁颜色与岩性有关,但多呈浅色调或接近灰白,崩塌体上植被不发育,仅在老崩塌堆积体上可见零星分布的植被。

崩塌地质灾害在航空像片上能够清楚显示,因而过去主要依靠航空像片,结合人工野外调查的方式对崩塌地质灾害进行监测。随着国产高分辨率对地观测系列卫星的发射,高空间分辨率的卫星图像逐渐应用于崩塌地质灾害调查中,可以客观、准确、快速地查明灾害的位置、规模、范围等,极大地节约了调查成本,为防灾减灾提供了可靠的依据。

6.2.4 地震灾害监测

地震是地壳内部应力积累和突然释放导致地壳破裂的一种自然现象。地表活动性构造则是地球应力产生形变的痕迹,是深部的、隐伏的活动构造在浅地表部位的显示。地震是目前人类面临的最严重的自然灾害之一,严重威胁人民财产安全和社会经济发展。我国地处两大地震带(即环太平洋地震带和喜马拉雅-地中海地震带)的交汇处,受太平洋板块、印度板块和菲律宾海板块的挤压,地震断裂带十分发育,地震活动分布广、频率高、震源浅、强度大,是世界上地震灾害最严重的国家之一。地震对公路的影响除地震本身带来的损害外,还包括地震引发的滑坡、崩塌和地裂缝等次生灾害对公路的危害。

长期以来,对公路地震灾害的监测主要依靠人工实地勘察。这种方法工作量大、时间长、效率低且时效性差,难以满足公路地震灾害综合防治和全链条减灾的要求。遥感技术凭借其覆盖面广、时效性强、同步性好、不受地面条件限制等优势成为公路地震灾害监测的重要手段之一。自 20 世纪 70 年代开始,我国开始将遥感技术应用于地震科学的研究中,主要利用航空遥感数据和中低分辨率的卫星数据结合野外工作开展地震活动构造调查。随着我国空间信息技术的发展,国产高分辨率卫星数据正逐渐替代国外卫星数据,在地震灾害监测领域发挥着越来越重要的作用,目前主要应用于地震灾害预防、地震灾害监测预报、地震应急救援等方面。

在地震灾害预防方面,地震构造调查是开展震灾防御工作的重要内容,而区域构造研究是地震构造调查的重要工作之一。高分辨率遥感技术作为一种高效的探测手段,在区域活动性构造和地震构造调查中具有无可比拟的优势。在光学遥感区域性地震构造调查方面,已有研究利用高分一号和高分二号光学卫星遥感数据,开展了地震构造解译应用研究。在雷达遥感区域性地震构造调查方面,雷达遥感对线性物体反应敏感且穿透能力强,在活动构造中的线性构造和浅层隐伏构造探测中具有独特的优势,逐渐被应用于活动构造调查中。高分三号卫星是我国高分专项中唯一载有合成孔径雷达(SAR)的卫星,具有全天时、全天候、高分辨率、全极化、多模式等观测特点,可为地震活动构造调查提供可靠的数据源。目前,基于高分三号 SAR 图像进行活动构造调查的相关研究较少,有待进一步发掘。

地震监测是对地震发生及与地震发生有关的现象进行监视与观测。遥感技术具有监测范围广、成像快、受地面条件限制小的优势,已经成为地震监测的重要手段。目前,在地震灾害监测预报方面,主要发展了红外遥感地震监测、InSAR(synthetic aperture radar interferometry)形变监测和高光谱断层溢出气体监测等遥感应用方向。国内学者利用国外高分辨率卫星、雷达卫星、高光谱卫星开展了相关的研究,基于国产高分辨率卫星数据的相关研究还未见报道。近年来,随着高分三号、高分四号、高分五号卫星相继成功发射,基于国产高分数据的地震监测预报研究也逐渐开展起来。

地震应急救援是目前高分辨率卫星遥感数据应用最广泛、最深入的地震业务领域。高分辨率对地观测卫星可以及时、准确地获取地震震后的房屋倒塌、道路损毁、次生灾害等地震灾情信息,为震后抢险和灾害损失评估提供科学的依据。我国高分卫星在 2014 年云南鲁甸 6.5 级地震、2014 年云南景谷 6.6 级地震、2015 年尼泊尔 8.1 级地震、2016 年青海杂多 6.2 级地震以及 2017 年九寨沟 7.0 级地震等震害应急救援中均发挥了十分重要的作用。

6.2.5 洪涝灾害监测

洪涝灾害是指由过量的降水、冰雪融化以及堤坝溃决形成的超出天然水道和人工限制界限的高水位水流所引起的水体上涨或泛滥造成的灾害。雨季洪水多发,公路洪涝灾害频发,洪水对路基、路面、桥梁、涵洞及其防护设施产生强烈的冲刷,导致公路损毁,局部交通受阻甚至阻断,严重影响当地人民群众的生产生活、区域经济发展和社会稳定。此外,暴雨和洪水极易引发崩塌、滑坡、泥石流等次生地质灾害,不仅造成交通基础设施的损坏,而且对交通运输安全和畅通产生直接的影响,严重限制公路交通的发展,直接影响到我国社会经济的发展。因此,如何有效地对公路洪涝灾害进行监测,提升公路交通基础设施防洪抗洪能力,保证公路运输的安全畅通,规避洪涝灾害带来的危险,是当前及未来公路交通建设面临的重要问题。

传统洪涝灾害的监测方法依靠地面观测。地面观测主要以气象或水文、水利部门的多个地面观测网实现洪涝灾情数据的采集。由于洪涝灾害空间分布具有多发、少发和不发等频度变化大的特性,局地突发性强,通常所布设的地面监测站点仅能代表局地点的信息,缺乏宏观性和代表性,难以满足洪涝灾害全空间区域的监测,尤其当洪灾暴发时,常常造成交通不畅、通信中断或观测站点破坏,人的生命也面临危险,使得灾情的空间分布信息无法及时获取,给灾情的实时监控带来盲区(裴志远和杨邦杰,1999)。遥感技术以其独特的优势和潜力,成为防洪减灾工作中的重要技术手段。国产高分系列卫星遥感数据具有高空间分辨率、高时间分辨率、高光谱分辨率的特点,在公路洪涝灾害监测方面具有巨大的应用潜力和价值。利用高分系列卫星遥感图像,可对洪涝灾害进行实时的监测、预测和评估,为防洪减灾决策提供可靠的依据。

1)洪涝灾害高分辨率遥感监测基本原理

洪涝灾害高分辨率遥感监测的关键在于水体的识别,主要根据遥感图像上水体的光谱特征和空间位置关系分析、排除其他非水体信息,从而实现水体信息提取(图6.10)。水体在遥感图像上较其他地物清晰、直观,易于判读。在光谱特性方面,水体与植被、裸土等在可见光和近红外的反射光谱特性上存在较大的差异。水体对0.4~2.5 μm范围内的电磁波的吸收率较高,明显高于其他绝大多数地物,最显著的特征是在1.00~1.06 μm处有一个强烈的吸收峰,在0.8 μm和0.9 μm处有两个较弱的吸收峰,在0.54~0.70 μm处反射率最高并随着波长的增加呈下降趋势,只在1.08 μm处略有上升。在可见光波段,随着河水中泥沙含量的增加,水体的反射率呈整体增加的趋势,图像上水体的色调也逐渐由深变浅,而光谱曲线的形状并无大的变化,反射峰亦随之向长波方向移动。

2)洪涝灾害高分辨率遥感监测

洪水灾害对道路交通的影响巨大,但随着我国高分辨率卫星的研发成功,利用遥感对洪灾进行实时预警、对道路开展疏导救援成为可能。基于高分辨率遥感的洪涝灾害监测主要有以下三方面应用:① 在洪灾发生前,高分辨率卫星可不断提供关于洪水灾害发生背景和条件的大量信息,有助于预测洪涝灾害可能发生的地区、时段及危险程度,为采取必要的防灾措施,降低灾害造成的损失提供参考;② 在洪灾发生过程中,高分辨率遥感可持续监测洪水灾害的进程和态势,及时将信息传输到各级防洪抗灾指挥部门,有效协助组织防洪抗灾活动;③ 在洪涝灾害发生后,基于高分辨率卫星遥感技术可迅速、准确查明受灾情况,以便及时组织救灾,恢复生产,重建家园。

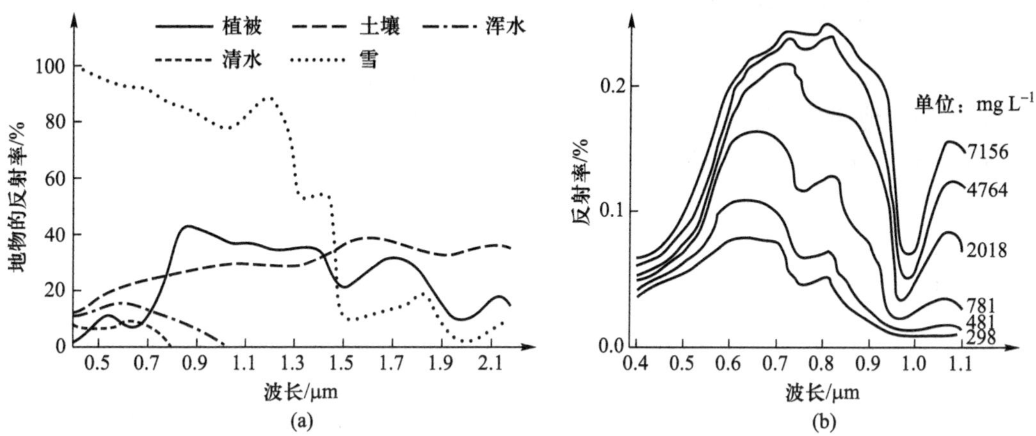

图 6.10 洪涝灾害高分辨率遥感监测原理图：(a)主要地物的光谱特征曲线；(b)不同泥沙含量水体的反射光谱曲线

遥感技术在洪涝灾害发生前主要应用于常态化监测，通过利用光谱传感器对洪涝灾害易发生区域进行长期监测，实现常态化的监测机制，从而建立相应的经验模型，进而对洪水或者河道的变化进行预测。国内外学者在这方面开展了大量的研究（Nagarajan et al.,1993; Frazier et al.,2003; Billa et al.,2006; Westra and De Wulf,2009; Yilmaz et al.,2010）。国产高分系列卫星探测范围广、空间分辨率高、光谱信息丰富，可为洪涝灾害预测预警提供可靠、稳定的光学遥感数据源。其中，高分四号作为我国第一颗地球同步轨道卫星，在洪涝灾害预警方面具有重要的应用价值。高分四号可见光空间分辨率为 50 m，使台风的定位精度从千米级提高到百米级，还可以观测到台风内部的精细结构，同时使小尺度对流云团监视更加准确，可为强降水落区的判断提供重要依据，从而为洪涝灾害预测预警提供服务。

在洪涝灾害发生期间和发生后，如何从高分辨率遥感图像中准确提取出洪水水体是进行洪水进程动态监测和灾后损失评价的关键。目前，利用遥感技术进行洪水水体提取的方法主要包括单波段阈值法、谱间关系法、水体指数法和面向对象分类法等（邱煌奥等，2016）。

单波段阈值法选取单一波段，通常为近红外波段，进行反复试验，最终确定一个灰度阈值，将水体与其他地物区分出来。这种方法是提取水体的最简单、最便捷的方法，但其提取结果完全依赖于一个波段数据，精度难以保证。

谱间关系法则利用多波段的优势综合提取水体信息，其原理是通过分析目标地物与背景在卫星遥感图像各波段上的光谱曲线特征，然后组合多个波段，建立能将目标地物和背景区分开的逻辑判别表达式，实现水体的提取。其优点是稳定性好，能够区分复杂地物，而且可以将水体和山体阴影区分开来，弥补了单波段阈值法的一些不足，适合山区水体的提取。但缺点是逻辑判断较多，操作烦琐，且容易把建筑物误提取为水体，以及无法区分低密度覆盖的水植混合区。

水体指数法的原理是根据水体在各个波段的波谱特点，利用水体反射的强光波段与弱光波段的比值运算构建水体指数，再结合阈值实现水体提取。

(1) 归一化差异水体指数法

由于植被在近红外波段的反射率一般最强,因此采用绿光波段与近红外波段的比值可以最大限度地抑制植被的信息,从而达到突出水体信息的目的。归一化差异水体指数(normalized difference water index,NDWI)可以较好地突出水体,其算法公式为

$$\mathrm{NDWI} = (G - \mathrm{NIR})/(G + \mathrm{NIR}) \tag{6.1}$$

式中,G 代表绿光波段,NIR 代表近红外波段。

(2) 改进归一化差异水体指数法

在很多情况下,由于水体中还有许多非水体的杂质,如泥沙和建筑物背景等,特别是在提取山区的水体时单纯地使用归一化水体指数不能很好地提取出水体,这时需要改进其算法,可以采用改进归一化水体指数(modified NDWI,MNDWI),其公式为

$$\mathrm{MNDWI} = (G - S)/(G + S) \tag{6.2}$$

式中,S 代表短红外波段,G 代表绿光波段。

通过改进归一化差异水体指数的运算,可以消除地形差异的影响,从而解决水体信息中杂质阴影的问题。

(3) 归一化植被指数法

在植被指数中,常选用绿色植物强吸收的可见光红波段(0.6~0.7 μm)和绿色植物高反射和高透射的近红外波段(0.7~1.1 μm)进行研究。归一化植被指数法就是利用植被在第三波段的光谱亮度值大于第四波段,而其他地物的第三波段的光谱亮度值小于第四波段,从而较为容易地把地表水信息的状况及浅层地下水的含量提取出来。其公式为

$$\mathrm{NDVI} = (\mathrm{NIR} - R)/(\mathrm{NIR} + R) \tag{6.3}$$

式中,NIR 代表近红外波段,R 代表红光波段。

水体指数法可以高效、简便地提取水体,因而具有广泛的应用。这种方法对于背景有良好的抑制,但最优阈值很难确定,且这种方法对细小河流不敏感。

面向对象分类法是一种模拟人脑的解译方式,充分结合遥感图像的光谱、纹理、形状、拓扑以及上下文信息,更大程度地发掘遥感图像中的信息。面向对象分类法并不针对水体的提取,但在区分不同地物的同时可以将水体识别出来,包括监督分类、非监督分类、决策树分类等多种方法。面向对象分类法的分类精度高,可以较好地克服"同谱异物""同物异谱"和"椒盐效应"现象,但容易受到分割结果的质量和分类规则有效区分性的影响。

基于卫星遥感图像快速、准确地提取洪涝灾情信息,已经成为洪涝灾害动态监测和洪涝影响评估的重要方法。国产高分系列卫星的成功发射与投入使用,为洪涝灾害的监测打开了全新的局面。国内学者基于高分卫星遥感图像,利用水体指数、面向对象分类等方

法在洪涝灾害遥感监测上开展了广泛的研究。例如,张丽文等(2018)基于高分一号WFV图像,利用NDWI、阈值法和面向对象分类法,对2016年梅雨期强降雨过程造成的武汉市洪涝开展了最佳水体遥感识别对比及灾情评估。

另外,洪涝灾害出现时,往往伴随着恶劣天气,受监测区域云层、降水等的影响,光学遥感往往难以发挥作用。微波遥感具有全天时、全天候观测,不受天气影响的优势,在恶劣气象条件下也能迅速获取监测区域第一手资料,成为洪涝灾害监测的有力工具。高分三号卫星作为国家"高分辨率对地观测系统"重大专项中唯一的微波遥感卫星,具有成像空间分辨率高、幅宽大、辐射精度高、模式多和连续工作时间长等特点,在洪涝灾害监测领域具有较大应用潜力。高分三号SAR图像已经成功应用于黄河2017年第1号洪水、长江2017年第1号洪水等洪涝灾害的监测。

6.2.6 地表形变监测

地表形变引发的公路沿线的地质灾害会对路基、路面和桥涵、隧道及其防护设施的稳定性和安全造成不同程度的威胁,轻则导致交通受阻、行车舒适度降低,严重时会造成公路交通中断、财产损失和人员伤亡,给公路沿线的经济发展、社会稳定和边防巩固带来非常不利的影响(李家春等,2010)。因此,监测公路沿线地表形变对公路的安全运营有重要的意义。

1) 地表形变类型

与公路运营相关的地质灾害主要有地震、滑坡、崩塌、泥石流、路基沉陷与塌陷等。

地震是地壳快速释放能量过程中造成的震动,是引发公路地质灾害的重要因素之一。一方面,地面震动使得公路边坡的坡体平衡被破坏,直接引发滑坡或崩塌。另一方面,地震造成地表出现大量变形和裂缝,使得地表水更易渗入坡体,减小了岩土体的力学强度指标,导致地下水位的上升和径流条件的改变,为崩塌、滑坡、泥石流等的发生创造了条件。地震触发的崩塌、滑坡以及其他水源条件的变化又为泥石流提供了大量的松散固体物质和水源,形成了"地震-崩塌/滑坡-泥石流"或"地震-崩塌/滑坡-堰塞湖-溃决洪水/泥石流"的灾害链。

滑坡是山区的主要地质灾害,会造成交通中断、河流堵塞、房屋倒塌及人员伤亡等重大事故。

崩塌是山区公路常见的一种突发性的灾害现象。崩塌根据块体大小可分为崩塌、落石、碎落;根据崩塌物质的组成划分为土质崩塌、岩质崩塌两类。落石、碎落对行车安全及养护工作影响较大;崩塌不仅会破坏公路、桥梁,还可能造成车毁人亡。有时崩积物堵塞河道,引起水位升高,造成沿河公路路基、桥梁毁坏,严重影响交通运营安全。崩塌一般发生在山区局部地区,主要分布于褶皱山区的横谷或斜谷中,或砂泥岩石层区岩层倾角平缓的溪谷两岸。

泥石流具有突然性、流速快、破坏力强的特点,其危害程度非常大,可直接摧毁公路、铁路、桥梁等建筑物致使交通瘫痪，同时还会造成重大的人员伤亡事故。

公路路基沉陷与塌陷是指路基在外部荷载以及各方面自然因素的共同作用下引起沉降变形，变形量超过允许值的现象。公路路基沉陷与塌陷包括路基沉陷、采空区公路塌陷等，两者共同特征是变形造成路面不同程度的损坏。但塌陷相比路基沉陷具有突发性、危害大、发生少等特征（敦洋，2017）。路基沉陷多发生在半填半挖路基，主要表现为路堤沉缩、路基两侧隆起、路堑边坡崩塌和路堤坍塌等形式。路基沉陷与塌陷严重影响公路的正常运营和行车安全。

2）地表形变监测技术

地表形变监测的传统技术手段主要有大地水准测量和GPS测量。水准测量是受广泛认可的监测方法，基本原理是测定两点间的高差，从而根据已知点高程推算出未知点的高程。该方法通过布设一、二等水准网的方式，经过平差处理得到监测周期内的微小地表形变值，精度可达毫米级甚至亚毫米级。但水准测量受经费和人力的限制，一般布点少、路线稀疏、监测周期长，时空分辨率都很低，难以满足现代防灾减灾工作对地表形变大范围监测的需求。

全球定位系统（GPS）测量是通过同时接收多颗卫星发射的信号测定测站点（测速点）的空间位置的方法。用GPS测量地表形变时，将两台或多台GPS分别架设在地面控制点和地表形变点上进行测量，可取得形变点的精确点位信息。经过一段时间后，再进行重测；通过比较两次形变点的位置变化信息，便可取得形变点的形变大小。GPS测量可用多台GPS组合，同时测定多个形变点的位置和高程，这样可提高形变点的测量精度和工作效率。GPS测量精度与可接收卫星信号的数量及接收时间的长短有关。一般来说，GPS具有全天候、自动化的优点，其测量精度高，成果稳定，在控制测量、施工测量、变形监测等领域都取得了比较好的结果；但是由于GPS设备昂贵，难以进行大范围大规模的布网监测，同时，GPS在高程测量方面的精度低于平面测量的精度，在某种程度上影响了其在沉降监测方面的推广使用。

SAR技术是当前地表形变监测的新型技术，在公路灾害监测领域应用逐渐深入。SAR是一种主动式微波遥感，SAR图像上记录了地物的后向散射强度信息和相位信息，前者反映了地表属性（含水量、粗糙度、地物类型等），后者则蕴含了传感器和地物目标之间的距离信息。InSAR技术是通过计算同一地区的两景SAR图像的相位差，然后通过相位解缠获取地面数字高程模型的一种空间对地观测技术，具有高精度、高空间分辨率、全天时、全天候、覆盖范围广等优点（朱建军等，2017）。InSAR技术的几何关系示意图如图6.11所示。

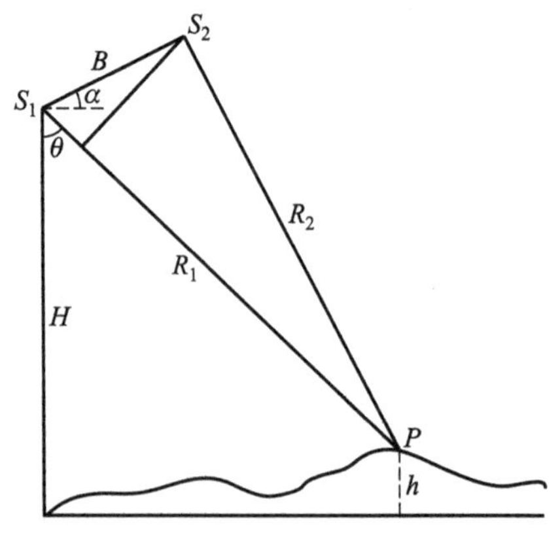

图6.11 InSAR技术几何关系示意图

两幅 SAR 图像共轭相乘得到的干涉相位可以表示为

$$\varphi_{\text{int}} = \varphi_{\text{flat}} + \varphi_{\text{topo}} + \varphi_{\text{def}} + \varphi_{\text{atom}} + \varphi_{\text{noise}} \tag{6.4}$$

式中,φ_{flat}代表地球椭球体引起的平地相位,φ_{topo}代表与高程相关的地形相位,φ_{def}为两幅 SAR 图像获取时间段内与地表形变相关的相位,φ_{atom}为 SAR 图像拍摄时的大气延迟相位,φ_{noise}为噪声相关的相位。

基于 InSAR 技术发展出的差分雷达干涉测量技术(differential interferometric synthetic aperture radar,DInSAR),通过引入外部 DEM 或采用三轨法、四轨法可实现地表形变监测。DInSAR 是在外部 DEM 或重轨 SAR 图像的辅助下从干涉相位中去除高程相位和平地相位,并通过一定模型去掉或忽略掉大气和噪声的影响,从而仅保留地表形变相关的相位的过程。

(1) DInSAR

DInSAR 技术获取形变的方法主要有三种:两轨法、三轨法和四轨法。下面以两轨法为例介绍其基本原理。

DInSAR 两轨法用到的主要数据有研究区变形前后的两景 SAR 图像以及覆盖研究区的 DEM 高程数据。假设两幅 SAR 图像获取的时间段内,地面目标点 P 运动到P'位置,形变量在卫星视线向的投影为 Δd,根据干涉测量原理,则点P'的形变相关的相位为

$$\varphi_{\text{def}} = -\frac{4\pi}{\lambda}\Delta d \tag{6.5}$$

忽略大气和噪声相位,可知:

$$\Delta d = -\frac{\lambda}{4\pi}\varphi_{\text{def}} = -\frac{\lambda}{4\pi}(\varphi_{\text{int}} - \varphi_{\text{flat}} - \varphi_{\text{topo}}) \tag{6.6}$$

式(6.6)中φ_{flat}、φ_{topo}分别满足:

$$\varphi_{\text{topo}} = -\frac{4\pi}{\lambda}\frac{B_{\perp}}{R\sin\theta}h \tag{6.7}$$

$$\varphi_{\text{flat}} = -\frac{4\pi}{\lambda}B_{\text{p}} \tag{6.8}$$

式中,B_{p}为基线 B 在雷达视线向的投影,$B_{\perp}$为基线 B 在雷达视线垂线向的投影,h 为地面目标点的高程,θ 为雷达波入射角,λ 为雷达波的波长。结合以上公式,就可以计算出 φ_{def},从而计算出两幅 SAR 图像获取的时间段内,图像覆盖范围内地面在雷达视线向的位移。

两轨法是 DInSAR 技术常用的一种方法,其基本思想是利用 DEM 数据去除干涉相位中的地形相关相位,再通过平地相位的去除,去除或忽略掉大气相位和噪声相位,仅保留

形变相位,以实现对地面形变量的测量。两轨法主要包含:SLC 数据输入、SAR 图像配准、干涉处理、地形平地相位的去除、相位滤波、相位解缠、相位转形变和地理编码等步骤(Luckman et al.,2007),图 6.12 为 DInSAR 两轨法的数据处理流程图。

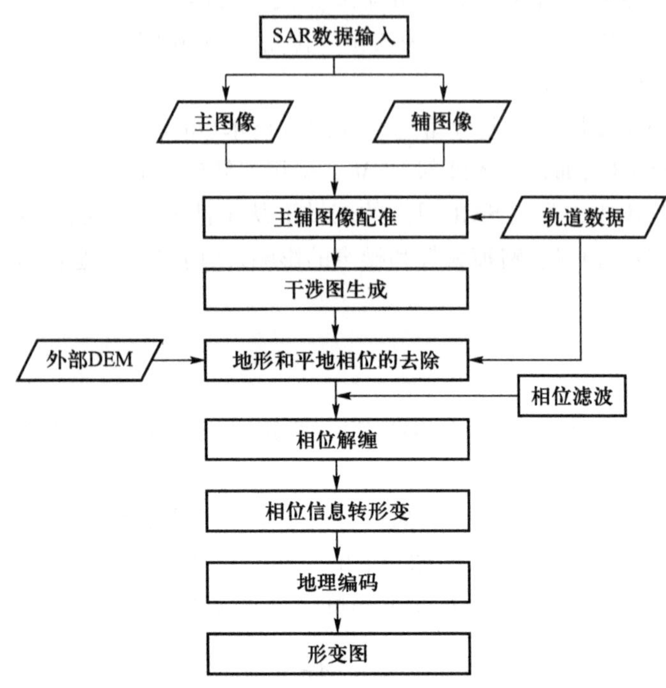

图 6.12 DInSAR 两轨法的数据处理流程图

① 主辅图像配准。干涉图生成时要求主辅图像的同行列的像元要对应着同一地面点,由于雷达卫星拍摄图像时雷达波入射角度不同,飞行轨道也有差别,导致 SAR 图像的覆盖范围存在差异,代表同一地物的像元并不对应,因而在主辅图像共轭相乘生成干涉图之前,首先要对 SAR 图像进行配准。同时,为了尽可能地提高干涉的相干性,SAR 复数图像之间的配准精度应该达到亚像元的级别。以往研究表明,主辅图像配准精度优于 1/8 个像元时,相干性的损失不会超过 5%(Hanssen,2001),此时满足干涉处理的要求。图像配准是指覆盖同一区域的两幅 SAR 图像经过平移和旋转,使得代表地面同一地物的对应像元精确对准的过程,包括粗配准和精配准(邓云凯等,2012)。粗配准是通过卫星的轨道参数文件获取主辅图像中心像元在方位向和距离向的大致的初始偏移量,精配准是通过获取主辅 SAR 图像对应的同名点,基于同名点确定两幅图像之间的几何变换参数,然后将辅图像的像元重采样到主图像上对应像元的过程。SAR 图像同名点的获取主要有相干系数法、相关系数法、最大干涉频谱法、相位差图像平均波动函数法、最小二乘法等方法;两幅图像之间几何变换参数的确定常采用最小二乘法进行拟合(廖明生和王腾,2017)。

② 干涉图生成。对配准好的主辅图像共轭相乘即可生成干涉图,根据式(6.7)和式(6.8)可知,干涉图为复数图像,干涉相位为复数图像的幅角值。

③ 地形和平地相位的去除。利用 SAR 图像的轨道参数,首先将生成的外部 DEM 在主图像雷达坐标系下模拟 SAR 图像,然后将 DEM 模拟的 SAR 图像和主图像进行精确配准,得到 DEM 向 SAR 主图像坐标系转换的精确参数,将 DEM 转换到主图像雷达坐标系下,将高程转换为相位信息,得到高程的模拟地形相位(杨帆等,2019)。平地相位在干涉图中往往呈现出周期性的条纹变化的特征,根据基线参数和椭球体参数可求出平地相位,平地相位的去除有利于降低相位解缠的难度。从干涉图中去除地形相位和平地相位,即可得到包含形变相位、大气延迟相位、噪声相位、地形的残余相位以及轨道参数不精确相关的相位等相位信息的差分干涉图,相位滤波步骤中将尽可能滤除噪声相位,轨道参数不精确相关的相位通过基线精化后也可去除。

④ 相位滤波。由于去相干因素(时间去相干、空间去相干和系统本身的热噪声等)的影响,差分干涉图中会存在一定的噪声相位,使得相位存在不连续性和不一致性,增加了相位解缠的难度,因而需要将这些噪声进行适当的滤除。差分干涉图的滤波方法主要包含两种:提取缠绕相位值之前分别对主辅复数图像的实部和虚部进行滤波;对相位梯度进行自适应,保留相位跳变部分的相位,只对非边缘区域进行平滑处理(廖明生和王腾,2017)。

⑤ 相位解缠。相位解缠是指由缠绕相位恢复到绝对相位的过程,差分干涉图中的相位为缠绕相位,其取值范围为$(-\pi,\pi]$,需要加上 2π 的整数倍得到真实相位值。相位解缠的主要算法有路径跟踪算法、最小二乘法、网络流算法等,其基本步骤是首先估计相邻像元之间真实相位的差值,然后按照某种策略对相位差值进行积分(如枝切法、质量图法、最小二乘法、最小费用流法等)(廖明生和王腾,2017)。

⑥ 相位信息转形变。基于 SAR 图像成像几何和雷达波长信息,将相位解缠后的真实相位转为相对于解缠起始点的形变量,形变量一般为一维形变,可按照不同的形变体,将相位转换为雷达视线向或垂线向的形变。

⑦ 地理编码。以上处理均是在雷达坐标系下进行,需要将形变结果转换到地理坐标系下。利用 SAR 主图像坐标和外部 DEM 坐标之间的对应关系所生成的查找表,将主图像雷达坐标系下的地表形变结果转换到 DEM 坐标系下,该过程称为地理编码(Hanssen,2001)。

(2) 时间序列 InSAR 技术

由于 DInSAR 的监测精度受地形数据、大气环境、轨道精度以及时间去相干等因素的影响,因此其应用受到一定的限制。为了突破 DInSAR 技术的限制,学者们提出了时间序列 InSAR 技术,利用覆盖同一地区的多景 SAR 图像对时序稳定点进行精确分析,极大地降低了大气延迟、高程误差、轨道误差等因素带来的监测误差,使得地表形变监测精度可以达到厘米级到毫米级,相比传统的监测手段,具有采样密度高、空间连续性好、覆盖范围广等优势,可作为传统地表形变监测手段的有益补充。目前,时间序列 InSAR 技术主要包括永久散射体雷达干涉测量技术(PS-InSAR)和 SBAS-InSAR 方法,下面分别进行简要介绍。

与常规 DInSAR 技术对图像中所有像元进行处理的思想不同,PS-InSAR 仅针对在时间上散射特性相对稳定、回波信号较强的永久散射体(persistent scatterer,PS)点进行相位建模与形变解算。PS点可以在时间基线或空间基线很长的情况下,仍然保持很好的相干性和稳定性,通常包括人工基础设施和自然环境中的裸露岩石等。基于这些离散的PS点可以获得可靠的相位信息,进而反演出精确的形变信息和高程信息。PS-InSAR的主要步骤包括:第一,对覆盖同一研究区的多幅SAR图像,选择一幅合适的SAR图像作为主图像,其余SAR图像分别与主图像配准,采用依据时间序列上的幅度和(或)相位信息的稳定性的振幅离差阈值法、相干系数法、相位分析法等方法选取PS目标;第二,经过干涉和去除地形相位,得到PS目标的差分干涉相位,并对相邻的PS目标的差分干涉相位进行再次差分;第三,根据两次差分后的干涉相位中各个相位成分的不同特性,采用构建形变相位模型和时空滤波的方式估计形变和地形残余信息(Ferretti et al.,2001)。

SBAS-InSAR是一种基于多主图像的时间序列InSAR技术,只利用时间基线和空间基线较短的干涉对提取地表形变信息。PS-InSAR技术使用单景SAR图像作为公共主图像,往往会造成部分干涉对的相干性较差,并且对SAR数据量有较高的要求。相比之下,SBAS-InSAR技术是以多主图像的干涉对为基础,尽可能地保留了干涉对的相干性,对SAR数据的数量要求较PS-InSAR技术低,运算效率较高。SBAS-InSAR技术基于高相干点提取研究区的时间序列形变信息,其主要步骤如下:第一,对覆盖同一地区、不同时间段的多景SAR图像依据设定的时间基线和空间基线阈值进行干涉组合,并对干涉对进行干涉和差分干涉处理;第二,根据相干系数图,选择高相干点,并对空间离散点进行相位解缠;第三,根据干涉组合的解缠结果,采用最小二乘法或奇异值分解法进行形变参数的计算;第四,采用时空滤波的方法估计非线性形变和大气延迟相位,将非线性形变与上一步估计出的形变参数进行累加,即得到研究区的形变分布情况(Berardino et al.,2002; Lanari et al.,2004)。

6.2.7 公路地质灾害危险性评估

公路地质灾害进行危险性评估,就是分析各类地质灾害的致灾因子之间和各个致灾因子本身对灾害形成贡献的大小,通过建立合理的数学模型将这种贡献的大小综合反映并量化表示,将可能得到的结果分为若干等级,对于某一等级,有相应的灾害发生的危险性概率与之对应。开展公路地质灾害危险性评估,可以了解、查明各类公路地质灾害的危险性大小及分布规律,为公路路网规划、工程设计、施工建设以及运营养护提供科学的依据,对实现公路交通地质灾害的防灾减灾具有十分重要的意义。

传统的公路地质灾害危险性评估通过搜集资料结合人工野外地质环境调查等实现。但由于崩塌、滑坡、泥石流等公路地质灾害成灾机理复杂,致灾因子繁多,且不同地区公路地质灾害类型和危险性差异较大,因此该方法只适用于单点或者局部地段的地质灾害危险性评估,难以满足大范围、多地质灾害危险性评估的需要。运用高分辨率卫星遥感技术可快速提取相关因子和地质灾害分布信息,结合区域地质灾害资料,建立公路地质灾害回归预测模型,从而对公路工程走廊带地质灾害发生的可能性和危险性进行评估,为科学、合理、安全、经济的公路工程施工方案的制定提供基础资料。

1）公路地质灾害危险性评估步骤

公路地质灾害危险性评价是一个循序渐进的过程，只有在明确评价目标、全面收集基础资料的前提下，才可以建立数据库并选择合适的评价模型完成评价工作，其基本步骤如下（尹超，2013）：

（1）确定评价目标

清晰地界定研究范围，确定评价精度（评价单元的类型与大小），从而分析评价所需的基础数据资料（基础数据需求分析），初步确定拟采用的评价模型与方法。

（2）已有资料的收集与分析

根据评价目标的要求，收集整理与地质灾害有关的已有资料，并按地质灾害评价的要求对数据进行分析整理。

（3）地质灾害野外调查与监测

按照评价的数据要求，根据区域内已有资料的实际情况，开展评价区域范围内的地质灾害调查，并对重点地质灾害点进行实时监测，以收集、获得进行地质灾害评价时必需的数据。

（4）建立地质灾害综合数据库

通过建立地质灾害综合数据库，管理野外调查得到的以及其他来源的各种数据。这些数据不仅有与空间位置相关的空间数据，还有属性数据；数据库要实现对这些数据的输入、管理，还要按评价需求进行空间分析，所以一般使用 GIS 建立地质灾害综合数据库。

（5）地质灾害评价

进行地质灾害危险性评价首先需要完成的一项工作是建立评价指标体系，这需要在综合考虑评价的目标和范围、能够获取的数据的内容和精度、评价模型与方法的基础上进行。选取了评价指标体系之后，需要通过恰当的分析，从区域地质灾害综合数据库中直接或间接获取评价所需的基础数据，然后代入评价数据模型进行计算，得到评价结果。

2）公路地质灾害危险性评估方法

目前，较为成熟的公路地质灾害评价方法主要有模糊综合评价法、层析分析法和影响因素叠加法等。

（1）模糊综合评价法

模糊综合评价法是一种基于模糊数学的综合评价方法。该综合评价法根据模糊数学的隶属度理论把定性评价转化为定量评价，即用模糊数学对受到多种因素制约的事物或对象做出一个总体的评价。它具有结果清晰、系统性强的特点，能较好地解决模糊的、难以量化的问题,适合各种非确定性问题的解决。

在客观世界中,存在着许多具有不确定性的现象,这种不确定性主要表现在两个方面:一是随机性,二是模糊性。由于地质环境与地质灾害体系统的复杂性,地质环境与地质灾害体评价需要研究的变量关系较多且错综复杂,其中既有确定的可循的变化规律,又有不确定的随机变化规律,人们对地质环境的认识也是既有精确的一面,也有模糊的一面。用绝对的“非此即彼”有时不能准确地描述地质环境中的客观现实,经常存在着“亦此亦彼”的模糊现象,其刻画与描述也多用自然语言来表达,如某一斜坡地段的工程岩组为“软弱岩体”,该地段岩体稳定性“较差”等。自然语言最大的特点是它的模糊性。从逻辑上讲,模糊现象不能用1(真、是)或0(假、否)二值逻辑来刻画,而是需要用区间[0,1]的多值(或连续值)逻辑来描述。可见,运用模糊理论解决地质环境与地质灾害体危险性评价问题,是模拟人脑某些思维方式,提高认识地质体的一种有效方法。因此,地质环境质量与地质灾害危险性评价中引入了模糊综合评价法,这是客观事物的需要,也是主观认识能力的发展。

(2) 层次分析法

层次分析法(analytical hierarchy process,AHP)是美国著名的运筹学家Saaty于1973年提出的。层次分析法本身是一种有效的、定量与定性相结合的多目标决策分析方法,也是一种优化技术,经过多年发展已成为一种较为成熟的方法,近年来在许多领域发展迅速。它是把复杂问题中的各因素划分成相关联的有序层次,使之条理化的多目标、多准则的决策方法。在方案比较和多目标综合评价中,经常涉及各指标权重(加权系数)的确定问题,权重对综合评价和方案选优有较大影响。实际工程实践中常用层次分析法来确定各指标的权重。

层次分析法的基本思想是首先要把问题层次化,根据问题的性质和要达到的总目标,将一个复杂的问题分解为各个组成因素,并将这些因素按支配关系分组,从而形成一个有序的递阶层次结构,并最终把系统分析归结为最低层(如决策方案)相对于最高层(总目标)的相对重要性权值的确定或相对优劣次序的排序问题,从而为决策方案的选择提供依据。通过两两比较的方式确定层次中诸因素的相对重要性,然后综合人的判断以确定决策因素相对重要性的总排序。层次分析法的出现给决策者解决那些难以定量描述的问题带来了极大方便,这种方法将分析人员的经验判断予以量化,对目标(因素)结构复杂且缺乏必要数据的情况更为实用,是目前系统工程处理定性与定量相结合问题比较简单易行且又行之有效的一种系统分析方法。层次分析法是一种模拟人脑的决策方法,带有较多的定性色彩,但是在公路地质灾害危险性评价中,需要采用完善的定量方法,因而具有一定的局限性。

(3) 影响因素叠加法

由于地质构造与不良地质体的成因机理复杂多样,地质灾害的发生和危险性大小与所处的区域环境有必然联系。同时,公路地质灾害的发生是多种因素共同作用的结果,因此从区域不同地质体的影响因素入手,进行地质灾害体危险性评价是可行的。

同一因素对地质灾害危险性的影响:同一自然因素对公路地质灾害危险性的影响机理是一致的,但是其某些特性以及数值大小对危险性的影响差异较大。例如,地形坡度对公路地质灾害危险性的影响机理是一致的，但是其值的大小对灾害类型和危险性大小的影响程度是不同的。研究表明，公路泥石流灾害一般发生在20°~35°的斜坡，而崩塌灾害一般发生在75°以上的斜坡。同时，对于同一种灾害类型而言，坡度越大，岩土体的下滑力和抗滑力之间就越难维持平衡，边坡失稳的可能性就越大。因此，对于同一影响因素，有必要从其特性的不同程度考虑其对灾害危险性的影响，也就是确定同一自然因素的不同影响程度的分级问题。

不同因素对地质灾害的危险性影响：在复杂的区域环境中，不同自然因素对灾害的发生有着不同的作用机理及贡献，但是在影响地质灾害稳定性的诸多因素中，有些因素对边坡的变形破坏起控制作用，对灾害的发生贡献很大；有些因素对边坡的变形破坏起诱发作用，对灾害的发生贡献次之；有些因素对灾害的发生贡献很小。也就是说，在地质灾害的众多影响因素中，存在主要因素和次要因素之分，因此对于不同的影响因素，应该考虑其对公路地质灾害危险性的影响大小，也就是确定不同影响因素对公路地质灾害的作用或贡献的大小，即不同影响因素权重的问题。

综上所述，影响因素叠加法有两个核心问题：同一因素对公路地质灾害的危险性的影响和不同因素对地质灾害危险性的影响。两个核心问题的解决途径是：① 同一影响因素影响程度分级界限的确定主要采用理论与实际相结合的方法。理论研究主要是针对影响因素数值大小与灾害类型或严重程度之间的关系而开展的，同时考虑到地形坡度对公路设计、施工、养护、运营管理等的影响，公路界对某些数值界限既有充足的实践经验背景，又有大量的试验数据的支持。② 影响因素权重的确定方法很多，主要有专家打分法、幕景分析法、主成分分析法等。

在对公路地质灾害危险性进行评估时，由于不同评价指标的量纲不同，数据差别较大，在进行危险性评价时，不能直接将其数值代入评价模型中，因此需要对数据进行分级评分，即对5级数据分别评分1、3、5、7、9。分级打分法的优点是考虑评价指标与评价目标间的非线性关系，总体比较科学合理，概念清晰便于理解和使用。而在计算公路地质灾害危险度时，通常根据危险度的值的大小，以不同颜色加以区别，自动或半自动生成道路危险等级分布图。表6.2和表6.3分别为滑坡（崩塌）、泥石流危险评级指标分级和评价分值表；表6.4为公路危险等级。

表6.2 滑坡（崩塌）危险评价指标分级和评价分值表

评价指标	轻微危险	较低危险	中危险	高危险	极高危险
地形坡度	≤8°	8°~15°	15°~25°	25°~35°	≥35°
地表切割深度/m	≤100	100~300	300~500	500~700	≥700
地表切割密度/(km km^{-2})	≤0.10	0.10~0.30	0.30~0.55	0.55~0.80	≥0.80
降水量≥25 mm的年平均天数/d	≤1.0	1.0~2.5	2.5~4.5	4.5~6.5	≥6.5

续表

评价指标	轻微危险	较低危险	中危险	高危险	极高危险
岩土类型	极硬岩	次硬、软质岩	极软岩、砾类土	黏性、砂类土	粉性土、黄土类土
评价分值	1	3	5	7	9

表 6.3 泥石流危险评价指标分级和评价分值表

评价指标	轻微危险	较低危险	中危险	高危险	极高危险
地形坡度	≤8°	8°~15°	15°~25°	25°~35°	≥35°
地表切割深度/m	≤100	100~300	300~500	500~700	≥700
地表切割密度/(km km^{-2})	≤0.10	0.10~0.30	0.30~0.55	0.55~0.80	≥0.80
降水量≥25 mm 的年平均天数/d	≤1.0	1.0~2.5	2.5~4.5	4.5~6.5	≥6.5
岩土类型	极硬岩	次硬、软质岩	极软岩、砾类土	黏性、砂类土	粉性土、黄土类土
植被覆盖度	≥75%	65%~75%	50%~65%	30%~50%	≤30%
评价分值	1	3	5	7	9

表 6.4 道路危险等级与之颜色对应

危险等级	颜色
轻微危险	浅绿色
较低危险	深绿色
中危险	蓝色
高危险	黄色
极高危险	红色

国产高分系列卫星遥感数据在公路地质灾害危险性评价方面具有明显的优势。通过国产高分卫星遥感图像,结合图像处理技术,可对公路地质灾害体类别、性质、规模大小等进行准确识别与提取,进而分析与评价其危害程度。

中国公路工程咨询集团有限公司高分交通数据中心依托“高分综合交通遥感应用示范系统(一期)”项目,采用影响因素叠加法对新疆赛果高速沿线滑坡地质灾害危险性进行了评估。以高分二号图像为数据源,在提取赛果高速公路信息和滑坡灾害信息的基础上,选取坡度、坡向、高程、土地利用4个指标因子,作为“候选”指标因子,分析这些候选指标因子与滑坡灾害的关系,依据因子剔除判据,初步筛选出可用于建模分析的指标因子图层,最终选择准确率高的模型进行研究区滑坡易发性风险区划,并判断主要致灾因子,流程如图6.13所示。

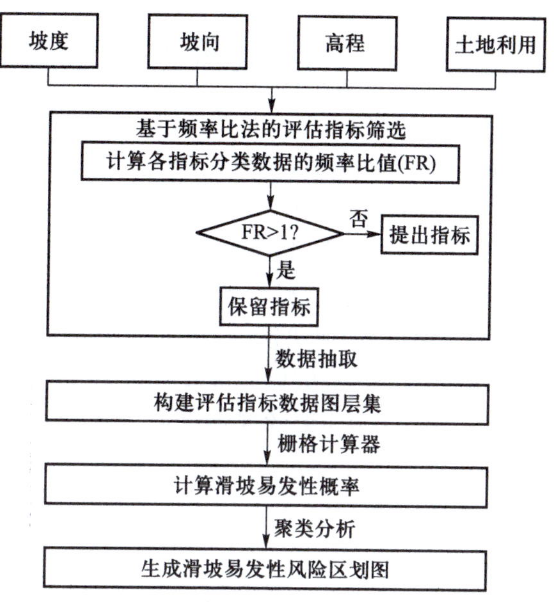

图 6.13 公路滑坡灾害危险性评价工作流程图

将 4 个评估指标图层进行重采样并叠加，以频率比值为因子权重，得到赛果高速滑坡危险性等级分布图（图 6.14）。

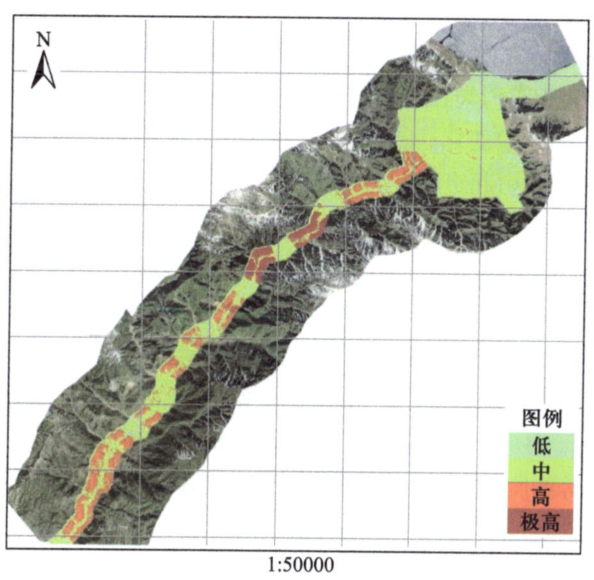

图 6.14 赛果高速滑坡危险性等级分布图

6.3 公路损毁评估高分辨率遥感应用

公路是国民经济和国防军事的大动脉,同时也是灾区人民的生命线。各种突发地质灾害经常对公路交通基础设施造成毁灭性破坏,同时严重阻碍公路工程施工建设。崩塌、滑坡、泥石流、地震、洪涝等自然灾害发生时,常常使道路遭到损毁,造成道路堵塞或者中断。道路损毁严重影响救援车辆及人员、物资、救援设备等及时到达救灾现场,进而严重影响救援的效率(赵春川等,2016)。如何快速、准确地检测出道路损毁的空间位置、破坏程度以及损毁道路的分布和数量,是提高灾后救援效率的关键环节,对于打通灾害生命通道,减轻灾害影响和人员伤亡具有十分重要的现实意义。

6.3.1 道路损毁评估特征

完整道路在高分辨率遥感图像上表现为灰度均一、规则的结构,排列有序。破坏性地震使得路面出现大裂缝、错位、沉陷或悬空,路堤发生坍塌,或者路面堆积大量由崩塌、滑坡、泥石流等次生灾害形成的岩土堆积物。道路遭到损毁后,在高分辨率遥感图像上其特征也发生了明显变化。这些变化表现在以下几个方面(刘玲等,2014):① 几何特征变化。道路在遥感图像上通常表现出规则的几何形态,而损毁道路由于路基、路面遭到破坏或者被堆积物等覆盖,在图像上的规则几何形态发生改变或者消失。道路的空间连续性发生改变,损毁和未损毁路段区域相间分布;道路边线被破坏而不连续,未损毁路段存在两条平行边线,损毁路段的一条或者两条边线改变或消失;道路结构的破坏和路面的堆积物导致未损毁道路宽度变窄,使得宽度沿道路方向发生变化。② 光谱特性变化。道路路面的材质和粗糙度决定了其光谱特性,而道路损毁则会引起道路表面粗糙度或者路面反射特性发生变化,从而导致道路在遥感图像上表现出不同的光谱特征,具体表现为道路灰度、纹理均一性发生变化,损毁路段与未损毁路段存在明显的差异;不同形式的损毁路段,表现出不同的光谱特征;路基、路面的物理结构毁坏导致图像灰度降低,而次生灾害如滑坡、坍塌形成的路面堆积往往表现出与周围滑坡体相近的光谱特征。③ 拓扑特征变化。道路呈网状分布、相互连接,一般不会随便中断或者消失。损毁会改变道路的拓扑结构,造成多条孤立、无法相互连接的道路段;致使网络结构破坏,连通性下降。④ 上下文特征。滑坡、泥石流等灾害体可以为道路损毁提供证据;建筑物、树木、高架桥等的阴影、遮挡形成的断裂会对损毁检测造成干扰。

6.3.2 道路损毁评估方法

基于高分辨率遥感图像的道路损毁评估,主要利用高分辨率遥感数据,结合基础地理数据、道路灾害监测数据、DEM 数据等,提取道路损毁信息,从而对突发灾害导致的道路损毁程度进行快速、准确地评估,进而可以准确地制定科学合理的抢险救灾方案,提高应急救援效率。其关键技术主要包括道路损毁识别和道路损毁评估两部分。道路损毁评估流程如图 6.15 所示。

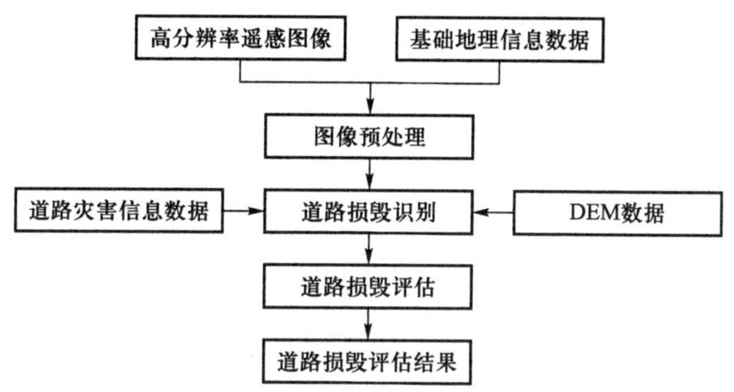

图 6.15 道路损毁评估流程

1）道路损毁识别方法

传统的道路损毁识别采用人工实地勘察的方式进行，人员投入力度大、工作量大、数据采集和处理难度均较大、信息反馈迟缓、数据更新周期长，难以快速、准确地获取大范围的道路损毁信息。此外，灾区道路损毁情况复杂，次生灾害时有发生，危险度高，调查人员的人身安全难以得到保证。遥感技术作为新兴的空间信息获取手段，能够在缺乏地面调查的情况下，对灾区的道路损毁情况进行及时、全面、宏观的调查与评估，为灾区应急救援提供决策依据，成为道路损毁评估的必不可少的手段。国产高分辨率卫星遥感技术的发展为灾区道路损毁评估提供了有效的支撑，打破了严重依赖国外高分辨率数据进行灾害应急救援的局面，在我国重大自然灾害的道路损毁评估及应急救援中发挥着重要的作用。

道路损毁信息提取是进行灾后道路损毁评估的重要前提。目前，道路损毁识别方法主要有基于多时相遥感图像的变化检测和基于单时相遥感图像的分类提取。

多时相分析方法作为一种有效的分析方法，广泛应用于道路损毁信息的提取，其核心技术手段为变化检测技术。变化检测技术利用同一观测区域的多时相遥感数据及相关辅助信息，根据其特征状态按照一定的模型定量分析出目标特征的变化程度，并以此为依据对目标变化的类型、属性和过程进行分析判断，从而实现损毁信息的提取（陈彦等，2016）。常用的变化检测方法包括：基于代数运算的变化检测方法、基于特征变化的变化检测方法、基于分类的变化检测方法。基于多时相遥感图像的变化检测方法适用于有灾前遥感图像的道路损毁信息提取，可以有效地识别出道路损毁信息；其缺点是对灾害发生前后时相图像的依赖性较强。

基于单时相遥感图像的道路损毁识别，通常基于灾害发生后的高分辨率光学或者 SAR 图像，采用自动或者半自动的道路提取方法提取图像中完好道路的分布信息，结合 GIS 矢量道路网信息，采用空间叠置分析的方法实现损毁道路分布信息的提取，这种方法由于直接利用了 GIS 数据，操作过程简单。此外，基于灾后高分辨率卫星图像提取崩塌、滑坡、泥石流等灾害产生的岩土堆积物，然后结合 GIS 矢量道路数据对道路进行缓冲区分析，通过道路缓冲区与灾害信息的空间分析，可实现崩塌、滑坡等灾害造成的损毁道路路段信息提取，为灾害应急与救援提供有力的信息支撑。

2）道路损毁评估方法

基于高分辨率遥感图像的道路损毁评估，在灾区道路受损信息提取的基础上，结合基础地理资料确定道路受损类型、规模、位置，通过构建评估模型，及时、准确地对灾区道路损毁程度进行量化评估。评估时选择道路损毁类型、损毁规模、损毁比例 3 个因子作为损毁程度的评价指标，并对上述因子进行量化，最终形成道路损毁度，作为定量评价道路损毁程度的指标。道路损毁程度一般分为 5 个等级，各等级道路损毁特征与分级指标见表 6.5。

表 6.5 道路损毁程度分级特征描述与指标体系

道路损毁度	道路损毁特征	道路损毁度（分级指标 A）
较轻微损毁	道路路面小部分被破坏，但不影响交通工具的通行	$A \leqslant 0.01$
轻微损毁	道路路面部分被破坏，影响部分交通工具的通行，但工程机械可以通行（道路被低矮植被、土质滑坡掩埋，可通过工程机械快速进行清理修复）	$0.01<A \leqslant 0.10$
较严重损毁	道路大部分被破坏，影响交通工具的通行，同时影响部分工程机械的通行（道路被混有岩块的滑坡和崩塌体掩埋或路面严重塌陷，可在短期内通过工程机械进行清理修复）	$0.10<A \leqslant 0.20$
严重损毁	道路大部分被破坏，影响所有交通工具和工程机械的通行，但可通过抢险施工进行修复（道路被混有较大、较多岩块的滑坡和崩塌体掩埋或路面严重塌陷，在短期内只有通过大型工程机械才能进行清理修复	$0.20<A \leqslant 0.30$
极严重损毁	道路大部分被破坏，影响所有交通工具和工程机械的通行，无法在短期内进行修复（道路被大型滑坡掩埋、或道路断裂、或道路被水体淹没，或桥梁发生严重损毁无法在短期内抢通	$A>0.30$

道路损毁度采用式(6.9)计算：

$$
\begin{aligned}
&\text{个体损毁度} = \text{损毁比例} \times \text{受损系数} \times \text{规模系数} \\
&\text{道路损毁度} = \sum \text{个体损毁度}
\end{aligned}
\tag{6.9}
$$

式中，损毁比例、受损系数和规模系数表示某一受损路段的特征值。在一个评估路段中，通过统计每个受损路段个体的损毁度，并进行求和，得出整个路段的损毁度，然后再对道路损毁程度进行分级评估，若评估路段中出现全桥倒塌、主梁落梁或孔跨砸毁等，则该路段直接评估为完全损毁。

道路损毁具体评估流程如图6.16所示。道路损毁程度评估模型中所用评价因子的含义及量化取值标准见表6.6。

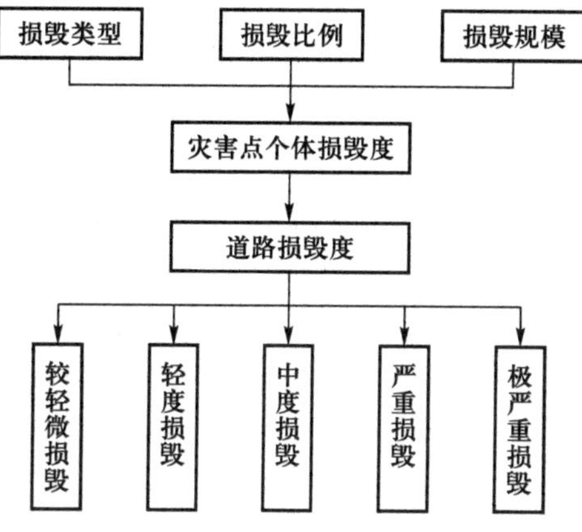

图6.16 道路损毁评估流程图

表6.6 道路损毁程度评估模型评价因子说明及取值标准

评价因子	参数意义	取值标准	
损毁比例	在指定的评估段中，被损毁的路段占评估段道路总长度的比例，可以反映出路段受损的总体趋势	个体受损长度/评估段道路长度	
受损系数	根据道路损毁类型，考虑不同类型对交通和工程抢险造成的影响，将不同的损毁类型进行量化取值，形成受损系数指标	巨石砸毁或掩埋	1.0
		道路断裂	1.0
		水体淹没路面	1.0
		较大岩块导致的严重塌陷	0.8
		土石堆积物掩埋	0.5
		路面一般塌陷	0.4
		路面隆起、变形、开裂	0.3
		桥梁破坏性受损	1.0
		桥梁严重受损	0.6
		桥梁轻微受损	0.3
		隧道垮塌堵塞	1.0
		隧道严重损毁	0.6
		隧道轻微损毁	0.3
规模系数	道路受损规模（主要是道路损毁长度）越大，则对工程抢险施工造成的影响越大，因此采用道路受损的绝对长度形成规模系数评价指标	采用幂指数函数进行规模系数的计算：$y=e^{0.35x}-1$，式中，x 为个体受损长度(km)，y 为规模系数。当 $y\geqslant 1.0$时，取1.0（关于幂指数模型中各参数的取值说明：以受损长度0对应规模系数0，以受损长度2 km对应规模系数1.0来进行参数的估算）	

道路损毁评估是灾情评估的重要内容，对于灾害应急救助和灾后恢复重建具有重要的意义。基于国产高分辨率遥感图像进行道路损毁识别和评估，解决了以往灾后第一时间卫星数据严重依赖国外卫星数据、时效性差的问题。本节以 2017 年九寨沟地震为例来说明高分卫星在道路损毁评估方面的应用。

根据中国地震台网测定，北京时间 2017 年 8 月 8 日 21 时 19 分，四川省阿坝藏族羌族自治州九寨沟县（北纬 33.2°，东经 103.82°）发生 7.0 级地震，震源深度 20 km。地震发生后，高分交通数据中心基于高分二号卫星遥感图像，对九寨沟地区全线进行分析，提取共计 166 km 长度的路网，涵盖 26 个主要乡镇，并对道路损毁长度情况进行分析。根据道路的损毁长度、道路全长等数据，来判断道路的损毁等级与受阻严重程度（图 6.17）。经分析，震区内严重阻塞路段有三处，有一定危险阻碍较小的路段有三处，主要分布在 G544（原 S301）上，如图 6.17 所示。从图中可以看出，G544 受阻情况较为严重，其中弓杠岭至九寨天堂受灾最重，其次郎寨村和水竹村附近也受灾严重，这两部分道路基本不可能通车，九寨沟景区及漳扎镇附近道路受灾相对较轻，可通过部分车辆。对九寨沟景区附近进行提取分析，G544 沿线龙康村至漳扎镇路段提取出 4 处宽度超过 20 m 的滑坡塌方地区，但距离道路较远，对道路影响较小；而九寨沟景区的荷叶沟附近有多处滑坡及潜在滑坡体，对道路通行造成影响，如图 6.18 所示。G544 南北方向路段和郎寨村至永竹村路段发现三处道路严重堵塞，其中永竹村附近道路提取出滑坡 7 处，宽度均大于 20 m，其中直接对道路形成阻塞的有 3 处；而 G544 南北方向段，滑坡造成的阻塞更为严重，经提取发现一处 20 m 宽的道路滑坡和一处 200 m 宽的大型滑坡，直接堵塞道路，如图 6.19 所示。

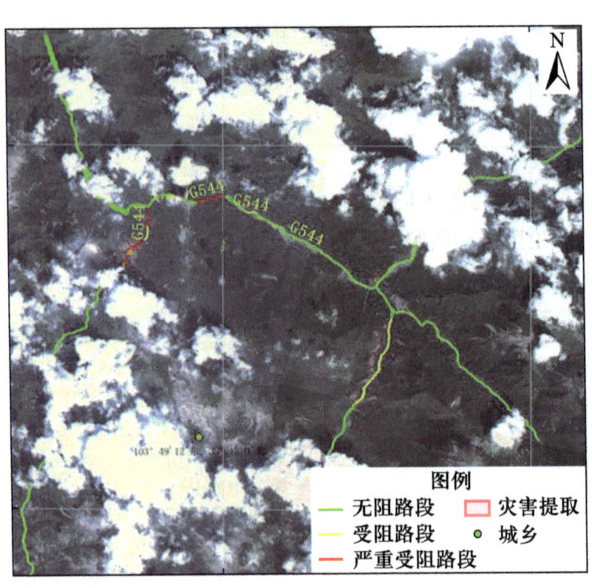

图 6.17 九寨沟受灾地区遥感监测图

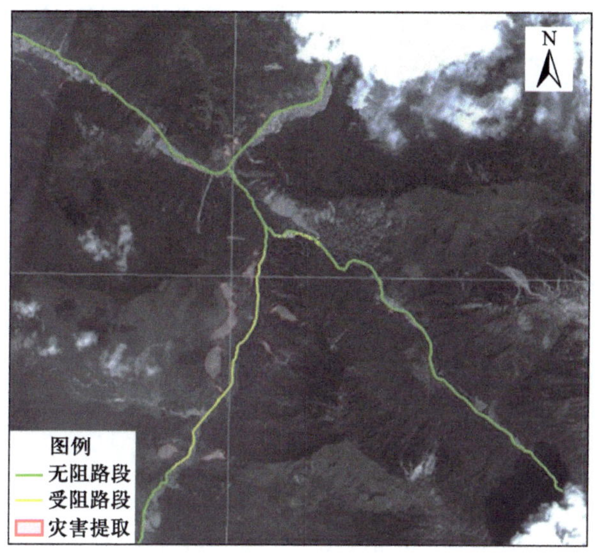

图 6.18 道路损毁应急评估图(九寨沟景区)

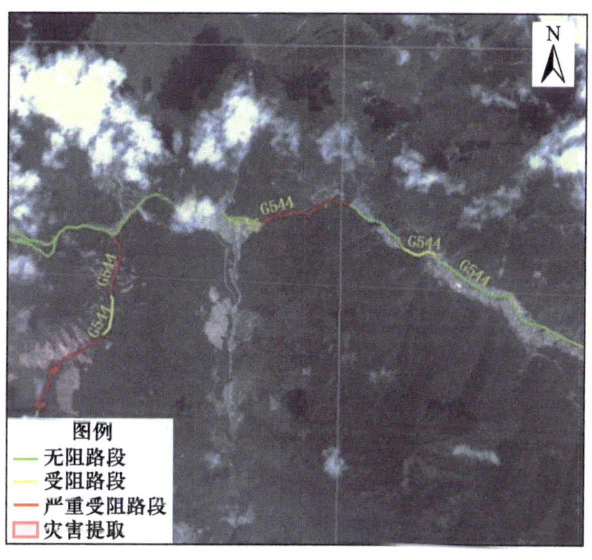

图 6.19 道路损毁应急评估图(G544)

G544 弓杠岭至九寨天堂的道路损毁程度最为严重,道路完全阻断。依据遥感图像进行提取分析,发现一处巨石断路、一处宽度约为 100 m 的滑坡、一处宽度 370 m 的滑坡,造成道路损毁严重、彻底阻断。此外,还发现未直接阻断道路的滑坡一处,周围小型滑坡 6 处。滑坡面积总共高达 657204 m^2,如图 6.20 所示。

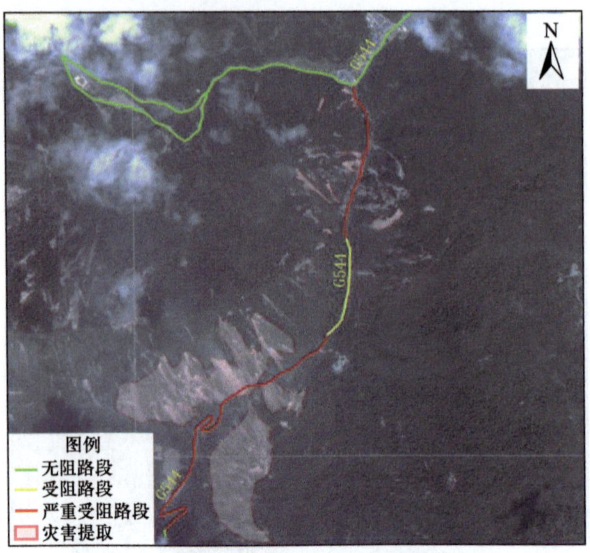

图 6.20 道路损毁应急评估图(九寨天堂)

参 考 文 献

陈立泽,申旭辉,王辉,洪顺英,荆凤.2016. 我国高分辨率遥感技术在地震研究中的应用. 地震学报,38(3):333-344.

陈彦,伏晨荣,卢有春,童玲.2016. 基于SAR图像的道路损毁信息提取. 电子科技大学学报,45(4):551-556.

邓云凯,赵凤军,王宇.2012. 星载SAR技术的发展趋势及应用浅析. 雷达学报,1(1):1-10.

敦洋.2017. 公路路基沉陷的成因及对策分析. 工程建设与设计,8:29-30.

高志勇.2010. 暴雨诱发的地质灾害遥感监测与评估. 西南大学硕士研究生学位论文.

荆凤,徐岳仁,张小咏,申旭辉,陈立泽.2016."高分四号"卫星在地震行业中的应用潜力分析. 航天返回与遥感,37(4):110-115.

李春霖.2016. 基于高分辨率国产遥感影像的泥石流自动提取方法研究. 中国地质大学(北京)硕士研究生学位论文.

李家春,马保成,田伟平,徐志荣,刘洪,刘相如.2010. 黄土地区公路边坡降雨失稳预报研究. 中国地质灾害与防治学报,21(3):38-42.

李珊珊,宫辉力,范一大,陈世荣,温奇,胡卓玮.2011. 舟曲特大山洪泥石流灾害遥感应急监测评估方法研究. 农业灾害研究,1(1):67-72.

廖明生,王腾.2017. 时间序列InSAR技术与应用. 北京:科学出版社.

刘玲,孟庆昕,刘晓东.2014. 高分卫星遥感技术在公路地质灾害损毁评估中的应用. 公路,4:159-165.

鲁恒新.2016. 基于国产高分辨率遥感影像精细解译哈思山南麓活动断层. 中国地震局地震预测研究所硕士研究生学位论文.

倪玲,舒宁.1997. 遥感图像理解专家系统中面向对象的知识表示. 武汉测绘科技大学学报,1:34-36,48.

裴志远,杨邦杰 . 1999. 应用 NOAA 图像进行大范围洪涝灾害遥感监测的研究 . 农业工程学报,4:203-206.

秦军,曹云刚,耿娟 . 2010. 汶川地震灾区道路损毁度遥感评估模型 . 西南交通大学学报,45(5):768-774.

秦其明 . 2000. 遥感图像自动解译面临的问题与解决的途径 . 测绘科学,2:21-24,1.

邱煌奥,程朋根,甘田红,廖江,赵无双 . 2016. 多光谱遥感影像湿地水体提取方法综述 . 江西科学,34(1):60-65.

眭海刚,冯文卿,李文卓,孙开敏,徐川 . 2018. 多时相遥感影像变化检测方法综述 . 武汉大学学报·信息科学版,43(12):1885-1898.

谭湘邕 . 2011. 论公路建筑红线控制区在路政管理工作中的难点及对策 . 企业科技与发展,5:26-27.

童立强,郭兆成 . 2013. 典型滑坡遥感影像特征研究 . 国土资源遥感,25(1):86-92.

王成钢 . 2003. 公路两侧建筑红线控制区的界定 . 长沙交通学院学报,19(4):64-69.

新华社 . 2017. 四川茂县山体滑坡,体积达 1800 万立方米,最大落差 1600 米 . 新华网,2017-6-24.

杨帆,许志涵,张子文 . 2019. 基于 D-InSAR 的唐山矿区地表形变监测研究 . 测绘与空间地理信息,42(11):8-11.

杨威,张金城,齐占伟,范启雄 . 2013. 基于遥感技术的滑坡监测方法研究·刘代志 . 国家安全地球物理丛书(九)——防灾减灾与国家安全 . 西安:西安地图出版社 .

殷守敬,吴传庆,王桥,马万栋,姚延娟等 . 2013. 多时相遥感影像变化检测方法研究进展综述 . 光谱学与光谱分析,33(12):3339-3342.

尹超 . 2013. 公路地质灾害危险性评价与区划研究 . 长安大学硕士研究生学位论文 .

张策,揭文辉,付丽华,魏本赞 . 2017. 新疆新源县滑坡灾害遥感影像特征及分布规律 . 国土资源遥感,29(s1):81-84.

张丽文,梁益同,李兰 . 2018. 基于高分一号影像的武汉市洪涝遥感监测与分析 . 气象科技进展,8(5):51-57.

赵春川,李永树,张帅毅 . 2016. 基于高分影像的道路损毁评估方法探讨 . 测绘,39(1):3-5.

赵欢,尹超,张启龙 . 2016. 公路泥石流灾害危险性评价方法 . 公路工程,41(2):236-239,250.

中国科学院电子学研究所 . 2018. http://www.ie.cas.cn/ttxw2016/201803/t20180320_4978118.html.

朱建军,李志伟,胡俊 . 2017. InSAR 变形监测方法与研究进展 . 测绘学报,46(10):1717-1733.

Berardino P, Fornaro G, Lanari R, Sansosti E. 2002. A new algorithm for surface deformation monitoring based on small baseline differential SAR interferograms. *IEEE Transactions on Geoscience and Remote Sensing*, 40(11):2375-2383.

Billa L, Mansor S, Mahmud A R, Ghazali A H. 2006. Modelling rainfall intensity from noaa avhrr data for operational flood forecasting in malaysia. *International Journal of Remote Sensing*, 27(23):5225-5234.

Ferretti A, Prati C, Rocca F. 2001. Permanent scatterers in SAR interferometry. *IEEE Transactions on Geoscience and Remote Sensing*, 39(1):8-20.

Frazier P, Page K, Louis J, Briggs S, Robertson A I. 2003. Relating wetland inundation to river flow using landsat tm data. *International Journal of Remote Sensing*, 24(19): 3755-3770.

Hanssen R F. 2001. *Radar Interferometry*. Dordrecht: Kluwer Academic Publishers.

Lanari R, Mora O, Manunta M, Jordi J, Berardino P, Sansosti E. 2004. A small-baseline approach for investigating deformations on full-resolution differential SAR interferograms. *IEEE Transactions on Geoscience and Remote Sensing*, 42(7): 1377-1386.

Luckman A, Quincey D, Bevan S. 2007. The potential of satellite radar interferometry and feature tracking for monitoring flow rates of Himalayan glaciers. *Remote Sensing of Environment*, 111(2-3):172-181.

Nagarajan R, Marathe G T, Collins W G. 1993. Technical note identification of flood prone regions of rapti river using temporal remotely-sensed data. *International Journal of Remote Sensing*, 14(7): 1297-1303.

Westra T, De Wulf R R. 2009. Modelling yearly flooding extent of the waza-logone floodplain in northern cameroon based on modis and rainfall data. *International Journal of Remote Sensing*, 30(21):5527-5548.

Yilmaz K K, Adler R F, Tian Y, Hong Y, Pierce H F. 2010. Evaluation of a satellite-based global flood monitoring system. *International Journal of Remote Sensing*, 31(14):3763-3782.

第7章

水运监测高分辨率遥感应用

水运是交通运输事业的重要组成部分,也是当今世界最主要的运输方式。高分辨率遥感技术的监测范围广、精度高及远程监控等优势,可以大面积获取水域信息,为水运规划提供辅助决策服务,为水域环境治理提供科学依据等服务,从而不断提升水运交通的业务水平。本章将针对水上交通要素和水环境监测两大业务领域的需求,系统介绍遥感技术方法和典型应用案例。

7.1 水运监测

7.1.1 水运监测内容

水运是综合运输体系的重要组成部分。作为传统且仍处于发展中的运输方式,水运为我国国民经济和社会发展做出了巨大贡献,对我国国民经济、对外贸易和区域经济社会的发展起到重要支撑作用。水运和其他几种交通运输方式相比,优点在于运量最大、运费低廉、大多利用天然水域、不需要建设交通线路等,缺点在于运输速度慢、易受恶劣天气的影响、受水域通航条件的影响等。改革开放以来,我国水运建设与发展实现了历史性突破,已成为世界航运大国和港口大国。近年来,我国水运业已形成了布局合理、层次分明、功能齐全、优势互补的港口体系,同时全国高等级航道网也基本形成。目前,在全球港口货物吞吐量和集装箱吞吐量排名前10名的港口中,我国港口占有7席,亿吨大港数量共有34个。

水运交通基础设施可以划分为陆域设施和水域设施,因此,水运监测也可以划分为针对陆域设施的监测和针对水域设施的监测两大类。其中,针对陆域设施的监测主要侧重于监测水运交通领域中的陆域建筑物,如港口、航道岸线、船只和码头等;针对水域设施的监测侧重于对水体的水质、含沙量和有害漂浮物等进行监测。

1）水上交通要素监测

近年来，伴随我国经济的快速发展，我国港口、码头、产业园区等陆域基础设施发展迅速，沿海及内河水域的船舶数量急剧增加，沿岸水域的通航环境发生了很大的变化。因此，水上交通要素的日常监测已经逐渐成为进行水上交通安全、水上交通运输规划等相关研究以及实施管理对策的基础，是水上交通信息化建设的重要组成部分。然而，目前对于水上交通实况基本数据的了解还不够全面和翔实，这将影响我国在水上安全、水路交通运输规划等方面决策的科学性和合理性。

2）水环境监测

水环境监测主要包括监视和测定水体中污染物的种类、浓度及变化趋势，通航水域水体的含沙量浓度，水域溢油污染等，以评价水体状况及安全通航条件。水环境监测是水环境保护的基础工作，也是水质评价、水环境综合治理与水污染防治实施的重要依据。一方面，通航水域中大型船只数量的增加对通航水深不断提出新要求，如长江航道近年来实施的12.5 m深水航道整治工程，因此航道含沙量的监测对于航道的日常管理尤其重要；另一方面，随着水污染问题的日益加剧，水域内野生鸟类、鱼类的生存环境以及水体周围的生态环境不断遭到破坏，水运交通的正常运营和周边地区人们的生产和生活也受到严重影响（尹球等，2005）。因此，对水环境进行快速准确地监测是保障水运交通安全运营的基础。

7.1.2 水运监测需求

当前，我国水运交通正处于重要战略机遇期和矛盾凸显期，需求总量不断增长，需求层次快速提升，资源环境约束加剧，陆域基础设施建设和养护技术难度加大，水域环境保护形势严峻，水运监测信息化水平亟待提高。

1）水上交通要素的监测需求

当前，水运交通基础设施的监测仍然以人工实地监测为主，造成了监测周期长、费用高等问题。随着“一带一路”倡议的提出和实施，我国承担建设或运营的海外港口及航道项目数量急剧增加，对海外水运基础设施的远程监测需求不断增加。若仍然沿用传统监测手段，将增加海外的众多水运交通工程的管理成本。高分辨率遥感技术的大范围、高效、客观监测特点，可满足海外工程的远程监测需求。以港口为例，港口是位于海、江、河、湖和水库沿岸，具有水陆联运设备和条件供船舶安全进出和停泊的运输枢纽，是水陆交通的集结点和枢纽，工农业产品和外贸进出口物资的集散地，船舶停泊、装卸货物、上下旅客、补充给养的场所。港口的陆域设施包括码头、库场、公路、港区道路、装卸和运输机械等。陆域岸边建有码头，岸上建有港口库场和道路等。作为重要的交通枢纽，港口在国民经济发展中发挥着重要作用。尤其“一带一路”倡议的提出，将港口作为海上丝绸之路的重要节点，给港口的建设和运营带来新一轮的快速发展（李静等，2016），因此对港口目标的监测需求不断加大。港口工程一般位于海岸带与河口三角洲地区,地形相对复杂。同时,港口资源的开发、利用、占用情况呈现变化快、范围广和分散的特点。利用传统的人工监测手段,港口行业管理部门难以及时、准确掌握港口资源利用、建设和运营的整体状况,在港口管理上往往比较被动(冯永玖等,2015)。随着"高分专项"的实施,国产高分卫星图像数据有了一定储备,可以为港口目标监测提供数据支撑,为港口的动态跟踪监测和管理提供技术保障。

2) 水环境的监测需求

水上交通日趋拥挤,水上交通应急响应日益成为需要面对的重要问题。随着通航水域船只数量的增加,水上船只交通事故发生率也随之增加,尤其是溢油船只事故的发生,会对大片水域的水体环境造成严重的污染,溢油事件的发生地点和扩散范围等信息的快速获取是水上交通事故应急响应的基础。传统的现场调查面临着耗费周期长、成本高、人员安全保障难度大等问题。利用遥感技术,可以为海上溢油事故的监测带来有效的数据支持,在获取溢油范围、油膜特征和漂移方向等数据方面,可以为事故的应急处置提供重要的数据支持,提高应急预案的有效性。传统水环境监测的方法主要是先实地采集水样,再进行化学分析,并根据分析数据进行综合评价。该方法虽然能够精确地对多种水质指标进行分析评价,但是需要耗费较多人力、物力和财力,并且采集数据受到天气、水文条件的限制,也仅局限于对整个水域的局部地区进行采样,不能满足大尺度、快速、长时间连续对水域进行水质监测的需求(彭保发等,2018)。遥感技术使得大范围、长时间连续监测水体水质变化成为可能,给水环境监测提供了新的技术选择(竞霞等,2008)。

目前,可用于遥感水质监测的遥感数据主要包括 SPOT 卫星的 HRV 数据、NOAA 的 AVHRR 数据、Landsat 卫星的 MSS/TM/ETM+数据、IRS 遥感系统的 LISS 数据、JERS 卫星的 OPS(光学传感器)的多光谱图像数据、中巴地球资源卫星 1 号的 CCD 相机数据、环境减灾卫星 CCD 数据、高分系列卫星数据等。除此之外,航空航天高光谱数据,如美国的 EO-1 Hyperion 高光谱数据、AVIRIS,加拿大的 CASI、芬兰的 AISA、我国的 PHI 以及 OMIS、SEAWIFS 数据等也是水质监测的重要数据来源(胡红等,2017)。

7.2 水上交通要素遥感监测

7.2.1 港口提取

港口与其他陆地的灰度和纹理有非常相似的特征,因而难以区分,但是它的形状特征与其他陆地有较大的差异。然而,港口有多种类别,很难用统一的几何模型来描述其形状(吴建华,2005)。因此,利用遥感图像对港口目标进行目视解译相对容易,但采用计算机自动检测港口目标却较为困难。完整的港口目标识别,包含海陆分割、海岸线提取和轮廓线识别，需要综合应用图像处理、模式识别、人工智能、数据库、计算机仿真、可视化、数据融合等计算机技术（陈琪，2011）。基于高分辨率遥感图像开展港口提取工作，其主要任务是提取港口目标轮廓，分析港区目标位置信息，同时对港区内地物、土地利用状况等进行提取分类，获取港口范围内基础信息数据。

1）港口轮廓遥感提取方法

对于港口目标轮廓的提取，总结国内外研究状况，现有的方法可以归纳为基于海岸线判识码头、基于半封闭性测度判识港口、基于横向纵向扫描判识港口三类。

（1）基于海岸线判识码头

利用港口码头的直线、折线、角点等特征，又可分为基于直线判识定位港口、基于轮廓差分链码判识港口基元、基于角点判识港口三类方法。

基于直线判识定位港口：该方法一般适用于可见光遥感图像，原理是利用港口的直线特征进行识别。首先识别海岸线中的直线，并判识直线的空间特征，如长度、相位、位置等；然后利用直线连续性特征，对识别出的直线根据长度、走向、位置等空间信息进行连接；最后参照港口特征，挑选最接近特征的平行直线组，即为港口码头边缘（赵波，2004）。

基于轮廓差分链码判识港口基元：该方法与基于直线特征判识港口不同，是以一条有四个转折的折线（几条相邻直线段的组合）作为轮廓基元进行港口识别。首先对可见光遥感图像的海岸线轮廓用 Freeman 码编码规则进行链码编码，然后进行链码拐点检测，利用差分链码标记提取具有 4 个连续链码拐点的港口轮廓基元，最后检测与链码拐点有关的三个特性，得到港口轮廓基元的识别结果，进而达到识别港口轮廓的目的（周拥军等，2008）。该方法可以有效地识别遥感图像中任意方向和任意凹凸的脉冲型港口码头目标，但不适用于非脉冲型港口码头目标。

基于角点判识港口：该方法主要适用于红外遥感图像，对港口轮廓上直线的交点进行判识。首先对海岸线进行链码编码，并将链码转换成角度函数，利用角度函数小波变换后的极大值点对应角点这一原理，选择高斯函数进行小波变换求其极大值点，并在图中对应位置标记出角点，则最长的且能检测出角点的曲线即为港口轮廓线。但该方法很可能会将一段较为曲折的海岸线误认为是港口轮廓线（侯彪等，2002）。

（2）基于半封闭性测度判识港口

基于半封闭性测度判识港口的方法是对可见光遥感图像进行提取得到海岸线，根据港口岸线轮廓的长度要远大于港口口门的距离，以及港口岸线具有很强封闭性的特点设计的。该方法首先通过多边形近似方法得到近似的海岸线，然后计算近似海岸线上每两个特征点之间的封闭性度量，将封闭性测度值较大的两特征点之间的海岸线分割出来以实现港口目标的初步检测。在此基础上采用特征点松弛匹配可实现特定港口识别（张志龙等，2010）。该方法既可以实现对人工港口的检测，又可以实现对天然港口的检测，但计算海岸线封闭性测度的计算量较大。

（3）基于横向纵向扫描判识港口

基于横向纵向扫描判识港口的方法是根据港口防波堤两侧都有水域包围的特点进行设计的。与其他港口检测方法最大的不同是，该类方法是在对可见光遥感图像进行提取得到的海陆分割二值图上进行的。首先利用防波堤像素两侧均有水域的特点对海陆二值图进行横向、纵向扫描，提取出疑似港口，然后用防波堤长宽比（防波堤呈长条状）进行鉴别以去除伪防波堤，最后用区域合并法将属于同一港口的防波堤合并到一起（根据防波堤之间的距离）来识别港口（吴建华，2005）。使用这种方法检测港口防坡堤有一个问题——可能会产生很多虚警，因为它会将陆地在海域突出的局部区域检测为疑似防波堤，如陆地突出的半岛等，因此还需后续鉴别。

这三类方法的性能比较如表 7.1 所示。第一种方法可以用于监测脉冲型港口码头，判识速度较快，但只能提取码头，无法标识整个港口目标；第二种方法主要判识人工/天然港口，通用性相对较好，但不能单独检测码头，判识速度慢，可能会将自然地形可以作为港口但无码头等设施的一段海岸误认为是港口；第三种方法会产生较多虚假防波堤目标，还需进一步利用其形状特征和相互位置关系进行鉴别。

表 7.1 港口判识方法性能对比

<table>
<tr><th colspan="2">港口判识方法</th><th>可判识类型
（人工/天然）</th><th>判识码头类型
（突堤/顺岸）</th><th>判识速度</th><th>判识效果</th><th>特点</th></tr>
<tr><td rowspan="3">基于海岸线判识码头</td><td>基于直线判识定位港口</td><td>人工</td><td>突堤、顺岸</td><td>较快</td><td>较好</td><td>适用于判识长码头</td></tr>
<tr><td>基于轮廓差分链码判识港口基元</td><td>人工</td><td>突堤</td><td>较快</td><td>较好</td><td>只适用于判识脉冲型港口码头</td></tr>
<tr><td>基于角点判识港口</td><td>人工</td><td>突堤</td><td>较快</td><td>虚警较多</td><td>—</td></tr>
<tr><td colspan="2">基于半封闭性测度判识港口</td><td>人工、天然</td><td>—</td><td>较慢</td><td>较好</td><td>判识结果轮廓完整</td></tr>
<tr><td colspan="2">基于横向纵向扫描判识港口</td><td>人工</td><td>突堤、顺岸</td><td>较快</td><td>虚警较多</td><td>判识结果轮廓不完整</td></tr>
</table>

2）港口内地物遥感提取方法

对港口内地物等进行提取分类，目前主要采用的是面向对象的多尺度分割算法、深度学习算法等方法。这里主要针对港口内地物的典型特征，介绍面向对象的提取方法，主要流程及方法如图 7.1 所示（董敏等，2017）。

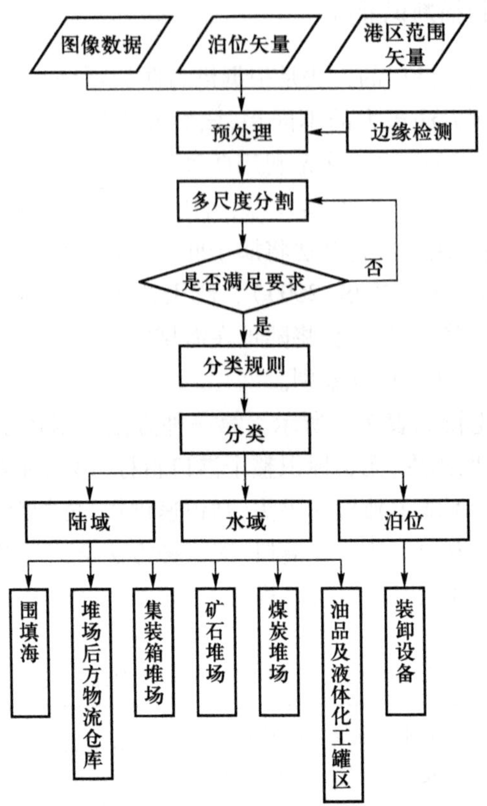

图 7.1 面向对象方法提取港口的技术流程图(董敏等,2017)

(1) 边缘提取

首先对遥感图像的某个波段使用 Lee Sigma 边缘提取算法。该算法使用一个特定的边缘滤波器,从原始图像中创建两个独立的边缘图像,其中包含一个亮边缘图像和一个暗边缘图像。

(2) 多尺度分割

将上一步骤生成的亮边缘图像和暗边缘图像与多光谱图像和全色图像按照一定的权重一起参与到多尺度分割算法中,生成有一定意义的图像对象,为后续的面向对象分类提供分类基础。

(3) 利用光谱特征分类提取

港口资源监测的分类系统提取的先后顺序是,先提取水域、陆域和泊位,然后从泊位中提取出装卸设备,再从陆域中按顺序分出油品及液体化工品堆场、煤炭堆场、矿石堆场、集装箱堆场、堆场后方物流仓库和围填海。

① 装卸设备提取。集装箱堆场码头前沿的装卸设备处在泊位范围内,在图像上表现

出存在白色小矩形区域的特点。白色对象可以使用亮边缘图像的强度均值、亮度均值、面积、长宽比等特征进行提取。装卸设备的提取是在提取出泊位的基础上完成的,而提取泊位使用的是泊位组矢量数据,它限定了装卸设备提取的空间范围,根据提取出来的装卸设备数量进一步监测其在泊位组的变化情况,掌握一定时期内港口集装箱吞吐量趋势,了解新建集装箱堆场的运行状况。

② 水域的提取。水域的提取有多种方式,如单波段阈值法、指数法、纹理法等。这里主要介绍指数法与边缘提取算法相结合的方法。由水体的光谱特性可知,一般水体与其他地物的区分可以利用其在近红外波段的强吸收特点,创建归一化植被指数(NDVI)和归一化水体指数(NDWI);同时,水体相对于其周围地物具有纹理平滑均一的特点,其亮边缘图像的强度均值较小。依据这两种算法进行水域的提取。

③ 油品及液体化工品堆场提取。已经建成的亮度较高的油罐在遥感图像中表现为亮白色调,呈圆形或椭圆形。在提取过程中可以通过使用亮度均值、全色波段的标准差、椭圆拟合、亮边缘图像强度均值、面积、长宽比等特征来进行提取。

④ 煤炭堆场提取。煤炭堆场在图像中表现为暗色调,且与泊位相距一定的距离。根据其特点可以使用 NDVI、亮度均值、相关特征对该地物进行提取。首先,将亮边缘图像和暗边缘图像与遥感图像一起参与多尺度分割,得到图像对象;然后,依据亮度均值、NDVI 特征阈值等把亮度较高物体、植被区域、矿石堆场等剔除出去,分类识别出煤炭堆场。

⑤ 矿石堆场提取。矿石堆场在图像中由于矿石种类的不同表现为黑色、青色、棕色、黄色、白色等不同色调,且与泊位相距一定的距离。在提取完煤炭堆场的基础上,利用亮度均值、NDVI 阈值等剔除亮度较高对象与植被区域等,最终提取出矿石堆场。

⑥ 集装箱堆场提取。集装箱堆场的典型特征是与含有装卸设备的泊位相距一定的距离。由于集装箱堆场堆满集装箱后亮度值较低,与较高亮度的背景地面反差较大,边缘较为明显,因此较容易提取。此外,若堆场中未堆放集装箱,那么堆场就呈现地面高亮的光谱值,可以使用亮度均值特征来实现集装箱堆场的提取。

⑦ 堆场后方物流仓库提取。堆场后方物流仓库在图像中大多表现为蓝色、红色、白色等不同色调。因此根据其特点使用蓝波段比值、红波段比值、亮度均值、NDVI、矩形拟合等特征实现仓库的提取。

⑧ 围填海提取。围填海在图像上随着围填海的进度呈现不同的色调,但其与水域相邻且与水域相距在一定距离内,围填海表面色调均一,纹理平滑。根据其特点可以使用与水体的距离、亮度均值以及 ENDVI、亮边缘图像强度均值等特征进行提取。

3) 港口提取应用与分析

以江苏太仓港为例说明高分辨率遥感卫星图像在港口目标监测中的应用。太仓港地处长江和沿海开放交汇处,拥有 38.8 km 长江岸线,以及 12.5 m 深水航道,是少见的天然良港。利用高分二号图像数据对江苏太仓港沿岸码头、泊位等人工建筑信息进行提取,并利用多时相数据监测岸线非法建筑物搭建情况。

本研究获取了 2015 年 2 月至 2016 年 7 月示范区域内高分二号全色多光谱图像数据,

经过校正、融合、匀色、镶嵌等预处理步骤,得到该区域正射影像(图7.2)。

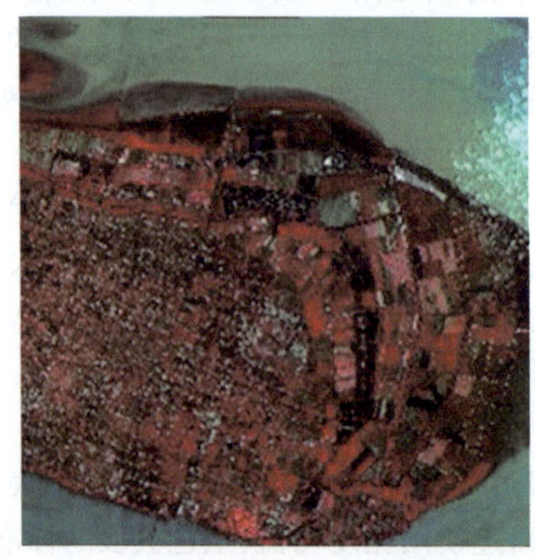

图7.2 基于高分二号的江苏太仓港数字正射影像

对于港口码头部分,首先利用中层图斑语义的直方图进行进一步确认,分割水域、陆域部分,之后再利用基于海岸线判识码头、主动轮廓模型等方法提取港口、码头等水工建筑的边界,并提取集装箱堆场的范围。图7.3为利用高分二号遥感图像提取的示范区内的码头、船坞边界。左图为提取的港口和码头的边缘轮廓,右图为针对单个码头区域的检测结果,红色框选区域为提取的集装箱堆场。

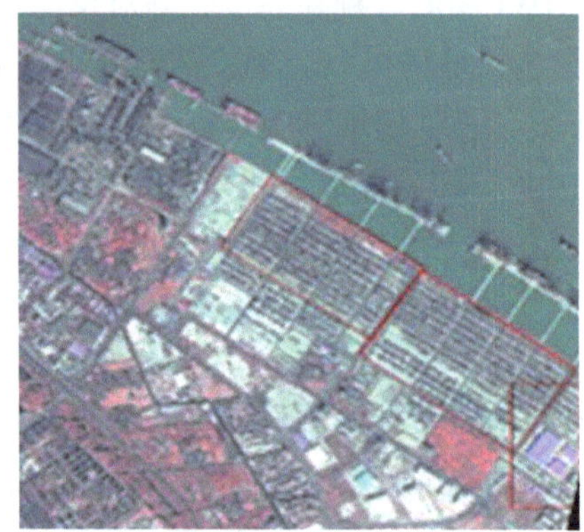

图7.3 基于高分二号的江苏太仓港目标监测

利用码头、港口边界线的自动提取结果,航道部门可以掌握新建码头的水域占用情况以及码头后方堆场使用情况,为判断水工建筑是否违法占用航道提供依据。结合船舶的识别功能,可以综合掌握特定港口的靠泊情况,分析港口作业率等数据。

7.2.2 岸线提取

1）岸线提取方法

由于遥感图像具有瞬时成像的特点，从遥感图像中直接提取的大多是瞬时水边线，即图像成像时水与陆地的交界线，而并非实际意义上的岸线（许家琨等，2007）。虽然水边线不是岸线，但在许多提取岸线的方法中，在提取出水边线后对水边线进行一系列修正可得到岸线。岸线的提取可分为水边线提取和岸线提取两部分内容。

（1）水边线提取

在提取水边线时，主要问题是如何从图像中准确、快速地获得连续的水陆分界线。针对这个问题，学者们在不同的方向上做了许多积极的探索。表7.2是各种提取方法的综合比较。

表7.2 水边线提取方法综合比较

方法	适用范围	抗噪能力	复杂度	精度
目视解译法	研究区较小且精度要求较高时	十分强	非常高	非常高
阈值分割法	大范围、精度要求不高、海陆差异明显时	较强	低	较低
边缘检测法	研究区较大且岸线情况不复杂时，对基岩质地好的人造海岸效果好	易受图像上噪声影响，检测的岸线容易中断，通常需要后续处理	较低	一般
面向对象法	适用于研究区内海岸类型复杂且精度要求较高时	较强	较高	较高
活动轮廓法	仅能检测简单的图像；处理范围小	较强	很高，需人工给定处理轮廓	较高
区域生长法	适用范围广；能获得连续岸线	较弱	较低	一般
元胞自动机	监测淤泥质海岸时有明显优势，不适合大范围的应用	一般	复杂度较高，需多次尝试确定最佳阈值	较高
支持向量机	适用于海岸地形起伏较小的地区；自动化程度较高	较强	一般	较高

阈值分割法是利用目标与背景地物的像元灰度值不同,通过设置相应的阈值将两者分割的方法。其应用于单波段图像上时,若图像的灰度直方图没有明显的双峰,或海陆背景对比不强烈时,分割效果将会很差;在多波段遥感图像提取岸线时可以使用归一化水体指数(normalized difference water index,NDWI)(McFeeters ,1996)或修正归一化水体指数(modified normalized difference water index, MNDWI)(Xu, 2005)来对图像进行归一化处理,提高水体亮度,以此为基础并结合阈值分割法可以准确、快速地提取出水边线(Lin et al., 2016; Lu et al., 2011)。总体来说,阈值分割法是一种较为高效的算法,它的方法简单、运算速度快,但其对于海陆对比度具有一定要求,提取精度一般。

边缘检测法是进行图像分割、提取边界线的经典方法。传统的各种边缘检测算子有 Sobel 算子、Canny 算子、Roberts 算子等。除此之外,学者也不断综合其他技术提出新的方法,如张朝阳等(2005)在 Canny 算法的基础上结合色差理论,针对彩色遥感图像提出了基于色差 Canny 算子的形态学自适应性算法提取水边线,这种算法具有较高信噪比,能达到比较理想的海岸线检测效果。马小峰等(2007)在提取人工和基岩岸线时为了使图像的边缘特征更突出,先采用锐化滤波器对图像进行增强处理,然后使用 Canny 算子进行提取。

面向对象的提取方法是一种分类提取的方法。这种方法先用遥感图像中的光谱信息、空间信息和纹理信息对海岸进行分割,然后根据分割结果针对每种类型的特点建立解译标识,再对海岸线进行自动提取。近几年,众多学者利用该方法成功提取了更接近真实情况的海岸线(王常颖等,2017;Ge et al., 2014)。面向对象的方法虽然较为烦琐耗时,但精度能得到很好的保障。

活动轮廓法的主要原理是通过构造能量泛函,在能量函数最小值驱动下,轮廓曲线逐渐向待检测物体的边缘逼近,最终分割出目标。由于活动轮廓模型利用曲线演化定位目标的边缘,因此也称为 Snake 模型。活动轮廓模型是当前应用最多的利用变分思想求解的图像分割方法,其最大优点是在高噪声的情况下,也能得到连续、光滑的闭合分割边界(沈琦等,2012;Mason and Davenport,1996)。

区域生长法的基本思想是将具有相似性的像元集合起来构成区域。区域生长法作为一种经典的分割算法,在提取遥感图像水边线方面有不少应用(谢明鸿等,2007)。这种方法在提取水边线方面有着算法简单、速度快、结果稳定连续等优点,但易受噪声影响,且在岸线周围地物背景复杂的情况下易造成水边线的变形。

除了以上提到的几种经典方法外,国内外学者也在不断尝试引入新的方法来进行水边线的提取。例如,冯永玖和韩震(2012)将元胞自动机的方法引入水边线提取,提出了基于元胞自动机和方向信息权重的岸线提取方法;Wang 等(2011)、朱长明等(2013)和 Kalkan 等(2013)将支持向量机应用到水边线提取,分别从 SAR 图像和光学遥感图像中提取出了水边线;王鹏等(2016)提出了一种面向对象的半自动提取方法。

(2) 岸线提取

基于已经提取的水边线,结合地形信息、水域控制点信息、潮位信息等,进一步修正后得到岸线。利用水边线修正来得到岸线的思路一般有三种：① 结合海岸坡度信息和潮位站信息，利用几何关系计算得出水边线与高潮线的位置关系；② 基于验潮数据得出水边线高程值，然后插值得到 DEM 并以此获得岸线；③ 根据水边线和岸上的地物之间的距离判断岸线的位置（常军等，2004；吴春生等，2015）。马小峰等（2007）利用边缘检测法提取出水边线后，根据从潮位站获取的潮位信息得到图像成像时的瞬时潮位高度，然后再利用平均大潮高潮位的潮水高度以及海岸坡度等信息计算出水边线偏移距离，进而得到海岸线的位置。该方法需要提取至少两幅遥感图像的水边线，测量两水边线的距离 ΔL，并根据验潮数据得到两幅图像成像时刻的潮位高度差 Δh，依据三角函数关系确定海岸坡度，最后根据多年潮位观测资料确定的平均大潮高潮位的潮水高度，即可将水边线修正至真实海岸线的位置。

图 7.4 中，C_1、C_2 分别为两景图像中水边线的位置，可以量出两线距离，设为 ΔL。根据潮位信息和图像的成像时间确定成像时的潮位高度（分别为 h_1 与 h_2），求得海岸的坡度 $\theta=\arctan[(h_2-h_1)/\Delta L]$，然后利用确定的平均大潮高潮位的潮水高度得到海岸线与水边线的距离 $L=(H-h_2)/\tan\theta$。

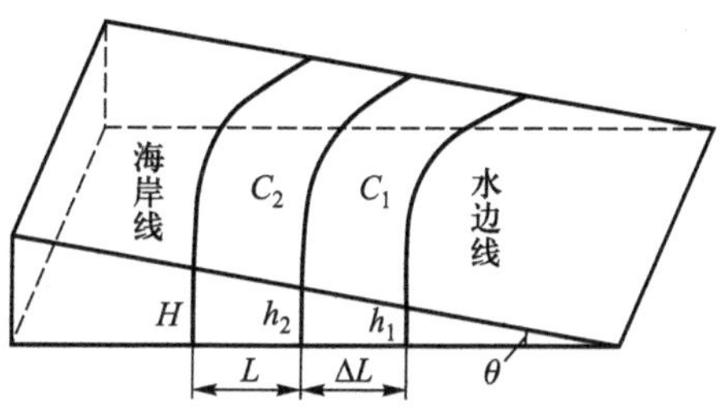

图 7.4 岸线位置计算原理

2）岸线提取应用与分析

下面以长江干线航道为例说明岸线提取的典型应用。长江干线航道自云南水富至长江口，全长约 2838 km，是我国唯一贯穿东、中、西部地区的水路运输大通道，也是国家综合运输体系长江运输大通道的核心，长江经济带建设的重要支撑。长江江阴至浏河口航段，处于从长江口进江 160 余千米的“黄金水道”段，航道沿线已基本形成了以国家主要港口为骨干、地区重要港口为基础辐射全流域的总体格局，形成了比较齐备的集装箱、铁矿石、煤炭等江海转运体系以及汽车滚装和液化品等专业化运输体系。依托黄金水道推动长江经济带发展，打造我国经济新支撑带，是我国的重大战略决策。目前，长江航道的岸线、洲滩淤积、离岸、近岸关键目标等专题信息的监测和提取具有迫切的数据需求，相关管理单位可基于此信息进行长江航道的运营管理。

本研究获取了 2015 年 2 月至 2016 年 7 月示范区域内 12 景高分二号 1A 级全色多光谱图像数据，数据云量覆盖少，面积合计 3800 余平方千米。经过图像的校正、配准、融合和拼接，得到了航道线的图像，再通过图像分割、提取，获取航道线。利用高分二号卫星遥感数据提取航道线，按图 7.5 所示的处理流程进行处理。

首先对 0.8 m 全色和 3.2 m 多光谱图像进行图像融合，融合之后的图像使用基于支持向量机的技术进行图像分割，得到长江航道示范区的图像（图 7.6）。基于图像可计算联通体面积，根据面积将处理区域分为岸线区域、洲滩区域、水上区域和水工建筑区域。

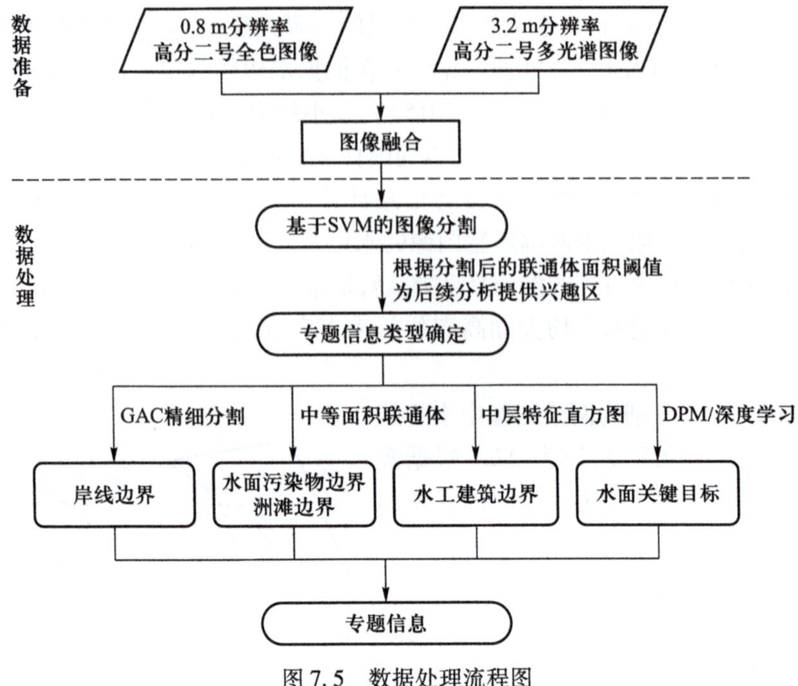

图 7.5 数据处理流程图

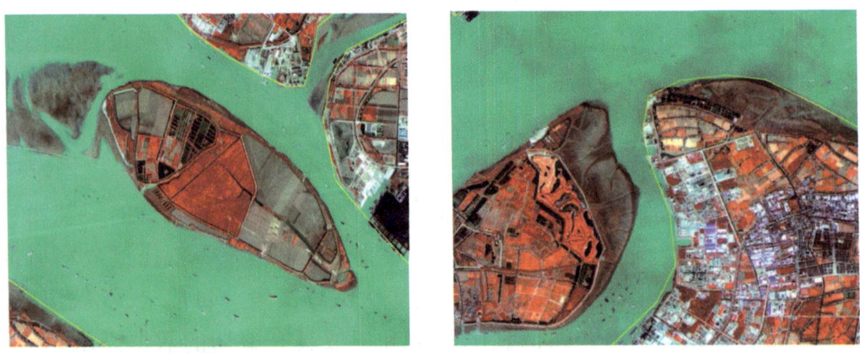

图 7.6 长江航道示范区高分二号图像(部分)

对于岸线区域,在图像分割基础上,找到最大的联通区域,然后利用基于主动轮廓模型的方法进行岸线的精确提取。图 7.7 为高分二号图像提取的长江航道上海段的河道边界线。

河道岸线是航道部门重点关注的区域,其标示水域与陆域的边界。岸线的自动识别与精确提取,一方面可以准确地展示航道水域当前状态下的范围,监测岸线的变化;另一方面可以作为水域与陆域的分割线,在航道图生产流程中,区分遥感图像生成的岸线以上区域与实测的水面以下区域,提高航道测量的生产效率。

图 7.7 河道边界线专题图(长江航道)

7.2.3 船只提取

1) 船只遥感提取方法

早期的船只遥感提取技术只是利用简单的阈值分割,得出图形联通区域,再对联通区域进行形态学分析,从而得出船只目标。这类方法简单快速,但是船只检测识别精度很低,通常只能适用于大范围海域上的单个船只目标,如果水面上有其他物体,则很容易判断错误。近年来,研究者开始利用遥感图像中船只的纹理信息,提取图像的 HOG 特征,通过简单的分类方法提取船只目标,这类方法精度有一定提升。总体而言,船只遥感提取的流程主要分为如下四步。

(1) 目标图像预处理

对原始遥感图像进行去噪、边缘锐化、小波变换和去云等处理,方便后续进一步对目标的处理。

卫星得到的初始可见光遥感图像经过多级校正、滤波、匹配等处理,展现在一幅完整清晰的大幅遥感图像上。在所研究的船舶遥感图像中,海面遥感目标并不能直接用于目标识别的操作,因为海面的船舶目标拥有如薄云、海浪、陆地、岛屿和礁石等目标的干扰。因此要经过相应的处理,来突显所感兴趣的船舶目标。

(2) 图像分割

将目标样本图像运用图像分割技术从背景图像中提取出来,以作为后续步骤的样本模板。

由于遥感图像中所需要的目标一般都隐藏在背景当中,为了从复杂的背景中准确地对所需的目标信息进行提取,需要通过分割,将其从遥感图像中提取出来,进而进行目标图像的相关精确处理。分割的方式有很多种,例如,通过不同区域的灰度和纹理差值来提取船舶目标,通过区域生长方式基于一个基点对船舶目标进行分割,通过活动轮廓方式对目标图像进行演化分割,以及通过先验数据对船舶目标进行分割等。

(3) 特征提取

即从分割好的待处理图像中将目标特征值提取出来,以方便进行后续识别处理。

特征提取为目标识别的一个重要步骤,通过提取目标的属性,对目标的几何、频谱、不变矩等特征进行提取,得出目标总体的基于量化表示法的特性,以便于后续处理。目前的遥感目标特征提取方法主要是对分割出的目标进行灰度特征、纹理特征、边缘特征和不变矩特征等的提取,并对这些特征进行基于统计特性的整合,以便于作为后期训练模型的模板使用。船只的特征提取步骤广泛采用可变形部件模型(DPM)算法。

DPM是考虑了物体部件间弹性形变的、兼容物体多个视角的支持向量机算法,在自然图像识别方面具有很广泛的应用。如图7.8所示,在遥感图像中,船只目标大小不同,形态各异,而且船只聚集状态千变万化,所以难以找到固定的刚性模型对所有船只进行检测,故此本研究提出了一种使用混合DPM的遥感图像船只检测方法。该方法通过对水陆分割预处理得到的兴趣区进行模板匹配,实现对不同形态、大小的船只进行检测;在检测过程中采用滑窗检测技术实现对聚集船只的分离,同时旋转兴趣区解决船只的方向变化问题。

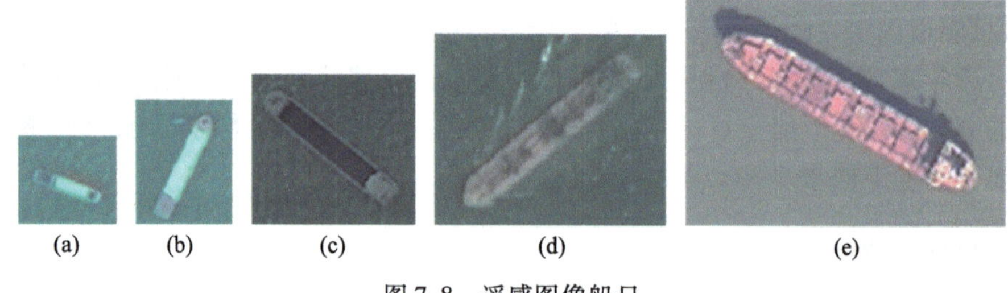

图7.8 遥感图像船只

首先,构建图像HOG特征金字塔(图7.9)。在图像金字塔的每一层中将图像划分成4像素×4像素大小的单元格,每个单元格内计算一个方向梯度直方图,方向梯度直方图的横轴为角度,将0°~360°分为9个区间,直方图的纵轴为单元格内所有像素梯度模值在该方向区间的分量之和,因此每一个方向梯度直方图都为一个9维的向量;然后将2×2单元格组合成一个块,对块内所有单元格的直方图向量进行归一化并联合组成36维特征向量;再对上述36维特征向量进行主成分分析和解析降维,得到31维特征向量。将船只描述成如图 7.10 所示的由船头、船身、船尾三个部分组成的弹性模型，这三个部分通过形变模型弹性连接在一起，便可以克服同类船只长宽比微小差异带来的形变。

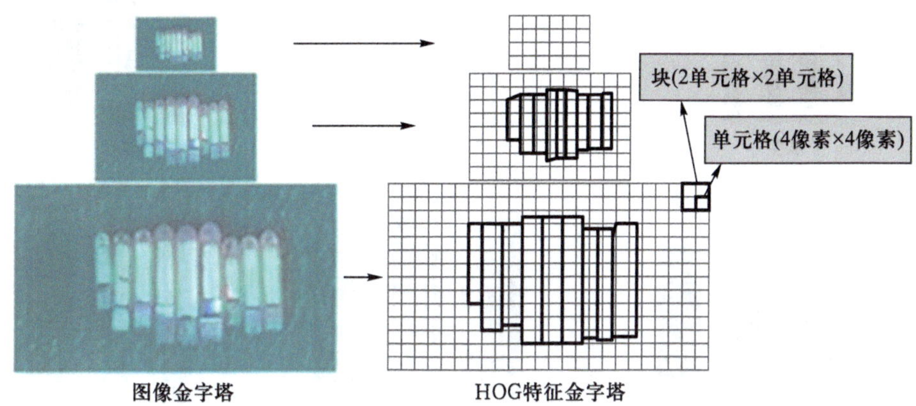

图 7.9 图像特征金字塔

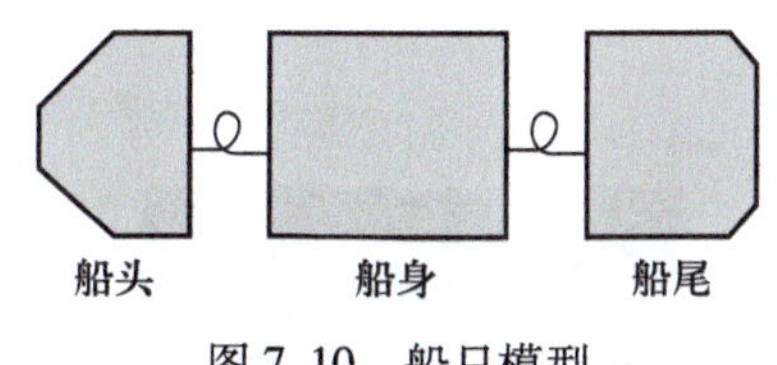

图 7.10 船只模型

然后，训练船只混合 DPM 模型。训练过程如下：① 首先将正样本分为 6 类，使用标准 SVM 算法初始化 6 个根滤波器；② 将 6 个根滤波器组合成一个没有部件的混合滤波器，再结合所有的正负样本使用随机梯度下降法重新训练混合滤波器的参数；③初始化部件滤波器，每个子模型的部件数固定为 6 个，对应的部件滤波器都采用简单的启发式方法进行初始化，即放置在根滤波器的高能量区域（能量是指子窗口内正权重的范数）；④ 更新混合模型，将根滤波器和部件滤波器组成混合模型，迭代更新。每次更新都需要构建新的正负样本，新的正样本由原来正样本中得分较高的样本组成，负样本则是由在不含船只的负样本图像中滑窗检测得分较高的部分组成，新的模型由新的正负样本通过随机梯度下降法训练得到。

根据以上方法和步骤训练得到了由 6 个子模型混合而成的船只混合模型，每个子模型由根滤波器、部件滤波器和形变模型组成，每个子模型都含有 6 个部件，模型可视化如图 7.11 所示。每个子模型中的四幅图分别对应各类的船只、根滤波器、子部件滤波器以及每个部件相对于根的空间位置形变模型。

最后，进行船只检测，流程如图 7.12 所示：① 对图像进行水陆分割，提取船只兴趣区。② 通过船只兴趣区的长宽比信息判断此待检区域是否为单个船只，如果判断为单个船只，则旋转到主方向后投入到 DPM 算法中进行检测；如果判断为聚集船只，考虑到船只聚集形态以及船只方向的多样性，需要将图像进行 4 次旋转，每次 10°，将原始图像以及得到的四幅图像分别投入 DPM 算法中进行检测。③ 输出所有的检测结果。

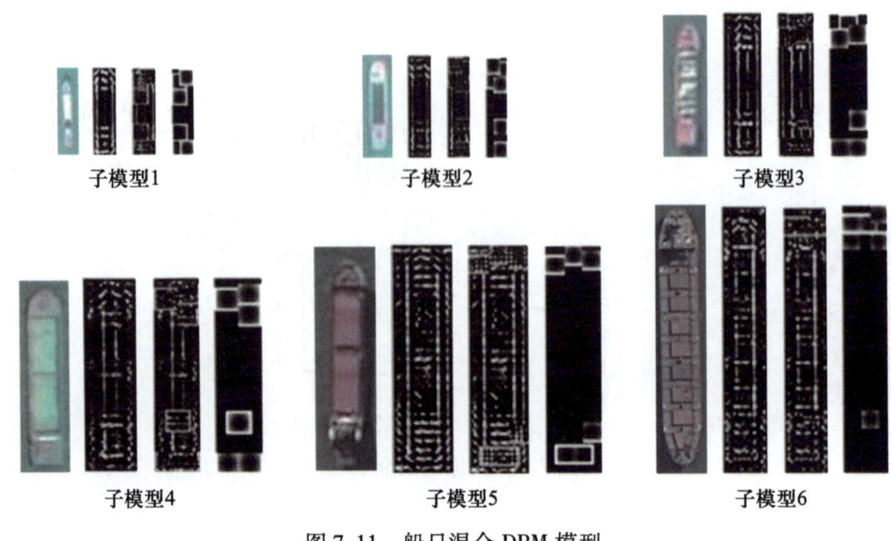

图 7.11 船只混合 DPM 模型

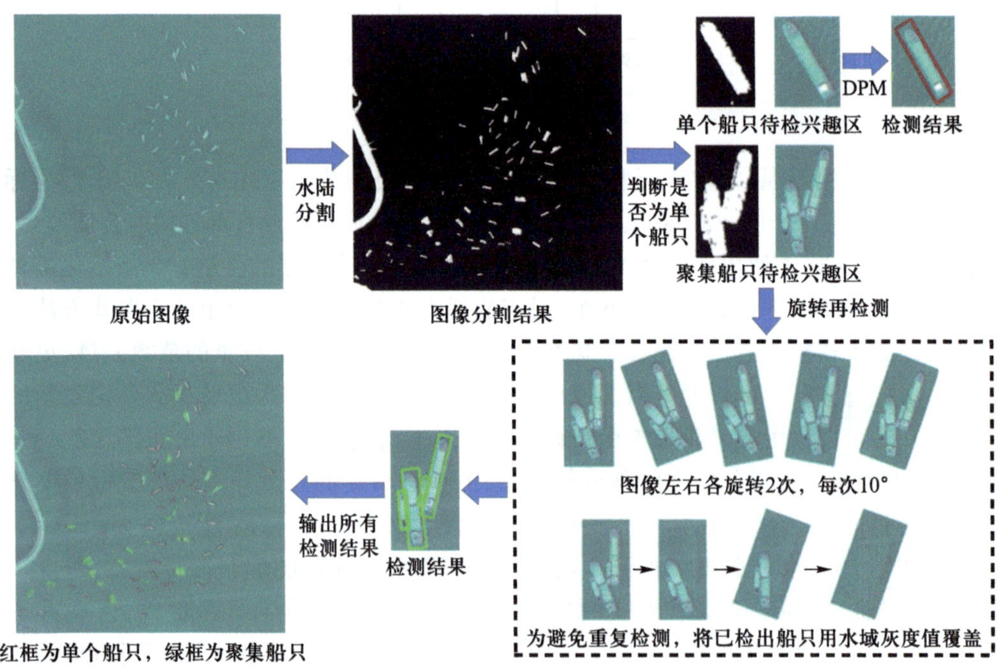

图 7.12 船只检测流程

(4) 目标识别

通过匹配或分类器训练等算法,将所提取目标进行分类标定,去除虚假预警。

目标识别是对遥感目标图像进行识别提取的关键操作步骤，其识别的准确性对目标的二次处理至关重要。目前，主要识别方式是分类器识别，即搭建分类器结构，并导入一些训练样本，之后对输入的样本进行学习。这种方式具有一定的类学习能力和总结能力(图 7. 13)。目前，常用的机器学习分类器结构有支持向量机、聚类分析、人工神经网络等，根据样本库资料来判断目标船舶的类别。

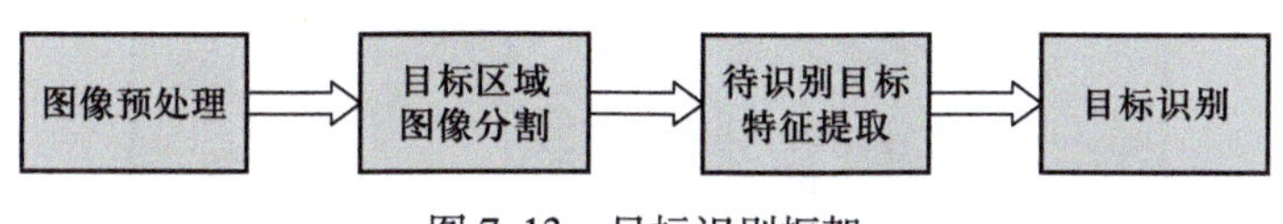

图 7. 13　目标识别框架

2）船只提取应用与分析

以长江航道为例，介绍船只提取的典型应用。基于高分辨率遥感图像，通过船只提取技术，对长江航道中的船只进行提取。

利用混合可变部件模型和深度学习目标提取方法对船只进行精确提取。图 7. 14 和图 7. 15 为利用航道子系统提取的航行中、停靠港口、停于水面的不同状态下的船舶。通过通航船舶的目标识别与自动提取功能，航道部门可以掌握特定区域的船舶通航情况，统计特定时间的船舶流量，分析船舶密度、习惯航线等。结合上述船舶的识别功能，航道部门还可以综合掌握特定港口的靠泊情况，分析港口作业率等数据。

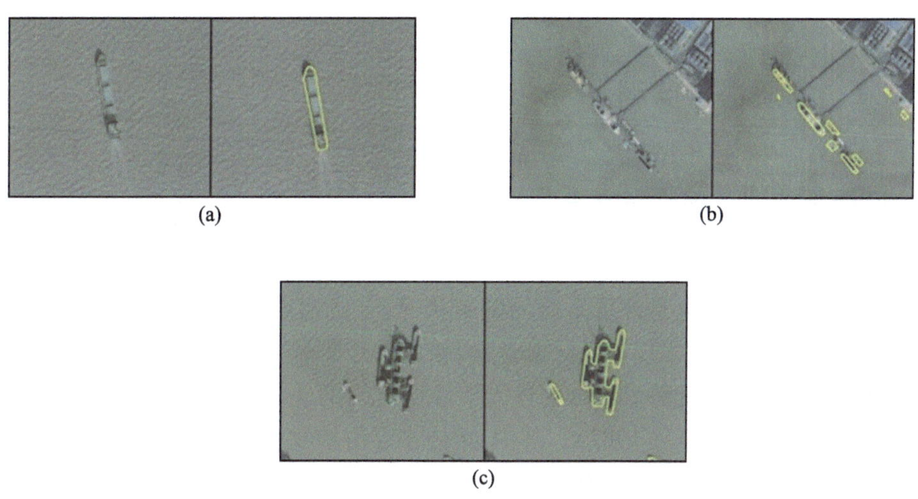

图 7. 14　船舶分布细节图：(a)航行中的船舶；(b)停靠港口的船舶；(c)停于水面的船舶

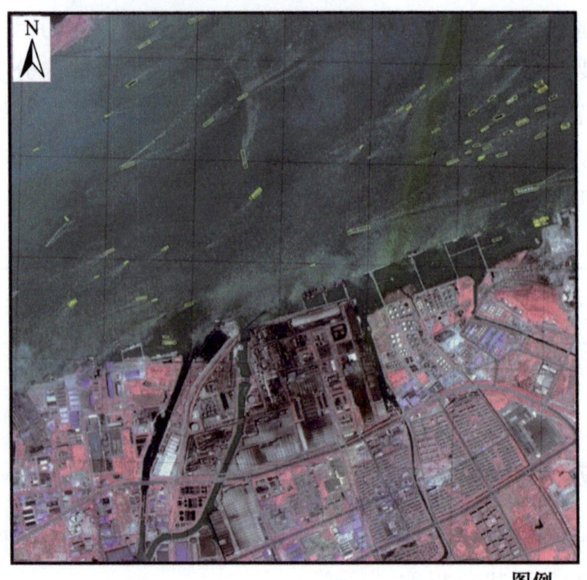

图 7.15 长江航道船舶提取结果

7.3 水环境遥感监测

7.3.1 水质遥感监测

1）叶绿素浓度遥感监测方法

叶绿素 a 是反映水体富营养化的重要指标。对叶绿素含量的定量研究有助于了解水体藻类生物的物质含量，也是评价水质的健康状况、有机污染程度的重要参考依据（丛丕福等，2009）。利用遥感技术反演叶绿素含量，相比常规野外采样方法效率更高，更具有大范围、长时序连续监测的优势。根据水体光学性质之间的差异，可将水体分为一类水体和二类水体（Gordon and Morel，1983）。其中，水体中浮游植物（包括其附属物质及与之相关性较高的物质）对水体光谱特征变化起主导作用的为一类水体；浮游植物、悬浮物及有色可溶性有机物（CDOM）等共同起作用的水体称为二类水体。一类水体的水色要素组分来源比较单一和稳定，利用遥感技术反演叶绿素 a 含量的算法相对成熟；相比一类水体，二类水体中组分构成复杂，各种水色要素一起主导光学特征，很多叶绿素 a 浓度遥感反演模型在二类水体中不再适用。

叶绿素 a 含量遥感反演方法主要有经验方法、半经验方法和分析方法三种（Carder et al.，1999；Lee et al.，1994；王皓等，2012），三种方法各有优劣，对比结果如表 7.3 所示。

表 7.3 水体中叶绿素 a 含量遥感反演方法比较

反演方法	优点	缺点
经验方法	易于构建和应用,便于区域应用	可移植性差,缺乏物理依据,模型不具有普适性
半经验方法	水质光谱特征与统计分析相结合,有一定的物理意义	过程较复杂,普适性差
分析方法	有较强的物理依据	依赖参量多,模型实际应用能力不足

基于水体组合的生物光学特性分析,选择特征光谱波段并构建适宜的光谱波段组合作为模型变量进行回归分析,能有效去除水体中悬浮物和 CDOM 的影响,突出组合对叶绿素 a 含量的敏感性。较多学者建立了各种有效的光谱波段组合,下面介绍一些常用的算法。

(1) 荧光算法

叶绿素 a 的荧光效应最初用于海洋的水色遥感。1977 年,荧光波段经 Morel 和 Neville 利用机载光谱仪验证,确定在 685 nm 处的峰值为叶绿素 a 的荧光值,此后,685 nm 附近的荧光峰值被国内外学者广泛应用到叶绿素 a 含量的反演研究中(Neville and Gower, 1977; Morel and Prieur, 1977)。荧光基线高度法(fluorescence line height,FLH)和归一化荧光高度法(normalized fluorescence height,NFH)是目前用于反演叶绿素 a 含量的两种精度较好的方法。

荧光基线高度法的基本原理是使用荧光峰左右两侧通道(λ_p,λ_s)的连线为基线计算荧光峰值与基线之间的距离,称为荧光线高度(图 7.16),单位为 $Wm^{-2}sr^{-1}nm^{-1}$,公式如下:

$$FLH = L_r - \left[L_s + \frac{\lambda_s - \lambda_r}{\lambda_s + \lambda_p}(L_p - L_s)\right] \tag{7.1}$$

荧光线高度随叶绿素 a 含量的增加而增加,水体中叶绿素 a 含量不高时,两者呈良好的线性关系;当叶绿素 a 含量超过一定值时,荧光线高度的增加逐渐变缓,表现出非线性的回归关系。

归一化荧光高度法由 Vos 于 1986 年率先提出(Vos et al. , 1986),其原理是将荧光峰

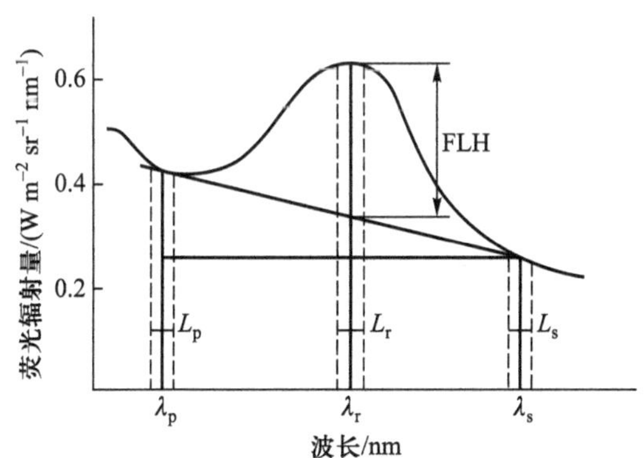

图 7.16 荧光线高度法的基本原理

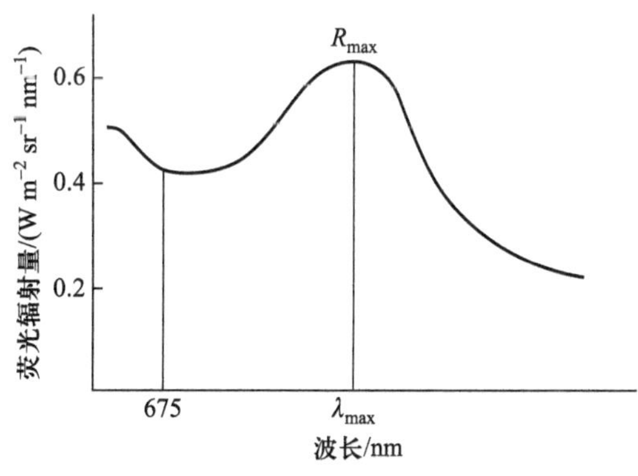

图 7.17 波长和荧光辐射量的关系图

值反射率归一化到560 nm(NFH1)或者675 nm(NFH2)附近的反射率最小值(图7.17),从而得到一个无量纲的值,该值被称为归一化荧光高度。

$$\begin{aligned} \mathrm{NFH1} &= R_{\max}/R_{560} \\ \mathrm{NFH2} &= R_{\max}/R_{675} \end{aligned} \tag{7.2}$$

(2) 三波段算法

三波段模型是基于植被叶绿素反演发展出的一种算法,其理论基础是生物光学模型。该算法能够提高内陆混浊湖泊水体中叶绿素a含量的反演精度。该算法利用三个波段,并进行一定的组合,能有效减少水体中非感兴趣组分的影响,提高光谱组合对叶绿素a含量的敏感性。水体的光谱反射率R与两个固有光学量(总吸收系数a与总后向散射系数b_b)存在如下定量关系(Gordon et al., 1988):

$$R_{rs}(\lambda) \propto \gamma \frac{b_b(\lambda)}{a(\lambda)+b_b(\lambda)} \tag{7.3}$$

式中,γ为不受波长λ影响的参数,仅依赖水体光场的几何分布。对于二类水体而言,水体的吸收不仅包含纯水体,还受到叶绿素a(chla)、无机悬浮物(tripton)以及黄色物质(CDOM)的影响。因此,总吸收系数a可以分解为上述几种组分的吸收系数之和:

$$a = a_{\text{water}} + a_{\text{chla}} + a_{\text{tripton}} + a_{\text{CDOM}} \tag{7.4}$$

由于无机悬浮物、黄色物质和叶绿素的吸收在蓝、绿波段存在重叠,为了提高叶绿素的信息,利用叶绿素在675 nm附近的红光波段吸收的最大值,得到与叶绿素吸收系数相关的表达式,可利用反射率R_{rs}的倒数来表示:

$$R_{rs}^{-1}(\lambda) \propto \frac{1}{\gamma} \frac{a_{\text{water}}(\lambda_1)+a_{\text{chla}}(\lambda_1)+a_{\text{TD}}(\lambda_1)+b_b}{b_b} \tag{7.5}$$

式中,$a_{\text{TD}}(\lambda_1)=a_{\text{tripton}}(\lambda_1)+a_{\text{CDOM}}(\lambda_1)$,$\lambda_1$是被选择的第一个波段,必须满足$R_{rs}^{-1}(\lambda_1)$与$a_{\text{chla}}$高度相关。为了从式(7.5)中去除$a_{\text{TD}}(\lambda_1)$和$b_b$的干扰,从而把$a_{\text{chla}}(\lambda_1)$分离出来,引入第二个波段,并且满足$a_{\text{TD}}(\lambda_1)\approx a_{\text{TD}}(\lambda_2)$,$a_{\text{chla}}(\lambda_1)\gg a_{\text{chla}}(\lambda_2)$,这时用$R_{rs}(\lambda_1)$与$R_{rs}(\lambda_2)$的倒数之差,可以得到如下表达式:

$$R_{rs}^{-1}(\lambda_1) - R_{rs}^{-1}(\lambda_2) \propto \frac{1}{\gamma} \frac{a_{\text{water}}(\lambda_1)+a_{\text{chla}}(\lambda_1)-a_{\text{water}}(\lambda_2)}{b_b} \tag{7.6}$$

要完全分离出$a_{\text{chla}}(\lambda_1)$,还需要从公式中去除$b_b$和$\gamma$的影响。为此,选取第三个波段$\lambda_3$,使得$\lambda_3$水体中的叶绿素a、无机悬浮物和黄色物质的吸收系数接近于0,即$a_{\text{chla}}(\lambda_3)+a_{\text{TD}}(\lambda_3)\approx 0$。此时,$a(\lambda_3)\approx a_{\text{water}}(\lambda_3)$,约为常数。同时又要使该波段的后向散射系数与前两个波段相当,且吸收系数远大于后向散射系数,即$b_b(\lambda_3)\approx b_b$,$a(\lambda_3)\gg b_b(\lambda_3)$,满足上

述条件的公式可以表示为

$$R_{rs}(\lambda_3) \propto \gamma \frac{b_b(\lambda_3)}{a(\lambda_3) + b_b(\lambda_3)} \approx \gamma \frac{b_b}{a_{water}(\lambda_3)} \approx \gamma \cdot b_b \tag{7.7}$$

将式(7.6)和式(7.7)相乘,得到完全分离的$a_{chla}(\lambda_1)$的表达式:

$$[R_{rs}^{-1}(\lambda_1) - R_{rs}^{-1}(\lambda_2)] \cdot R_{rs}(\lambda_3) \propto a_{chla}(\lambda_1) \tag{7.8}$$

综合以上分析,可以得出三个波段所处的大致位置:λ_1 应选择a_{chla}处于极大值的红光吸收峰附近(如λ_1=675 nm);而λ_2 应选择与此相邻的荧光峰波段(如λ_2=700 nm);λ_3 则应位于纯水体的光学特性的近红外波段(如λ_3=750 nm)。当然,特征波段的选择还受到后向散射系数的影响,后向散射系数随波长的增加而递减,且当λ_1>675 nm时,其值近似为常数,因而对上述结果没有太大影响。从三波段算法的原理可以看出,检验三个特征波段(λ_1、λ_2、λ_3)是否存在以及如何确定这些波段的位置是三波段模型反演的关键。为此,首先需要从水中各成分的固有光学量随波长的变化关系上判断三个波段的存在依据。因此,只要找到满足上述条件的λ_1、λ_2、λ_3,运用式(7.8)组成模型变量,就可以运用统计方法寻找反射率与浓度之间的线性关系,从而反演出叶绿素 a 的浓度(杨硕等,2010)。

(3) 人工神经网络模型方法

水体中包含多种组分时,很难用线性关系来精确地描述出光谱反射率与水体组分的关系。人工神经网络可以灵活模拟各种非线性关系,具有较强的自适应性、自组织性和容错性,因此可用于水体中叶绿素 a 含量的反演。目前,大多数利用神经网络反演叶绿素 a 含量的应用都采用 BP(back propagation)网络(误差反向传播训练算法)。BP 神经网络模型包含输入层、隐含层和输出层三个层次。输入层不进行计算,只用来接收信号信息;隐含层由加法器和转换器组成,加法器用来对前一层各个节点传输来的信号进行加权累加,转换器由各种激励函数构成,用来生成向前传播的各种信号;输出层用来输出功能信号。在利用人工神经网络反演水体叶绿素 a 浓度时,输入层一般输入的是遥感图像的各个波段的反射率数据,输出层输出的为叶绿素 a 浓度,多数研究一般采用一个隐含层的网络结构。在输入层和输出层确定之后,隐含层的节点数便成为影响模型结果精度的最主要参数。目前,最优隐含层节点数的确定还没有严格的准则,吕恒等(2006)在利用 TM 数据反演太湖叶绿素 a 浓度时,经过测试,7 个节点是最优节点数;刘建萍等(2009)利用 MODIS 图像反演太湖叶绿素 a 浓度时,5 个节点数为其最优数量。杨超宇等(2017)基于 Petzold (1972)建立的水体颗粒物散射相函数经验模型,对广西附近海域的叶绿素浓度进行了模拟实验,模拟结果与现场调查结果吻合度较好。

2) 水华遥感监测预警方法

水华由水体富营养化造成,表现为在淡水水体中,藻类、细菌或浮游生物突然大量繁殖的一种自然现象。水华发生时,水体的反射率在近红外波段急剧上升,与清洁水体的该波段反射率形成强烈的反差，正常水体和水华的光谱特征差异使得利用卫星监测水华成为可能。水体对红光、近红外、短波红外波段的辐射吸收特性在蓝藻聚集形成水华时会发生改变，使得水体表现出与植被类似的光谱特征。目前，湖泊水华遥感监测的主要方法有近红外单波段、比值植被指数、归一化植被指数、增强植被指数、浮游藻类指数等方法，下面对这五种方法分别进行介绍。

近红外单波段（near-infrared，NIR）方法利用了水华与植被类似的光谱特征。光谱曲线在近红外波段会出现“陡坡效应”，即在近红外波段会形成反射高台，可以用于区分蓝藻水华、混浊和清洁水体（刘蕾等，2015）。

比值植被指数（ratio vegetation index，RVI）方法公式如下：

$$RVI = \rho_{NIR} / \rho_{RED} \tag{7.9}$$

式中，ρ_{RED}和ρ_{NIR}分别代表红光和近红外波段的反射率。

归一化植被指数（normalized difference vegetation index，NDVI）方法是获取植被指数比较好的一种方法，水华发生时，蓝藻与植被表现出类似的光谱特征，所以 NDVI 也适用于提取蓝藻水华的信息（陈云和戴锦芳，2008）。NDVI 是红光波段和近红外波段的归一化的比值，公式如下：

$$NDVI = (\rho_{RED} - \rho_{NIR}) / (\rho_{RED} + \rho_{NIR}) \tag{7.10}$$

式中，ρ_{RED}和ρ_{NIR}分别代表红光和近红外波段的反射率。

增强型植被指数（enhanced vegetation index，EVI）公式如下：

$$EVI = 2.5 \times \frac{\rho_{NIR} - \rho_{RED}}{\rho_{NIR} + 6.0 \times \rho_{RED} - 7.5 \times \rho_{BLUE} + 1} \tag{7.11}$$

式中，ρ_{RED}、ρ_{NIR}和ρ_{BLUE}分别代表红光、近红外和蓝光波段的反射率。

浮游藻类指数（floating algae index，FAI）方法采用红光、近红外和短波红外波段组合的方式，利用蓝藻和水体光谱特征的差异识别出蓝藻的覆盖范围（张娇等，2016）。公式如下：

$$\begin{aligned} FAI &= \rho_{NIR} - \rho'_{NIR} \\ \rho'_{NIR} &= \rho_{RED} + (\rho_{SWIR} + \rho_{RED}) \cdot \frac{\lambda_{NIR} - \lambda_{RED}}{\lambda_{SWIR} - \lambda_{RED}} \end{aligned} \tag{7.12}$$

式中，ρ_{RED}、ρ_{NIR}、ρ_{SWIR}分别代表红光、近红外和短波红外波段的反射率，λ_{RED}、λ_{NIR}、λ_{SWIR}分别代表红光、近红外和短波红外波段的中心波长，ρ'_{NIR}是插值反射率，即利用线性插值方法将红光波段和短波红外波段在近红外波段处进行插值得到的反射率信息。

此外，宋瑜等（2011）利用 MODIS 水体绿度指数开展了藻华水体预警。构建了基于 MODIS 波段 2 与波段 1 之间比值的水体绿度指数（green index，GI），对太湖藻类密度变化特征进行了监测，通过对蓝藻水华不同形成阶段的分析，开展藻华的动态监测与预警，指出水体绿度指数 GI 分布在 0.6~0.8 的水域已进入蓝藻水华大规模爆发前的预警阶段。

7.3.2 航道水文泥沙遥感监测

1）航道含沙量遥感反演方法

自然因素和人类活动造成水土流失、河流侵蚀等，河流带走大量泥沙入湖、入海，是航道中悬浮固体物质的主要来源。这些泥沙物质进入水体，引起水体的光谱特性的变化。水体反射率与水体混浊度之间存在着密切的相关关系。随着水中悬浮泥沙浓度的增加，水体在整个可见光谱段的反射亮度增加，水体由暗变得越来越亮，同时反射峰值波长向长波方向移动，反射峰值本身形态变得更宽。遥感数据和悬浮泥沙含量之间的定量关系可分为水下的含沙量-水面光谱反射率关系和大气中的水面-遥感器光谱反射率关系两部分（李洪灵等，2006）。对含沙量-水面光谱反射率关系的研究成为悬浮泥沙遥感定量分析的基础。目前普遍认为，悬浮泥沙定量模式包括5种关系式：线性关系式、对数关系式、Gordon关系式、负指数关系式和统一关系式。在应用上述关系式时，通常的做法是：首先选择合适的若干波段或波长（一般不超过4个）；然后将选中的波长进行非线性变换得到关于波长的表达式，主要变换方法有波段比值（Doxaran et al., 2002；Jose et al., 2003）、波段多项式（Binding et al., 2003）、指数变换（Myint and Walker, 2002）、偏最小二乘回归（王惠文，1999）等。

随着机器学习等方法的成熟应用，现今已开展了众多采用人工神经网络、支持向量机、决策树等方法进行的航道水文泥沙遥感反演。利用机器学习方法可以很好地模拟复杂的、非线性的水体含沙量函数。该方法可以基于小样本量完成模型训练，并可以根据训练好的模型有效反演出水体泥沙量。对于给定的训练数据集，支持向量回归问题可描述为

$$T=\{(\boldsymbol{x}_1,y_1),(\boldsymbol{x}_2,y_2),\cdots,(\boldsymbol{x}_N,y_N)\} \tag{7.13}$$

式中，$\boldsymbol{x}_i\in\mathbf{R}^m$，$y_i\in\mathbf{R}$，$i=1,2,\cdots,N$。在给定损失函数$L(\boldsymbol{x},y,f)$的情况下，用函数$f(\boldsymbol{x})=\langle\boldsymbol{w},\phi(\boldsymbol{x})\rangle+b$逼近训练数据集$T$。$\boldsymbol{w}\in R^h$，$b\in R$，$\phi(\boldsymbol{x}):m\rightarrow h$为低维空间到高维空间的映射。

回归函数的最优化模型如下：

$$\begin{gathered}\min_{\boldsymbol{w},b}\frac{1}{2}\boldsymbol{w}^{\mathrm{T}}\boldsymbol{w}+C\sum_{i=1}^{N}(\xi_i+\xi_i^*)\\ \text{s.t.}\begin{cases}L(\boldsymbol{x}_i,y_i,f)\leqslant\xi_i\\ L(\boldsymbol{x}_i,y_i,f)\leqslant\xi_i^* & i=1,2,\cdots,N\\ \xi_i,\xi_i^*>0\end{cases}\end{gathered} \tag{7.14}$$

上式的意义是在保证回归的精度满足约束条件下，使回归结果函数最光滑。C为预先给定的惩罚项的系数，用来平衡逼近精度和结果平滑度，ξ^*、ξ为对回归结果进行约束的松弛变量。如果$\phi(\boldsymbol{x})=\boldsymbol{x}$，则为线性回归；否则，为非线性回归，映射后的空间称为特征空间。

根据所选损失函数的不同,能够构建不同的支持向量回归机,使用ε_支持向量回归机,其损失函数为ε不敏感损失函数,定义如下:

$$L_{\varepsilon}(\boldsymbol{x},y,f)=\begin{cases}0, & |f(\boldsymbol{x})-y|<\varepsilon \\ |y-f(\boldsymbol{x})|-\varepsilon, & \text{其他}\end{cases} \tag{7.15}$$

式中,ε 为不敏感参数,即认为回归值与观测值之差小于 ε 时是没有损失的。该函数的图像如图 7.18 所示。

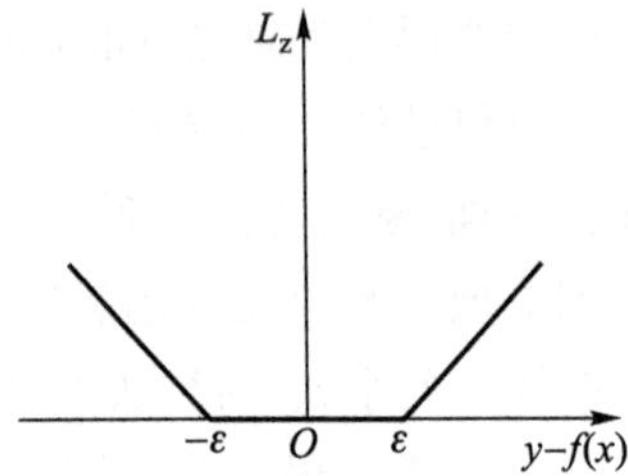

图 7.18 ε 不敏感损失函数

通常,对上述的最优化问题,不直接求解,而是求解其对偶问题。

$$\begin{aligned}&\min_{\alpha,\alpha^*}\frac{1}{2}\sum_{i,j=1}^{N}(\alpha_i^*-\alpha_i)(\alpha_j^*-\alpha_j)\langle\varphi(\boldsymbol{x}_i),\varphi(\boldsymbol{x}_j)\rangle+\varepsilon\sum_{i=1}^{N}(\alpha_i^*+\alpha_i)-\sum_{i=1}^{N}y_i(\alpha_i^*-\alpha_i)\\&\text{s.t.}\quad\sum_{i=1}^{N}y_i(\alpha_i-\alpha_i^*)=0,\\&0\leqslant\alpha_i,\ \alpha_i^*\leqslant\frac{C}{N},\ i=1,2,\cdots,N\end{aligned} \tag{7.16}$$

求解此问题需要计算高维空间的内积,当高维空间的维数很大或为无限时,将会导致“维数灾难”。而不向高维空间映射则会将回归函数限定在线性函数族中,不能保证回归的逼近程度。

支持向量回归机利用核函数隐式计算高维空间的内积,从而避免了“维数灾难”的发生。核函数具有如下性质:

$$K(\boldsymbol{x}_i,\boldsymbol{x}_j)=\langle\phi(\boldsymbol{x}_i),\phi(\boldsymbol{x}_j)\rangle \tag{7.17}$$

利用核函数,对偶问题可改写为

$$\begin{aligned}&\min_{\alpha,\alpha^*}\frac{1}{2}\sum_{i,j=1}^{N}(\alpha_i^*-\alpha_i)(\alpha_j^*-\alpha_j)K(\boldsymbol{x}_i,\boldsymbol{x}_j)+\varepsilon\sum_{i=1}^{N}(\alpha_i^*+\alpha_i)-\sum_{i=1}^{N}y_i(\alpha_i^*-\alpha_i)\\&\text{s.t.}\quad\sum_{i=1}^{N}y_i(\alpha_i-\alpha_i^*)=0,\end{aligned}$$

$$0 \leqslant \alpha_i,\ \alpha_i^* \leqslant \frac{C}{N},\ i=1,2,\cdots,N \tag{7.18}$$

求解上式,得到最优解$\bar{\alpha}=(\bar{\alpha}_1^*,\bar{\alpha}_1,\bar{\alpha}_2^*,\bar{\alpha}_2,\cdots,\bar{\alpha}_N^*,\bar{\alpha}_N)$,由该最优解可构造 ε_-支持向量回归机的决策函数:

$$f(\boldsymbol{x})=\sum_{i=1}^{N}(\bar{\alpha}_i^*-\bar{\alpha}_i)K(\boldsymbol{x}_i,\boldsymbol{x})+\bar{b} \tag{7.19}$$

式(7.19)中,$\bar{b}$按下列任一方式计算:

方式1:选择$\bar{\alpha}_i^*$,

$$\bar{b}=y_j-\sum_{i=1}^{N}(\bar{\alpha}_i^*-\bar{\alpha}_i)K(\boldsymbol{x}_i,\boldsymbol{x}_j)-\varepsilon \tag{7.20}$$

方式2:选择$\bar{\alpha}_i$,

$$\bar{b}=y_j-\sum_{i=1}^{N}(\bar{\alpha}_i^*-\bar{\alpha}_i)K(\boldsymbol{x}_i,\boldsymbol{x}_j)+\varepsilon \tag{7.21}$$

综上所述,利用支持向量回归(SVR)技术可以模拟复杂的、非线性的水体含沙量函数,该技术基于小样本量即可完成SVR模型训练,根据训练好的模型可以有效反演出水体泥沙量。

2)航道水文泥沙遥感反演应用与分析

以长江航道为例,进行航道水文泥沙含量典型示范。对长江入海口遥感图像和实际采样的含沙量进行SVR预测,生成的专题图如图7.19所示。该地区地处长江入海口,含沙量较低,实验区域的含沙量为0.5%~1%,在此种情况下,利用20个采样点做训练样本,8个采样点作为测试,提取精度达到85.28%。

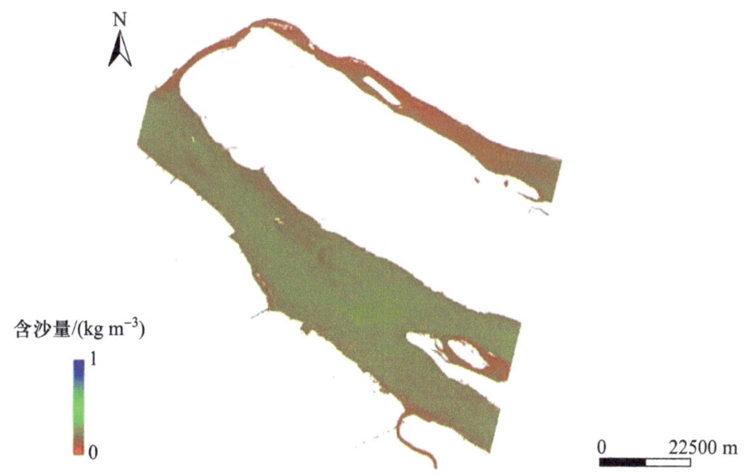

图7.19 上海长江口区域含沙量专题图

通过遥感技术,结合常规水文、泥沙、地形、气象和波浪等资料分析快速获取水体表层悬浮泥沙信息,进一步进行河道泥沙含量的反演分析,掌握河口动力沉积环境特征及其发育演变的变化趋势,具有速度快、周期短、成本低、范围大等优势,为长江航道规划和运营管理提供宏观性、趋势性和方向性的分析成果。

7.3.3 水上溢油污染遥感监测

采用高分辨率遥感图像进行水上溢油污染监测的技术可分为基于多光谱图像的水上溢油污染监测方法和基于雷达图像的水上溢油污染监测方法。

1) 基于多光谱图像的水上溢油污染监测方法

针对多光谱高分辨率遥感图像的水面油污染信息监测,目前采用较多的方法是基于SVM、测地线活动轮廓(GAC)从粗到细、多级分割的遥感图像分割方法。该方法首先利用多光谱高分辨率遥感图像的波谱特征和SVM进行低分辨率二值分割,将图像分割为水与非水两部分;再在分割后的二值图像中找到孤立的大块或条状的联通区域,根据其波谱特性筛选出油污染区域;然后在初始分割的基础上,利用GAC建立基于波谱特征的能量反演函数,并通过能量函数最小化迭代进行小尺度精细分割,从而高精度地提取油污染信息,提取的技术路线图如图7.20所示。

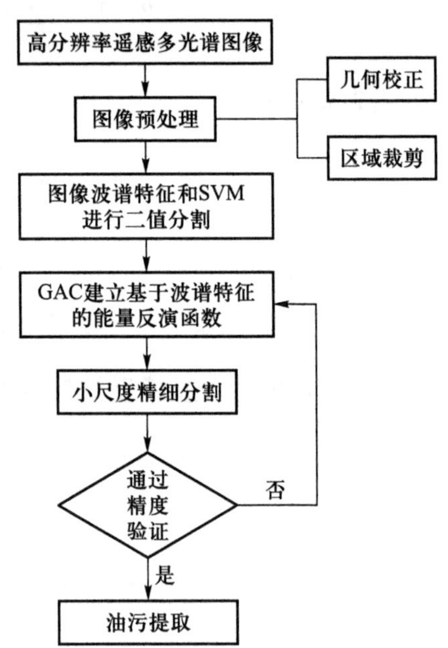

图7.20 水上溢油污染监测技术路线图

GAC方法采用改进的CV模型,首先向全局CV模型中加入初始轮廓相关信息从而改进全局CV模型(图7.21)。用$\phi_{SVM}(x)$表示由初始分割得到的符号距离函数,定义如下:

$$\phi_{SVM}(x,y)=\begin{cases} d_{SVM}(x,y),(x,y), & \text{在 } C_{SVM} \text{ 内部} \\ -d_{SVM}(x,y),(x,y), & \text{在 } C_{SVM} \text{ 外部} \end{cases} \tag{7.22}$$

式中,$C_{SVM}=\{(x,y)\mid\phi_{SVM}(x,y)=0\}$表示第一阶段分割得到的初始轮廓,即两类地物的边界。$d(x,y)$表示(x,y)和位于C_{SVM}上最近点$(x,y)_{\phi SVM}$之间的欧氏距离,表示为

$$d_{SVM}(x,y)=\|(x,y)-(x,y)_{\phi SVM}\|_2 \tag{7.23}$$

当(x,y)恰好位于初始轮廓C_{SVM}上时,$\phi_{SVM}(x,y)=0$。

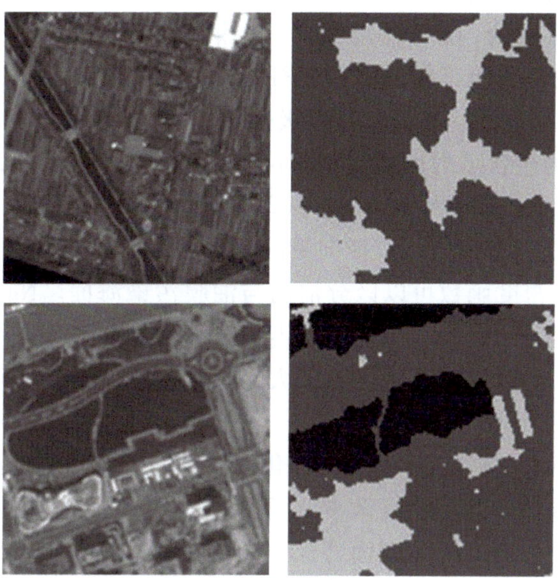

图 7.21 GAC 分割结果

基于波谱特征的 SVM 提取方法和基于 GAC 的多级精细分割方法可以有效识别并提取水面溢油污染信息(图 7.22)。

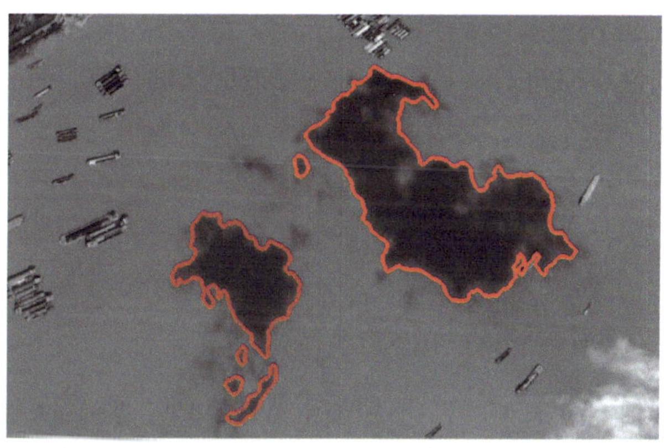

图 7.22 油污提取图

2) 基于雷达图像的水上溢油污染监测技术

由于在微波波段的 SAR 不受日照、云雾等天气条件的限制,具有全天时、全天候、高分辨率成像的能力,已成为业务化溢油遥感监测的重要手段。目前,国内外学者在 SAR 溢油探测技术方面开展了大量研究工作。其中,在单极化 SAR 溢油探测技术方面,国内外学者将模式识别技术引用到溢油和疑似溢油现象区分的问题中来。例如,Solberg 等(2007)利用贝叶斯分类器对 SAR 图像海洋溢油和疑似溢油现象进行了分类识别,该模型具有较高的溢油识别准确率。Akar 等(2011)基于模糊逻辑分类器开展了油膜和疑似油膜的分类。研究表明,在不同场景中,油膜分类精度不同。Topouzelis 和 Psyllos (2012)提出一种新的基于决策树的溢油特征选取与分类方法,以达到使用溢油特征数目最小但分类精度最高的双重目标。与单极化 SAR 相比,多极化 SAR 所测量的散射回波复散射矩阵,被认为包含散射场能量和相位的“全息”信息,因此,多极化 SAR 在海面溢油监测方面具有较大优势。Migliaccio 等(2006)利用 SIR-C/X-SAR 全极化数据对溢油检测进行研究,将基于特征值和特征向量的 H/A 分解理论应用到溢油检测中,并指出利用散射熵 H 的概率密度函数可以区分清洁与油膜污染海面。Nunziata 等(2008)使用 Muller 滤波器进行了溢油检测,并指出海水与生物油膜的同极化相位差的分布相似,而油膜覆盖海面的同极化相位差的标准差较大,同极化相位差的分布特征可以区分海上的油膜与生物油膜。

海洋油膜的存在引起海洋表面张力的变化,对产生 Bragg 散射的海面毛细波和短重力波起阻尼作用,同时导致海面粗糙度改变,从而使后向散射回波减少。反映在 SAR 图像上,即油膜的图像亮度值低于周围海面特征的亮度值,表现为黑色斑块的特征。然而,除了海面油膜,其他一些海洋现象也表现为较低的灰度,从而对 SAR 图像上油污的判读造成了影响。当所获取的图像上同时包含有与油污表现相似的成像特征时,如何将油污快速、准确地区分出来成为 SAR 数据处理的关键问题。

基于高分辨率 SAR 图像的油污提取技术,首先对 SAR 图像进行预处理,包括辐射校正和斑点滤除。在 SAR 图像斑点噪声滤除方面,将诸多的滤波方法进行比较,选取一种适合具有溢油现象的 SAR 图像的斑点噪声滤除方法。在图像分割方面,将对检测模糊边缘非常有效的水平集方法应用到 SAR 图像中进行溢油区域的分割,但是这种方法计算复杂度较高,而且 SAR 图像数据量较大,所以将水平集方法与多尺度方法相结合,以期提高计算效率。在溢油现象识别方面,将纹理分析引入溢油识别过程中,计算纹理特征参量;利用方差分析对提取的特征进行筛选,最后利用神经网络方法进行分类,识别溢油现象与疑似溢油现象。技术路线如图 7.23 所示。

(1) SAR 图像预处理:辐射校正和斑点噪声滤除

① 辐射校正:由于 SAR 是侧视雷达,图像中每行各个元素所对应的传感器目标距离、雷达入射角等参数不同,SAR 图像常常会出现像素值分布不均匀的现象,即 SAR 平台近距端地面区域成像后的图像灰度值较大,而远距端地面区域成像后的图像灰度值较小。因此,需要对 SAR 图像进行辐射校正。② 斑点噪声滤除:SAR 图像由于其相干成像的特点,当雷达相干信号到达目标时,目标上随机散射面的散射信号与发射的信号之间产生干涉,使 SAR 图像上存在大量的斑点噪声,具体表现为图像灰度的剧烈变化,即在同一片均匀区域,有的分辨率单元呈亮点,而有的单元呈暗点。斑点噪声的存在严重地干扰图像中地物目标的识别和提取,甚至可能导致地物特征的消失,因此,消除斑点噪声对图像的有效应用有着十分重要的意义。

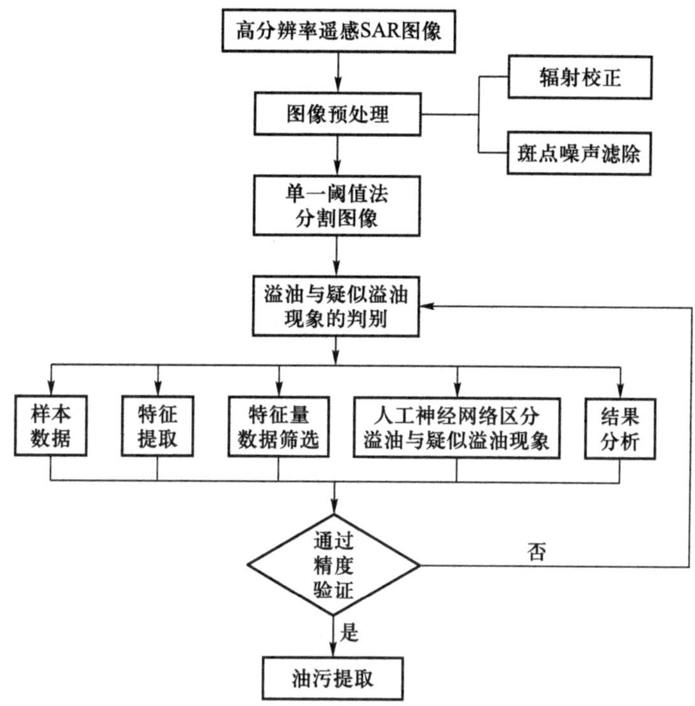

图 7.23 基于高分辨率 SAR 图像的油污提取技术路线图

(2) SAR 图像油膜区域分割

油膜区域与背景海水的后向散射系数的差异使油膜区域在 SAR 图像上呈现为黑色区域,同时其他一些海洋现象也表现为较低的灰度。为了辨识和分析具有特定性质的油膜目标,需要首先将这些目标从海水背景区域中分离提取出来,在此基础上才有可能对目标进行进一步的特征提取。目前关于 SAR 图像检测溢油的大部分研究都集中在图像分割方法上,主要有以下两种方法:

单一阈值法:是最基础的一种图像分割方法。对于具有溢油现象的 SAR 图像,其灰度直方图存在两个峰值,一般选取两峰之间的极小值作为阈值来区分油膜和背景海水区域。但是这种方法普适性太差,SAR 图像灰度变化非常复杂,当图像的直方图只出现一个峰值时,单一阈值方法是不适用的,这种情况下如果使用单一阈值方法,分割出的油膜区域会远小于真实的油膜区域。

基于纹理特征的图像分割方法:纹理分析在 SAR 图像信息提取中的应用比较广泛。灰度共生矩阵是一种常见和广泛应用的纹理统计分析方法,它体现了图像中两个像素组合的灰度空间依赖性,其具体描述是方向 θ 上间隔距离为 d 个像素的一对像素灰度值分别为 i 和 j 的频率,其定义公式为

$$P_{ij} = \frac{p(i,j,d,\theta)}{\sum_i \sum_j p(i,j,d,\theta)} \tag{7.24}$$

(3) 溢油与疑似溢油现象的判别

图像分割方法只是将 SAR 图像中溢油和疑似溢油区域划分出来。事实上,SAR 图像中的诸多干扰因素都会造成后向散射系数的减弱,从而对图像上油污的判读造成影响;当所获取图像上包含有与油污表现相似的成像特征时,需要将油污快速、准确地区分出来。通过计算纹理特征参量,利用方差分析对提取的特征进行筛选,最后利用神经网络方法进行分类,识别溢油现象与疑似溢油现象。

样本数据。从 SAR 图像中选取多个目标建立数据集,将数据集中的目标数分成确定为溢油的样本数据 X 个以及疑似溢油现象的样本数据 Y 个。

特征提取。通常根据图像的灰度值对图像进行识别分类,但是单纯利用灰度值来识别 SAR 图像是不完备的。在目视解译的过程中,除了人工识别灰度的变化,图像纹理也起了非常重要的作用。图像纹理反映了灰度值的空间变化。通过计算反映纹理信息的定量数据,形成纹理特征量,提高识别精度,降低虚警率。

特征量数据筛选。利用单因素方差分析来判断提取的特征量,进而筛选出对最终溢油现象判别有效的特征参量,达到简化网络结构,提高判别精度的目的。该方法又称为变异数分析或 F 检验,其基本思想是根据变异的来源,将全部观测值总体方差及自由度分解为两个或多个部分,除随机误差外,其余每个部分的变异可由某些特定因素的作用加以解释。通过比较不同来源变异的方差,借助 F 分布做出统计推断,从而判断某一因素对观察指标有无影响。

(4) 人工神经网络区分溢油与疑似溢油现象

人工神经网络是近年来发展起来的一种计算技术,广泛用于补充或代替传统的数学模型。在工程控制和模式识别领域获得了广泛应用。采用该方法对大量输入的样本数据进行训练识别,并转化为模式识别或者非线性映射问题,能够高精度地区分溢油与疑似溢油样本数据。

(5) 结果分析

计算出样本的 3 个特征参量(复杂度、二阶熵和目标均值),从而对人工神经网络输出的结果进行判断,并最终生成基于 SAR 图像的溢油提取结果。

参考文献

常军,刘高焕,刘庆生. 2004. 黄河三角洲海岸线遥感动态监测. 地球信息科学学报,6(1):94-98.

陈琪 . 2011. SAR 图像港口目标提取方法研究 . 国防科学技术大学博士研究生学位论文 .

陈云,戴锦芳 . 2008. 基于遥感数据的太湖蓝藻水华信息识别方法 . 湖泊科学,20(2):179-183.

丛丕福,曲丽梅,王臣立,刘长安,杨新梅 . 2009. 基于 MODIS 模拟的辽东湾叶绿素 a 的遥感反演模型 . 生态环境学报,18(6):2057-2060.

董敏,齐越,梅思婧,刘宏,臧韶辉 . 2017. 基于面向对象和影像分析技术的港口资源监测方法研究 . 港工技术,54(5):53-57.

冯永玖,韩震 . 2012. 海岸线遥感信息提取的元胞自动机方法及其应用 . 中国图象图形学报,17(3):441-446.

冯永玖,袁佳宇,宋丽君,蒋芳 . 2015. 杭州湾海岸线信息的遥感提取及其变迁分析 . 遥感技术与应用, 30(2):345-352.

侯彪,刘芳,焦李成 . 2002. 基于小波变换的高分辨率 SAR 港口目标自动分割 . 红外与毫米波学报,21(5):385-389.

胡红,胡广鑫,李新辉 . 2017. 水体水质遥感监测研究综述 . 环境与发展,8:158,160.

竞霞,黄文江,王纪华,王婷,王锦地 . 2008. 采用 IRS-P6 遥感数据监测密云水库水质及评价营养状况 . 农业工程学报,s2:13-17.

李洪灵,张鹰,姜杰 . 2006. 基于遥感方法反演悬浮泥沙分布 . 水科学进展,17(2):242-245.

李静,白灵瑶,刘慧明,刘晓曼,王亚琴,屈冉,聂忆黄 . 2016. 基于高分辨率遥感数据的港口开发对区域用地结构影响分析 . 资源科学,38(12):2383-2391.

吕恒,江南,罗潋葱 . 2006. 基于 TM 数据的太湖叶绿素 a 浓度定量反演 . 地理科学,26(4):472-476.

刘建萍,张玉超,钱新,张宁红,郁建桥 . 2009. 遥感技术在湖泊叶绿素 a 监测中的应用研究——以太湖为例 . 环境监控与预警,1(2):33-36.

刘蕾,臧淑英,邵田田,魏锦宏,宋开山 . 2015. 基于遥感与 GIS 的中国湖泊形态分析 . 国土资源遥感,27(3):7-12.

马小峰,赵冬至,邢小罡,张丰收,文世勇,杨帆 . 2007. 海岸线卫星遥感提取方法研究 . 海洋环境科学,26(2):185-189.

彭保发,陈哲夫,李建辉,罗望军,甘洁,曾荣亮 . 2018. 基于 GF-1 影像的洞庭湖区水体水质遥感监测 . 地理研究,37(9):15-23.

沈琦,汪承义,赵斌 . 2012. 几何活动轮廓模型用于高分辨率遥感影像海岸线自动提取 . 复旦学报自然科学版,51(1):77-82.

宋瑜,宋晓东,郭青海,唐立娜 . 2011. 太湖藻华水体的遥感监测与预警 . 光谱学与光谱分析,31(3):753-757.

王常颖,王志锐,初佳兰,赵建华 . 2017. 基于决策树与密度聚类的高分辨率影像海岸线提取方法 . 海洋环境科学,36(4):590- 595.

王皓,赵冬至,王林,黄凤荣 . 2012. 水质遥感研究进展 . 海洋环境科学,31(2):285-288.

王惠文 . 1999. 偏最小二乘回归方法及其应用 . 北京:国防工业出版社 .

王鹏,孙根云,王振杰 . 2016. 高分辨率遥感影像海岸线半自动提取方法 . 海洋测绘,36(6):24-27.

吴春生,黄翀,刘高焕,褚琳,刘庆生,赵军 . 2015. 基于遥感的环渤海地区海岸线变化及驱动力分析 . 海洋开发与管理,32(5):30-36.

吴建华 . 2005. 遥感图像中港口识别与毁伤分析研究 . 南京理工大学硕士研究生学位论文 .

谢明鸿,张亚飞,付琨 . 2007. 基于种子点增长的 SAR 图像海岸线自动提取算法 . 中国科学院大学学报,24(1): 93-98.

许家琨,刘雁春,许希启,翟国君,林有财,暴景阳,黄辰虎.2007. 平均大潮高潮面的科学定位和现实描述. 海洋测绘,27(6):19-24.

杨超宇,唐丹玲,叶海彬.2017. 基于 GF-4 遥感数据的叶绿素浓度反演算法研究. 热带海洋学报,36(5):33-39.

杨硕,王世新,周艺,阎福礼.2010. 叶绿素反演三波段模型的多时相应用. 遥感信息,5:98-104.

尹球,巩彩兰,匡定波,周宁,胡勇,张风丽,许卫东,马永泉.2005. 湖泊水质卫星遥感方法及其应用. 红外与毫米波学报,24(3):198-202.

张朝阳,冯伍法,张俊华.2005. 基于色差的遥感影像海岸线提取. 测绘科学技术学报,22(4):259-262.

张娇,陈莉琼,陈晓玲.2016. 基于 FAI 方法的洱海蓝藻水华遥感监测. 湖泊科学,28(4):718-725.

张志龙,张焱,沈振康.2010. 基于特征谱的高分辨率遥感图像港口识别方法. 电子学报,39(9):2194-2188.

赵波.2004. 遥感图像目标识别算法研究. 国防科技大学硕士研究生学位论文.

周拥军,朱兆达,丁全心.2008. 遥感图像中港口目标识别技术. 南京航空航天大学学报,40(3):350-353.

朱长明,张新,骆剑承,李万庆,杨纪伟.2013. 基于样本自动选择与 SVM 结合的海岸线遥感自动提取. 国土资源遥感,25(2):69-74.

Akar S, Süzen M L, Kaymakci N. 2011. Detection and object-based classification of offshore oil slicks using ENVISAT-ASAR images. *Environmental Monitoring and Assessment*, 183(1-4):409-423.

Binding C E, Bowers D G, Mitchelson-Jacob E G. 2003. An algorithm for the retrieval of suspended sediment concentrations in the Irish Sea from SeaWiFS ocean colour satellite imagery. *International Journal of Remote Sensing*, 24(19): 3791-3806.

Carder K L, Chen F R, Lee Z P, Hawes S K, Kamykowski D. 1999. Semianalytic moderate-resolution imaging spectrometer algorithms for chlorophylla and absorption with bio-optical domains based on nitrate-depletion temperatures. *Journal of Geophysical Research: Oceans*, 104(C3): 5403-5421.

Doxaran D, Froidefond J M, Castaing P. 2002. A reflectance band ratio used to estimate suspended matter concentrations in sediment-dominated coastal waters. *International Journal of Remote Sensing*, 23(23): 5079-5085.

Ge X, Sun X, Liu Z. 2014. Object-oriented coastline classification and extraction from remote sensing imagery. Remote Sensing of the Environment: 18th National Symposium on Remote Sensing of China. International Society for Optics and Photonics.

Gordon H R, Brown J W, Evans R H, 1988. Exact Rayleigh scattering calculations for use with the Nimbus-7 Coastal Zone Color Scanner. *Applied Optics*, 27(5):862-871.

Gordon H R, Morel A Y. 1983. Remote assessment of ocean color for interpretation of satellite visible imagery, a review. *Lecture Notes on Coastal and Estuarine Studies*, Volume 4. New York: Springer-Verlag.

Jose G, Thomas V, Jose G, Paulose P I, Unnikrishnan N V. 2003. Application of a modified Judd-Ofelt theory to Pr^{3+} doped phosphate glasses and the evaluation of radiative properties. *Journal of Non-Crystalline Solids*, 319(1):89-94.

Kalkan K, Bayram B, Maktav D, Sunar F. 2013. Comparison of support vector machine and object based classification methods for coastline detection. ISPRS-International Archives of the Photogrammetry, Remote Sensing and Spatial Information Sciences, XL-7/W2(24):125-127.

Lee Z P, Carder K L, Hawes S K, Steward R G, Peacock T G, Davis C O. 1994. Model for the interpretation of hyperspectral remote-sensing reflectance. *Applied Optics*, 33: 5721-5732.

Lin H, Xu J, Jiang D, Gao Y, Liu J. 2016. Sand dam dynamic monitoring in coastal areas based on time-series remote sensing images. IGARSS 2016-2016 IEEE International Geoscience and Remote Sensing Symposium,

2016: 2838-2841.

Lu S, Wu B, Yan N, Wang H. 2011. Water body mapping method with HJ - 1A/B satellite imagery. *International Journal of Applied Earth Observation and Geoinformation*, 13 (3):428-434.

Mason D C, Davenport I J. 1996. Accurate and efficient determination of the shoreline in ERS-1 SAR images. *IEEE Transactions on Geoence and Remote Sensing*, 34 (5):1243-1253.

McFeeters S K. 1996. The use of the Normalized Difference Water Index (NDWI) in the delineation of open water features. *International Journal of Remote Sensing*, 17(7):1425-1432.

Migliaccio M, Gambardella A, Tranfaglia M. 2006. Oil spill observation by means of polarimetric SAR data. *Proceedings. SEASAR*, 2006: 23-26.

Morel A, Prieur L. 1977. Analysis of variations in ocean color. *Limnology and Oceanography*, 22(4): 709-722.

Myint S W, Walker N D. 2002. Quantification of surface suspended sediments along a river dominated coast with NOAA AVHRR and SeaWiFS measurements: Louisiana, USA. *International Journal of Remote Sensing*, 23 (16): 3229-3249.

Neville R A, Gower J F R. 1977. Passive remote sensing of phytoplankton via chlorophyll fluorescence. *Journal of Geophysical Research: Atmospheres*, 82(24): 3487-3493.

Nunziata F, Gambardella A, Migliaccio M. 2008. On the Mueller scattering matrix for SAR sea oil slick observation. *IEEE Geoscience and Remote Sensing Letters*, 5(4): 691-695.

O' Reilly J E. Maritorena S, Mitchell B G, Siegel D A, Carder K L. Garver S A, Kahru M, Mcclain C. 1998. Ocean color chlorophyll algorithms for SeaWiFS. *Journal of Geophysical Research: Oceans*, 103(C11): 24937-249530.

Petzold T J. 1972. Volume scattering functions for selected ocean waters. Scripps Institution of Oceanography, University of California, San Diego.

Solberg A H S, Brekke C, Husoy P O. 2007. Oil spill detection in Radarsat and Envisat SAR images. *IEEE Transactions on Geoscience and Remote Sensing*, 45(3): 746-755.

Topouzelis K, Psyllos A. 2012. Oil spill feature selection and classification using decision tree forest on SAR image data. *ISPRS Journal of Photogrammetry and Remote Sensing*, 68: 135-143.

Vos W L, Donze M, Buiteveld H. 1986. On the refle-ctance spectrum of algae in water: The nature of the peak at 700nm and its shift with varying algal concent-ration. Delft University of Technology, Faculty of Civil Engineering.

Wang Y, Yu Q, Lv W, Yu W. 2011. Coastline detection in SAR images using multi - feature and SVM. International Congress on Image and Signal Processing, IEEE, 1227-1230.

Xu H Q. 2005. A study on information extraction of water body with the modified normalized difference water index (MNDWI). *Journal of Remote Sensing*, 5:79-85.

第 8 章

机场规划建设管理高分辨率遥感应用

机场建设是航运的基础，对于航空交通的发展至关重要，机场建设涉及多方面的因素，包括经济、技术、地理环境、交通等，并且各种因素相互交织，形成一个复杂而巨大的工程体系。针对机场建设等方面的问题，很多学者利用高分辨率遥感做了研究工作。利用高分辨率遥感技术，结合多种辅助数据，能够对选址区域进行地形地貌以及土地利用类型的调查；利用高分辨率遥感技术对环境因子进行反演，对机场环境质量进行监测评价，从而为机场规划建设与环境监测提供必要的数据参考，同时展示高分辨率遥感技术在机场建设中的运用，为今后机场规划与环境评价相关工作提供一定的科学参考与数据支持。本章结合典型案例，主要介绍了高分辨率遥感技术在机场规划选址、进度监测以及运营管理方面的应用，具体阐述了高分辨率遥感在机场选址中地质地貌调查、进度监测管理以及环境参量（包括温度、气溶胶反演等）的研究方法与优势，为今后机场的管理建设提供一定的技术支持。

8.1　机场规划设计

8.1.1　机场规划设计的任务和内容

机场规划是制定机场及其邻近地区内各种设施使用土地的最终总体布置。机场规划的主要任务是通过调查和分析，评价现有机场建设状况，在揭示其内在矛盾的基础上，根据客货流分布特点、发展态势及交通量、运输量的生产变化特征，提出规划期机场发展的总目标和大布局，拟定飞机场主要设施的平面布局，列出分期实施的建设序列，提出确保实施规划目标的政策和措施，科学地预测发展需求，细致地研究合理布局。机场规划是机场建设的首要任务，其内容主要包括机场选址、机场总平面布局以及道路网规划、场内营区规划等。一般地，在场址确定的情况下，机场总平面布局、路网规划、场内营区规划等相对简单，因此机场规划建设的重点和难点主要体现在机场选址上。

机场勘察设计是机场工程建设的一个重要阶段,是为了机场的科学设计而进行的建筑地区地形状况、地质条件、环境条件等工程条件综合性调查研究工作、工程勘测工作以及机场详细设计工作的统称。其主要任务为分析地质和地形问题以及环境敏感问题,对建筑地区做出工程地质和环境评价。

8.1.2 机场规划选址高分辨率遥感应用

机场选址是机场规划与建设的首要步骤,保证飞机安全飞行、为社会发展服务、减少对环境的影响和减少施工投资是机场选址的首选条件。机场选址与规划是一个复杂的系统工程,涉及气象、地形地貌、地质、土地利用类型以及与城市的距离等多方面的因素。传统的机场规划选址过程主要包括三个步骤:① 地图上选址,确定部分需要现场踏勘的区域;② 踏勘后选择 3 个左右的场址,进一步实地踏勘;③ 定点踏勘后选择最优场址。其中,第①、②步主要是对机场选址进行初步判断,并进行初步的地形图修测、净空测量以及工程地质勘查等,第③步对选定的场址做进一步的勘测,主要内容包括地形地貌测量、净空复测和机场环境影响评价等。从机场选址的过程可以看出,机场规划选址工作量巨大,需要开展大量的现场勘查与检查。而根据民用机场航空管理的相关规定,机场选址具有严格的筛选条件,主要包括:场址工程地质、水文地质情况良好;场址及周边气候良好,需要避开烟尘、大雾、雷暴等影响区;跑道方向应尽量沿主风方向,避免在较强的侧风下操作起飞;场址处净空良好,场地开阔,地势平坦,具有足够的范围用以扩建;选址应满足城市规划要求,尽量避免占用良田,不迁移村庄。

近年来,已有很多专家学者将遥感技术与地理信息系统技术相结合,基于“3S”技术构建三维环境模型,为机场选址工作提供了一个高效、直观、性价比高的手段(刘汉湖等,2009;郭俊和牛铮,2007)。遥感图像三维可视化主要是根据 DEM 建立表面模型,显示地形的起伏高低变化,然后通过叠加高分辨率遥感图像,更加直观地展示地形地貌细节。例如,以高分二号为数据源,在“3S”技术支持下,利用遥感信息提取技术,对四川康定机场跑道、滑行道、停机坪、航站楼等典型基础设施以及土地利用方式信息进行了高精度提取,从而实现对该区域地形地貌信息的准确解译。图 8.1 为四川康定机场提取相关信息的专题图,主要包括航站楼、跑道、滑行道、停机坪、道路、水体、森林等。

从图 8.1 中可以看到,康定机场跑道两端 10 km 和两侧 6 km 范围内无村庄、集中居民点等噪声敏感目标,地形地貌较为简单,基本符合机场建设的一般环境条件,可为机场建设的环境评价工作提供相关辅助信息,并可在建设过程中以及完成后,对相关信息进行提取,辅助验证建设中周边的环境评估工作。

基于多源遥感数据的地质信息提取具有传统野外地质勘查方法不可比拟的优势,极大地改变了地质勘查完全依赖野外工作这一现状,同时也提高了机场建设的工作效率和机场区域地质构造、岩溶地貌等遥感解译的精度,为机场地质勘测和工程设计提供了更加准确的第一手资料,还为项目管理者和决策者提供了检查和验收的背景资料。尤其是遥感图像的利用,能够以非常直观的方式表现地貌、地质构造等宏观信息。

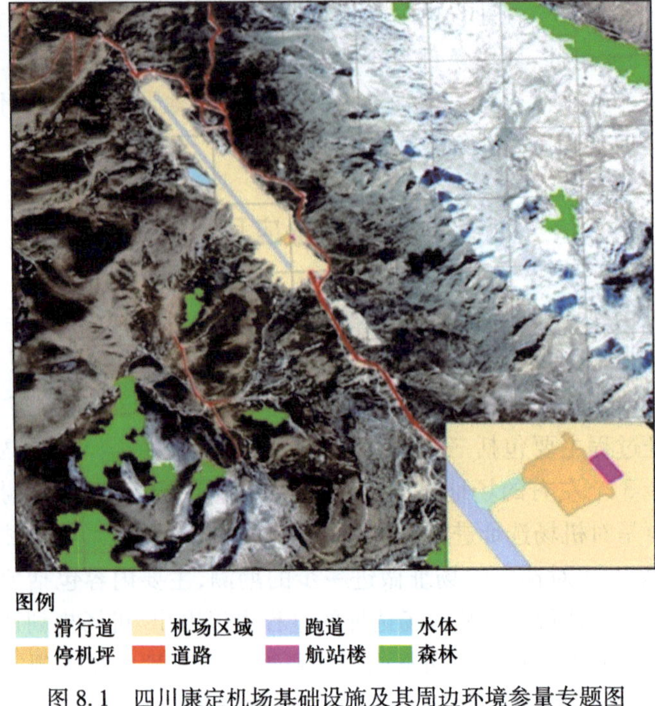

图 8.1 四川康定机场基础设施及其周边环境参量专题图

8.2 机场施工建设

8.2.1 机场建设的任务和内容

机场建设工程指为航空交通的生产提供物质技术基础的各类建筑物和工程设施的统称。机场建设工程是人类有组织、有目的、大规模的经济活动，是航空交通依据建设目标及质量控制管理进行的生产建设活动，主要包括机场跑道、航站楼、附属设施等必要建筑及设施的建设工作。

机场施工建设具有投资规模大、施工场地大、建设工期紧、参建单位多、管理流程复杂、工程专业繁复且专业化程度高等特点，因而对机场建设项目的管理水平提出了更高的要求。通过数字地面模型构建、机场三维模型构建、工程实体进度三维模型动态仿真、动态遥感图像获取及定位比照、重要工点和隐蔽工程的实施视频监控等，将这些技术及其数据综合集成，涵盖进度管理、成本管理、质量管理、安全管理等关键应用，是实现机场建设高度信息化的最终目标。

8.2.2 机场建设进度监测

机场建设的施工进度关系到整个项目的管理进程,对项目施工进度进行及时客观地监督与反馈,有利于进度管理工作的偏差分析与计划调整。机场建设进度监测与公路施工进度监测类似,传统的施工进度监测一般是人工现场调查巡视,调查结果会受人为主观影响,使得监督结果可信度降低。遥感技术在进度监测中主要作为基础数据,实现建设进度的工程状态的定期监测。目前,随着高分辨率遥感的飞速发展,基于高分辨率卫星图像高效、直观地掌握机场施工进度,可以分阶段对机场施工进度以及施工细节进行清晰明确地监测,从而能够客观、准确地反映机场的施工进度状况,为施工单位提供一定的时间参考,提高施工管理效率,填补传统监测手段的不足,为机场建设提供基础数据支撑。

图 8.2 为北京大兴国际机场建设进度监测图。基于滤波去噪技术、面向对象的图像要素提取分类技术、形态学滤波技术等,对北京大兴国际机场在 2015 年、2016 年、2017 年和 2018 年不同时期的高分二号图像进行相关信息提取,实现对机场施工进度的动态变化监测;同时根据具体需要提取建设用地、待建设用地、停机坪、跑道、滑行道、航站楼等目标范围及面积信息,统计分析建设面积变化情况,并对施工细节进行专题监测,从而完成机场设施建设变化监测专题产品。通过 2018 年 9 月的遥感图像可以看到,机场的西一跑道、西二跑道、东一跑道、北一跑道、停机坪等设施已基本完成。

图 8.3 为不同时期建筑物的面积变化统计图。表 8.1 为机场不同时期的建设面积。根据图 8.3 和表 8.1 可知,由 2015 年 10 月 12 日遥感图像信息提取的专题图可直观看到,机场建设区域已初步完成征地拆迁,开始进行土地平整,部分地面已完成硬化,大型机械设备已入场施工,机场周边相关基础设施也已开始施工。根据信息提取结果可知,当前阶段,机场区域面积 2.57 km^2,建设用地面积 0.02 km^2,待建设用地面积 2.55 km^2。

表 8.1 北京大兴国际机场建设情况统计 (单位:km^2)

日期	机场区域	待建设用地	建设用地	停机坪	跑道/滑行道	航站楼
2017 年 9 月 20 日	25.42	20.60	4.82	1.23	3.24	0.35
2017 年 6 月 9 日	25.10	21.81	3.29	—	—	—
2016 年 6 月 9 日	16.58	16.07	0.52	—	—	—
2015 年 10 月 12 日	2.57	2.55	0.02	—	—	—

由 2016 年 6 月 9 日遥感图像信息提取专题图可知,施工进展较快,施工主体仍是以土地平整为主,临时用房和航站楼进一步修建。机场区域面积为 16.58 km^2,新增14.01 km^2;建设用地面积为 0.52 km^2,新增 0.50 km^2;待建设用地面积 16.07 km^2,新增 13.52 km^2。

由 2017 年 6 月 9 日遥感图像信息提取专题图可知,经过为期约一年的建设,在机场区域进一步扩张的同时,主体设计(包括停机坪、跑道/滑行道、航站楼等主要基础设施)已能

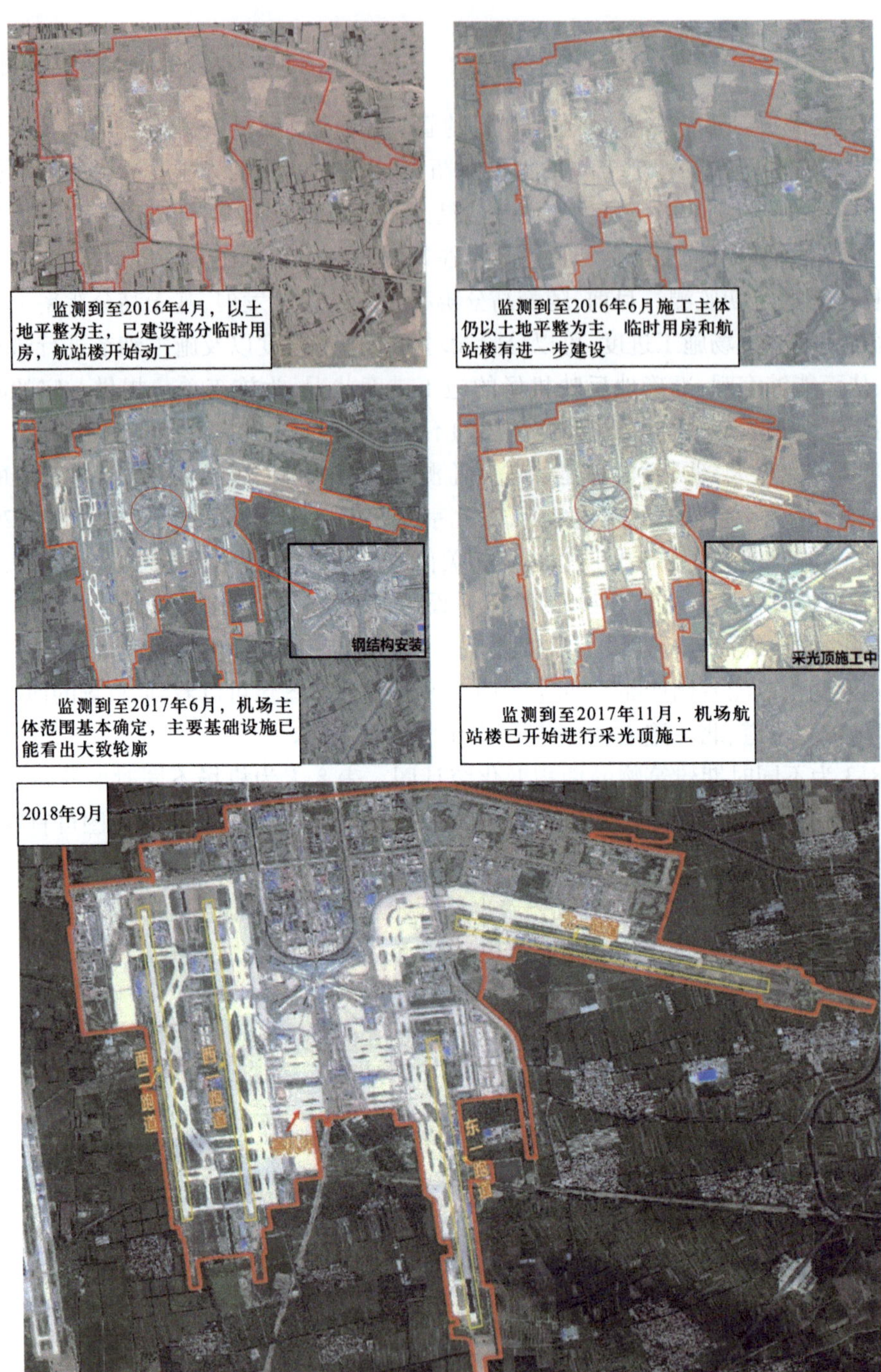

图 8.2 北京大兴国际机场建设进度监测图

初步看出大致轮廓，工程进度良好。同时利用高分二号卫星数据可以监测到钢结构已安装。机场区域面积为 25.10 km^2，新增 8.52 km^2；建设用地面积为 3.29 km^2，新增 2.77 km^2；

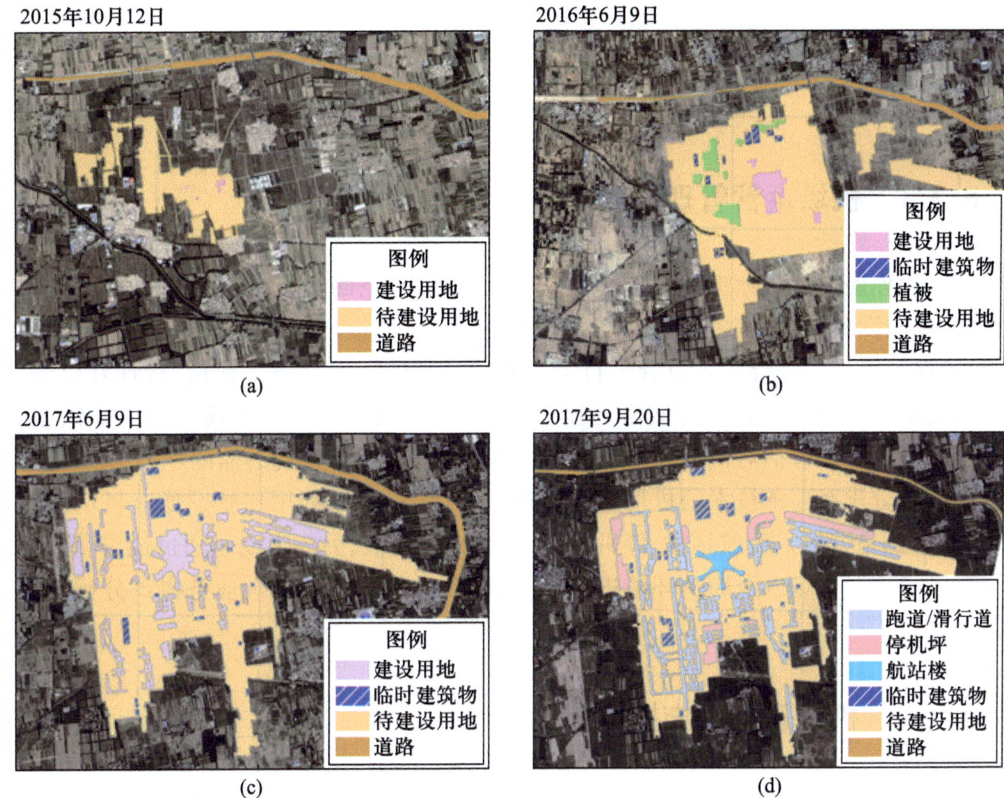

图 8.3　北京大兴国际机场设施建设面积变化监测图:(a)2015 年 10 月 12 日;(b)2016 年 6 月 9 日;(c)2017 年 6 月 9 日;(d)2017 年 9 月 20 日

待建设用地面积 21.81 km^2,新增 5.74 km^2。

由 2017 年 9 月 20 日遥感图像信息提取专题图可知,机场区域面积扩张幅度相对较小,待建设用地面积由逐步增加转变为减小,由此推断机场主体范围基本确定,相关基础设施建设进一步完善,能够初步解译出停机坪、跑道/滑行道、航站楼等标志性建筑,且可以监测得到航站楼采光顶处于施工过程。机场区域面积为 25.42 km^2,新增 0.32 km^2;建设用地 4.82 km^2,新增 1.53 km^2;待建设用地 20.60 km^2,减少 1.21 km^2。与实际建设情况相吻合,为机场建设进度管理提供数据支撑。

北京大兴国际机场建设进度的监测结果显示,基于高分二号图像对北京新机场提取的建设用地、建设区和临时建筑物等用地的变化信息,变化检测精度可达 85%,能够为机场进度监测提供一种较新的技术手段,同时能够为机场建设的施工管理提供一定的参考数据。利用多期高分辨率遥感图像数据,提取机场范围内变化信息,实现了基于高分数据的机场施工建设进度监控,能够使建设单位宏观地了解整个建设工地的情况,减少外业工作量约 30%,为机场的施工建设管理与信息化建设提供了数据支撑。

8.3 机场运营管理

8.3.1 机场运营管理的内容

机场管理是指为保障机场安全、有序、高效运行，对空侧运行（机场道面、通信导航设备、目视助航设备、地面等的检查维护）、陆侧运行、航站楼运营及机场安全应急、货运服务、环境保护等工作进行的规范管理行为。机场管理的主要任务是建设、管理好机场，保障机场安全、正常运行，为所有航空运输企事业单位、旅客以及驻机场各单位提供服务。机场运营管理主要包括对机场基础设施的管理维护和对机场环境的监测。

基于高分辨率遥感技术的机场运营管理，一方面是通过利用遥感图像对机场的基础设施（包括跑道、滑行道、航站楼、停机坪等）进行精确提取，另一方面是通过地表温度反演和气溶胶反演对机场以及周边环境进行监测，以期为机场运营管理业务提供分析数据以及业务支撑。

8.3.2 机场基础设施提取

机场的基础设施管理是机场管理的重要内容，主要包括机场范围内的跑道、滑行道、停机坪、航站楼等。跑道是机场内用以供应航空飞行器起飞或降落的超长条形区域，是机场的核心设施。一般来说，机场跑道要满足机场的容量需求，同时跑道要能满足适航技术要求。因此，机场跑道要在几何特性（长度、宽度、方位等）和物理特性（场面强度、表面功能等）这两方面满足机场建设技术标准。滑行道是机场内供飞机滑行的规定通道，是机场的重要地面设施。滑行道是从跑道到候机楼区的通道，使已经着陆的飞机能够迅速离开跑道，从而不干扰起飞的飞机和即将着陆的飞机。一般来说，滑行道具有足够的宽度，但比跑道宽度要小。停机坪是飞机的主要活动区域，在机场管理中至关重要，它是供飞机起降的场地，一般要求配备相应的助航设备、航管通信设备以及机场标志等。航站楼，又称航站大厦、客运大楼，用以为乘客提供陆上交通与空中交通的转换。

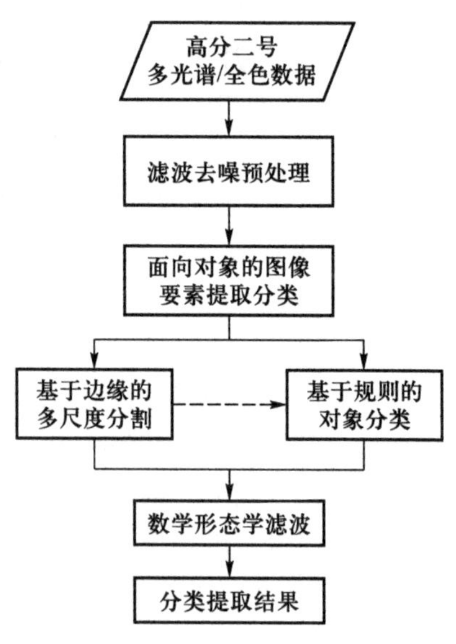

图 8.4 机场基础设施提取技术流程

在高分辨率遥感图像中，机场跑道、停机坪形状轮廓清晰明显，而且滑行道、航站楼等机场要素之间关系简单明晰，利用人机交互解译的方法可以较准确地识别该类设施。基于高分辨率遥感图像,通过基于边缘的多尺度分割与基于规则的对象分类方法,采用数学形态滤波进一步提取优化,对机场跑道、滑行道、停机坪、航站楼等基础设施信息进行提取,并制作相应的专题图。具体技术路线如图 8.4 所示。

图 8.5 为基于高分辨率卫星图像的北京首都国际机场基础设施提取结果,可以看出,跑道、停机坪、滑行道以及航站楼均可以较好地被提取出来,总体提取精度达到 90%。基于高分辨率遥感图像,利用图像分割与边缘算法能够实现对机场基础设施的准确提取,为高分辨率遥感技术在机场基础设施提取方面的应用提供了参考资料,同时为机场的施工建设与运营管理提供了便利与数据支撑。

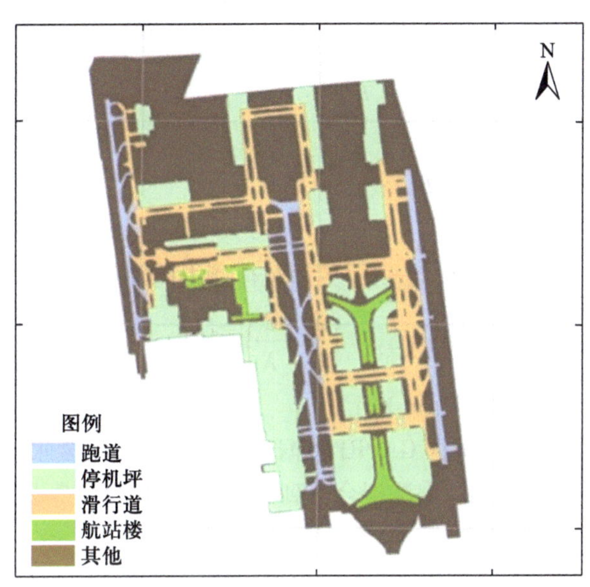

图 8.5 基于高分辨率卫星图像的北京首都国际机场基础设施提取结果

8.3.3 机场环境监测

随着经济的快速发展,航空运输业得到了迅速的发展。但是由于飞机在运行过程中尾气排放较多,其所带来的环境问题愈加严重,不但会造成城市"热岛效应",而且会影响人们的身体健康。因此对机场环境进行监测已经成为一个刻不容缓的问题。机场环境监测需要对不同时期机场及其周边地区的温度、大气环境等进行动态监测,以便于及时掌握环境污染影响的范围以及程度,以此为依据能够为机场建设与环境保护提供相应的数据参考与技术支撑。

1) 机场地表温度反演

陆地表面温度(land surface temperature, LST)是地球资源动态分析的一个重要指标,在气候变化、土壤水分分析、大气与地表的能量与水汽交换等模型中都是一个重要的参量,大多数的地-气界面的通量都能够参数化为温度的一个相应函数(丁凤和徐涵秋,2006;朱文军和耿莉,2014)。利用遥感数据能够实现对地表温度进行动态快速的反演,近年来,许多基于热红外波段的方法已用于地表温度的估算反演。其中,代表性的算法主要有大气校正法、单通道算法和劈窗(分裂窗)算法。

(1) 单通道算法

单通道算法(single channel method, SC)由 Jiménez-Muñoz 等(2014)提出,计算公式为

$$T_s = \gamma \cdot \left[\frac{(\psi_1 L_{sen} + \psi_2)}{\varepsilon} + \psi_3\right] + \delta \tag{8.1}$$

$$\gamma \approx \frac{T_{sen}^2}{b_\gamma} \cdot L_{sen} \tag{8.2}$$

$$\delta \approx T_{sen} - \frac{T_{sen}^2}{b_\gamma} \tag{8.3}$$

式中,ψ_1、ψ_2、ψ_3 为大气功能参数,L_{sen}表示卫星载荷测得的辐射强度($\mathrm{W\ m^{-2}sr^{-1}\mu m^{-1}}$),$\varepsilon$ 为地表比辐射率,T_{sen} 表示亮温。$b_\gamma = C_2 \cdot \left(\frac{\lambda^4}{C_1}+\frac{1}{\lambda}\right)$,其中 λ 为中心波长,C_1 为 $1.91104\times 10^8\ \mathrm{W\mu m^4 m^{-2}sr^{-1}}$,$C_2$ 为 14387.7 μm K。

Jiménez-Muñoz 等(2014)根据 GAPRI 数据计算得到了大气含水量、大气透过率、大气上/下行辐射等参数,通过最小二乘法拟合得到了 Landsat 8 的 3 个大气函数和大气水汽含量的表达方程式:

$$\psi_1 = 0.04019 \times \omega^2 + 0.02916 \times \omega + 1.01523 \tag{8.4}$$

$$\psi_2 = -0.38333 \times \omega^2 - 1.50294 \times \omega + 0.20324 \tag{8.5}$$

$$\psi_3 = 0.00918 \times \omega^2 + 1.36072 \times \omega - 0.27514 \tag{8.6}$$

式中,ω 为大气含水量。

(2) 覃志豪单通道算法

该单通道算法主要由覃志豪等(2001)提出,是基于 Landsat TM 的热红外波段,根据地表热辐射传输方程推导得到地表温度的反演公式:

$$\begin{aligned} T_s &= [a \times (1 - C - D) + (b \times (1 - C - D) + C + D) \times T_{sensor} - D \times T_a] / C \\ C &= \tau \times \varepsilon \\ D &= (1 - \tau) \times [1 + (1 - \varepsilon) \times \tau] \end{aligned} \tag{8.7}$$

式中,a、b 为系数,τ 为大气透过率,T_{sensor} 为星上辐射亮度对应的亮温,T_a 为大气平均作用温度。

(3) 劈窗算法 1

随着 Landsat 8 卫星的发射成功,覃志豪等(2001)提出了适用于 Landsat 8 的反演地表温度的劈窗算法(split-window algorithm, SW1),其主要计算公式为

$$T_s = A_0 + A_1 T_{10} - A_2 T_{11} \tag{8.8}$$

式中,T_s为所求地表温度;T_{10}和 T_{11}分别为 Landsat 8 的第 10 和 11 波段的亮温(K);A_0、A_1、A_2 为系数,系数的选取需要根据研究区的位置以及数据获取时间,具体计算公式如下:

$$\begin{aligned}
&A_0=a_{10} \times E_1 - a_{11} \times E_2\\
&A_1=1 + A + b_{10} \times E_1\\
&A_2=A + b_{11} \times E_2\\
&E_1=D_{11} \times (1 - C_{10} - D_{10})/E_0\\
&E_2=D_{10} \times (1 - C_{11} - D_{11})/E_0\\
&A=D_{10}/E_0\\
&E_0=D_{11} \times C_{10} - D_{10} \times C_{11}
\end{aligned} \tag{8.9}$$

式中,C_{10}、C_{11}、D_{10}、D_{11}计算公式如下:

$$\begin{aligned}
&C_i=\varepsilon_i \times \tau_i\\
&D_i=(1 - \tau_i) \times [1 + (1 - \varepsilon_i) \times \tau_i]
\end{aligned} \tag{8.10}$$

(4) 劈窗算法 2

Jiménez-Muñoz 等(2014)针对 Landsat 8 数据的特点,利用 Sobrino 等在 1996 年提出的数学结构,提出了另外一种适用于 Landsat 8 的地温反演劈窗算法(split-window algorithm, SW2)。计算公式如下:

$$\begin{aligned}
T_s= {} & T_{10} + C_1 \times (T_{10} - T_{11}) + C_2 \times (T_{10} - T_{11})^2 + C_0\\
& + (C_3 + C_4 \times \omega) \times (1 - \omega) + (C_5 + C_6 \times \omega) \times \varepsilon
\end{aligned} \tag{8.11}$$

式中,ε 为平均地表比辐射率,$\varepsilon = 0.5(\varepsilon_{10}+\varepsilon_{11})$;$\omega$ 为大气水汽含量(g cm^{-2});C_0、C_1、C_2、C_3、C_4、C_5、C_6 为实验室模拟系数,分别为 -0.268、1.378、0.183、54.30、-2.238、-129.20、16.40。

由于机场周边易引发“热岛效应”,改变局部地区地面温度,引发空气对流,促使污染物聚集在机场上空而无法向外扩散,造成环境污染,因此对机场及其周边地区进行地表温度的监测可以为环境保护以及城市“热岛效应”分析提供辅助数据。

利用高分辨率图像 Landsat 8 和高分二号卫星数据,对北京首都国际机场及其周边区

域进行地表温度高精度遥感反演。由于高分二号卫星数据不包含热红外波段，因此机场及周边地表温度反演使用了 Landsat 8 数据作为补充。Landsat 8 卫星上搭载着热红外传感器(Thermal Infrared Sensor, TIRS)。TIRS 被认为是目前最为先进、性能最好的热辐射观测传感器，包含两个 100 m 分辨率的热红外波段：波段 10(10.6~11.2 μm)和波段 11(11.5~12.5 μm)，可用于反演地表温度。但是，Landsat 8 TIRS 数据的空间分辨率较低，难以满足机场小尺度的地表热环境研究的需求。因此，在 Landsat 8 热红外波段反演地表温度的基础上，融合高空间分辨率的可见光/近红外图像和低空间分辨率的地表温度，以获取高空间分辨率的地表温度。其方法的核心是利用热红外波段的对于散热量敏感的光谱特性，通过选择合适的特征波段组合，构建机场散热量的遥感监测模型，利用光谱分解和热混合的方法，反演得到高分辨率的机场地表温度图像，实现机场环境参量信息的提取，为建设绿色机场提供有力的技术支撑。具体技术流程如图 8.6 所示。

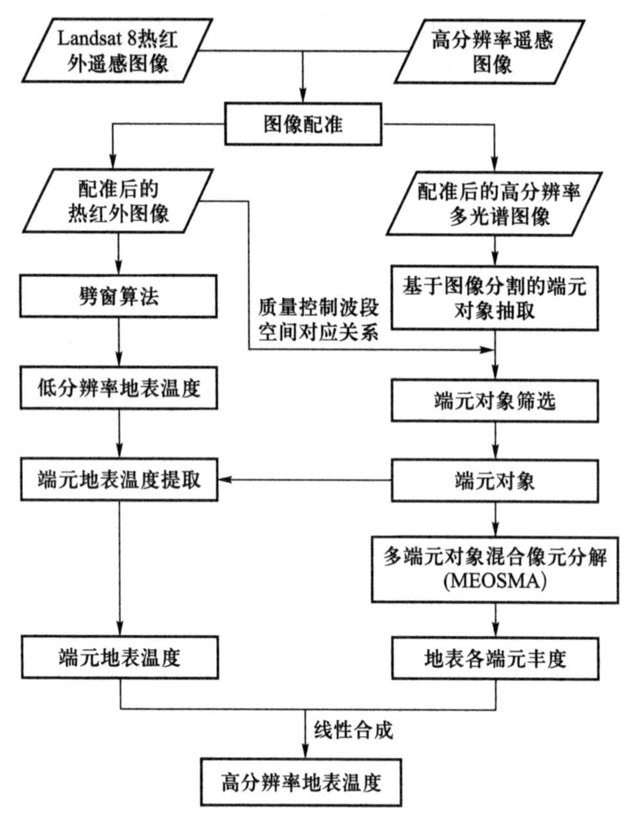

图 8.6 基于高分二号与 Landsat 8 卫星图像数据的地表温度反演技术流程

通过结合高分二号与 Landsat 8 数据，基于劈窗算法，反演出了高分辨率的机场及周边环境地表温度结果，并将提取结果制作生成了可供决策分析的机场热温反演专题图产品(图 8.7)。

根据图 8.7 的温度反演结果可知，跑道、滑行道、航站楼周边温度较高，综合分析推断是由于飞机在起飞、降落过程中会产生大量尾气，促使周边温度升高，与实际情况相符合。通过比对机场区域温度与机场周边温度后发现，机场运营并未对周边环境产生强烈热污

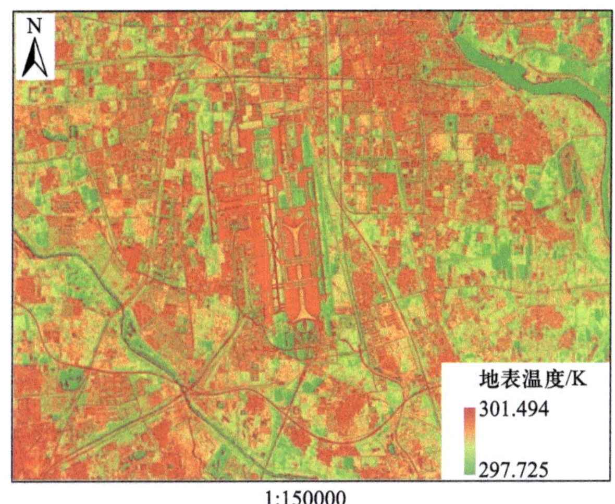

图 8.7 北京首都国际机场热温反演图

染,“热岛效应”不明显。植被覆盖度较好的地区以及水体周边,温度相对较低,能够缓解温度升高的趋势,建议机场周边减少裸地和建筑,增加植被覆盖率,进而起到保护环境的作用。

2) 机场大气监测

气溶胶(aerosol)是指由固体或液体小质点分散并悬浮在气体介质中形成的胶体分散体系,其直径大小为 0.001~10 μm。气溶胶粒子分布不均匀、变化尺度较小,而且成分复杂多样,其中一些有毒物质会严重影响人类的身体健康,对人体的免疫系统等造成伤害。气溶胶在大气光学、大气辐射、云物理学等方面具有重要的作用,大气气溶胶能够通过吸收、散射太阳辐射能量等过程影响辐射平衡以及大气中其他的物理化学过程,是模拟气候变化遥感环境状态的重要指示因子之一(胡志超等,2018)。大气气溶胶光学厚度(aerosol optical depth, AOD)是指沿着辐射传输路径,单位截面上气溶胶的吸收和散射对太阳总辐射产生的总削弱,它与垂直方向上的总气溶胶浓度有关(邹健和崔婉哲,2017)。气溶胶光学厚度可以用来描述气溶胶对光的削减作用,同时是一个能够用来表征大气混浊程度的关键物理量。对气溶胶光学厚度进行反演研究,能够为区域性的环境状况、人类的健康以及遥感应用提供重要的参考价值,还可以为治理由气溶胶引起的大气污染以及气候变化提供数据参考。

针对气溶胶光学厚度的测定,很多学者有较深入的研究。传统的气溶胶厚度测定一般是利用地面基站实现实时的测量研究。目前,全球已经建立了多处气溶胶观测网,如全球气溶胶监测网(Aerosol Robotic Network, AERONET),在全球已有 500 多个站点,其主要是用来对气溶胶遥感反演的结果进行验证;欧洲建立了气溶胶研究激光雷达监测网(European Aerosol Research LiDAR Network, EARLINET)。但是由于气溶胶监测站点分布较分散,监测结果呈现点状分布,不能连续整体地反映气溶胶的空间分布情况。卫星遥感图像覆盖范围广、时效性高,能够在宏观上实现区域性气溶胶快速、动态的反演。目前,大范围的气溶胶反演一般是基于中低分辨率数据实现的，但是对于环境监测以及气溶胶带来的大气污染问题，中低分辨率数据的反演结果并不能满足人们的要求，因此对于区域性或局部地区的气溶胶反演来说，高分辨率遥感技术具有不可比拟的优势，尤其是对于城市等气溶胶分布状况易发生剧烈变化的地方，它能够较好地反映小范围内气溶胶的动态分布状况（曹永兴和薛志航，2016）。

基于遥感数据对气溶胶进行反演时，需要知晓地物的表观反射率，它受地物、气溶胶、大气分子与太阳辐射的共同作用影响。因此要精确地反演气溶胶光学厚度，需要将气溶胶的影响与另外两者区分开来。根据区分方法以及数据的不同，气溶胶光学厚度反演方法主要分为双-多通道反射率法、基于偏振数据的反演方法、基于对比度差异的结构函数法、海洋-陆地对比法、基于星载激光雷达数据的反演法、基于多角度数据的反演法、暗像元法等。其中，暗像元法是由 Kaufman 和 Sendra 在反演浓密植被上空的气溶胶厚度的基础上发展演变而来的一种计算方法，经过许多专家的验证，反演效果较好，应用比较广泛。其原理如下：在红、蓝波段，多种地物的反射率均较低，如密集的植被区，并且在 3. 8 μm 和 2. 1 μm 通道，卫星遥感图像不受气溶胶的影响，因此用 3. 8 μm 或 2. 1 μm 通道的表观反射率来寻找暗像元，结合大量的参考资料，在考虑多种地表覆盖的情况下，可知暗像元的红、蓝通道的地表反射率与 2. 1 μm 通道的表观反射率之间有较好的线性关系：

$$\begin{aligned} \rho_{\mathrm{R}} &= \rho_{2.1}^{*}/2 \\ \rho_{\mathrm{B}} &= \rho_{2.1}^{*}/4 \end{aligned} \tag{8.12}$$

式中，ρ_{R}和ρ_{B} 分别为红、蓝波段的地表反射率，$\rho_{2.1}^{*}/2$ 代表 2. 1 μm 通道的表观反射率。根据关系式可以得到暗像元在红蓝波段的地表反射率，然后合理假定气溶胶模型和大气模式，并基于 6S 辐射传输模型和查找表（LUT），利用地面暗目标自动反演区域性的气溶胶光学厚度。

基于高分一号多光谱数据，经过遥感图像几何校正、辐射定标等预处理，利用气溶胶提取技术对机场及周边区域进行气溶胶光学厚度的反演，能够弥补传统的气溶胶监测站测量结果数据不足的缺陷，为机场环境监测提供服务。具体的技术流程如图 8. 8 所示。

图 8. 9 为绵阳机场选址周边的气溶胶光学厚度反演结果，可以直观地看到绵阳机场选址区的气溶胶光学厚度反演的空间分布情况。AOD 值分布极不均衡，西部及南部地区的 AOD 值明显高于东北部，河谷中的 AOD 明显高于两侧河岸的气溶胶光学厚度，造成这种现象的原因是蒸腾作用的存在使得河谷中水汽含量较大，导致气溶胶含量比较大。利用相关气象数据有利于完成后续净空分析、气象分析、地形分析等选址条件筛选，为绵阳新机场选址提供更经济、更直观、更便捷的应用技术手段，提高了选址与规划的水平。

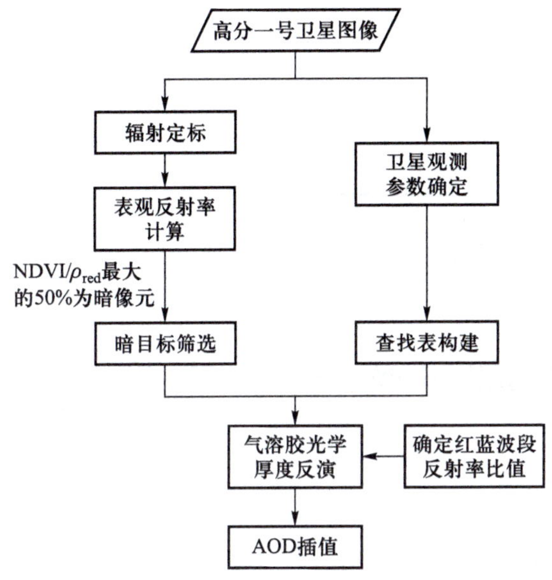

图 8.8 气溶胶反演技术流程图

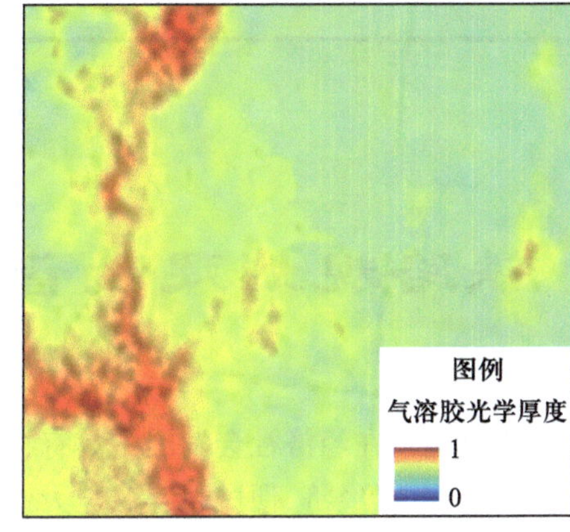

图 8.9 绵阳机场大气监测专题图

参 考 文 献

曹永兴,薛志航. 2016. 基于高分辨率影像的城市地区气溶胶反演研究述评. 国土资源遥感,28(3):1-6.

丁凤,徐涵秋. 2006. TM 热波段图像的地表温度反演算法与实验分析. 地球信息科学学报,8(3):125-130.

郭俊,牛铮. 2007. 遥感图像三维可视化在机场选址中的应用. 工程地质计算机应用,1:5-6.

胡志超,韩仙桃,吴琼. 2018. 基于 MODIS 数据的呼和浩特市气溶胶反演. 内蒙古科技与经济,18:46-47.

李丽,郭力. 2012. 交通遥感概论. 北京:科学出版社.

刘汉湖,杨武年,李天华等. 2009. 遥感技术在冰川地貌区机场勘察中的应用——以四川康定机场为例. 工程勘察,37(10):57-61.

覃志豪,Zhang M H,Karnieli A,Berliner P. 2001. 用陆地卫星 TM6 数据演算地表温度的单窗算法. 地理学报,56(4):456-466.

朱文军,耿莉. 2014. 陆地表面温度反演的研究现状及发展趋势. 地球,9:122-123.

邹健,崔婉哲. 2017. 基于 MODIS 数据渭南市气溶胶反演. 价值工程,12:183-185.

Jiménez-Muñoz J C , Sobrino J A , Skokovic D , Mattar C, Cristobal J. 2014. Land surface temperature retrieval methods from Landsat-8 thermal infrared sensor data. *IEEE Geoscience and Remote Sensing Letters*, 11(10): 1840-1843.

Qin Z H, Karnieli A, Berliner P. 2001. A mono-window algorithm for retrieving land surface temperature from Landsat TM data and its application to the Israel-Egypt border region. *International Journal of Remote Sensing*, 22 (18):3719-3746.

Rozenstein O, Qin Z H, Derimian Y, Karnieili A. 2014. Derivation of land surface temperature for landsat-8 TIRS using a split window algorithm. *Sensors*, 14(4):5768-5780.

第 9 章

铁路规划建设管理高分辨率遥感应用

铁路运输在经济社会发展中具有特殊的重要地位，它不仅是国民经济发展的大动脉，而且兼具安全、经济、便民、实惠、全天候运输、速度快等特点，这些特点决定了其在我国综合交通体系中的骨干地位，对经济社会发展产生重大作用和影响。遥感技术是一种先进的对地观测手段，可快速、准确、客观地获取大范围地面目标的图像，并通过数据分析来获取交通基础设施建设区域的性质、特征和状态。利用高分辨率遥感卫星数据可开展铁路选线辅助决策、施工进度监测、安全保护区监测、灾害监测与应急处理等，为铁路交通规划、建设、管理与养护等提供全面的数据支持，有效辅助铁路业务工作，提高铁路管理及服务水平，对促进铁路建设工作具有重要意义。本章结合铁路交通领域的特点，主要介绍高分辨率遥感在铁路规划设计、施工建设、运营养护方面的应用，详细阐述铁路建设工程从规划到勘察设计、从建设管理到运营养护等全生命周期的高分辨率遥感应用方法及应用情况，并结合典型案例分析应用成效，为铁路交通信息化建设提供参考。

9.1 铁路规划设计

铁路作为国民经济大动脉、国家重要基础设施和大众交通工具，在我国经济社会发展中的地位和作用至关重要。铁路网规划是铁路交通规划的重要内容，是铁路工程建设的基础。区域铁路网规划是在区域社会经济发展战略的指导下，根据区域资源分布情况和产业布局特点，以合理开发利用各种资源、满足区域经济发展为目标，通过对区域运输需求的分析进行预测，在统筹考虑铁路的技术经济优势以及与相关行业衔接的基础上，进行铁路网空间布局规划的过程，目的是完善铁路网布局结构，提高运输质量，扩充运输能力，提高装备水平。传统的规划背景调查以人工外业方式为主，不仅耗费大量的人力物力，而且周期长、更新慢，提取的铁路网等地物信息精度低，难以全面、精确地获取区域规划背景信息。遥感图像提供了丰富的地物信息，随着其质量的不断提高，尤其是空间分辨率的不断提高，遥感图像已经成为区域铁路网规划背景调查的重要数据源。随着“高分专项”的实施,我国的遥感技术实现了跨越式发展,国产高分辨率遥感图像具有覆盖范围广、空间分辨率高、光谱信息丰富、更新速度快等优势,可实现铁路网、基础设施、地形地质环境信息的快速、精确提取,有力地支撑区域铁路网规划背景调查业务。

9.1.1 铁路规划设计的任务和内容

铁路网规划的主要任务是通过深入的调查、必要的勘测和科学的定量分析,在评价现有铁路状况的基础上,根据客货流分布特点、发展态势及交通、运输量的生成变化特征,提出规划期铁路发展的总目标和布局,最大限度地满足区域经济发展战略的实施,适应、支撑和带动区域产业布局,解决当前铁路运输“瓶颈”及将来可能出现的新“瓶颈”,科学、合理地安排区域铁路网的分阶段建设。

区域铁路网规划的主要内容包括规划背景调查、运输需求分析、布局方案制定、规划效果评价、规划实施方案及发展预测等部分。其中,规划背景调查是区域铁路网规划的前提,大范围、快速、高效、全面的规划背景调查对于科学合理地制定铁路规划方案具有重要的意义。规划背景调查的主要内容包括铁路网现状分布、运输流量、基础设施、地形地质环境以及社会经济、人文环境等方面。

9.1.2 铁路网规划设计

1) 铁路网现状调查

铁路网现状调查是铁路基础设施调查的重要组成部分,是进行铁路网规划的前提和基础。基于高分辨率遥感图像开展铁路网调查,可以大范围、快速、有效地获取区域铁路网信息,保障现状分析的全面性,提升规划方案的科学性。

目前,利用遥感图像提取大范围的道路分布情况已成为研究的热点内容,发展了自动提取、半自动提取等各种方法,而从遥感图像中提取铁路的研究相对较少。当前,机载激光 LiDAR 数据和航空遥感图像是进行铁路轨道提取的主要数据源,国内外部分学者基于机载激光 LiDAR 数据对铁路轨道的精细提取进行了研究,例如,Muhamad 等(2013)提出了一种从机载激光点云数据和地面点云数据中提取铁路的方法。Farwig 等(2011)和于海洋等(2016)利用超高分辨率的正射图像和高密度的机载激光雷达点云数据重建了铁路轨道中心线;Karaman 等(2012)利用从谷歌地球(Google Earth)获取的机载航拍图像,采用基于特征描述的傅里叶算法提取铁路,取得了较好的效果;卢小平等(2015)综合利用机载 LiDAR 点云数据和航拍图像提取铁路轨道及铁路附属设施等铁路专题信息,构建了数字铁路地目信息二三维一体化管理系统;王华等(2013)根据铁路具备良好的边缘特征且局部范围内边缘点存在明显的方向性的特点,探索了高分辨率图像上铁路中心线的提取方法;武永斌等(2015)利用机载 LiDAR 点云数据提供的铁路地物形状特征与图像的灰度、光谱、纹理等信息进行了匹配、融合,对铁路专题要素信息的自动提取关键技术进行了研究,根据不同地物的特征提出了相应的自动提取方法,实现了对轨道及铁路附属设施要素的自动识别与提取。

高空间分辨率、光谱信息丰富的高分系列卫星为区域路网的快速精确普查提供了坚实的数据支撑。目前,高分光学卫星遥感图像已经广泛应用于道路网提取研究。与公路网提取类似,铁路网的提取方法主要有目视解译、半自动提取、自动提取等。图9.1所示为基于高分一号卫星遥感图像提取的北京南站附近铁路网。

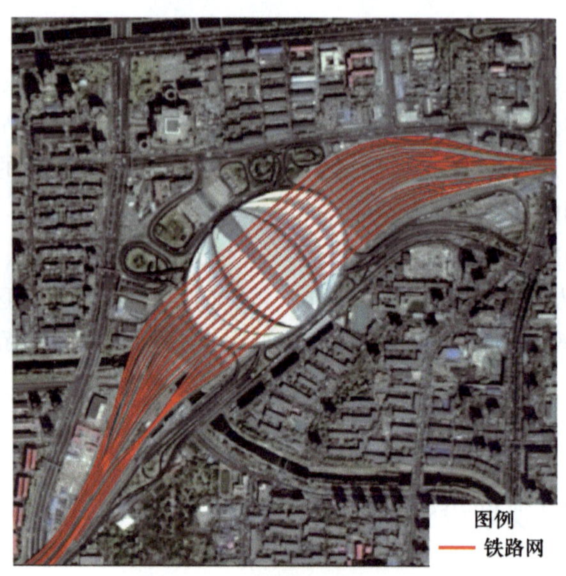

图9.1 北京南站附近铁路网

此外,随着"高分专项"工程的进一步推进,高分七号卫星已经发射,作为我国自主研发的亚米级民用光学立体测绘卫星,高分七号卫星上搭载有0.8 m空间分辨率的双线阵立体测图相机,以及一个星载激光雷达。高分辨率对地观测系统的进一步完善,使其在区域铁路网调查中有巨大的应用潜力。

2) 铁路选线设计

铁路选线是铁路工程建设总体设计的关键。合理的选线对铁路线的设计、施工以及运营养护有着至关重要的意义。铁路线路一般应尽量采用直线以及较大半径的曲线连接,以缩短线路的长度,节省造价及营运消耗;在纵断面上则应尽量减小坡度,以提高车速。同时,铁路线路还应绕避不良地质和水文地段,并尽量绕避重要建筑物并少占农田,以保证线路工程的质量(谭衢霖等,2007)。另外,铁路选线应重视环境保护,注意由于铁路修筑、运营所产生的环境影响与污染等情况。基于以上铁路选线要求,需对研究区域内的地形、地貌、地质、水文等多种铁路外部环境信息进行全面的勘察,以优选出合理的路线。

传统的铁路选线设计中,单纯依靠选线人员所收集的区域地质资料和铁路技术指标,在地形图上进行纸上定线,选出几个可能的线路方案,然后对线路所经过区域的地质情况、环保要求以及重大工程进行比对、实地踏勘,经反复比较,定性给出一个较为经济、合理的线路方案。显然,传统选线方法在很大程度上受选线人员经验、技术水平的影响,不能科学、全面、定量地比对各方案的优劣,尤其在地质条件复杂的山区,传统选线方法受地形、交通等条件限制,难以准确、全面地反映区域工程地质概况,在选线过程中缺点更加明显。而通过遥感图像分析解释,结合少量野外靶区地质调查,能全面、快速、有效地完成区域工程地质选线工作。

高分辨率遥感技术可以快速提供大范围的地形地貌、水文地质等铁路选线背景基础资料,能够极大减少工作量,提高铁路选线工作效率,提高经济效益,同时可以很好地改善工作人员的工作环境。在铁路新线的勘察设计中,从预可行性研究、可行性研究到定测和补充测定各个阶段均可以应用高分辨率遥感技术,应用内容主要为铁路线路路域地形、地貌、地物、地质、水文等的宏观调查,通过综合分析区域地形、地貌、工程地质、地理环境及不良地质分布情况,进行选线设计和多方案的比选,规避一些重要的工程设施和地质灾害区,实现铁路选线设计的科学性和合理性。

基于高分辨率遥感的铁路路线走廊带地形地貌解译、不良地质调查方法与公路交通类似,具体应用方法见第 4.2 节和第 4.3 节。此外,三维数字地面模型技术在铁路选线中的应用可以明显提高选线效率,增强方案比较的直观效果,有助于对路线方案进行大范围多方案的比选论证。基于高分辨率遥感图像的铁路三维建模已经成为当前铁路选线的重要手段,其相应的实施方法及技术路线与公路交通类似,具体应用方法参见第 4.4 节。

9.2 铁路施工建设

铁路建设是一项综合、复杂的系统工程,涉及拆迁工程、路基工程、桥梁和涵洞工程、房屋工程、给排水及污水处理工程、铁路运营生产设备等多种专业工程,具有投资大、风险大、管理难、要求高的特点。铁路建设管理就是为保障以上工程项目的顺利进行而开展的一系列工作。加强铁路建设项目施工管理有助于铁路施工企业最大限度地降低成本、减少风险,提高项目成功率,有助于铁路施工企业完善管理模式和规范,有助于企业在原有的基础上进一步实现规范化管理(庄奕燊,2018)。我国的铁路建设蓬勃发展,铁路建设项目的规模不断扩大,铁路建设的环境条件也日趋复杂,有效地进行铁路工程项目施工建设的监管,对于保证铁路建设项目的成功,使铁路建设项目获得良好的社会效益和经济效益具有十分重要的现实意义。

传统的铁路建设施工管理以人工现场调查为主,耗时、费力,且对人员专业要求较高,难以高效地把握铁路施工建设进程。遥感具有宏观、快速、经济、高效获取地理空间信息的优势,是进行铁路施工建设宏观调查的重要手段。基于高分辨率遥感技术对铁路工程项目的施工建设进行监测,可以解决传统手段面临的交通不便、高危险性、高成本等风险问题,从而更方便整体监督,保障重大铁路工程建设项目如期进行。

9.2.1 铁路施工进度监测

铁路工程项目能否在预定的时间内交付使用,直接关系到铁路经济效益的发挥。铁路施工进度管理是铁路工程建设管理的关键,科学合理的规划进度和严谨系统的进度控制,对于铁路建设工程目标的实现意义重大。一方面,施工进度管理能促进铁路建设工程管理,将铁路建设工程的各个环节及阶段纳入工程管理的动态化、全程化管理之中,规范铁路建设工程内的各参与单位的职责,能及时组织和协调铁路建设施工企业与其他成员、施工各工序等的关系,保障施工企业的各项工作能与各参与方及工程建设与铁路整体建设维持目标和方向的一致性,保障铁路建设工程目标的实现。另一方面,施工进度管理确保了铁路建设工程的整体工期和投资控制。施工企业通过科学预防、及时调整和控制铁路建设工程的工期和工程质量,可以保证工程进度,促进工期按计划完成,避免因工期延迟等造成的投资增加和因质量不达标导致的返工等不必要的工程浪费,提高经济效益,降低成本,且能通过检查工程落实情况,及时发现铁路建设中的问题和不足并予以纠正和优化,灵活适当地调整工程进度,同时,还能通过对铁路建设工程管理的控制等促进建设中信息的交流和反馈,更加全面地考虑影响铁路建设的各种影响因素,保证进度管理的弹性,进而保证铁路建设工程目标的实现(王胜,2016)。

铁路施工进度管理的重点是施工信息的收集、整理和分析,通过采集施工现场信息,建立施工信息库,反映当前施工进展所存在的问题,进而把握施工进度情况。传统的施工进度监测以人工现场采集的方式为主,通过建立每天施工进度日报等对施工进度进行监测,随着工程进度的不断推进,施工信息逐渐增多,人工采集信息的人力物力成本逐渐增多。另外,人工采集的方法难以对全线施工进行全方位、全过程、及时准确地反映。基于多时相的高分辨率遥感图像,可对项目建设过程进行全程跟踪,提升工程项目信息化水平,节省传统监管过程中所需的人员和传感器等成本,为铁路工程建设的新一代管理手段提供坚实的技术保障。

基于高分辨率遥感图像的铁路施工进度监测,以高分辨率遥感卫星多时相数据为主要数据源,采用面向对象、多尺度分割、变化检测等技术,对项目建设区域进行地表覆盖监测和基础设施变化监测,综合不同时相遥感数据的解译结果,形成相关专题产品,从而实现对监测区工程建设进度的动态监测。主要包括以下步骤:

(1) 工程建设区基础资料收集

收集该工程项目建设覆盖范围内的测绘资料(各种比例尺地形图、已有工程设计资料)、项目的规划设计材料(规划布局、布置图、设计图纸等)、项目建设统计情况等,并进行数字化、空间化处理,作为地表覆盖和属性信息采集的重要参考。

(2) 工作区范围确定及高分辨率卫星数据收集与处理

根据项目的规划红线范围或需求,确定工作区范围,获取多时相高分辨率遥感图像原始数据(根据工程建设需要采集,一般时间间隔不大于 1/4 计划工期),并完成几何校正、图像重采样、空间配准、图像辐射校正、图像信息增强和图像镶嵌等数据预处理工作。

(3) 工程建设进度动态监测

利用多时相高分图像数据,采用面向对象、多尺度分割等技术,对项目区域地表覆盖情况(如耕地、园地、建设用地等)进行提取和分类,对项目中重点工程目标进行变化检测提取,对其变化情况进行对比监测,统计分析地表覆盖变化、功能区项目建设情况(道路、桥梁、房屋、片区等)、项目拆迁情况以及工程建设动态变化等。

(4) 生产专题产品,辅助项目建设进度监测

基于上述步骤得到的监测结果,对其逐步的建设情况和变化情况做统计分析与文字说明,生产项目区域地表覆盖变化监测专题产品、重点工程目标变化检测专题产品、项目建设进度动态监测专题产品等成果,辅助完成项目建设进度监测工作。具体技术路线见图 9.2 所示。

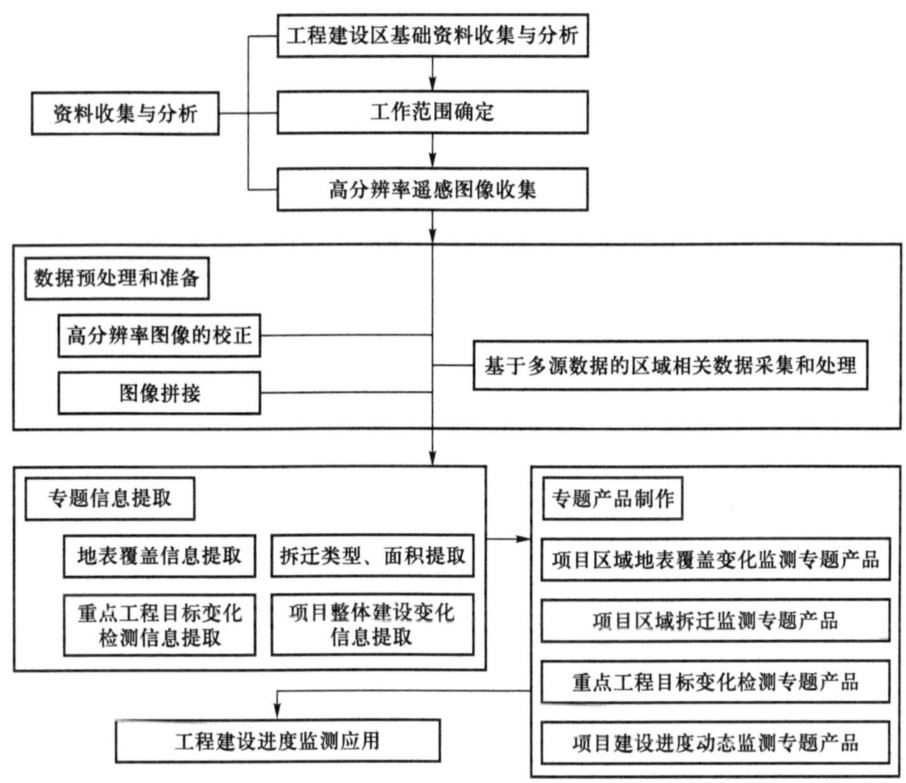

图 9.2 铁路施工进度监测应用技术流程图

9.2.2 铁路临时用地监测

铁路临时用地是指为了配合铁路建设,在工程建设中必不可少,但是在铁路建成后不再继续利用的施工辅助设施用地,包括制梁场、砼拌和站、轨道板厂、钢筋加工厂、施工便道、取土场、弃土(渣)等临时性占用土地(孙健,2017)。按照土地管理相关政策,在铁路工程建设结束后应

对铁路临时用地进行复垦,恢复铁路临时用地的生态功能。随着我国铁路建设事业的飞速发展,铁路建设的规模不断扩大,铁路里程持续增长,大量铁路工程开工建设,对沿线土地资源造成了较为严重的压占、挖损等损毁,使原本紧张的耕地资源的保护形势更加严峻,人地矛盾更加突出。开展铁路施工期间临时用地监测,对于控制和减轻铁路建设对土地资源的破坏,加强施工环境监理以及保障后期临时用地土地复垦工作的有效落实具有重要的意义。

由于铁路工程的线形特征,铁路临时用地的分布也呈线形展开。铁路临时用地沿着铁路干线,总体呈现带状分布,具有地块数量众多、总量较大、分布分散的特点。传统的地面调查手段很难全面、真实、快速地掌握铁路施工建设过程中的临时用地情况。高分辨率卫星遥感技术具有探测范围广、重访周期短、成本低且限制条件少等特点,可以有效弥补地面调查手段的不足,实现大范围铁路临时用地的实时动态监测,极大地提高铁路建设项目施工期的环境监测能力,为铁路沿线生态环境的保护发挥积极的作用。图9.3为铁路临时占地高分二号图像。

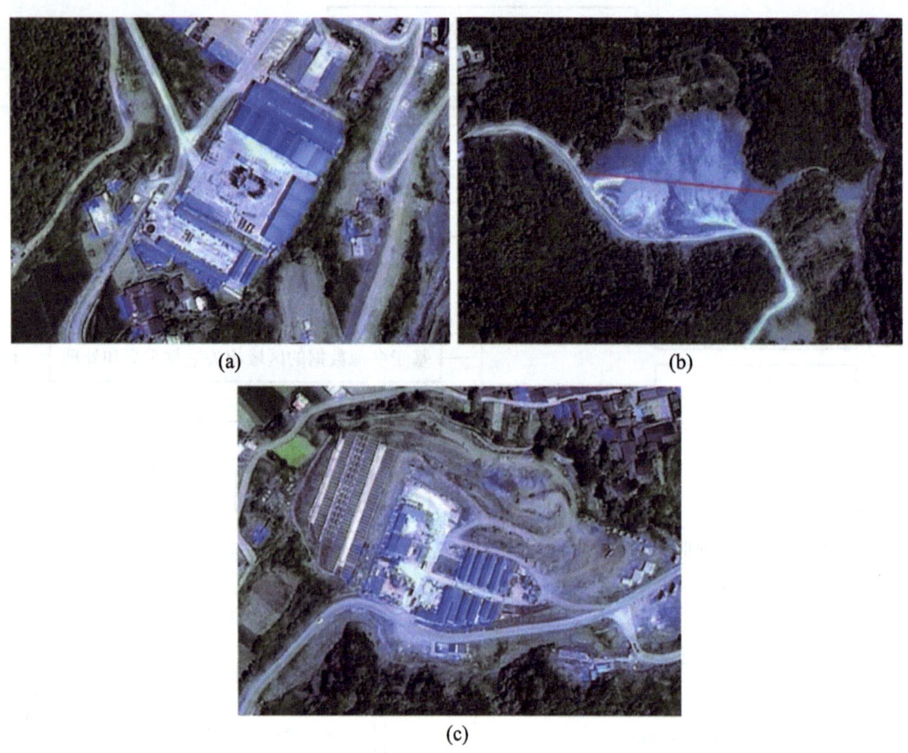

图9.3 铁路临时占地高分二号图像(熊文成等,2017):(a)混凝土搅拌站;(b)临时转运渣场;(c)生活营地

基于高分辨率遥感图像可采用目视解译、面向对象多尺度分割等方法对铁路临时用地进行识别与监测。该类方法原理简单、操作便捷,但对专业人员的业务水平要求较高。此外,由于铁路工程取土、去土后,地表植被遭到破坏,因而可利用铁路施工前后的高分辨率遥感图像进行NDVI、EVI等植被指数的计算,提取铁路临时用地的位置,结合现场核查最终确定铁路取弃土场、制梁场等临时用地的数量、位置及占地面积等信息(刘金波等,

2018)。具体技术路线如图 9.4 所示。

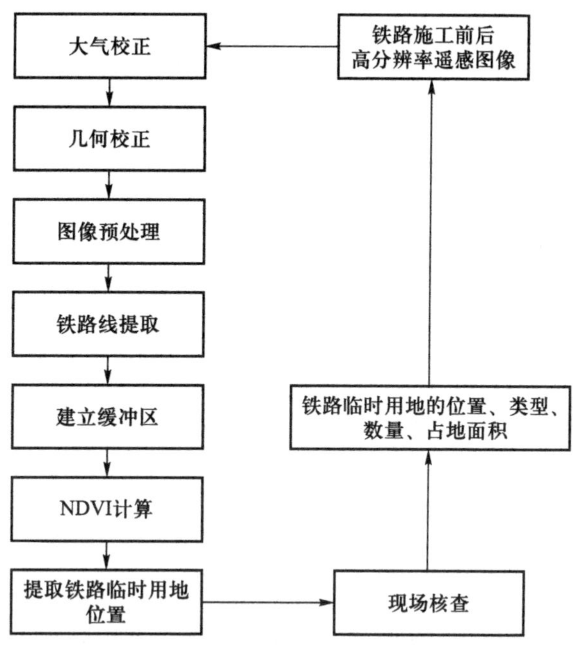

图 9.4 高分辨率遥感铁路临时用地监测技术路线图

利用高分辨率遥感技术,可宏观、高效、直观地获取铁路临时用地信息,准确掌握铁路施工期间项目建设区域的地表扰动情况,从而督促施工单位对铁路临时用地进行及时治理与恢复,有效辅助铁路施工建设监管,为保护铁路沿线生态环境提供决策依据和技术支撑。

9.3 铁路运营养护

铁路运营管理是指有劳动技术和生产经验的铁路职工,综合运用铁路技术装备,协调相关部门为完成铁路运输任务而进行的生产和营销活动。它包括与铁路运输生产有关的全部业务,即铁路运输生产全过程的各个环节以及有关的计划、组织、指挥工作。铁路线路养护的基本任务是通过对线路的系统检查,及时发现线路上一切不符合技术标准的现象和病害,并查清其原因,以便合理地计划和组织线路养护作业,消除病害或缩小病害影响,使线路处于完好状态,保证列车按照规定的速度,平稳、安全和不间断地运行。铁路线路养护内容包括线路状态检查作业、线路养护修理作业和线路组织作业。

随着空间信息技术的快速发展,遥感技术在铁路运营养护管理方面的应用范围不断扩大,应用层次不断加深,作用日益凸显,已经成为铁路信息化建设的核心技术之一。在铁路运营管理方面,一方面,遥感图像是铁路线路电子地图更新的重要数据源,利用高分辨率的卫星遥感图像可实现大范围铁路线路的快速提取与变化更新,极大地提高了铁路网变化监测的效率和质量;另一方面,将 RS、GIS 和 GNSS 集成于铁路线路运营管理中,可实时监控列车的运行状态,确保铁路运行安全,使铁路运输部门、管理部门快速掌握铁路线路上运行的列车的情况,减少运输服务时间,提高铁路运输整体效益,提升铁路运输管理自动化水平。在铁路养护管理方面,遥感图像为铁路灾害事故的抢修提供了必需的基础资料。当铁路灾害发生时,利用卫星遥感图像可快速了解灾害事故地段、地物、地貌、路线等信息,及时掌握抢修的难易程度,为指挥抢修工作提供技术支撑(谭衢霖等,2007)。

9.3.1 铁路安全保护区监测

铁路线路安全保护区是铁路运输安全保障的重要基础设施,对铁路线路安全保护区的建设和管理是铁路运营管理单位安全设施建设的一项重要工作。铁路线路安全保护区的范围,从铁路线路路堤坡脚、路堑坡顶或者铁路桥梁外侧起向外的距离如下:

① 城市市区,不少于 8 m;

② 城市郊区居民居住区,不少于 10 m;

③ 村镇居民居住区,不少于 12 m;

④ 其他地区,不少于 15 m。

近年来,国家基础设施建设飞速发展,铁路在全国范围内的覆盖率也随之逐年攀升。截至 2019 年底,铁路营业里程已达 13.9 万 km。高速铁路线路安全保护区范围内的生产经营建设行为,一直是安全运营管理中的核心部分。目前,铁路线路安全保护区范围内存在的建设行为主要有搭建违章建筑物、取土挖砂、堆放物品阻碍视线以及从事采矿爆破等危险作业等。现有的铁路安全保护区监测主要依靠人工巡查以及无人机、车载传感器等设备,针对铁路线路安全保护区这种大面积基础设施的运营状况监测耗费时间长且成本巨大。利用高分辨率卫星图像进行铁路安全保护区内违建执法,可以实现对铁路沿线大范围、长距离的宏观监测,具有很强的现实意义。

利用高分辨率卫星数据,结合外业调查数据,通过人机交互解译的方法,提取铁路安全保护区范围内违章建筑物(包括位置、高度等信息)、取土挖砂、堆放物品阻碍视线以及采矿等铁路安全隐患信息,从而实现对铁路安全保护区范围内的违法违规建设行为的动态监测,可为铁路运营管理部门提供安全隐患参考数据,辅助安全隐患排查及整治,保障铁路的安全运营。具体的技术路线如图 9.5 所示。

基于高分辨率遥感图像,开展铁路沿线地表环境要素提取以及安全保护区内违章活动的监测,主要涉及地物分类提取和多时相遥感图像变化检测等方法,具体可参见第 6.1 节。利用同一地区、不同时期的高分辨率遥感图像数据监测铁路沿线地表环境要素,如景观绿地、农田、道路、裸地等,以及铁路线路安全保护区范围内随意搭建建筑物、垃圾池、塑料大棚等存在安全隐患的违章行为,弥补了传统人工巡检的不足,提高了铁路安全保护区安全隐患监测效率,为铁路安全运营提供了重要的数据和技术支撑。

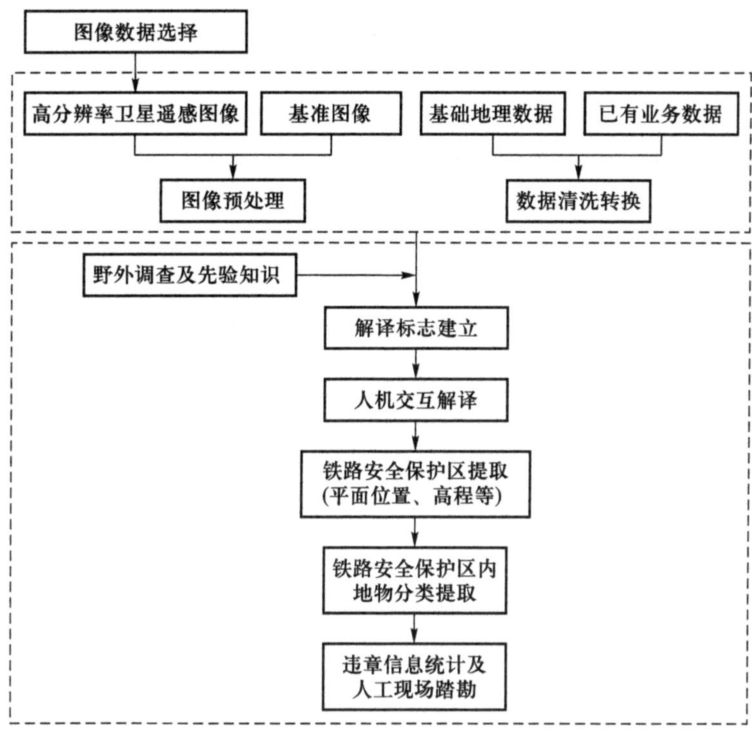

图 9.5 铁路安全保护区监测技术路线

9.3.2 铁路灾害监测

铁路灾害是指能够引起铁路设施故障或者损毁、影响铁路交通正常运营的自然、人为或者两者综合作用的灾害情况的总称,主要包括对既有铁路线路造成影响的地质灾害(包括崩塌、滑坡、泥石流、地震等)和气象灾害(洪涝)。

铁路灾害监测通过对铁路周边宏观孕灾环境调查、灾害因子监测、铁路损毁调查等,制定合理的应急预案、事件评估报告,从而尽可能减轻灾害对铁路交通安全、运输秩序的影响和对运输设备造成的损害,提高灾害发生后的应急反应能力,并对事件作出合理的评估。

铁路灾害监测工作的主要内容包括以下几个方面:① 通过对铁路线路沿线宏观地质环境及气候状况的调查,建立孕灾环境体等级,对一些潜在的灾害进行预警预防;② 通过对灾害发生后各类灾害因子的提取及动态监测,掌握铁路灾害损毁基本状况,并作出初步评估;③ 根据收集到的灾害信息及铁路损毁资料,制定合理的应急预案;④ 制定灾害事件评估报告,对灾害损失进行估算,并对次生灾害情况进行持续监测;⑤ 事故处理及信息发布,向管理部门及公众发布灾害造成的损失情况和交通阻断状况。

常规的铁路灾害监测方法,需要耗费大量的人力、物力和财力,受技术条件的限制,很大程度上难以全面、准确地查明地质灾害的成因、危害程度、影响范围等,更难判断环境的变化情况和发展趋势(谭衢霖等,2007)。遥感图像具有视域广、立体感强、连续性和整体性好的优势,已经成为铁路灾害监测不可或缺的手段之一。高分辨率遥感技术可以对铁路沿线灾害的类别、规模、分布情况、危害程度、发生时间进行监测,为救灾抢修部署等提供依据(Liu et al. ,2012),可有效弥补地面调查受视野限制的局限性。

与公路灾害监测类似,高分辨率卫星遥感数据在铁路灾害监测中的应用体现在铁路沿线地质灾害调查及危险性评估、洪涝灾害监测以及损毁评估等各个方面。具体原理及方法参见第 6.2 节。

基于高分辨率遥感数据开展铁路灾害调查与区划,可掌握灾害的发育规律、分布状况、危险性和危险程度,分析灾情发生的必要条件,为灾害监测预警预报及后期治理工作打下基础。例如,2018 年,中国公路工程咨询集团有限公司高分交通数据中心利用国产高分卫星图像分析了可可西里盐湖扩张情况及其可能对青藏铁路带来的影响,结合 ALOS 卫星 DEM 数据(空间分辨率为 12.5 m)对可可西里盐湖湖水外溢的可能性进行了分析。为有关部门进行灾害预防提供了决策支持。图 9.6 为可可西里盐湖变化高分辨率遥感监测图。从图中 2017—2018 年盐湖的演化过程可以看出,可可西里盐湖水域面积呈缓慢增大的趋势,其中 2017 年 2 月湖面面积约为 157.2 km^2,2018 年 7 月湖面面积约为 179.2 km^2,至 2018 年 12 月增加至 199.2 km^2,相较于 2017 年 2 月湖泊面积扩大了 42 km^2。从图中可以看出,盐湖的东部区域扩张趋势最明显,而东部的湖心岛呈逐渐缩小的趋势,截至 2018 年 12 月,东部湖心岛面积已经缩减至 1.8 km^2。

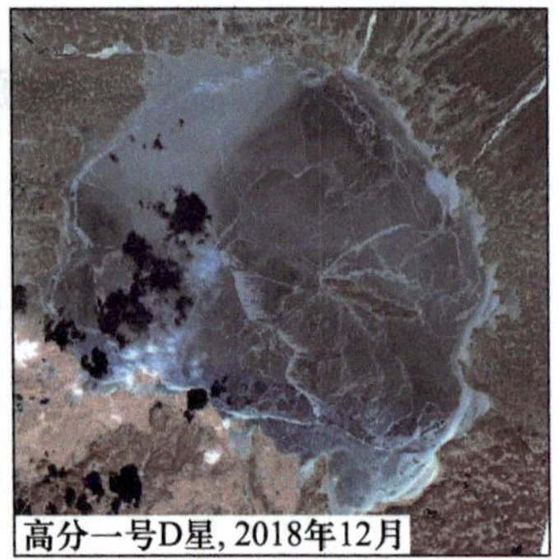

图 9.6 可可西里盐湖变化高分辨率遥感监测图。数据来源:高分一号 D 星、高分二号。制图单位:高分交通数据中心。制图时间:2018 年 12 月 21 日

基于 2018 年 12 月高分一号 D 星遥感图像,结合 ALOS 卫星数字高程信息对可可西里盐湖湖水外溢的可能性进行分析。当湖泊范围跨越盐湖与清水湖所在流域的分水岭时,盐湖湖水会发生外溢。分析发现,盐湖距离青藏铁路直线距离约 11 km,盐水湖水位与溢水方向高差 2.0~3.0 m,一旦溢水溃决,湖水将沿着溢水水流方向(图 9.7 中蓝线所示)流入清水湖,极有可能对青藏线造成巨大的影响。

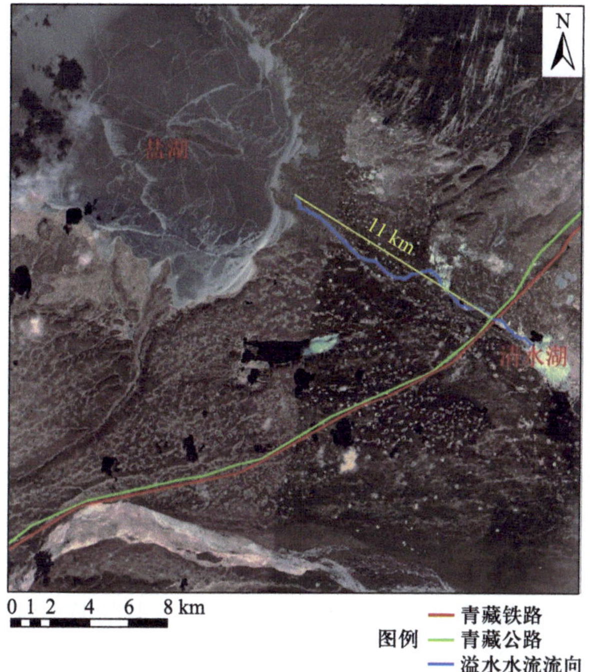

图 9.7 可可西里高分辨率遥感盐湖监测图

9.3.3 铁路路基沉降监测

铁路路基的稳定性关系着列车的运行安全,但在列车冲击荷载和复杂环境的作用下,铁路路基不可避免地会发生沉降变形。因此,有必要对铁路路基进行沉降观测,以实现对铁路路基结构病害的早维修、快整治(花梅,2014)。

铁路路基沉降主要包括两个部分:一个是路基本体的压密沉降,另一个是地基沉降。其中,路基本体压密沉降是指在土石自重或者外部列车等荷载的作用下,路基(由不同密实度的土石填筑而成的土工结构物)的土石缝隙被挤压变得密实的过程(陈善雄等,2010);地基沉降是指地基的土层在路基、铁路等附加应力作用下引起的地基表面沉降。另外,路基所在区域地下水、地下热水、油气等地下流体资源的长期超量开采,使得地下流体资源的水位持续下降,在欠固结或半固结土层分布区,土层固结压密而引起的大面积的地面下沉,也会对铁路路基沉降产生重大的影响(尚金光和张献州,2011)。

目前,运营阶段铁路路基可以运用地面水准测量或长期 GPS 观测进行沉降监测。水准测量的原理是利用水准仪提供的水平视线来获取前后两个测点的高差,通过已知测点的高程测量出未知点高程的过程。GPS 测量是通过同时接收多颗卫星发射的信号测定测站点(测速点)的空间位置,比较多个时间点下监测点的位置变化信息,获取监测点的形变大小。但是,水准测量和 GPS 测量方法受到经费和人力的限制,监测点一般是以若干的离散点或线的形式布设。而利用卫星 SAR 图像的时间序列干涉合成孔径雷达(InSAR)技术可以提取大范围、高精度的地表形变信息,在铁路这种长距离线形工程的沉降监测方面有着不可替代的优势。

时间序列 InSAR 技术利用多时相 SAR 数据的相位信息提取地面测量点的高精度形变信息，其地表监测面积可达数千甚至上万平方千米，可用于铁路路基及其周边地区的形变监测（段光耀等，2017）。时间序列 InSAR 技术在合成孔径雷达差分干涉测量（DInSAR）的基础上发展而来，DInSAR 技术在外部 DEM 的辅助下，只利用两景 SAR 图像即可获得图像获取时间段内的地表形变信息，但 DInSAR 受到去相干因子、大气延迟和地形残余等因素的影响，其形变监测精度一般不高，为分米到厘米级。为了克服 DInSAR 技术受到的大气延迟、时间去相干等因子的影响，时间序列 InSAR 技术利用多时相 SAR 图像，根据大气空间低通和时间高通的性质削弱大气延迟误差，探测 SAR 图像中的永久散射体（persistent scatter）并估计其形变信息，监测精度可以达到厘米到毫米级（师红云等，2014；赵远方等，2013）。

图 9.8 为采用 2017 年至 2018 年覆盖天津市滨海新区的 52 景升轨 Sentinel-1 数据经永久散射体合成孔径雷达干涉测量（PS-InSAR）技术处理获得的平均年形变速率图，图中涵盖了李港线、塘沽线、津山线等部分铁路线路。从图中可以看出，PS-InSAR 技术获得了铁路线路上大量点的形变值，有助于掌握大范围的铁路路基的时空沉降特征及发展规律，为铁路的安全运营提供重要的参考依据；在获取铁路路基沉降量的同时，利用 InSAR 技术也能获得铁路所在区域的沉降特征，有助于及时掌握地面的沉降信息，为治理地面沉降等地质灾害提供决策支持。

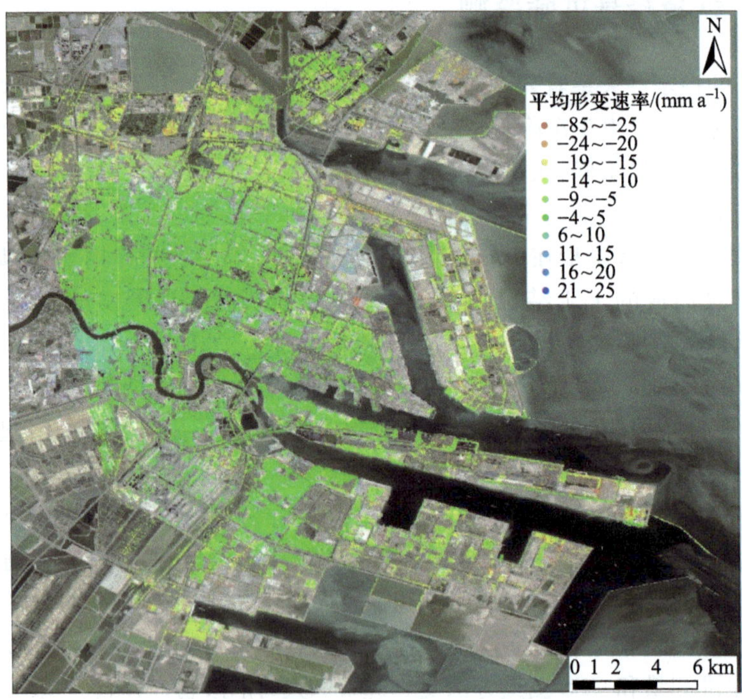

图 9.8 基于 PS-InSAR 技术的天津市滨海新区部分区域年平均沉降速率图

参 考 文 献

陈善雄,王小刚,姜领发,戴张俊. 2010. 铁路客运专线路基面沉降特征与工程意义. 岩土力学,31(3):702-706.

段光耀,刘欢欢,宫辉力,陈蓓蓓. 2017. 京津城际铁路沿线不均匀地面沉降演化特征. 武汉大学学报·信息科学学版,42(12):1847-1853.

花梅. 2014. 高速铁路路基常用沉降变形监测方法浅析. 铁道标准设计,S1:122-125.

刘金波,吴丽萍,柴志福. 2018. 遥感技术在铁路建设中取弃土场识别中的应用. 内蒙古水利,4:50-51.

卢小平,陈曦东,武永斌,李国清,钱小龙. 2015. 机载 lidar 支持下的铁路地目二三维一体化管理系统. 测绘通报,8:101-104.

尚金光,张献州. 2011. 高速铁路路基沉降观测分析与评估方法研究. 路基工程,3:26-28,32.

师红云,刘广,杨松林. 2014. 基于时序 InSAR 技术的京津高铁区域沉降稳定性评估. 北京交通大学学报,38(6):78-81.

孙健. 2017. 利用遥感技术监测高速铁路临时用地复垦动态. 铁路节能环保与安全卫生,7(6):290-293.

谭衢霖,沈伟,杨松林,胡吉平. 2007. 摄影测量与遥感在我国铁路建设中的应用综述. 铁道工程学报,1:22-28.

王华,韩祖杰,王志敏. 2013. 一种高分辨率影像上铁路中心线提取的方法. 遥感技术与应用,28(5): 761-765.

王胜. 2016. 浅析施工企业进度管理在铁路建设工程管理中的重要性及应用. 科技风,7:171-172.

文朝晖. 2011. 铁路线路安全保护区的建设. 铁道勘察,37(6):96-99.

武永斌,卢小平,陈曦东,钱小龙,李国清,于海洋. 2015. 机载 LiDAR 铁路测绘关键技术及应用. 测绘通报,9:64-67.

熊文成,李京荣,聂忆黄,涂为民,翟方乐,王东睿. 2017. 高分遥感在铁路建设项目施工期环境监理中的应用. 环境影响评价,39(2):43-47.

于海洋,牛峰明,罗玲,马慧慧. 2016. 一种综合机载 LiDAR 与高分辨率航空影像的铁路轨道提取方法. 测绘工程,25(5):42-46.

赵远方,汤高飞,鲁大尉. 2013. 基于 PS-InSAR 的京津城际铁路地面沉降监测研究. 测绘与空间地理信息,36(12):229-232.

庄奕燊. 2018. 建设项目施工成本管理存在的问题与对策研究. 就业与保障,14:27-29.

Beger R, Gedrange C, Hecht R, Neubert M. 2011. Data fusion of extremely high resolution aerial imagery and lidar data for automated railroad centre line reconstruction. *ISPRS Journal of Photogrammetry and Remote Sensing*, 66(6):S40-S51.

Farwig R, Sohr H, Varnhorn W. 2011. Necessary and sufficient conditions on local strong solvability of the Navier-Stokes system. *Applicable Analysis*, 90(1-2):47-58.

Karaman E, Cinar U, Gedik E, Yardimci Y, Halici U. 2012. Fourier based feature descriptors for railroad extraction from aerial images. IEEE International Geoscience and Remote Sensing Symposium.

Liu Y, Ren Y, Hu L, Liu Z. 2012. Study on highway geological disasters knowledge base for remote sensing images interpretation. IEEE International Geoscience and Remote Sensing Symposium.

Mohamad M, Kusevic K, Mrstik P, Greenspan M. 2013. Automatic rail extraction in terrestrial and airborne LiDAR data. IEEE International Conference on 3dtv-conference, 303-309.

第 10 章

高分辨率遥感交通应用效益

高分辨率遥感技术为解决传统交通问题带来了新的契机和解决方案，将高分辨率遥感技术应用于交通基础设施规划、勘察设计、运营、维护、灾害监测等各个领域，改变了现有交通业务的系统流程，降低了交通信息获取成本，大幅提高了内业工作效率，极大地提升了交通行业的业务水平，加快了交通信息化、智能化发展进程，有力地支撑了“交通强国”建设，具有显著的社会经济效益。

本章从经济效益、社会效益和效益持续性三个方面详细介绍高分辨率遥感技术在交通行业中的应用成效，并对交通运输行业高分产业化应用的未来进行展望。

10.1 经济效益

高分辨率遥感数据对交通行业经济的促进，一是由于高分辨率遥感数据产品和服务的引入，为交通行业带来的直接经济效益，如更加廉价的勘察设计方法、更加便捷的路网普查等；二是由于高分辨率遥感数据产品及专业服务的提供，为交通行业带来的间接经济效益，包括由高分辨率遥感产生的新的业务点带来的附加产品、更加合理的预防预警避免的经济损失、更加具有竞争力的交通业务产品带来的潜在市场等。

10.1.1 直接经济效益

直接经济效益可以从多个方面体现：

(1) 路网规划及可行性分析

在公路路网规划及可行性分析研究工作中应用高分辨率遥感技术，直接经济效益体现在：① 以高分二号遥感数据为输入，形成流程化专题产品生产体系，提高了数据应用和分发效率，改变了现有业务系统流程，提供了路线参数化计算绘制、工程量自动计算等专业工具,大幅提升了内业工作效率。② 提升了调查数据质量。路网规划及可行性研究调查范围广、跨行业、跨地区,不同区域和行业历史数据质量、完整性、现势化差异大,传统方法很难克服这些问题。新方法通过高分辨率遥感数据源一方面可以得到以前得不到的信息,另一方面可以得到最新的数据,并可以与传统方法得到的数据相互校核,有效地提升了基础数据质量。③ 提升了路网规划及可行性研究方案质量。以高分辨率遥感数据为主,辅以局部测绘、勘探、专业调查的新方法,最突出的优势是可以低成本、快速、高效地进行多方案量化比选,从方法上保证了路网规划及可行性研究方案质量的提升。

(2) 道路的勘察设计

传统利用水准测量及 GPS 网等方法来获得高精度地形数据的工作,已经难以适应当前社会发展的快节奏,而机载 LiDAR 和国外高分辨率遥感数据的高昂费用,又使很多设计单位望而却步。随着高分辨率遥感技术的引入,利用卫星数据高效、低成本地获取地形数据,并在可视化的平台下进行道路设计方案比选,由此带来的技术进步及经济效益无疑是巨大的。同时,由于数据均在遥感和 GIS 专业平台上使用,因此实现方案比选和模拟也将十分方便。据调查,由于方案优化,高速公路建设投资可以节约 2%~3%,以每千米 2000 万元左右的高速公路建设成本计算,100 km 高速公路优化比选,可以为行业节约投资约 4000 万~6000 万元。

(3) 路网监控与应急

高分辨率遥感技术为交通应急指挥领域提供“监测、预警、应急、事后处置”一体化的应急决策指挥解决方案,实现系统“平战结合”的建设思想。利用高分辨率遥感技术可为应急指挥中心提供多样化、可扩展的可靠信息渠道。具体表现在:① 以应急管理的法律法规和行业规范为数据库,随时为用户提供业务上的规范指导;提供了多种协同办公的途径,用户可选择使用公文、手机短信或视频会议的功能实现信息的及时沟通。② 以交通行业的地质灾害,重大拥堵事件,公路损毁、中断、阻塞等突发事件造成的影响为动态管理重点,随时发送预警消息、手机短信给对方任务提醒,实现网络协同工作和信息技术管理工作的合理分工和人性化、科学化的管理方式。③ 结合系统中丰富的系统分析模块,实现各种业务数据的显示界面集成,便于决策者快速、直观地了解信息、把握全局,快速反应,协同应对。建立联动协调制度,形成统一指挥、反应灵敏、功能齐全、协调有序、运转高效的应急管理机制。依靠科技,采用先进的监测、预测、预警、预防和应急处置技术及设施,充分发挥专家队伍和专业人员的作用,提高应对突发公共事件的科技水平和指挥能力,避免发生次生、衍生事件。

(4) 出行服务

目前,国内交通服务信息孤岛现象较为普遍,服务信息系统的建设还处于初级阶段,且大多因信息资源分散、数据单一、不能及时反映动态信息、详细度不够等原因而难以很好地满足社会公众对于出行信息的迫切需求。采用高分辨率遥感数据用于公众出行服务可带来以下变化:① 采用高分二号遥感数据提取路网信息和道路拥堵信息,生成路网分布图及道路车辆分布图,形成业务化运行专题产品,极大地提高了高分辨率遥感数据的业务化应用水平。② 提高高速公路运营管理水平。通过应用本系统,能够为社会公众提供及时、准确的路况、天气以及各类便民服务等全方位信息,诱导使用高速公路的车流,提高高速公路的通行能力,同时也给高速公路相关管理部门提供管理和决策的信息依据,进一步提高了高速公路营运管理水平。③ 为社会公众提供更优质的服务。系统可以提供使用高速公路所需的各种信息和基于网络拓展方式的最优路径、最短路径等出行分析,使社会公众可以合理安排出行时间和路线,提高了高速公路服务质量。④ 加快"智能交通、现代交通"的建设进程。该服务系统的应用,突破了传统服务方式的范围,提升了高速公路的信息化水平,为智能交通和现代交通建设进行了积极的探讨。⑤ 显著提高了社会经济效益。高速公路交通出行服务信息系统,可有效提高公众出行效率,诱导交通流量,提高交通运输效益,降低交通拥挤程度,减少车祸,减少延误损失、油料损耗及废气排放,其潜在的社会经济效益是难以估量的。

(5) 航运及环境监测

在高分辨率遥感航运及环境监测研究工作中,高分辨率遥感技术的引入在一定程度上代替或改进了一些传统的工作方法,总体来说有如下改变:① 采用高分二号遥感数据可提取航道、航标信息及水文泥沙信息,生成航道网分布图、水文泥沙分布图以及航道环境敏感区分布图,形成业务化运行产品,提高了航道管理和监测水平。② 带来了直接的经济效益,例如,通过遥感手段获取船只及水文泥沙信息,有助于在紧急救援情况下发现危险源并及时开展救援,或针对非法船只现象及时展开搜索,可减少大量的人员及物资损失。③ 通过建立基于 3S 技术的航道管理及监测系统,可实现航道近实时、可视化的查询及分析,在数据获取质量以及工作方式上都有了质的改变,并有望成为未来主要的工作模式,具有巨大的社会和经济效益。

(6) 机场规划建设与环境监测

利用高分辨率遥感技术可以及时、有效、大范围地掌握机场最新的空间信息,减少了外业工作量,降低了机场基础设施监测成本,为机场管理决策提供了重要支撑。此外,高分辨率遥感技术可用于大面积的环境污染定量分析与预测评价,不仅在机场建设工程环境影响评价中提供了重要的数据资料,还可以对机场环境进行定量测量、空间分析和模型预测,从而可以全方位地了解和预测机场对周边环境的影响情况,并进行进一步的环境影响评价,为环保部门提供参考意见。

10.1.2 间接经济效益

高分辨率遥感在交通行业的应用,主要从两个方面带来间接经济效益:一是充分发挥高分辨率遥感的优势,使与交通行业密切相关的预警预防工作成为现实,通过合理的预测和防范避免的经济损失;二是在高分辨率遥感的推动下,交通行业内"3S"等先进技术更加容易与业务结合,由此产生的行业整体竞争力的提升带来的效益。在高分交通产品的制定中,充分考虑了整个交通行业的整体经济和社会效益,提出了许多保障交通相关环境安全的产品及服务,由此带来的经济和环境效益也是巨大的。例如,利用高分交通灾害应急专题产品及服务,可以尽早发现并合理预测道路水毁、特大交通拥堵事件等情况,及时通知有关部门及个人,尽量减少由此带来的经济损失。另外,在高分辨率遥感数据的支持下,许多交通行业内的软件产品、专业服务也会得到相应的提升,由此产生的经济效益,也可看作高分辨率遥感引入的必然结果。当使用基于高分辨率遥感的产品成为一种习惯时,其背后蕴藏的经济潜力也将慢慢展现出来,相应的广告投放和附加服务等业务也将为交通行业带来新的市场。

10.2 社会效益

高分辨率遥感技术在交通行业的应用,必然会带来巨大的社会效益。社会效益主要包括行业内和行业外两个方面:在交通行业内,由于先进的高分辨率遥感技术的推动,势必带来整个行业对于各种业务的重新思考,从理念上对交通行业的任务和发展方向进行重新定位,引导行业不断革新;在交通行业外,交通与日常生活密切相关,高分辨率遥感技术的引入,也会体现在生活的方方面面,使整个社会对交通和遥感产生新的认识。

10.2.1 对交通行业的推动

高分辨率遥感技术引入交通行业,除了带来巨大的经济效益之外,其带来的社会效益也是不可忽略的。高分辨率遥感技术在安全性、便捷性和整体性等方面,为交通行业带来新的价值。

高分辨率遥感技术会提升海陆空立体交通各领域的安全性。例如,随着地质选线、自动分析决策等技术的进步,公路设计将更加精细、周全地考虑周边环境的影响。又如,在道路灾害预警预防方面,由于有高分辨率遥感数据的支持,许多中西部偏远地区的道路灾害可以得到有效的监测,指导相关部门和个人及时避免相关灾害带来的事故隐患。在水运方面,高分辨率遥感可以实现对航道和船只的有效监控,在一定程度上能够提高水运交通的安全性。对于机场选址和周边环境调查的问题,高分辨率遥感也可以提供较为满意的解决方案,为民航运行安全提供有力的数据支持。

在便捷性方面,高分辨率遥感会为交通建设、运营、管理和养护等各个阶段提供新的数据和服务支持,节省业务运行的时间,提高工作效率。如前所述,高分辨率遥感提供的道路自动选线服务,将会极大地节约道路设计的时间。这不仅是时间和金钱方面的节约,也是提高规划和决策效率的契机。交通行业对于规划设计的理解将会发生巨大的变化,将有可能在宏观规划和设计上面花更多的时间，从微观设计的枷锁中跳出来，从整体上考虑整个交通运输体系的合理性。除此之外，对于道路、航道和机场等的环境及灾害调查，在高分辨率遥感的支持下也将从一种繁重的劳动，过渡到一种宏观决策行为，从而使管理者可以更加有效地实现交通整体状况的把握，使交通各个阶段的业务运行简便快捷。

在整体性方面，高分辨率遥感的大范围信息获取能力将得到有效的运用。将不再局限于"线状"分析交通问题，而将方便地获得"面状"甚至"体状"的交通基础数据，将整个交通网作为一个整体来进行考虑，指导决策。高分辨率交通遥感课题涵盖水陆空全方位的交通问题，可以将公路、航道和机场有机结合，在"大交通"的概念下来理解行业，提升行业价值。

10.2.2 对社会环境的提升

除了对于交通行业本身的影响之外，高分辨率交通遥感的兴起，也将对整个社会生活产生巨大的推动和提升。这主要体现在以下几个方面：

首先，高分辨率交通遥感课题的深入，必然会使"交通遥感"作为一个新兴的研究领域获得长足的进步。长期以来，由于数据获取能力以及数据精度的限制，我国交通遥感领域发展缓慢。但随着高分辨率遥感技术的发展，遥感数据对于交通行业的支持能力已经能够满足很多业务的需求，遥感在交通行业已经不再是"纸上谈兵"。随着业务能力的提升，将会有更多的资源和人才进入交通遥感领域之中，为交通遥感带来创新和活力，使更多的业务成为现实，从而形成一种良性循环的机制，不断推动"交通"和"遥感"两个领域及交叉领域不断发展。

其次，遥感作为一种21世纪的高新技术，其与交通行业的结合，会使遥感技术更加贴近人们的日常生活，使更多的人认识遥感、认同遥感。随着基于高分辨率遥感的出行服务及物流服务的推广，除了道路基本信息和拥堵信息以外，能见度、环境指数、灾害发生概率等新的理念也将进入日常生活。

最后，作为"衣食住行"中的重要一环，交通行业无疑是关系着国计民生的大事，其技术水平的整体提升，会同时带动公众对于生活品质的更高要求，从而推动整个社会生活的进步。

10.3 效益持续性

在任何领域，技术的革新、生产力的提升、社会效益的发挥都是必然的趋势，交通行业也不例外。高分辨率遥感技术作为我国最新的技术成果之一，其在交通领域的应用必然带来行业的整体提升，而这种提升也将是持续的。

利用新的技术方法替代传统的技术方法，能够提升交通行业的业务水平。随着对高分辨率遥感数据的充分研究和交通行业对高分辨率遥感的进一步熟悉，新的业务增长点必将如雨后春笋般涌现，从而进一步给予交通行业以经济推动；而交通遥感这个领域也将作为独立的业务领域得到发展，从而形成具有可持续性的利益增长点。

在社会效益方面，公众也将经历对于交通遥感的认识、了解和依赖的过程，从一般的出行应用，到进一步的交通环境信息获取，再到交通遥感服务与日常生活的紧密联系，交通遥感慢慢成为社会生活的重要方面，而遥感交通学在交通遥感的推动下逐渐建立并不断丰富和发展，助力交通运输业的绿色健康可持续发展(毕丽春等,2014)。

参考文献

毕丽春，刘晓东，刘玲 . 2014. 交通行业应用高分遥感技术的经济社会效益分析 . 公路交通科技(应用技术版)，111(3)：250-251，258.

索　引